教育部人文社会科学重点研究基地重大项目成果

国际商事争议解决机制
专题研究丛书
A Study Serial of Settiement Mechanism
for International Commercial Disputes
丛书主编 黄进

中国内地与中国港澳台地区仲裁制度比较研究

詹礼愿 著

武汉大学出版社

图书在版编目(CIP)数据

中国内地与中国港澳台地区仲裁制度比较研究/詹礼愿著.—武汉：武汉大学出版社，2006.8

国际商事争议解决机制专题研究丛书/黄进主编

ISBN 7-307-05136-2

Ⅰ.中… Ⅱ.詹… Ⅲ.仲裁—制度—对比研究—中国 Ⅳ.D925.704

中国版本图书馆 CIP 数据核字(2006)第 074230 号

责任编辑:张　欣　　　责任校对:王　建　　　版式设计:杜　枚

出版发行：**武汉大学出版社**　(430072　武昌　珞珈山)

(电子邮件：wdp4@whu.edu.cn　网址：www.wdp.com.cn)

印刷:湖北省通山县九宫印务有限公司

开本：787×980　1/16　　印张：24.25　字数:419 千字　插页:2

版次：2006 年 8 月第 1 版　　2006 年 8 月第 1 次印刷

ISBN 7-307-05136-2/D・684　　定价:31.00 元

序

黄　进

2000年，教育部确定武汉大学国际法研究所为普通高等学校人文社会科学重点研究基地。对武汉大学国际法研究所来说，这不仅是对它成立20年来学术发展的充分肯定，而且是它“而今迈步从头越”的极为重要的发展机遇。

按照教育部当时的设计，进入普通高等学校人文社会科学重点研究基地建设计划的高校研究机构，应当具有“国家级水平”，它们要通过深化科研体制改革、组织重大课题研究和加大科研经费投入等措施，围绕体制改革、科学研究、人才培养、学术交流和咨询服务等任务的落实，打下坚实的科研基础，形成明显的科研优势和特色，而且还要在经过若干年的建设后，使其整体科研水平和参与决策的能力居于国内领先地位，并力争在国际学术界享有较高的学术声誉。

为了实现基地建设的总体目标，并抓住机遇充分发展自己，武汉大学国际法研究所除了在人才培养、学术交流及资料信息建设、咨询服务和体制改革方面始终自强不息、追求卓越外，还在科学研究方面通过组织重大科研项目、产出重大研究成果，不断促进国际法基础研究和应用研究协调发展，构建国际法知识创新体系，提升自己的整体学术水平。“国际商事争议解决机制研究”这一课题就是我们组织的第一批基地重大科研项目之一。

众所周知，在全球化背景下，人、财、物和信息的跨国流动日益频繁，国际商事争议的产生不仅不可避免，而且争议的数量大为增加，争议的类型更加多样化，争议的复杂性也有所发展。所以，建立和健全国际商事争议解决机制对于构建和谐世界日显重要。

目前，国内对国际商事争议解决这个课题的研究，仍然还停留在传统的理论和制度层面，应该说存在一些深层次的问题。首先，原有的研究不够全面，多注重国际民事诉讼和国际商事仲裁问题的研究，而忽视了和解、调解等选择性争议解决方式（Alternative Dispute Resolution 即 ADR）的研究，没有能够反映制度创新的实际状况。其次，原有的研究具有一定程度的非整合性，一方面，对各种民商事争议解决方式的研究是独立进行的，缺乏深层次的比较研究和整合；另一方面，从国际法治的整体制度架构来看，对各种争议解决制度之间的互动关系没作深入的分析。再次，原有的研究对投资、贸易、海事、知识产权等具体商事领域的争议解决机制缺乏进行分门别类的研究。最后，原有的研究对新出现的商事争议解决方式，如网上仲裁等，也缺乏系统的研究。上述表明，对国际商事争议解决机制进行全面的、综合的、系统的、深入的以及分门别类的研究实属必要。

针对目前国内对该课题研究存在的问题，“国际商事争议解决机制研究”项目设计着重从如下两方面对该课题进行研究：一是对国际商事争议解决机制进行综合研究，从整体上探讨国际商事争议解决机制的各种基本问题，分析和总结国际商事争议解决机制的共性、互动性和整合性；二是对国际商事争议解决机制进行分门别类研究，具体探讨国际投资争议解决机制、国际贸易争议解决机制、国际海事争议解决机制、国际知识产权争议解决机制、国际金融争议解决机制、统一域名争议解决机制、电子商务争议解决机制、国际体育争议解决机制等特别机制的个性和特点。本课题的研究不仅希望在理论上有所突破，有所创新，有所贡献，而且希望在实务方面有助于参与国际商事交往的当事人，特别是我国的当事人，能够深刻认识国际商事争议解决机制及其利弊，善用相关机制，快捷地化解争议，以保证其进行国际商事交易的安全和便利，从而促进建立正常的国际商事交往秩序。同时，也希望我国的立法、行政、司法、仲裁以及其他相关机构能够认同和参考我们的研究，我们的研究成果对其工作有所裨益。

正是基于上述考虑，我们课题组决定编辑《国际商事争议解决机制专题研究丛书》，将本课题项下的部分专题研究成果予以出版，以飨读者。本丛书的顺利出版，离不开武汉大学出版社的大力支持和帮助。借此机会，我们衷心感谢武汉大学出版社对本丛书的厚爱！

2006年8月20日于武汉大学国际法研究所

内容摘要

本书采用比较分析的形式对中国内地与我国香港特区、澳门特区、台湾地区四个独立法域的仲裁制度进行了横向比较研究，以发现四个法域仲裁制度的异同点与各自的优势和缺陷。笔者按照从抽象到具体以及仲裁实务进程的逻辑顺序取了十个分析焦点进行集中比较，它们分别构成本书的各章标题。

第一章“仲裁的制度概述”和第二章“仲裁制度的法律渊源”是从宏观的角度对仲裁的历史沿革、定义和类型、基本原则、价值取向、法律渊源等涉及仲裁各领域的制度进行了比较分析，从而发现内地与港澳台地区具体仲裁制度差异的根本原因和历史背景。

第一章“仲裁的制度概述”。文章认为，内地与港澳台地区的仲裁制度经历了完全不同背景的历史发展阶段。其中香港特区受英美法系影响较大，澳门特区和台湾地区则受大陆法系影响，而中国内地属于社会主义法系，但近年来表现出受英美法系影响较多的倾向。由于强调的重点不同，目前出现了不少仲裁的定义和仲裁的分类，它们各有千秋。自愿、程序公正、法院的监督与保障是仲裁的三项基本原则。公正、经济、高度的意思自治是仲裁制度所追求的价值取向。

第二章“仲裁制度的法律渊源”。仲裁制度的法律渊源受不同的法律体系影响有不同的表现形式，但是一个令人注目的现象是联合国示范法被有关法域直接引用成为独特的法律渊源。

第三章“仲裁员制度”、第四章“仲裁的组织形式”和第五章“仲裁协议的法律地位”讨论的是仲裁的三要素即仲裁员、仲裁组织和仲裁协议。

第三章“仲裁员制度”。作者认为四法域中仲裁员制度的差别主要集中在仲裁员的责任制度上，中国内地仲裁员在发生法定条件时，不仅面临被仲裁委员会开除的危险，而且应该承担法律责任，但法律责任的具体范围并未被明确；香港特区仲裁制度下的作为和不作为的责任不仅及于仲裁员，而且延伸到仲裁员的雇员；澳门特区仲裁员只有在违反仲裁的契约义务，无理推辞担任仲裁员时才应该承担民事责任；台湾地区仲裁制度对仲裁员的责任制度则没有作出明确的规定。

第四章“仲裁的组织形式”。四法域中仲裁的组织形式基本相同，一般包含仲裁庭、常设仲裁机构、仲裁协会等形式，只是组成方式各异。关于常设仲裁机构的性质，文章认为应该将其看做一个企业法人，按照设立公司的有关规定进行设立。而仲裁协会，作者认为其属于民间组织属于社团法人。在本章作者提出了建立区际商事仲裁中心的构想。

第五章“仲裁协议的法律地位”。关于仲裁协议的性质，目前有诉讼法上契约说、实体法上契约说、混合说、独立类型契约说等四种不同的学说，关于仲裁协议效力的独立性问题各法域的规定基本相同，但是在对仲裁条款独立性的内涵层次的规定上则有所差异。中国内地与台湾地区的仲裁协议的制度比较现代化，而香港与澳门的相关规定则比较保守。中国内地对该问题规定得较为宽泛，主体合同的变更、解除、终止和无效等均不影响仲裁协议的效力，《香港仲裁条例》对仲裁条款独立性的规定仅仅停留在浅层次基础上，只有仲裁庭作出的关于实体合同无效的决定才会影响仲裁条款的效力。

第六章“仲裁管辖权”、第七章“仲裁程序”和第八章“仲裁裁决”三章是按照仲裁实务的逻辑顺序进行讨论。

第六章“仲裁管辖权”。仲裁管辖权问题，包含着两层含义。一种是哪些种类的民事争议可以提交仲裁，即所谓民商争议的可仲裁性问题；另一种是就具体民事争议而言仲裁机构是否具有仲裁管辖权。本章认为，目前仲裁领域存在着一种扩大管辖权的趋势，联合国示范法所确定的“契约性和非契约性”财产关系的观点已经被大多数国家和地区接受。就我国四个法域而言，内地所采取的“合同纠纷”和“其他财产权益纠纷”与示范法所规定的概念为交叉关系；《香港仲裁条例》虽然没有明确列举可仲裁性的范围，但是由于对“仲裁协议”概念的解释与联合国示范法相同，因而，香港可仲裁性的范围应该与示范法相同。澳门与台湾地区的可仲裁性范围基本相同，只是表达的概念不同而已。书中认为管辖权自裁原则在港澳台地区得到了普遍认可，在内地则稍有差别，这种差别主要反映在法院与仲裁委员会对管辖权裁判的效力究竟谁具有优先权上，在这一争议上《中华人民共和国仲裁法》显然认为法院的判决具有优先权。

第七章“仲裁程序”。仲裁程序一般包括仲裁的五个阶段。一、仲裁的申请和受理阶段；二、仲裁答辩和反诉阶段；三、仲裁庭的组成阶段；

四、仲裁庭的审理阶段；五、仲裁的和解、调解和裁决阶段。我国四法域对仲裁程序的规定基本上都包含了上述几个阶段，只是在具体程序上有些细微差异。

第八章“仲裁裁决”。仲裁裁决制度包括仲裁制度的产生和内容、仲裁裁决的类型、仲裁裁决之效力、错误裁决之补救等几个方面。仲裁庭的组成形式决定了仲裁裁决的产生方式，同时也决定了仲裁裁决的相应种类。仲裁裁决的效力包含着既判力、执行力、终止仲裁协议的效力和终止仲裁员或仲裁庭之权力等几个内容。但是对仲裁裁决的内容除裁决的执行效力外，对其他效力的规定则比较模糊。

第九章“法院对仲裁的保障和监督”、第十章“仲裁裁决的承认与执行”主要从法院对仲裁的干预与支持角度进行对比分析。

第九章“法院对仲裁的保障和监督”。本章认为法院与仲裁的关系是一种监督和保障的关系。从这一立场出发，作者列举了法院对仲裁的监督和保障的各个环节，并对四个法域的相应制度进行了详细的比较研究，同时，本章从仲裁程序开始前、仲裁程序进行中和仲裁裁决作出后等几个阶段研究了联合国示范法关于法院介入仲裁程序的规定，最后得出结论认为：应该加强人民法院对仲裁制度的保障功能，改善人民法院对仲裁的制约功能，并指出中国内地现行仲裁制度下法院制约制度的矛盾。

第十章“仲裁裁决的承认与执行”。本章认为对仲裁裁决的承认是司法机关对于仲裁机关对当事人之间特定法律关系通过仲裁程序作出的具有约束力的仲裁裁决予以认可，并赋予其强制执行效力的司法行为。对仲裁裁决的执行，则是司法机关在承认的基础上通过司法强制力使已经生效并取得执行力的仲裁裁决得以实施的司法行为。对裁决的承认与执行从法律的不同条件看，可以区分为对区际裁决的承认与执行和对外国裁决的承认与执行。划定区际裁决与外国裁决的标准目前主要有地域主义标准和准据法主义的标准。本章认为，就我国四个法域而言采用准据法主义标准比较合适。关于区际仲裁裁决的执行问题，中国内地采用实体审查的做法，而中国港澳台地区只做形式审查。对外国裁决的执行则一般以《纽约公约》为基础，尽管该公约在各法域可能有不同的表现形式。有的以承担公约义务加以适用，如中国内地，有的将公约直接作为立法附件适用，如香港特区，还有的将公约的实质内容规定在仲裁立法之中，如澳门特区、台湾地区。不仅如此，该公约和联合国示范法还是我国四法域之间仲裁合作的法律基础。作者认为，开展四法域之间仲裁程序的全面合作是一种比较理想的合作模式，但是目前情况下，比较现实的做法是解决区际仲裁裁决的承认与执行问题。

目　　录

前言……………………………………………………………………………… 1

第一章　仲裁制度概述……………………………………………………… 1
第一节　仲裁制度的历史演变………………………………………… 1
一、中国内地仲裁制度的沿革 ………………………………………… 2
二、中国香港地区仲裁制度的沿革 …………………………………… 5
三、中国澳门地区仲裁制度的沿革 …………………………………… 6
四、中国台湾地区仲裁制度的沿革 …………………………………… 7
第二节　仲裁的概念…………………………………………………… 9
一、仲裁的定义和基本特征 …………………………………………… 9
二、仲裁的类型 ………………………………………………………… 12
第三节　仲裁的基本原则 ……………………………………………… 16
一、自愿原则…………………………………………………………… 16
二、自然公正原则 ……………………………………………………… 18
三、法院的监督与保障原则 …………………………………………… 20
第四节　仲裁的价值取向 ……………………………………………… 21
一、仲裁价值取向的概念和实践意义 ………………………………… 21
二、仲裁的价值取向的内容 …………………………………………… 22
三、中国内地与中国港澳台地区间协调仲裁价值取向问题的法律思考 ……… 24

第二章　仲裁制度的法律渊源 ………………………………………… 27
第一节　中国内地仲裁制度的法律渊源 ……………………………… 27
一、法律和行政法规 …………………………………………………… 27
二、最高人民法院的司法解释………………………………………… 28
三、仲裁机构的仲裁规则 ……………………………………………… 29
四、国际条约 …………………………………………………………… 29
第二节　中国香港地区仲裁制度的法律渊源 ………………………… 30

一、普通法 …… 30
二、衡平法 …… 30
三、《香港仲裁条例》 …… 31
四、联合国贸法会《国际商事仲裁示范法》 …… 31
五、仲裁规则 …… 31
六、国际条约 …… 32
第三节 中国澳门地区仲裁制度的法律渊源 …… 32
一、法律 …… 32
二、法令 …… 33
三、立法性命令 …… 33
四、规章 …… 33
五、仲裁规则 …… 33
六、司法判例 …… 34
七、仲裁国际条约 …… 34
第四节 中国台湾地区仲裁制度的法律渊源 …… 34
一、台湾"仲裁法" …… 34
二、行政命令 …… 34
三、仲裁机构之仲裁规则 …… 35
四、判例 …… 35

第三章 仲裁员制度 …… 37
第一节 仲裁员身份制度 …… 37
一、仲裁员资格和条件——合法仲裁员必备的实质要件 …… 37
二、仲裁员指定与更替——合法仲裁员必经的形式程序 …… 44
三、仲裁员身份合法性的监督:回避与异议 …… 48
第二节 仲裁员法律地位制度 …… 55
一、仲裁员的权利 …… 55
二、仲裁员的义务 …… 56
三、中国内地与港澳台地区仲裁制度关于仲裁员权利义务的有关规定 …… 56
第三节 仲裁员责任制度 …… 60
一、仲裁员责任制度的概述 …… 60
二、关于仲裁员责任的不同理论和立法 …… 61
三、中国内地与港澳台地区关于仲裁员责任制度的规定 …… 64

第四章 仲裁的组织形式 …… 69

第一节　仲裁庭 …… 69
一、仲裁庭的特点 …… 69
二、仲裁庭的类型 …… 70
三、仲裁庭的职权 …… 71
第二节　常设仲裁机构 …… 72
一、常设仲裁机构的设置 …… 72
二、常设仲裁机构的性质及法律地位 …… 74
第三节　仲裁协会 …… 75
一、仲裁协会的含义 …… 75
二、仲裁协会的性质 …… 76
三、仲裁协会的职能 …… 76
第四节　中国内地与中国港澳台地区仲裁组织的形式 …… 76
一、中国内地仲裁的组织形式 …… 76
二、香港特别行政区仲裁组织形式 …… 80
三、澳门仲裁组织形式 …… 82
四、台湾仲裁组织形式 …… 85
第五节　建立中国区际商事仲裁中心的构想 …… 86
一、构建中国区际商事仲裁中心的可研论证 …… 86
二、中国区际商事仲裁中心的法律地位及构建程序 …… 89
三、中国区际商事仲裁中心若干问题的考量 …… 91

第五章　仲裁协议的法律地位 …… 93
第一节　仲裁协议的性质和法律特征 …… 93
一、仲裁协议的概念 …… 93
二、仲裁协议的性质 …… 93
三、仲裁协议的法律特征 …… 96
第二节　仲裁协议的形式和内容 …… 97
一、仲裁协议的形式 …… 97
二、仲裁协议的内容 …… 100
第三节　仲裁协议的效力和仲裁协议的独立性问题 …… 101
一、仲裁协议效力问题 …… 101
二、仲裁条款的独立性问题 …… 105
第四节　中国内地与中国港澳台地区的仲裁协议制度 …… 107
一、中国内地的仲裁协议制度 …… 107

二、香港的仲裁协议制度 …… 110
三、澳门的仲裁协议制度 …… 112
四、台湾的仲裁协议制度 …… 115

第六章 仲裁管辖权 …… 117
第一节 民商事争议的可仲裁性问题 …… 117
一、民商事争议可仲裁性的概念及法律意义 …… 117
二、国际民商事争议可仲裁性的理论和实践 …… 118
三、中国内地与中国港澳台地区仲裁制度关于民商事争议可仲裁性(仲裁范围)的规定 …… 123
第二节 仲裁庭的管辖权自裁原则 …… 129
一、仲裁管辖权原则 …… 129
二、仲裁庭管辖权自裁原则的确立 …… 129
三、对仲裁庭管辖权裁定的异议 …… 130
四、中国内地与中国港澳台地区仲裁制度关于仲裁庭管辖权自裁原则的立场 …… 130
第三节 仲裁与法院管辖权冲突的协调 …… 134
一、法院介入仲裁管辖权的几种情况 …… 134
二、仲裁与法院管辖权冲突的协调 …… 137

第七章 仲裁程序 …… 138
第一节 中国内地仲裁程序之简介 …… 138
一、中国内地仲裁的申请和受理阶段 …… 138
二、中国内地仲裁的答辩和反请求阶段 …… 141
三、中国内地仲裁制度下仲裁庭的组建阶段 …… 143
四、中国内地仲裁的审理阶段 …… 144
五、中国内地仲裁的和解、调解和裁决阶段 …… 148
第二节 香港仲裁程序之简介 …… 151
一、仲裁的开始阶段 …… 151
二、仲裁的答辩程序 …… 152
三、仲裁庭的组成 …… 152
四、仲裁审理阶段 …… 154
五、香港仲裁的裁决阶段 …… 157
第三节 澳门仲裁程序之简介 …… 158

一、澳门仲裁的开始 …… 158
二、仲裁庭的组成及仲裁准备 …… 158
三、澳门仲裁的审理阶段 …… 159
四、澳门仲裁的裁决与终止 …… 162
第四节　台湾仲裁程序之简介 …… 162
一、台湾仲裁程序的开始 …… 163
二、仲裁庭的组建 …… 164
三、仲裁审理程序 …… 164
四、仲裁的和解与裁决 …… 168

第八章　仲裁裁决 …… 170
第一节　仲裁裁决产生和内容 …… 170
一、仲裁裁决的产生方式 …… 170
二、仲裁裁决的内容 …… 172
三、中国内地与中国港澳台地区仲裁裁决产生方式和内容的法律制度 …… 173
第二节　仲裁裁决之类型 …… 178
一、国际商事仲裁实践中存在的裁决的类型 …… 178
二、中国内地与中国港澳台地区的仲裁裁决类型 …… 184
第三节　仲裁裁决之效力 …… 191
一、仲裁裁决的既判力 …… 192
二、仲裁裁决的执行力 …… 193
三、终止仲裁协议的效力 …… 194
四、终止仲裁员或仲裁庭之权力 …… 194
五、中国内地与中国港澳台地区仲裁制度关于仲裁裁决效力的规定 …… 194
第四节　错误裁决之补救 …… 197
一、几种常见的错误裁决 …… 197
二、错误裁决的补救方式 …… 199
三、仲裁裁决的撤销程序概述 …… 199
四、中国内地与中国港澳台地区的错误裁决救济制度 …… 203

第九章　法院对仲裁的保障和监督 …… 211
第一节　法院对仲裁的保障与监督制度的概述 …… 211
一、法院对仲裁保障与监督制度的形成 …… 211
二、法院对仲裁的保障与监督的概念 …… 213

三、法院对仲裁的保障与监督的方式 …………………………… 213
第二节 人民法院与港澳台地区法院对仲裁保障和监督机制的比较 ………………………………………………………… 214
一、人民法院与港澳台地区法院对仲裁的保障机制 ………………… 214
二、人民法院与港澳台地区法院对仲裁的制约机制 ………………… 219
第三节 联合国示范法关于法院对仲裁保障和制约机制的安排…… 224
一、法院在仲裁程序开始前的介入 ……………………………… 224
二、法院在仲裁程序进行过程中的介入 ………………………… 225
三、法院在仲裁裁决作出后的作用 ……………………………… 226
第四节 人民法院与港澳台地区法院对仲裁保障与监督机制的比较对内地的启示 ……………………………………………… 227
一、加强人民法院对仲裁制度的保障功能 ………………………… 229
二、改善人民法院对仲裁的制约功能 ……………………………… 230
三、协调内地现行仲裁制度下法院制约制度的矛盾 ………………… 231

第十章 仲裁裁决的承认和执行 ………………………………… 234
第一节 承认和执行仲裁裁决制度的概述 ………………………… 234
一、承认和执行仲裁裁决的概念 …………………………………… 234
二、承认和执行仲裁裁决的性质 …………………………………… 234
三、仲裁裁决的承认与执行的区别和联系 ………………………… 235
四、承认与执行仲裁裁决的意义 …………………………………… 236
第二节 内国裁决的承认与执行 ………………………………… 237
一、什么是内国裁决 ………………………………………………… 237
二、本国仲裁裁决是否存在着承认与执行问题 ……………………… 238
三、本国仲裁裁决的申请执行的条件和程序 ………………………… 239
四、拒绝执行本国仲裁裁决的一般条件 …………………………… 240
五、中国内地与中国港澳台地区仲裁制度关于本国(本地)仲裁裁决的承认与执行的规定 ……………………………………………… 241
第三节 外国仲裁裁决的承认与执行 …………………………… 248
一、外国仲裁裁决的概念及仲裁裁决国籍的冲突 ………………… 248
二、《承认及执行外国仲裁裁决公约》(《纽约公约》)有关承认与执行外国仲裁裁决的主要内容 ……………………………………… 250
三、中国内地与中国港澳台地区关于承认与执行外国仲裁裁决的制度 …… 252
第四节 中国内地与中国港澳台地区之间相互承认与执行

仲裁裁决若干法律问题之探讨…………………………… 260
一、中国内地与港澳台地区之间相互承认与执行仲裁裁决的法律基础 …… 260
二、中国内地与港澳台地区之间相互承认与执行仲裁裁决的现状 ………… 263
三、中国内地与港澳台地区之间相互承认与执行仲裁裁决若干问题探讨…… 268
附录
中华人民共和国仲裁法…………………………………………… 273
香港仲裁条例…………………………………………………… 282
澳门本地仲裁法………………………………………………… 339
澳门涉外商事仲裁法……………………………………………… 354
主要参考书目……………………………………………………… 367
后记………………………………………………………………… 370

前　言

仲裁这个课题早已为不少专家学者反复研究过，其中许多方面已形成结论性意见，或者已发表很多真知灼见。笔者在本书提笔破题之前已深深地领略其风采，既得到不少启发，也深感难度。因为要从这一经过许许多多的专家学者反复研究过的论题中再创造性地挖掘出什么新观点或新结论实在是不容易，至少以笔者之愚钝，肯定是力不从心的。尽管如此，近几年来中国内地与港澳台地区之间日益频繁的经济贸易往来以及在仲裁领域发生的颁布新法或修订旧法现象（笔者称之为“造法运动”、本书第一章将会详细叙述）都引起笔者的浓厚兴趣和热切关注。特别是新兴的造法运动则给四法域（笔者对中国内地与中国港澳台地区的简称）的法律体系注入了新鲜血液。作为区际经贸往来孪生兄弟的区际民商纠纷也日益增多，由于社会历史和政治制度的差异我们又不能不面对多法域司法独立的现实，这就决定了单纯靠司法审判不可能全部妥善解决这些区际民商事纠纷。国际上因为国家主权的障碍，国际司法管辖权冲突问题及外国法院判决的承认与执行问题并没有得到真正的解决，但是，在国际商事仲裁领域却奇特地产生了许多共识，1958 年《承认及执行外国仲裁裁决公约》截至 1997 年 9 月 4 日已经有了 136 个缔约方，① 而 1985 年 6 月通过的联合国《国际商事仲裁示范法》早已为许多国家或地区所采用。这些成果表明，国际商事仲裁由于其特殊性质，成功地绕过了国家司法主权障碍，成为解决国际民商事法律纠纷最有效的途径之一。那么，我们能否借鉴国际商事仲裁的成功之处，在我国四法域之间，大力提倡以区际民商事仲裁方式解决区际民商事纠纷，利用仲裁的民间性及自治性来绕过区际司法独立的障碍，从而有效地解决跨区域的民商事争议呢？笔者认为这种方案的理论及实际可行性都很大，但必须做好前期的研究工作。笔者注意到，目前四个法域的仲裁制度虽然经过反复修改，其具体制度上尽管存在着一定程度的趋同化特征，但总体来说还是存在着巨大差异。只有对四法域各自仲

① 参见《仲裁与法律通讯》，1998 年第 4 期，第 71 页。

裁制度及其相互之间的异同进行透彻的分析研究，才能促进上述理想变成现实。为此，笔者愿对中国内地与港澳台地区仲裁制度做一个粗浅的比较研究，为使这种理想早日化为现实尽绵薄之力。

第一章　仲裁制度概述

仲裁制度要讨论的问题很多，如同进行数学论证一样，我们得首先列出几条公理，以为下一步论证的基础。我们讨论仲裁制度，并且对中国内地与中国港澳台地区仲裁制度进行比较，首先必须对四法域仲裁的基本制度进行比较研究，以期对将要讨论的论题有一个共同的认识和理解。在本章中，笔者撇开千头万绪的琐碎制度，侧重讨论中国内地与中国港澳台地区仲裁制度的历史演变、仲裁的内涵及外延、仲裁的基本原则以及仲裁的价值取向等几个主要方面。

第一节　仲裁制度的历史演变

仲裁作为一种民间解决纷争的方式可以追溯到遥远的古代，早在人类社会的原始阶段，氏族或部落内部发生纷争时常常请氏族或部落长老评判裁断，① 这就是仲裁方式的萌芽，而今仍在世界各国民间以各种不同的方式延续着，并在其特定范围内发挥着重要作用。追溯仲裁制度的起源，我们发现其作为一种解决社会纷争的系统制度则起源于地中海沿岸国家。在古希腊、古罗马时代，仲裁制度已经相当完善，成为当时解决债权债务等民事纠纷的一种重要形式。公元前451年至公元前450年，古罗马《十二铜表法》中就有较详细的仲裁规范。现代意义的仲裁制度应该说始于欧洲，与我国香港特别行政区关系较密切的英国在仲裁的国际发展史上占有重要的地位，1347年英国史书中就有关于仲裁的记载，1697年，英国议会正式承认了仲裁制度，1889年制定了第一部仲裁法。此后，仲裁制度在欧洲各国迅猛发展起来，并先后传播到其他各洲。20世纪初，仲裁制度通过日本传到中国，国民政府于1912年颁布了《仲裁公断处章程》，标志着仲裁制度在中国的正式诞生。但是，由于历史的原因，中国长期处

① 黄进、徐前权、宋连斌编：《仲裁法学》，中国政法大学出版社1997年版，第8页。

于不统一的状态，因此，仲裁制度在我国各地的发展并不平衡，本书所讨论的中国内地与港澳台地区就分别经历了仲裁制度不同的发展进程，下文将详细介绍。

一、中国内地仲裁制度的沿革

我国内地的仲裁制度诞生于中华苏维埃时期。① 1933 年 10 月 15 日《中华苏维埃共和国劳动法》中规定各机关、企业、商店与被雇人之间劳务纠纷采用仲裁方式解决。抗日战争时期，1943 年 2 月晋察冀边区颁布的《晋察冀边区租佃债息条例》及《晋察冀边区租佃债息条例施行条例》规定了租佃债息纠纷的仲裁制度。同年 4 月，晋察冀边区行政委员会所发布的《关于仲裁委员会的工作指示》中更进一步规定了仲裁委员会的性质、任务、工作制度、权限及其与抗日政府各部门的关系。1949 年 3 月的《天津市调解仲裁委员会暂行组织条例》、1949 年 8 月上海市《关于私营企业劳资争议调处程序暂行办法》中都有关于仲裁的规定。

1949 年以后中国内地仲裁制度的发展呈无序性，国内仲裁与涉外仲裁各自发展，并且两者水平存在较大差距。

中国涉外仲裁以中国国际经济贸易仲裁委员会及中国海事仲裁委员会两大仲裁机构为代表，一开始便采用国际通行的仲裁惯例，是一种比较科学而完善的仲裁制度。② 中国涉外仲裁的发展可以划分为简单的三个阶段：（一）行政规章调整阶段（1954 年 5 月 6 日 ~ 1982 年 3 月 8 日）。这一阶段自 1954 年 5 月 6 日中央人民政府政务院通过《中央人民政府政务院关于在中国国际贸易促进委员会内设立对外贸易仲裁委员会的决定》开始。1958 年 11 月 21 日，国务院颁布了《国务院关于在中国国际贸易促进委员会内设立海事仲裁委员会的决定》。这两个决定及其后通过的相应的《仲裁程序暂行规则》奠定了两大仲裁机构产生和运作的基础。此后，根据仲裁业务发展的实际需要又经过了两次更名。第一次发生在十一届三中全会后的 1980 年。1980 年 2 月，国务院发出《关于将对外贸易仲裁委员会改称对外经济贸易仲裁委员会的通知》，这次改名主要是适应改革开放后涉外争议类型增加的需要，将新兴的三资企业纠纷和中外银行相互信贷争议列入仲裁范围。第二次更名发生在 1988 年。该年 6 月，国务院发布了《关于将对外经济贸易仲裁委员会改名为中国国际经济贸易仲

① 参见河山、肖水著：《仲裁法概要》，中国法制出版社 1995 年版，第 6 页。
② 杨荣新主编：《仲裁法理论与适用》，中国经济出版社 1998 年版，第 14 页。

裁委员会和修订仲裁规则的批复》，同时，国务院还发布了《关于将海事仲裁委员会改名为中国海事仲裁委员会和修订仲裁规则的批复》。这两个批复，实际上是以行政规章的形式将涉外仲裁的受案范围扩大到对外经济贸易和海事争议的一切方面（前提是当事人的意思自治）。这一阶段的特点是涉外仲裁机构的存在和运作的基础是国务院颁布的行政规章。我国台湾地区有的学者将这一时期称为“无审判之仲裁时期”①（其时间起止略有不同，自1943年至1978年），笔者认为有所不妥，由于涉外仲裁的特殊性，新中国的司法机构不便干预，以树立涉外仲裁机构的公正形象，但这一时期司法制度（即便是边区时期）始终存在，并保持对国内仲裁的关注，因此，不便干预与无审判是两回事。（二）诉讼法保障阶段（1982年3月8日~1994年8月31日）。这一阶段两个显著标志是新旧两个民事诉讼法的颁布和实施。1982年3月8日颁布的《中华人民共和国民事诉讼法（试行）》及1991年4月9日颁布并实施到现在的《中华人民共和国民事诉讼法》都专编规定了涉外仲裁的基本制度。前者第五编第12章规定了涉外仲裁的管辖权制度、一裁终审制度、财产保全制度、裁决的强制执行制度等，后者第四编第28章规定了仲裁协议的效力、财产保全、裁决的强制执行制度等。1992年，最高人民法院发布的《关于适用〈中华人民共和国民事诉讼法〉若干问题的意见》中对涉外仲裁制度作出了更详细的规定，从而奠定了仲裁制度的法律基础。这期间，涉外仲裁机构经历了第二次名称的变更，第二次更名发生在1988年。该年6月，国务院发布了《关于将对外经济贸易仲裁委员会改名为中国国际经济贸易仲裁委员会和修订仲裁规则的批复》，同时，国务院还发布了《关于将海事仲裁委员会改名为中国海事仲裁委员会和修订仲裁规则的批复》。这两个批复意味着两大仲裁机构逐步脱离行政部门，成为更加独立的民间机构。（三）仲裁制度规范化阶段（1994年8月31日以后）。1994年8月31日颁布的《中华人民共和国仲裁法》是中国仲裁发展史上一个重要的里程碑，它标志着内地仲裁制度从此走向规范化、法典化。更重要的是自其生效之日起，内地仲裁制度结束了国内仲裁和涉外仲裁各自为政，分别发展的局面，从此将两者统一在《中华人民共和国仲裁法》的旗帜下，互相促进共同发展。

而国内仲裁的发展比较复杂，为科学起见，我们只能以仲裁制度与审

---

① 陈焕文著：《两岸商务纠纷及仲裁实务》，台湾永然出版社1993年版，第76页。

判制度的关系或者说以仲裁裁决的终局性制度的变化为划分阶段的标志。根据这种标准，笔者把国内仲裁制度的发展划分为如下几个阶段：（一）只裁不审阶段（1949~1966）。这一阶段较有代表性的规范有：1961 年中共中央颁布的《国营工业企业工作条例（草案）》、1962 年 8 月国家经济委员会《关于各级经委仲裁国营工业企业之间拖欠债款的意见（草案）》及 1962 年 12 月中共中央和国务院《关于严格执行基本建设程序、严格执行经济合同的通知》等文件。这些文件共同的特点是规定由各级政府的经济委员会作为经济合同的仲裁机构，实行二级仲裁体制，重大项目允许三级仲裁，即当事人不服省、自治区、直辖市经济委员会仲裁裁决的，可向国家经委请求裁决。因此产生的裁决具有约束力，无须法院审判。（二）仲裁制度名存实亡阶段（1966~1978）。这一阶段是政治文化生活不正常时期，公检法被砸烂后，仲裁机构同样不能发挥正常作用，经济领域的争议的解决完全被行政手段代替，仲裁制度名存实亡。（三）两裁两审阶段（1978~1983）。这一阶段比较有代表性的文件是 1979 年 8 月国家经委、工商行政管理总局、中国人民银行发出的《管理经济合同若干问题的联合通知》。通知规定经济合同发生争议时可向对方所在地县级或大中城市的区级经委或相应机关、工商行政管理局申请仲裁，对仲裁不服可向上一级合同管理机关申请复议，对复议不服的，可向人民法院起诉，人民法院两审终审。（四）裁审自择，一裁两审阶段（1983-1993）。1983 年全国人大颁布了第一部《经济合同法》，同年 8 月，《经济合同仲裁条例》随之颁布，标志着我国仲裁制度进入了相对成熟阶段。条例规定了在仲裁与诉讼关系上，当事人有选择权，但同时又遗留下裁决不能终局的缺陷，因为对裁决不服的可以向法院起诉，而人民法院两审终审。（五）协议仲裁，或裁或审阶段（1993 年~1994 年 8 月）。1993 年 9 月对实施十年的《经济合同法》进行的修改在我国仲裁史上的分量不可低估，不仅仅因为该法不久前为《中华人民共和国合同法》（1999 年 3 月 15 日）所代替，更重要的是它对我国仲裁制度是一场革命。它不仅仅废除了我国几十年来所一直奉行的强制仲裁制度，实行协议仲裁制，而且规定仲裁协议具有排除法院管辖的效力，仲裁组织的裁决是终局裁决，当事人既不能向其他仲裁组织申请仲裁，也不得向法院起诉。这种仲裁制度才是现代意义上的仲裁，这正是本书着重考察的仲裁制度。（六）机构独立，规范法典阶段（1994 年 9 月 1 日以后）。1994 年 8 月 31 日颁布的《中华人民共和国仲裁法》标志着我国仲裁制度的完全成熟，其理由有两点：其一，它将长期附设于行政机关的国内仲裁机构独立出来，成立独立的专业性的仲裁委员会；其二，它将几十年来我国各部门各个时期颁布的形形色色的甚至互相矛盾的仲裁文件规章制度统一到成熟完善的仲裁法典下，并且如前文所述为国内仲裁和涉外仲裁找到了共同的法律依据，实现了两种仲裁体制的衔接，从而完成了我国仲裁制度的发展过程。

二、中国香港地区仲裁制度的沿革

香港的仲裁制度最早可追溯到19世纪40年代。鸦片战争后，英国人即于1843年4月5日在当地成立了立法机关，该机关由港督和香港立法局组成。① 第二年，即1844年3月20日，香港立法机关通过了《关于授权香港总督将所有民事诉讼案件交由仲裁调解的法令》（1844年第6号）。该法令主要内容如下：

"1. 鉴于众多的公共事务使香港总督阁下无法抽出时间关心民事诉讼案件的审理，总督在立法委员会的建议下规定：香港总督有权通过其亲笔授权，将已经发生或将来可能发生的一切民事案件及双方当事人之间的任何争议，按其授权中指定的条件或条款，交由仲裁解决。

2. 规定上述授权应如同其中指定的各方对此表示同意具有相同的效力，且如同英国任何具有审理管辖权的法院依法规定的一样，均采用相同的程序。

3. 规定上述总督有权按与其驳回根据英国任何有管辖权的法院作出的判决类似的方式，驳回根据上述授权作出的任何裁决。

4. 在此赋予总督的上述权限将于今后在香港建立具有审判权的高级法院的任何法官到达殖民地并继承上述总督之作用时终止。"②

从上述法令内容看，当时的仲裁并非现代意义上的仲裁制度，它仅仅是审判制度不健全时的替代品。这与中国内地1978年以前的强制仲裁制度相似。虽然随着香港审判制度的建立，香港总督的上述授权被终止，但仲裁制度却自此延续下来。据香港有关部门档案材料记载，香港最早的仲裁发生于1843年3月9日，是在地方总保安官Caine的强烈的、实际上是不可抗拒的建议下提交仲裁的。③ 香港仲裁制度的第一个成文法规是1963年以港督第22号令发布的《香港仲裁条例》，被列为香港法律第341章。该法是以英国1951年《仲裁法》为蓝本制定的。后来，随着英国仲

① 参见赵秀文著：《香港仲裁制度》，河南人民出版社1997年版，第11页。

② 参见《仲裁与法律通讯》，1996年第2期，第11页。

③ 参见《仲裁与法律通讯》，1996年第2期，第12页。

裁法案的多次修正以及为履行承担的国际条约义务，《香港仲裁条例》先后多次被修订，现行有效的仲裁条例是1996年第75号令颁布的修订本，该修订本于1997年6月27日生效。香港回归后，由于《纽约公约》不再适用于内地与香港之间，造成了1998年双方相互承认与执行仲裁裁决的法理缺失状态，香港与内地的法院对来自对方法域的仲裁裁决拒绝承认与执行。为此，1999年6月21日最高人民法院与香港特别行政区代表签署了《关于内地与香港特别行政区相互执行仲裁裁决的安排》（本书简称《安排》)。《安排》规定在中国内地由最高人民法院颁布司法解释实施，在香港由立法会修改《香港仲裁条例》落实。2000年香港立法会通过了《2000仲裁（修订）条例》，将《安排》归入《香港仲裁条例》作为IIIA部分，于2002年2月1日生效。同时，《2000仲裁（修订）条例》将《香港仲裁条例》第2GG条香港法院执行裁决的简易程序延伸适用于香港以外地方作出或发出的裁决、命令及指示。

香港回归前的仲裁制度对英国本土的法制变化可以说亦步亦趋，但香港仲裁制度发展史上有两次有意义的事件值得注意。其一是1975年9月英国加入《纽约公约》后，于1977年4月将其扩大适用于香港地区。这表明香港仲裁制度从此被纳入国际商务仲裁体系，香港的仲裁裁决能够得到其他缔约方的承认与执行。其二是1990年4月香港率先采纳了联合国贸法会《国际商事仲裁示范法》，而英国至今都没有采用。这表明香港仲裁制度融入了世界上广泛认可的仲裁体系。而这一方面，香港走在了英国的前面。1985年香港成立了香港国际仲裁中心（Hong Kong International Arbitration Center，HKIAC)，成为香港仲裁的服务机构，根据1996年修订的仲裁条例，香港国际仲裁中心还是当事人未指定仲裁员时的指定机构。由于香港既是《纽约公约》的成员，又采用了世界上广泛认可的《国际商事仲裁示范法》，加上香港独特的国际贸易、金融和航运中心地位，香港势必成为世界上及我国各法域间的重要的仲裁中心之一。香港的仲裁制度值得我们加以认真研究和借鉴。

三、中国澳门地区仲裁制度的沿革

在我国目前四个法域中，澳门的仲裁制度相对比较弱势，历史也比较短。澳门仲裁制度之所以不发达，这同葡萄牙本身对仲裁重视不够是分不开的。葡萄牙的仲裁制度并不发达，在1986年之前，葡萄牙的仲裁法规并不独立。1939年制定的《葡国民事诉讼法典》只是将仲裁作为其中第四章（1508~1524条）加以规定。全文才16条，可见其分量之轻，而且长期有名无实。① 该法自 1963 年 1 月 1 日起适用于澳门。1986 年 8 月 29 日，葡萄牙以第 31 号令颁布了仲裁的专门法规，但葡萄牙却没有将其延伸适用于澳门地区。在国际上，葡萄牙参加的国际仲裁公约仅有 1923 年和 1927 年两个关于执行外国仲裁裁决的日内瓦公约，也没有将其延伸适用于澳门地区。葡萄牙虽然参加了 1958 年的联合国《承认及执行外国仲裁裁决国际公约》（即《纽约公约》），但没有将其延伸适用于澳门地区，而 1961 年关于商业仲裁的欧洲条约（即日内瓦条约）以及为实施该条约的 1962 年 12 月 17 日协定，葡萄牙均未参加。②

20 世纪 80 年代以来，澳门的国际贸易取得了巨大发展，1987 年中葡关于澳门问题的联合声明公布后，澳门加紧了立法本地化步伐，仲裁法便是其中要考虑的一个法规。为此，葡澳政府将此一工作列入其 1988 ~ 1990 年的行动计划之中。经过一年的努力，1990 年初《澳门本地仲裁法》（草案）终于问世，经公众讨论，并经澳门立法会通过，该法于 1996 年 5 月 29 日经澳门总督核准，并于同年 6 月 11 日在《澳门政府公报》（1996 年第一组第 24 期）上公布的第 29/96/M 号法令发布。根据该法第 44 条规定，该法已于 1996 年 9 月 15 日生效。应该指出的是，该法仅调整澳门本地仲裁，不适用于国际仲裁。1998 年 11 月 13 日澳门又颁布了以《联合国国际商事仲裁示范法》为蓝本的《澳门涉外商事仲裁法》以建立国际仲裁制度，该法已于 1999 年 1 月 13 日生效。显然，在仲裁立法方式上，澳门走了一条本地与涉外仲裁分别立法的道路。

四、中国台湾地区仲裁制度的沿革

我国台湾地区仲裁制度可以追溯到北洋政府时期。1913 年 1 月，北洋政府由司法和工商两部牵头颁布了《商事公断处章程》，同年 9 月，又颁布了《商事公断处办事细则》。这既是台湾地区仲裁制度的源头，也是中国现代仲裁制度的开端。商事公断处在商会内设立。1921 年 8 月，北洋政府又颁布了《民事公断暂行条例》，并设立公断处。1927 年，当时的国民政府暂准援用北洋政府的《商事公断处章程》和《商事公断处办事细则》，规定商事公断处附设于其所在地的商会，但实际上只相当于一种

---

① 参见黄进：《澳门本地仲裁制度初探》，载《仲裁与法律通讯》，1998 年第 5 期，第 40 页。

② 杨贤坤、邓伟平主编：《澳门法律研究》，中山大学出版社 1997 年版，第 177 页。

调解机构。① 国民党在中国内地统治时期，上述条例虽然从法理上有效，但实际上有名无实。因为至国民党逃去台湾前，国民党的最高法院从未就上述条例作过任何判决。② 1961 年 1 月 20 日，台湾当局颁布了“商务仲裁条例”，从而结束了仅以行政规章调整仲裁并且实际毫无建树的局面，正式实施了台湾地区第一部仲裁法规。有趣的是，前述北洋政府的《民事公断暂行条例》虽然名存实亡，但并未随着“商务仲裁条例”的生效而自动废止，直至 1971 年 2 月，以台湾当局的所谓“总统令”的形式加以废止。从 1961 年至 1971 年的十年间，台湾地区仲裁领域实际上处于新旧两条例并存的局面。为进一步实施商务仲裁条例，1973 年台湾地区的“司法行政部、经济部、内政部”会同公布了“商务仲裁协会组织及仲裁费用规则”。由于台湾并非独立主权的国际法主体，因而未能参加 1958 年的《纽约公约》，面对日益频繁的涉外贸易纷争，以及面临日益增加的承认与执行外国仲裁裁决的压力，台湾当局决心在本地“法”中设定承认与执行外国仲裁裁决的依据。1982 年 6 月，台湾有关方面修订了“商务仲裁条例”，增加了上述内容，附带增加的还有仲裁时间、财产保全、仲裁和解的效力等。为了表示对仲裁的重视，特别是避免在商务实践中出现麻烦，1984 年 3 月，台湾有关方面专门通过议案，要求“经济部”劝导厂商签订经济合同时订入仲裁条款。应该说以权力机关议案的形式推广仲裁的做法不仅在中国四个法域，而且就是在全世界都是少见的，这表明台湾方面对仲裁制度相当重视。1986 年 12 月，台湾方面再次修订仲裁条例，这次修订的目的是为了简化裁决执行程序，规定当事人在订立仲裁条款时可以直接约定裁决具有强制执行效力，无须法院作出强制执行之裁定。这次修订还扩大了商务仲裁协会的受案范围，规定涉外贸易当事人虽无仲裁协议或条款，亦得受理他们之间的调解申请，调解成功而形成的和解书与裁决具有同等效力，但须法院作出执行裁定方可强制执行。1986 年的“商务仲裁条例”修订本在实施十多年后被发现仍然不能适应国际经济贸易发展的新形势，于是台湾有关部门决心以联合国示范法为蓝本对现有的仲裁体制作一次彻底的改革，1998 年 6 月 24 日台湾新的“仲裁法”正式公布，6 个月后，即同年 12 月 24 日，该规定正式实施，从而最

① 参见黄进、徐前权、宋连斌编：《仲裁法学》，中国政法大学出版社 1997 年版，第 11 页。

② 参见陈焕文著：《两岸商务纠纷及仲裁实务》，台湾永然出版社 1993 年版，第 210 页。

终结束了“商务仲裁条例”的时代。因“仲裁法”的生效，1999 年 3 月 3 日，台湾有关方面颁布了“仲裁机构组织与调解程序及费用规则”和“仲裁人训练讲习办法”。2002 年 7 月 10 日，台湾有关方面针对 1998 年“仲裁法”第八、五十四、五十六条进行了修改，进而颁布了台湾“仲裁法”。2001 年 10 月 16 日，中华仲裁协会根据新的“仲裁法”对仲裁规则进行了修改。同时，台湾有关部门在 2003 年 1 月 22 日进一步修改了“仲裁机构组织与调解程序及费用规则”。除“仲裁法”外，在“民事诉讼法”、“非讼事件法”、“海商法”、“技术合作条例”、“证券交易法”、“解决国家与他国民间投资争端公约施行条例”等规定中也有涉及仲裁的条款。

第二节　仲裁的概念

仲裁的内涵是指仲裁的概念和定义及从中引申出来的基本特征。而仲裁的外延则指的是仲裁的基本范围和种类。仲裁的内涵和外延是仲裁的基本要件，也是研究仲裁制度的基础。在对本书论题展开讨论之前，笔者选择仲裁的这两个构成要件作为研究的起点。

一、仲裁的定义和基本特征

仲裁的内涵目前在学者之间并无太大分歧，但作为定义概念的一种方式，因为强调的角度不同，仍然产生了形形色色的仲裁概念。

强调仲裁的机构的非司法性。其定义为：“仲裁是指纠纷当事人在自愿的基础上达成协议，将纠纷提交非司法机构的第三者审理，并作出对争议各方均有约束力的裁决的一种解决纠纷的制度或方式。”①

强调裁决的依据——法律原则和公平原则。其定义为：“仲裁，亦称公断，是指各方当事人自愿将他们之间发生的争议交给作为仲裁人或公断人的第三者，由其依据法律或公平原则作出裁决，并约定自觉履行该裁决所确定的义务的一种制度。”②

英美法国家一贯强调程序的公平性，所以把这种风格也带进了仲裁定义。由英国仲裁学会编写的《仲裁实务手册》（Handbook Of Arbitration

---

① 参见黄进、徐前权、宋连斌编：《仲裁法学》，中国政法大学出版社 1997 年版，第 1 页。

② 肖永平著：《中国仲裁法教程》，武汉大学出版社 1997 年版，第 1 页。

Practice）是这样给仲裁下定义的："Arbitration is a mechanism for the resolution of disputes which take place , usually in private, pursuant to an agreement between two or more parties, under which the parties agree to be bound by the decision to be given by the arbitrator according to law or if so agreed, other considerations, after a fair hearing, such decision being enforceable at law."①

另外，笔者在收集本书资料时，发现中华仲裁协会的一份仲裁宣传的材料上采用强调仲裁解决争议功能的方式所下的一个仲裁定义："什么是仲裁？仲裁法所谓之仲裁，系指当事人以书面订立仲裁协议，约定将有关其现在或将来之争议，交由独任仲裁人或单数之数人组成之仲裁庭仲裁，以解决争议的制度。"

叙述仲裁一般特征式。我国翻译的《牛津法律大辞典》中用通俗易懂的方式对仲裁作如此介绍："仲裁即把争端提交某人裁决，而不是让具有合法管辖权的法院审理。""把争议提交仲裁是由于当事人的协议，或者在某种情况下是由于法律规定所致。当事人提交的协议可以是口头的，但通常的做法是订立书面协议。除了那些涉及个人身份及非法或无效交易的争议外，任何民事纠纷都可以提交仲裁解决"。"仲裁裁决必须解决提交仲裁的一切争议，但是，不得涉及其他没有仲裁的事项"。②

有些仲裁专家根据《中华人民共和国仲裁法》所确立的机构仲裁的本质特点给予了相应的定义。如武汉仲裁委员会主任高顺龄先生提出如下定义："仲裁俗称公断，是指当事人双方在争议发生前或争议发生后自愿协商达成协议，将他们之间的争议提交无直接利害关系的第三方——某个仲裁委员会进行审理或居中调解，并就争议的事实和权利及义务作出裁决，或者应当事人的要求，根据双方达成的和解协议作出调解书，仲裁裁决和调解书对双方当事人均有约束力，双方有义务执行，从而使争议得到最终解决，以维护当事人合法权益的一种法律制度。"③

上述各种定义分别反映了一定的侧重点，笔者并无异议。为了更全面

---

① See page 13 of the 3rd edition of Handbook Of Arbitration Practice by The Chartered Institute Of Arbitrators, London 1998.

② 转引自高顺龄：《仲裁的概念与运用》，载《仲裁工作通讯》1999 年第 2 期，第 14 页。

③ 参见高顺龄：《仲裁的概念与运用》，载《仲裁工作通讯》1999 年第 2 期，第 14 页。

描述仲裁的本质，也为本书的论题划定范围，笔者对仲裁定义如下：仲裁是当事人在法律允许的范围内就特定的民商事件于发生争议前或发生争议后达成一致的仲裁意向，约定将已经发生或将要发生的争议提交指定的仲裁机构按约定或仲裁庭选定的仲裁规则组成仲裁庭并进行公正聆讯或书面审理，然后依据法律或依公平原则作出裁决，由当事各方自觉履行，而由法院予以监督和保障的一种解决争议的制度。

上述仲裁的定义是对仲裁的概括，具体展开来说，笔者认为仲裁具有如下基本特征：

1. 仲裁管辖权的依据是法律授权和当事人的意思自治。这是仲裁与诉讼的最大区别。诉讼管辖权的依据全部来自法律的强制性。而仲裁程序的展开除必须符合法律授权外（即可仲裁性问题），还必须以当事人于争议发生前或发生后所签订的仲裁条款或仲裁协议为依据。否则，仲裁机构将无权受理。

2. 可仲裁争议法律关系的性质由法律界定。世界各国及我国四法域的仲裁规定，无不对可仲裁事项的范围加以界定，超越界定范围的争议即便当事人订有仲裁协议，也不允许提交仲裁，当事人意思自治原则在可仲裁法律关系之外没有任何效力。

3. 仲裁的程序依据当事人之协定，无协定时由仲裁庭依职权选定仲裁规则。诉讼的程序只能严格遵守民事诉讼法，当事人无权改变，只有遵守的义务。而仲裁当事人可以选择仲裁规则。即便在国内或本地区仲裁的情况下，当事人也可以通过选择仲裁机构来达到选择仲裁规则的目的。

4. 裁决的依据既可以依法也可以依公平原则。而诉讼只能严格依法办事。

5. 裁决的公平正确性由法院进行监督，裁决的权威性由法院进行保障。这一特征表现了仲裁制度本质的双重性，即既有其非司法性的一面，又有其司法性的一面。仲裁的权利来源从本质上说来源于当事人的意思自治，但作为民间解决争议的一种方式，仲裁并不能保证其自身的准确性和公平性，而仲裁的惯例是一裁终局，因而产生的问题不能由其自身纠正；同时，仲裁机构（包括仲裁庭及常设机构）是由于当事人的协议授权才与某一具体案件联系在一起的，一旦案件结案，仲裁庭立即解散，而其常设机构也与该案脱离了联系。一旦败诉方拒不执行裁决，胜诉方的权益将失去保障。为了解决这些问题，仲裁制度中又引入了法院的监督和保障机制。

仲裁的上述特征反映的仅仅是仲裁制度的一般性特征，由于各国或各地区的仲裁立法的宗旨甚至对仲裁的支持程度都存在差异，反映在对仲裁制度特点的归纳上当然也会略有区别。但笔者相信，无论如何归纳，都离不开仲裁的双重性这一本质特征。

二、仲裁的类型

仲裁的外延涵盖着仲裁的各种不同类型。对仲裁的划分方式很多，有的按仲裁的业务性质划分，将仲裁分为经济贸易仲裁和海事仲裁；还有的甚至进一步按具体案件的法律关系的性质，将仲裁分为房地产仲裁、经济合同仲裁、劳动仲裁、科技仲裁等。这些划分方式对建立一个法域内的仲裁体系曾经发挥了一定的作用，但实践证明，过分琐碎的划分，在法律上并无意义，甚至在我国内地仲裁发展史上曾经发生过消极作用。笔者认为必须根据国际商事仲裁的发展趋势，并结合仲裁制度本身的特点对仲裁作一个具有法律和现实意义的划分。因此，笔者将仲裁区分为如下几个类型：

(一) 临时仲裁和机构仲裁

依照仲裁组织是否为常设仲裁机构以及仲裁庭的产生对固定仲裁机构的依赖程度，我们将仲裁分为临时仲裁和机构仲裁。前者指的是仲裁组织的产生完全依赖于当事人各方签署的仲裁条款或仲裁协议。仲裁庭因具体仲裁案件而产生，在完成仲裁任务后即行解散。而后者则指的是当事人选定常设仲裁机构作为仲裁组织，并从该常设仲裁机构的仲裁员名单中指定若干仲裁员组成仲裁庭。仲裁任务完成后，仲裁庭解散，但该常设仲裁机构继续存在，继续受理和裁决其他案件。目前世界上许多国家和地区都有自己的常设仲裁机构，在长期的国际仲裁实践中，逐渐形成了一些著名的常设仲裁机构，如伦敦国际仲裁院、瑞典斯德哥尔摩商会仲裁院、国际商会仲裁院、中国国际经济贸易仲裁委员会等，可以说目前世界上大部分的仲裁案件是由常设仲裁机构处理的。而临时仲裁由于当事人了解不多，故实践中使用得相对较少，然而，这一仲裁形式却得到了《纽约公约》的支持，我国与一些国家签订的双边司法协助协定中也包括临时仲裁，① 因此，临时仲裁的作用和地位也非同小可。近几年来，一些国家新修订的仲裁法，如巴西1996年的新仲裁法，倾向于给予临时仲裁和机构仲裁同等的法律保护。我国内地与港澳台地区均存在着机构仲裁，但只有香港和澳门特区接受临时仲裁。澳门由于目前没有一个权威的普遍性常设仲裁机

① 参见韩健著：《仲裁协议关于仲裁机构的约定——兼评我国仲裁法中有关条款的规定》，载《仲裁与法律通讯》，1997年第2期。

构，且从《澳门本地仲裁法》内容分析，澳门的仲裁以临时仲裁为主要形式,① 以常设机构仲裁为辅助。而我国内地②不接受临时仲裁。我国台湾地区“商务仲裁组织及仲裁费用规则”第23条规定：“第18条、第19条第1项、第21条及第22条之规定对于‘非经商务仲裁协会登记之仲裁人’准用之。”同规则第38条规定：“非经商务仲裁协会所办理之仲裁案件，其仲裁费用之收取，得准用本规则有关之规定。”由此可见，目前我国台湾地区的仲裁，可以分为“由商务仲裁协会办理的仲裁”（即机构仲裁，Institution Arbitration）和“非经商务仲裁协会所办理的仲裁”（即临时仲裁，AdHoc Arbitration）两种。这就说明，我国台湾地区“仲裁法”是承认临时仲裁的。③

（二）内国仲裁和外国仲裁

按照仲裁机构性质、仲裁的地点及仲裁所适用的仲裁规则不同，可以将仲裁划分为内国仲裁和外国仲裁。对内国仲裁，有的学者根据仲裁审理的争议是否具有涉外因素（仲裁主体、仲裁客体、引发争议产生的事实和行为等），将其分为国内仲裁（本地仲裁）和涉外仲裁。④ 外国仲裁和涉外仲裁统称国际仲裁。这种划分方式对许多国家和地区都有重大意义，因为当今世界各国和地区的仲裁制度是将内国仲裁和外国仲裁区别对待的，许多国家和地区对发生在本国或本地区的仲裁是根据涉外与否适用不同的司法审查程序的。

《中华人民共和国仲裁法》注重区分内国仲裁和外国裁决以及国内（本地）仲裁和涉外仲裁。对外国仲裁根据《最高人民法院关于执行我国加入〈承认及执行外国仲裁裁决公约〉的通知》第4条的精神，应直接适用《纽约公约》进行审查，按照《纽约公约》确定的标准对待。对本地裁决（即国内仲裁）适用根据《中华人民共和国仲裁法》和《中华人民共和国民事诉讼法》的有关规定进行实体审查，而对国际裁决（包括外国裁决和涉外裁决）只进行形式审查。《香港仲裁条例》中第II部和第IIA部也同样就本地仲裁和国际仲裁作了不同的规定，对本地（本港）仲

---

① 参见王文英：《澳门仲裁制度浅析》，载《仲裁与法律通讯》1999年第2期。

② 参见王生长：《中国仲裁的新发展》，载《仲裁与法律通讯》1997年4月第2期。

③ 参见王利明：《海峡两岸仲裁立法的比较研究》，载《法学评论》2004年第1期。

④ 参见杨荣新主编：《仲裁法理论与适用》，中国经济出版社1998年版，第38～40页。

裁适用条例自身规定的程序进行，而对国际仲裁则适用联合国示范法的程序。澳门仲裁立法走得更远，准备就本地仲裁和国际仲裁制定不同的法规。1996 年 9 月生效的《澳门本地仲裁法》仅调整其本地仲裁（这从其法律名称中即可看出），而其调整国际仲裁的独立法规《澳门涉外商事仲裁法》则于 1998 年 11 月 13 日颁布。台湾“仲裁法”中也分别对区际仲裁和外国仲裁作了不同的规定。该条例第 47 ~ 51 条专门调整外国仲裁裁决（即国际裁决），其余部分调整本地仲裁或基本仲裁制度。需要说明的是我国四个法域就本地仲裁与国际仲裁的定义与本书不完全相同，因为什么叫“国际仲裁”在国际上还有争议，联合国《国际商事仲裁示范法》关于“国际仲裁”的定义是各国和各法系妥协的产物，范围定的过窄，笔者不能赞同，而许多国家和地区包括我国香港特区对国际仲裁的解释又过宽，笔者认为也值得推敲，具体理由后文将再行讨论，笔者认为，本书的定义还是比较适中的。

（三）依法仲裁和友好仲裁

根据仲裁裁决的依据不同，笔者将仲裁分为依法仲裁和友好仲裁。裁决依据的灵活性是仲裁区别于司法审判的重要因素之一。司法审判不仅在程序上要依法办事，而且判决的依据只能适用准据法（除非当事人自行和解或法院参与调解）。而仲裁由于其固有的自治性，决定了当事人不仅可以自行选择或制定仲裁程序规则，而且仲裁员作出裁决时可以根据争议的实际情况及当事人的授权决定依法或依公平原则和商业惯例作出裁决。对前者我们称之为依法仲裁，对后者我们称之为友好仲裁。目前，国际仲裁领域以依法仲裁为主流，而友好仲裁则只占少数，其原因是友好仲裁必须经当事人特别授权，也不得违背仲裁地的公共秩序及其他强制性规定。许多大陆法系国家还保留友好仲裁这一类型，如法国、荷兰、比利时①、瑞士等，而英美法系国家则倾向于不承认友好仲裁，但近年来已有所改变。② 南美洲的巴西，原属于仲裁保守的国家，1996 年 9 月 23 日，巴西通过的新《仲裁法》也允许当事人在不违背道德准则和公共秩序的情形

---

① 1998 年 4 月 1 日和 2 日，比利时通过了对仲裁法的修改。关于友好仲裁问题，原先的法律禁止当事人事先在仲裁协议中约定选择“友好仲裁”（友好和解），只有实际发生争议时才能选择，新仲裁法已经取消这一规定。参见《比利时修改仲裁法》（朱建林供稿），1998 年 8 月第 4 期，第 1 页。

② 参见杨荣新主编：《仲裁法理论与适用》中国经济出版社 1998 年版，第 42 页。

下选择依法仲裁还是依公平原则仲裁,① 从而明确了对友好仲裁的支持态度。目前,中国内地与港澳台地区的仲裁制度都强调依法仲裁,但只有台湾“仲裁法”和《澳门本地仲裁法》中,才有友好仲裁的文字依据(其称之为依衡平原则裁决)。②

(四)自愿仲裁和强制仲裁

从仲裁的管辖权依据角度我们将仲裁划分为自愿仲裁和强制仲裁。仲裁起源于民间的意思自治,尊重当事人的意志是仲裁的生存动力。在仲裁发展的历史过程中,这种民间性质的争议解决方式使得争议各方间的矛盾,容易得到化解,特别是有利于争议解决后当事人之间恢复信任和合作。这些优点引起了许多国家和地区的立法者的兴趣,他们纷纷规定在若干领域所发生的争议必须先行仲裁,而后方可寻求司法救助,这类建立在立法强制性规定基础上的仲裁我们称之为强制仲裁。其他以当事人仲裁协议为基础的仲裁则称之为自愿仲裁。综观目前的国际仲裁领域的发展形势,强制仲裁一般多限制在劳资关系、证券等领域。《中华人民共和国劳动法》和《股票发行与交易管理暂行条例》规定了劳动争议和证券纠纷必须先行仲裁。《香港仲裁条例》第2AB条规定,法定仲裁一般也参照普通仲裁程序。台湾“海商法”中关于共同海损之计算、技术合作之纠纷等须经仲裁程序先行解决。1988年台湾有关方面修改“证券交易法”之前规定所有有价证券交易纠纷必须强制仲裁,但后来考虑到国际上许多国家和地区对证券交易尚未强制仲裁,担心台湾的证券裁决不为其他国家和地区所承认,便于1988年对“证券交易法”作了修改。修改后的“证券交易法”对证券纠纷采用约定和强制仲裁双轨制,规定有价证券交易发生的纠纷,当事人可以约定仲裁。但是,证券商与证券交易所之间及证券商相互之间的争议必须强制交付仲裁。③ 1996年的《澳门本地仲裁法》专门以第二章(尽管只有两条)对所谓“必要仲裁”(即强制仲裁)作了特别规定。但由于澳门的仲裁制度刚刚建立,目前这一章的精神尚未发现在具体实体法中得到体现。

---

① 参见《巴西制定新仲裁法》(陈敏供稿),载《仲裁与法律通讯》,1997年第4期,第1页。

② 台湾“仲裁法”第31条规定:“仲裁庭经当事人明示合意者,得适用衡平原则为判断。”《澳门本地仲裁法》第34条规定:“许可仲裁员按衡平原则审判时不得透过上诉争执……”

③ 参见陈焕文:《国际仲裁法专论》,台湾永然出版社1994年版,第270~271页。

第三节 仲裁的基本原则

仲裁的基本原则是贯彻于仲裁过程中的基本行为准则。学者们对仲裁基本原则的总结很多，各有千秋。有的学者归纳得比较简单，如自愿原则，以事实为依据、以法律为准绳，公平合理地解决纠纷原则，依法独立行使仲裁权的原则①；有的归纳得比较详细，如自愿原则，依法独立仲裁、不受干涉原则，以事实为依据、以法律为准绳原则，仲裁当事人地位平等和权利义务对等原则，对当事人在适用法律上一律平等原则，先行调解原则，辩论原则，处分原则以及民族语言文字原则和法院监督原则等多达十条。② 就本书论题而言，笔者认为考虑到中国内地与港澳台地区仲裁制度的共性、基本原则固有的特点即贯穿于仲裁各个环节的行为准则以及为未来必将发生的区际仲裁的健康发展发挥指导作用的目的，仲裁的基本原则应该简单而精练，因此，笔者将仲裁的基本原则归纳为：自愿原则、自然公正原则和司法监督与保障原则。

一、自愿原则

前文我们提到仲裁的基础是当事人的意思自治，由此我们引申出仲裁的自愿原则 。自愿原则贯穿了仲裁程序的始终，是仲裁制度的灵魂，具体表现在如下几个方面：

（一）仲裁管辖权取得的依据

仲裁与诉讼一个重要的区别是诉讼的管辖权来源于法律的强制性，而仲裁的管辖权则来源于当事人的协商和选择（当事人自愿）。选择的方式便是当事人用以充分、真实地表达自己意志的仲裁条款或仲裁协议。世界各国及我国港澳台地区的仲裁制度都规定违反当事人意愿的仲裁条款或仲裁协议是无效的，不能成为仲裁管辖权的依据，在无效仲裁协议基础上产生的仲裁裁决将得不到法院的承认与执行。

（二）仲裁庭组成的依据

下文的分论中会提到仲裁庭的组成有两种主要方式：其一是当事人以仲裁协议为依据直接组成仲裁庭；其二是依当事人选择的仲裁规则组成。

---

① 参见杨荣新主编：《仲裁法理论与适用》，中国经济出版社 1998 年版，第 115～118 页。

② 参见谭兵主编 ：《中国仲裁制度研究》，法律出版社 1995 年版，第 200 页。

两种方式都强调当事人的意志。违背当事人意志所组成的仲裁庭经当事人申请可被撤销，这种仲裁庭作出的裁决不会被法院认可。

（三）仲裁规则的适用依据

仲裁这种解决争议的民间方式允许当事人自行制定仲裁规则或者约定适用任一仲裁机构的仲裁规则，在无特别约定的情况下只要当事人不表示异议，当事人所选择的仲裁机构的仲裁规则即被视为应适用的仲裁规则。无论从什么角度看实际上都是当事人的意愿决定了应适用的仲裁规则。

（四）准据法的重要依据

根据国际私法的法律适用规则，国际经济贸易争议的准据法的选择采用意思自治原则。只有当事人未进行选择时，才采用其他的法律选择规范。

（五）仲裁裁决终局与否的重要依据

仲裁制度一般要求一裁终局，但是有的国家和地区允许当事人就裁决进行上诉，一般是上诉到法院，有的也允许向当事人约定的仲裁机构上诉，当然也同时允许当事人约定不得就裁决进行上诉，这样一来，当事人的意愿还决定着仲裁裁决终局与否的问题。

自愿原则是仲裁的所有基本原则中争议较少的一项基本原则，原因就在于是这一原则反映了仲裁的本质特征。这就意味着，缺乏当事人的意愿的争议解决方式，无论其多么完美，不能成其为仲裁。虽然目前世界上还存在着有限的强制仲裁，如前文提到的劳资关系和证券买卖关系争议的解决，但这也只是为了借鉴仲裁这一民间解决问题的容易缓和矛盾的优点，在有关争议由司法部门介入前必须先行仲裁，从而便于解决问题后不留下矛盾的种子，因为这类纠纷的双方今后还得继续合作。仲裁的自愿原则散布于我国内地与港澳台地区的仲裁规范之中。《中华人民共和国仲裁法》强调当事人选择以仲裁方式解决纠纷必须双方自愿；① 澳门特区政府在为颁布本地仲裁法的第 29/96/M 号法令中将当事人自治原则（自愿原则）列为“最为显著的”原则，而且仲裁条例的第一章叫做“自愿仲裁”，使得澳门仲裁法的名称出现争议。有些学者因此称其为自愿仲裁法（实际上由于澳门对本地和国际仲裁分别立法，因此现行的仲裁法称为《澳门本地仲裁法》更合适）；香港仲裁条例和台湾“仲裁法”虽然并未将自愿原则作为单独的条款直接规定出来，但显然这两个法规处处都体现了对当事人意愿的充分尊重。

---

① 参见《中华人民共和国仲裁法》第 4 条。

二、自然公正原则

自然公正原则至少包含两个基本内容：1. 仲裁员必须独立行使仲裁权利，不受任何单位或个人的影响（包括指派其担任仲裁员的一方当事人）；2. 当事人的陈述和意见必须被充分听取。自然公正原则原是自然法中的一项基本原则，后发展成各国司法程序的基本原则，仲裁制度产生后也将这一原则借鉴过来，并且更加重视其在仲裁程序中的作用。如果说“仲裁自愿原则”系仲裁与诉讼的区别的一个重要标志的话，自然正义原则就是成为仲裁和司法的联系点和交叉点，也就是说是两种制度的共同点。这种既相互区别又互相联系的特点更说明了仲裁与司法审判只是解决争议方式的转换，其目的是一致的，即解决社会纷争，维护社会稳定。自然正义原则成为仲裁基本原则的主要理由如下：

（一）仲裁当事双方程序权利（仲裁员的指派，仲裁过程中对争议事项的陈述权、申辩权等）对等

各国和地区的仲裁规范都规定仲裁庭的组成必须尊重仲裁当事人的意见。无论是两人制仲裁庭，还是三人制仲裁庭抑或其他奇数制仲裁庭，其基本方式一般是由仲裁各方各指定一名仲裁员，然后由双方或双方指派的仲裁员共同推举一名首席仲裁员或公断人。在当事人一方未行使指派仲裁员或首席仲裁员或公断人时才由仲裁规则或法定的指派机构代为指派。有时双方当事人订立仲裁协议时便确定由第三方指派仲裁员或首席仲裁员或公断人。这样规定的目的是为了保持仲裁过程中双方处于同等的法律地位。

（二）仲裁员必须独立仲裁

仲裁员虽然系双方委派，但与代理人不同，因为仲裁员并不代表任何一方（包括委派自己的一方），只能依据事实和法律或当事人约定的其他方式进行裁决。不仅如此，除法院依法进行的监督和保障外，仲裁员也不得受任何其他部门（包括政府部门）的干预。如果仲裁过程中发现仲裁员与任何当事人有足以影响其公正裁决的关系或仲裁过程中出现明显偏袒一方当事人的现象，当事人可以申请回避，在有些国家和地区当事人还可以向法院申请将有污点的仲裁员排除出仲裁程序。

（三）仲裁过程中双方当事人的意见必须被充分听取

这是自然公正原则最基本的含义。这些意见包括申请人的申请意见、被申请人的答辩意见、申请人的举证及就证据所作的说明、被申请人的反驳意见及必要的反证、对专家证人意见的意见、有反诉时反诉各方就反诉问题的证据和意见、当事人最后的陈述意见以及是否同意调解的意见。无视当事人意见的裁决将会受到质疑，严重时会被撤销。1991 年香港高等

法院判决拒绝执行中国国际经济贸易仲裁委员会（CIETAC）裁决的 Pak-lito v. Klockner 一案的裁决，其理由便是 CIETAC 仲裁庭未能给被执行人请求就仲裁庭指定的专家对争议的标的物进行检验后所提出的专家报告作出评论的机会。①

（四）法院对仲裁裁决进行监督的重要依据

在当今世界上，可以说凡是有仲裁的地方，就有对仲裁的监督，因为任何一个政权决不会放任一种可以处理其国民或实体、或行为、财产实体权利的制度超越其国家机器的控制，区别的只是干预的程度不同。为了尊重仲裁的民间性，保持仲裁制度的本质特色，各国和地区现在都趋向于淡化对仲裁的干预，② 但同时为保证其公正性，又将对仲裁的有限审查（主要是形式、程序审查）作为保留领域。法院对仲裁的形式审查主要审查其是否违背了自然公正原则。联合国贸发会制定的《国际商事仲裁示范法》是世界各法系斗争和妥协的产物，该示范法已经将法院对仲裁的干预降到了最低水平，但就在硕果仅存的五项法院拒绝承认和执行仲裁裁决的理由中，就有两项涉及自然公正的问题，③ 与前文所说的司法审查的淡化趋势相反的是各国仲裁制度对当事人的仲裁程序上所享有的自然公正的权利保护却日趋严格。

自然公正原则是法制社会处理争议的理论基石，无论是在司法审判或是民间仲裁制度中其作用都十分重要。从上述分析情况看，自然公正作为仲裁过程中的起码要求已经渗透到仲裁的各个环节，成为一项公认的仲裁基本原则。自然公正原则的精神在我国四个法域的仲裁规范中也毫无疑问地得到了体现。《中华人民共和国仲裁法》第 58 条在规定人民法院撤销仲裁裁决的条件中就有两条与该原则有关。另外，《民事诉讼法》第 217 条和第 260 条也从仲裁的司法审查角度把握仲裁的自然公正。④《香港仲

---

① 参见赵秀文：《香港仲裁制度》，河南人民出版社 1997 年版，第 337～354 页。

② 参见肖永平：《也谈我国法院对仲裁的监督范围——向陈安先生请教》，载《仲裁与法律通讯》，1997 年第 6 期，第 7 页。

③ 示范法第 36 条第（1）款 a 项第（二）目规定："未将有关指定仲裁员或仲裁程序的事情适当地通知依据裁决被提出要求的当事一方，或该方因其他理由未能陈述其案情……" 第（四）目规定："仲裁庭的组成或仲裁程序与当事各方的协议不一致，或并无这种协议，则与仲裁所在国的法律不符。"

④《民事诉讼法》第 217 条规定人民法院拒绝承认与执行国内仲裁机构的仲裁裁决的理由有："（三）仲裁庭的组成或者仲裁的程序违反法定程序的；""（六）仲裁员在仲裁该案时有贪污受贿，徇私舞弊，枉法裁决行为的。"该法第 260 条规定拒绝执行涉外仲裁机构裁决的条件有："（二）被申请人没有得到指定仲裁员或者进行仲裁程序的通知，或者由于其他不属于被申请人负责的原因未能陈述意见的；""（三）仲裁庭的组成或者仲裁的程序与仲裁规则不符的"。

裁条例》不仅规定了仲裁当事人选择仲裁员或公断人的平等权利而且其第25条和第26条还具体规定了在仲裁员或公断人无论是其自身行为不当还是在仲裁程序中行为不当时，法院均有权将该仲裁员或公断人撤职，或者另行委派仲裁员或公断人，或者应一方当事人的要求下令该仲裁协议不再有效。对有行为不当的仲裁员和公断人作出的仲裁裁决法院有权撤销。对国际仲裁，《香港仲裁条例》规定完全适用联合国示范法第1~7章的内容，因此前文引用的示范法中有关自然公正规定同样适用于香港。《澳门本地仲裁法》第11条规定了仲裁当事人各方指派仲裁员的平等权利，第14条规定仲裁员如存在妨害仲裁的独立和公正性因素时，仲裁员应自行回避，当事人也可以“拒却”该类仲裁员，第37条规定（如仲裁裁决）“未依据第20条c项之规定传唤被诉人，且被诉人未参与有关程序”时仲裁裁决无效。台湾“仲裁法”更加注重仲裁的自然公正问题，其在规定了当事人指派仲裁员的平权原则的同时规定了对仲裁人的回避和拒却制度。其第15条规定仲裁人必须告知当事人的四种情况实际上均涉及自然公正中的“披露义务”（duty of disclosure）问题，这一款实际上吸取了联合国示范法第12条的内容。台湾有关机构在审查仲裁裁决时有更多的有关自然公正的理由撤销仲裁裁决。其中第40条为保证仲裁的自然公正，更加详细地将许多违反自然公正的细节列入法院有权撤销的范围。① 前引我国四个法域的仲裁法规条文表明，仲裁的自然公正原则早已体现在仲裁规范的字里行间之中，我国四个法域仲裁规范的具体制度虽各有不同，但并未脱离国际仲裁大家庭。

三、法院的监督与保障原则

仲裁与纯民间性的调解与和解的最大不同之处在于法院的介入。国际仲裁实践中，在仲裁员的指定和异议、财产或证据的保全、仲裁管辖权的限制和支持、仲裁时效的救济、针对仲裁裁决提出的上诉或司法审查、仲裁裁决的承认与执行甚至当事人有异议的情况下仲裁员费用的最后核定等环节都可以发现法院的保障和监督功能在发挥作用。虽然对法院在仲裁制

---

① 台湾“仲裁法”第40条有关规定如下：“三、仲裁庭于询问终结前未使当事人陈述，或当事人于仲裁程序未经合法代理者。四、仲裁庭之组成或仲裁程序，违反仲裁协议或法律规定者。五、仲裁人违反第15条第2项所定之告知义务而显有偏颇或被声请回避而仍参与仲裁者。但回避之声请，经依本法驳回者，不在此限。六、参与仲裁之仲裁人，关于仲裁违背职务，犯刑事上之罪者。”

度中的具体地位和作用及作用大小尚有分歧，但是，各个国家和地区的仲裁法律制度及有关仲裁的国际条约，如《纽约公约》等，都支持法院对仲裁的监督和保障。我国内地与港澳台地区的仲裁制度中都或多或少明文规定了法院对仲裁的监督和保障的职能。关于这一问题，笔者将在第九章进行专章研究，在此不予赘述。

第四节 仲裁的价值取向

仲裁的价值取向确实值得我们研究仲裁制度的人深入研究，因为仲裁的价值取向不仅决定了仲裁的立法趋势，而且决定了当事人对仲裁制度的认识和选择，从而也决定着仲裁制度的生命力。但由于迄今为止，对其之研究尚属肤浅，再加上受传统的仲裁研究模式影响，而且对这一重要的问题尚无专著加以详论，仲裁的价值取向问题常常被列入仲裁专著总论的一部分，本书也不例外。对本书来说，除前述理由外，还有一个更重要的理由，那就是本书的研究重点在于比较我国内地与港澳台地区具体仲裁制度的区别，而非从法哲学的角度去论述和探究仲裁的正确价值取向。因而仲裁的价值取向仅仅是本书论题考察的一个环节，而无须作重点探究。

一、仲裁价值取向的概念和实践意义

仲裁的价值取向指通过以仲裁的方式解决民商事法律争议从而达到的最终目的，并因此决定其作为解决纷争的替代手段的社会价值。简单地讲就是仲裁所要实现的社会目标。

由于仲裁与诉讼都是解决社会纷争的一种手段，其价值取向的实践意义与诉讼大致相同。① 笔者认为诉讼的价值取向在仲裁领域同样具有上述意义。不仅如此，笔者认为鉴于仲裁性质的双重性，还应该增加第三条意义，即决定着仲裁制度的生命力。这一意义是司法审判所不具备的，因为

---

① 关于诉讼的价值取向论述很多，但《中国社会科学》1998 年第 6 期上集中发表的两篇论文值得一读。这两篇论文分别是：顾培东、张建魁的《我国民事经济审判制度的价值取向》王志强的《南宋司法裁判中的价值取向——南宋书判初探》。关于司法审判价值取向的实践意义，前文指出："在宏观上，它决定特定社会审判制度的整体走向，昭示着司法审判所倡扬的社会秩序，决定着司法审判的社会功效，尤其是决定着审判保护倾向；在微观上，它决定和影响着个案中司法审判行为的实际举措和个案的实际裁决结果。"顾培东、张建魁：《我国民事经济审判制度的价值取向》，载《中国社会科学》1998 年第 6 期，第 107 页。

后者作为国家专政的工具，是由国家强权来保证的。相比较诉讼制度而言，仲裁制度的生命力更脆弱，它必须通过仲裁实践向公众展示其自身的优越性，才能得到当事人在个案中的协议选择。选择频率越高，其生命力越强。而吸引当事人协议选择的动力便是仲裁立法和仲裁实践向世人所昭示的仲裁价值取向。因此我们断言仲裁的价值取向决定着仲裁的生命力。

二、仲裁的价值取向的内容

对仲裁的价值取向的具体内容有较多的争议，笔者认为研究仲裁的价值取向的具体内容应该同其孪生兄弟诉讼相比较。目前诉讼和仲裁是世界上公认的解决民商争议的两种主要方式。它们所追求的价值取向既有很多互相参照的共同点，也有对照特别明显的不同点。依照这一比较研究方式，笔者认为，仲裁的价值取向应该有如下几个内容：

（一）公正性

公正是千百年来人们对理想社会乌托邦式的追求，然而，在阶级社会里绝对的公正从来没有过，也永远不会有。但并不能因此将先贤们为实现平等、公正的理想社会所付出的努力全盘否定，特别在社会的某些领域，我们至少可以通过努力达到相对的和形式的公平，诉讼和仲裁正好为我们提供了这一理想空间。对公正的追求是仲裁与诉讼共同的价值取向，追求公正是人们千百年来追求的永恒的法律价值。① 这是由于仲裁和诉讼都以解决社会纷争为己任，所不同的只是解决问题的方式。只有产生公正结果的解决纷争方式才能成功地化解社会矛盾，否则，不仅不能解决社会矛盾，有时反而会激化社会矛盾。仲裁与诉讼一样自其诞生之日起即以公正为自己的价值目标，力求通过仲裁使仲裁各方的争议得到公正而满意的解决，仲裁的公正性是仲裁所追求的最大的基本价值目标。② 仲裁对公正性的追求主要体现在两个方面：其一是程序的公正。从仲裁当事人的角度来讲，它要求仲裁当事人各方享有平等的陈述权和答辩权；从仲裁员的角度来讲，它要求仲裁员必须严守中立，独立裁判。为此，仲裁法为仲裁员规定了回避制度，而为当事人规定了针对不公正的仲裁员的异议制度。同时法院在对仲裁裁决进行审查时尤为注重当事人在仲裁程序中是否受到公正

---

① 参见汪祖兴：《浅谈仲裁的公正性——兼论中国仲裁的监督机制与国际惯例的接轨》，载《仲裁与法律通讯》1998 年第 2 期，第 19 页。

② 参见汪祖兴：《浅谈仲裁的公正性——兼论中国仲裁的监督机制与国际惯例的接轨》，载《仲裁与法律通讯》1998 年第 2 期，第 19 页。

待遇，如是否就争议主题甚至一个证据获得充分陈述的权利，否则，当事人有权以此为理由，申请法院撤销仲裁裁决。其二是实体的公正。即要求仲裁员必须根据仲裁庭质证的证据作出不偏不倚的公正裁决。仲裁裁决的结果公正也就是仲裁实体的公正，其标准是案件事实之真实发现与法律的正确适用。当事人总是通过仲裁裁决的结果来看待和认识仲裁制度的，程序是为实体服务的，离开实体裁决的公正，多么公正的仲裁程序都是徒劳无益的。

（二）仲裁的经济性

仲裁的经济性是仲裁的第二基本价值目标，① 指通过仲裁方式解决争议所要实现的经济目标。从可仲裁性角度看，现代仲裁立法和实践都倾向于以解决民商事争议为己任，这些争议都与经济或财产有关，然而，这并不是仲裁的价值取向的经济性含义，但它却是仲裁以经济性价值取向的动力所在。仲裁与诉讼不同，诉讼可以说覆盖包罗万象的一切领域的争议，而仲裁的管辖范围，如前所述，主要集中在民商事领域。以解决民商事争议为己任的仲裁，如果达不到经济性的目的，那么，这种争议解决方式不仅在与诉讼相比较时，没有自己的特色，而且，由于其权威性远逊于诉讼，其生存都会存在危机。因此，仲裁的经济性应包含两种含义：其一，必须通过仲裁实现经济的目标；其二，实现这种经济目标必须较之诉讼更具有效率。仲裁的经济性的价值目标一般通过三个层面反映出来：1. 程序的经济性。仲裁程序的经济性，主要指仲裁程序较之于诉讼更为简洁。这不仅表现在仲裁的一审终局，一般没有上诉阶段，而且表现在当事人可以自行选定仲裁的程序规则，仲裁庭一般由仲裁各方当事人指派仲裁员组成，相对来说会有一些熟识的面孔，因而，不像法庭那样庄严肃穆，仲裁气氛比较轻松。仲裁庭既可以适用法律裁决，如果案情必要，经征得当事人同意也可以不适用法律而适用公平原则进行裁决。仲裁的审限时间较短，一般为6～9个月。仲裁庭认为事实已经清楚时，甚至可以即时裁决。仲裁程序的简洁、迅速正好切合对繁琐的法律程序不甚了解的商业人士的需要，而且避免了当事人过久地陷于讼争泥潭，也避免了争议的久拖不决。2. 实体的经济性。仲裁实体的经济性指的是仲裁裁决不仅要公正地保护仲裁当事人的合法利益，满足当事人合法的经济期望，而且在具体处理有关财产时应注重考虑仲裁标的的实用和合理利用。“仲裁裁决结果的

① 参见汪祖兴：《仲裁的经济性与中国仲裁的监督机制》，载《仲裁与法律通讯》1998年第6期，第10页。

经济性，要求仲裁裁决的内容有利于合理利用当事人的财富。”① 3. 仲裁成本的经济性。仲裁的过程从经济学的角度来说，是一个仲裁的投入产出过程。仲裁过程中，当事人各方及仲裁庭成员都得为仲裁而消耗一定的人力、物力和财力。比照经济学的名词，这种花费相当于仲裁的投入过程，而仲裁庭作出裁决的过程，相当于仲裁的产出过程。只有减少投入的成本，才能提高仲裁的经济效益，这就是仲裁成本的经济性。仲裁人力的投入很难控制和统计，但仲裁中仲裁费的支出却能够精确地计算出来。因而，人们对仲裁经济性进行判别的一个重要尺度就是仲裁费的支出。仲裁取费各个国家和地区的常设仲裁机构都会对外公布，其标准参差不齐。但从众多的标准中，我们通过比较得出一个较具规律性的结论：仲裁的总体取费大于诉讼的一审的费用，小于两审的费用总和。因而，从总体上来说，只要仲裁裁决无足以让法院撤销的瑕疵，仲裁就比诉讼更经济、实惠。

（三）仲裁的意思自治性

仲裁的意思自治性我们在前文已多次讨论过，但这里我们还得涉及，因为意思自治不仅是仲裁的特征和基本原则，而且还是仲裁的一个重要价值取向。正是意思自治这一特点千百年来转化成吸引无数当事人选择仲裁的永恒魅力，因而意思自治不仅是仲裁与诉讼最具区别的特点所在，而且是仲裁制度生命力的源泉。反向思之，高度的意思自治又成为发展仲裁制度所追求的目标，成为仲裁永恒的价值取向。近一百年来，国际商事仲裁制度迅猛发展，但仔细分析，我们不难看出，仲裁制度的每一次变革和革命，都伴随着某国或某地区仲裁的意思自治性的又一次提高。实际上一个国家或地区仲裁制度的意思自治水平的高低是该国家或地区仲裁制度先进与否的重要标志之一。我们前文也论述过，意思自治作为仲裁制度的一个重要基本原则，渗透到了仲裁的各个环节，如仲裁员的选择、仲裁规则的选择、仲裁准据法的选择、裁决方式的选择甚至对裁决是否上诉的选择，而当仲裁以意思自治作为自己的价值取向时，它要求仲裁制度适应市场经济的发展需要，不断完善、扩大当事人在仲裁制度中的选择权利，从而提高仲裁的意思自治水平。

三、中国内地与中国港澳台地区间协调仲裁价值取向问题的法律思考

前文分析的价值取向是从仲裁制度的发展历史、仲裁立法、仲裁实践

① 谭兵主编：《中国仲裁制度研究》，法律出版社 1995 年版，第 66 页。

及仲裁国际惯例中抽象出来的。这些取向在我国内地与港澳台地区的仲裁制度中都有反映，所不同的是实现这些价值取向的具体规范有所不同。笔者撰写此文的目的在于通过对内地与港澳台地区仲裁制度的比较，探讨四个法域仲裁制度的异同，以便能够优化各法域的仲裁制度，使得仲裁在解决我国内地与港澳台地区内部或跨法域间的民事纠纷方面发挥更大的效用。那么，为了达到上述目的，今后内地与港澳台地区仲裁制度的发展应该秉承什么样的价值取向呢？笔者认为，也应坚持前述三种价值取向，而且要更加强化。也就是说，内地与港澳台地区的仲裁制度的发展特别是用于处理区际民事纠纷的仲裁规范应该朝着更加公正、更加经济和更加尊重当事人的意思自治的方向发展。为此，笔者提出强化仲裁上述价值取向的一些构想：

（一）从仲裁规范本身的角度进行特别调整，以确保仲裁的公正性

目前，四个法域基本上都把区际仲裁作为涉外仲裁对待，从而适用涉外仲裁程序。涉外仲裁的程序要求虽然比各法域内仲裁要宽松，但仅仅程序上的公正，并不能保证实体的公正。比如说，对仲裁员的选择，虽然各法域仲裁法或仲裁规则一般都授予了各方选择仲裁员的平等权利，但这只是形式上的平等，当事人在名册制度下，面对着陌生的候选仲裁员，很难选择到自己信赖和满意的仲裁员。对仲裁程序也是如此，我们不能指望连对本法域的仲裁制度尚不熟悉的商人，却能够了解并实际运用其他法域的仲裁规则来平等行使自己仲裁的程序权利以取得最后公平的裁决。因此，仅仅建立在各法域仲裁规范上的形式平等，对当事人来说只是望梅止渴，不能解决实际问题。要实现形式平等和实体公正的统一，笔者认为，应将区际仲裁作为一个既区别于区内仲裁（本地仲裁），又区别于涉外仲裁的特殊形式，加以特殊处理。比如说，采用中美之间的联合仲裁形式，允许当事人各在本地区仲裁员名册上选择一名仲裁员，然后，由双方仲裁员共同从第三个地区的仲裁员名册上推荐一名首席仲裁员。仲裁程序规则允许当事人约定，如无约定时适用联合国示范法和联合国国际贸易法委员会仲裁规则。对联合仲裁产生的裁决法院在承认与执行时只能依示范法进行审查，不适用本地仲裁中的申请撤销仲裁裁决制度。至于对仲裁员的披露、回避和异议制度，同样适用示范法的有关规定。

（二）为保证仲裁的经济性，除要求仲裁员在作出裁决时注意争议标的的使用价值，尽量做到物尽其用外，还得对仲裁的期间和仲裁员的取费加以统一

笔者认为处理区际仲裁事项的期间应以 6 个月较为适宜。目前内地的仲裁期间为 9 个月，有些案件 9 个月都难以作出裁定，似乎长了一点。香

港仲裁条例则规定仲裁庭有权在任何时间作出裁决①（实际上相当于不作限制），似乎又太模糊了一点。而澳门和台湾地区的仲裁规则则规定6个月的仲裁期限，笔者认为这一期限比较适宜。根据仲裁实践，6个月的时间足以对有关争议的事实作出必要的了解，并且完成仲裁程序。何况仲裁员一般不需直接调查取证，只需要对双方当事人提交的证据材料作出认定即可。另外，对仲裁员的取费，由于涉及不同地区的仲裁员问题，目前，内地与港澳台地区之间的生活水平差距较大，如放任仲裁员自行决定收费标准，将会造成国际私法中的所谓挑选法院（forum shopping）的现象，从而在仲裁领域出现挑选仲裁机构或仲裁地（shopping of arbitration institute or shopping of arbitration place）的现象。当然，如果这种挑选是建立在仲裁机构的公平、公正和良好信誉的基础上，应该予以支持和鼓励，如果是基于仲裁员取费的差异，则不利于仲裁制度的健康发展，也不利于区际民商争议的合理、及时的解决。在仲裁领域，笔者认为以价格为杠杆的市场经济原则应受到一定的限制。就区际仲裁而言，可以特事特办，约定一个适用于区际仲裁的最高取费标准。如条件成熟，也可以直接统一收费标准。

（三）关于意思自治问题，笔者认为，区际仲裁应给予当事人更大的意思自治空间

只要不违反仲裁发生地的公共秩序和禁止性规定，一切涉及仲裁的事项均可协商确定。也就是说，当事人可以协商确定仲裁开始的方式、仲裁员和首席仲裁员的人选、仲裁规则、仲裁机构、仲裁期限、仲裁适用的准据法、仲裁裁决的方式（是否附具理由）、裁决的终局性等。这样一来才能让当事人感觉到仲裁确实是在以自己认可的方式解决自己的问题，增强当事人对仲裁制度的亲切感，从而得到众多当事人的认同，发挥仲裁制度在解决区际民商事纠纷领域的作用。

---

① 《香港仲裁条例》第15条第（1）款规定："除第24（2）条和仲裁协议另订相反规定外，仲裁员或公断人有权在任何时间作出裁决。"

第二章　仲裁制度的法律渊源

仲裁制度的法律渊源是指仲裁制度的法律表现形式。一般说来，各个国家和地区的法律渊源与其立法体制和法律体系关系比较密切。与其他法律制度渊源相比较，仲裁制度的法律渊源的一个突出特点是仲裁机构的仲裁规则成为仲裁法律制度的重要渊源。另外，由于联合国国际商事仲裁示范法在全世界的巨大而深远的影响，示范法成为许多国家和地区仲裁制度的特殊渊源，这两点构成了仲裁法律制度渊源的重要特色。当然，它们在各法域的表现和作用形式不完全相同。

第一节　中国内地仲裁制度的法律渊源

中国内地仲裁制度的法律渊源主要有如下几种：法律和行政法规；最高人民法院的司法解释；仲裁机构的仲裁规则；国际条约和有关仲裁的区际谅解备忘录。

一、法律和行政法规

中国内地仲裁法律制度的有关法律和行政法规主要有专门的仲裁法规和行政规章以及其他法规中有关仲裁的规定。1. 关于仲裁的专门性法规和行政规章目前主要如《中华人民共和国政务院关于在中国国际贸易促进委员会内设立对外贸易仲裁委员会的决定》（1954 年）、《国务院关于将对外贸易仲裁委员会改称为对外经济贸易仲裁委员会的通知》（1980 年）、《国务院关于将对外经济贸易仲裁委员会改名为中国国际经济贸易仲裁委员会和修订仲裁规则的批复》（1988 年）、《国务院办公厅关于做好重新组建仲裁机构和筹建中国仲裁协会筹备工作的通知》（1994 年）、《国务院办公厅关于印发〈重新组建仲裁机构方案〉、〈仲裁委员会登记暂行办法〉、〈仲裁委员会仲裁收费办法〉的通知》（1995 年）、《国务院办公厅关于贯彻实施〈中华人民共和国仲裁法〉需要明确的几个问题的通知》（1996 年）。其中只有《中华人民共和国仲裁法》属于全国人大立法，其余均属国务院的行政规章制度。2. 其他法律法规中关于仲裁的有关规定有很多，难以一一列举。这里仅列出其中一部分。《中华人民共和国涉外经济合同法》（1985 年）、《中华人民共和国中外合资企业法》（1990 年）、《中华人民共和国中外合作企业法》（1988 年）、《中华人民共和国著作权法》（1990 年）、《中华人民共和国民事诉讼法》（1991 年）、《中华人民共和国海商法》（1992 年）、《中华人民共和国台湾同胞投资保护法》（1994 年）和《中华人民共和国劳动法》。1999 年 3 月 15 日颁布，并于同年 10 月 1 日生效的《中华人民共和国合同法》取代了前述《涉外经济合同法》以及原有的《中华人民共和国经济合同法》、《中华人民共和国技术合同法》，该法对仲裁制度的许多方面，如对仲裁的法律地位、仲裁时效、仲裁条款等作了重要规定，此外，新合同法实体内容的重大变化对仲裁制度也产生了重大影响。①

二、最高人民法院的司法解释

在我国的法律体系中，最高人民法院的司法解释的作用不可忽视。由于全国人大的立法或专业部门的行政法规比较笼统，实践中为便于法律法规的实际操作，往往通过授权最高人民法院针对司法实践过程中提出的问题作出司法解释。最高人民法院的司法解释在实践中一般并不公开引用，但却是司法实践中指导各级法院的重要文件。本来最高人民法院的司法解释只对各级人民法院具有约束力，仲裁委员会作为民间机构不受约束，但由于法院的监督和保障是仲裁的一个基本原则，仲裁环节中不可避免地涉及仲裁裁决的撤销问题、仲裁过程中的财产保全问题、仲裁裁决的承认与执行等问题，这些都需要法院的介入。因而，司法解释对仲裁的影响可以说带有一定的强制性，构成仲裁法律制度的一个重要渊源。据统计，自 1986 年至 1999 年 1 月，最高人民法院的司法解释中涉及仲裁的就有 15 件之多。② 如《最高人民法院关于人民法院对申请强制执行仲裁机构的调解书应如何处理的通知》（1986 年）、《最高人民法院关于强制变卖被扣船舶清偿债务的具体规定》（1987 年）、《最高人民法院关于适用〈中华人民共和国民事诉讼法〉若干问题的意见》（1992 年）、《最高人民法院关于认真贯彻仲裁法依法执行仲裁裁决的通知》（1993 年）、《最高人民法院关于当事人因对不予执行仲裁裁决的裁定不服而申请再审人民法院不予

① 参见王生长：《新合同法对仲裁的影响》，载《仲裁与法律通讯》1999 年第 3 期，第 4～9 页。

② 参见《最高人民法院关于仲裁的司法解释索引》，载武汉仲裁委员会办公室编印《仲裁工作通讯》，1999 年第 1 期（总第 12 期），第 16～18 页。

受理的批复》（1996 年）、《最高人民法院关于不得以裁决书送达超过期限而裁定撤销仲裁裁决的通知》（1997 年）、《关于审理当事人申请撤销仲裁裁决案件几个具体问题的批复》（1998 年）、《关于确认仲裁协议效力几个问题的批复》、《最高人民法院关于内地与香港特别行政区相互执行仲裁裁决的安排》（1999 年）等都是司法实践中人民法院对仲裁进行监督和保障的重要法律依据。

三、仲裁机构的仲裁规则

“仲裁规则通常是指在仲裁过程中应遵循和运用的程序规范，它包括仲裁机构自己制定的仲裁规则和当事人自行拟定的仲裁规则。”“仲裁规则除了在程序方面的规范作用外，还利于法院在管辖权、财产或证据保全、仲裁员的指定、裁决的强制或拒绝执行等方面的监督。因为法院对仲裁的监督主要通过程序方面的行为进行。”① 笔者认为关于仲裁规则的定义和在仲裁中的作用，从上述引文中已体现得清清楚楚。从理论上来讲，当事人有自行约定仲裁规则的权利，但由于当事人的水平有限，实践中真正行使这一意思自治权利的并不多见，当事人往往在选择一个仲裁机构的同时，也选择了该机构的仲裁规则。因此，所谓仲裁规则作为仲裁法律制度的渊源，实际上主要是指国际或各国或各地区常设仲裁机构仲裁规则作为仲裁法律制度的渊源。目前，在我国影响比较大的主要是中国国际经济贸易仲裁委员会仲裁规则和中国海事仲裁委员会仲裁规则。两仲裁委员会的仲裁规则于《中华人民共和国仲裁法》生效后，均经过修改，现在实施的是 1998 年 5 月 10 日起生效的修订本。《中华人民共和国仲裁法》于 1995 年 9 月 1 日，生效前的一个月，即当年的 8 月 1 日，国务院为规范并指导即将于各地开展运作的仲裁委员会，特地颁布了《仲裁委员会仲裁暂行规则示范文本》，供各地仲裁委员会选用。此后，各地仲裁委员会便以此为基础，起草并实施了自己的仲裁规则。

四、国际条约

目前，国际商事仲裁领域的合作无论是在深度还是广度上及影响程度上远远超过在司法协助方面的合作成就，国际商事仲裁领域的许多条约和联合国国际商事仲裁示范法得到世界大多数国家的广泛认可，就是明证。对我国最早产生直接影响的便是 1958 年《纽约公约》。1986 年 12 月，全

① 李汉生、袁浩、徐劲等编：《仲裁法释论》，中国法制出版社 1995 年版，第 81～82 页。

国人大常委会通过了《关于我国加入〈承认与执行外国仲裁裁决公约〉的决定》，正式宣布《纽约公约》对我国生效，同时作了互惠和商事保留。1987年4月，最高人民法院发出了《关于执行我国加入的〈承认与执行外国仲裁裁决公约〉的通知》，进一步对执行《纽约公约》的具体措施作了安排。除《纽约公约》外，1990年，我国还签署了《关于解决各国和其他国家国民间投资争端的公约》(《华盛顿公约》)，还与日本、美国等签订了双边贸易协定，同瑞典、德国、芬兰、泰国等签订了投资保护双边协定。我国还签署了1980年《联合国国际货物买卖合同公约》及1883年《保护工业产权巴黎公约》，这些国际条约中的仲裁条款同样构成我国仲裁法律制度的渊源。

第二节 中国香港地区仲裁制度的法律渊源

香港仲裁制度的法律渊源主要有普通法、衡平法、《香港仲裁条例》、联合国贸发会《国际商事仲裁示范法》、仲裁规则和国际公约。

一、普通法

回归前的香港因受英国法律传统的长期影响，经过上百年的发展已形成典型的普通法系。普通法系的重要特点就是确立了司法判例的法律地位，即所谓“依循判例”。香港回归后，根据基本法的精神，判例的法律地位作为历史形成的既成事实也被予以保留，并且在司法实践中也常常被法院引用。赵秀文教授在其所著的《香港仲裁制度》中曾以 Fung Sang Trading Ltd V. Kai Sun Sea Products &Food Co Ltd. 一案为例，说明香港高等法院审理此案时引用两个司法判例来确定“国际仲裁的标准”。① 这一案例确实典型地反映了普通法在香港仲裁制度中构成一个重要的法律渊源。

二、衡平法

衡平法与普通法一样，都是判例法。但衡平法又不完全等同于普通法。衡平法是对普通法的补充。由于衡平法起源于自然法，以公平和良知为其基本原则，故衡平法在处理当事人的争议时方法比较灵活。如在民事救济方面，普通法一般要求金钱赔偿，而衡平法可以采用实际履行和发布禁令等方式。而且，实际操作时，由于衡平法一般采用书面审理的方式，

---

① 赵秀文:《香港仲裁制度》，河南人民出版社1997年版，第31~32页。

其程序比普通法要简单得多。香港回归后根据基本法精神，衡平法作为一个重要的法律形式仍然有效，因此其中关于仲裁的部分构成香港仲裁制度的一个法律渊源。

三、《香港仲裁条例》

《香港仲裁条例》是香港仲裁制度最重要的成文法。该条例于1963年由香港立法局通过，并列入《香港法律汇编》第341章。条例系参照英国1950年《仲裁法》制定，以后，又随着该法的修改而修改。近半个世纪以来，《香港仲裁条例》已历经了各种形式的修改。现在生效的是2003年的修订本。不过，《香港仲裁条例》虽然最初以英国《仲裁法》为蓝本，但其最后的发展却超越了英国本土的《仲裁法》，如香港在国际仲裁领域采用了联合国示范法，而英国至今尚未采用。关于《香港仲裁条例》的具体内容，本书将逐步介绍，在此便不再赘述。

四、联合国贸法会《国际商事仲裁示范法》

联合国示范法经过全世界50多个国家和十几个国际组织的讨论，于1985年向全世界各国或地区立法机构推荐使用。现在已为澳大利亚、俄罗斯、加拿大、印度、新加坡、新西兰及美国四个州等几十个国家和地区的立法机构所采用。我国香港特区便是其中之一。1990年4月6日，联合国示范法在香港正式生效。它作为《仲裁条例》的附表5，专门适用于国际仲裁，但在港内仲裁中，如果当事人协议选择，也可以适用联合国示范法。因此，联合国示范法无论对香港国际仲裁还是对港内仲裁来说，都是一个重要的法律渊源。

五、仲裁规则

在香港参与仲裁的当事人会发现，香港的仲裁规则可选择的范围是相当广泛的。由于香港国际仲裁中心（HKIAC）与内地的仲裁委员会的职能有所不同。香港国际仲裁中心仅仅是仲裁的服务机构，它本身并不以自己的名义进行仲裁，因此，对香港国际仲裁中心的利用，并不意味着对该中心的《港内仲裁规则》的当然选择。目前，在香港，可供当事人选择的仲裁规则有：香港国际仲裁中心《港内仲裁规则》——适用于港内仲裁、联合国贸发会《仲裁规则》——适用于国际仲裁、《伦敦国际仲裁院仲裁规则》、《国际商会仲裁院仲裁规则》、《斯德哥尔摩商会仲裁院仲裁规则》、《新加坡国际仲裁中心仲裁规则》、《美国仲裁协会仲裁规则》、《中国国际经济贸易仲裁委员会仲裁规则》及当事人一致选定的其他仲裁机构的仲裁规则。由此可见，当事人在香港进行仲裁拥有较大的仲裁规则的选择范围。众多仲裁机构的仲裁规则为香港仲裁制度提供了丰富的法律渊源。

六、国际条约

香港对已加入有关仲裁的国际条约采取直接适用的方式。香港回归前，英国政府把自己参加的国际条约通过立法形式确定下来，然后适用到香港，从而在香港确立了将国际条约作为仲裁条例附表与本地法律一同实施的传统。香港回归后，回归前由英国政府代表香港所加入的有关仲裁的国际条约基本上得以延续，继续由香港特区政府履行有关国际条约之义务。目前，作为《香港仲裁条例》附表实施的仲裁国际条约主要有：1923年9月国际联盟议会《仲裁条款议定书》、1927年9月日内瓦《执行外国仲裁裁决公约》、1958年6月纽约《承认及执行外国仲裁裁决公约》。这些国际条约对香港的仲裁制度实际上起到了引导和补充作用，其作为香港仲裁制度的法律渊源的地位是不言而喻的。

第三节　中国澳门地区仲裁制度的法律渊源

澳门仲裁制度起步较晚，其法律渊源也相对比较简单。从法学理论上来讲，澳门仲裁制度的法律渊源比较丰富，有些学者研究认为，从法律的来源或立法的主体看，回归前澳门的法律包括葡萄牙法律、葡萄牙为澳门制定的法律、澳葡政府制定的本地区法律等三大组成部分；从法律的性质和分类来看，澳门的法律是由公法、私法及介于公法和私法之间的法律构成的。澳门由于受葡萄牙影响，套用葡萄牙的法律体系，再加上澳门的特殊管治状况，形成了五大法律渊源：法律、法令、立法性命令、规章、司法判例等。①

一、法律

由于澳门本身的立法机构——立法会于1976年后才正式履行其职能，在此之前，澳门的主要法律包括五大法典，均是由葡萄牙的法律延伸到澳门地区，因而，澳门的许多基本法律具有葡萄牙和澳门立法机构双重制定的特色。在澳门，大的基本法典一般采用法律的形式。就仲裁法而言，1961年12月核准的《民事诉讼法典》即属法律形式。该法典中涉及一些

① 米健等著：《澳门法律》，中国友谊出版公司1996年版，第8~13页。

仲裁问题，但是，1996 年 9 月，澳门本地仲裁法生效后，该法典中第四卷第 1508 ~ 1528 条有关仲裁庭之规定被废除。

二、法令

澳门的法令是总督根据《澳门组织章程》赋予的立法权，在本身立法权限内或在立法授权范围内制定并发布的规范性文件，是立法会制定的法律之外的澳门最为重要的法律渊源。长期以来，葡萄牙在澳门并没有建立正常的立法制度，因此，在日常生活中，调整人们行为规范的文件多数都以总督法令形式表现出来。如 1996 年 6 月第 24 期第一组的《澳门政府公报》即以第 29/96/M 号法令颁布生效了《澳门本地仲裁法》。

三、立法性命令

立法性命令是总督在自己的立法权限内以命令形式制定和颁布的立法性文件，它本身通常并不构成法律，而只是给有关的规范和制度文件以法律效力。具体表现为政府行政命令和总督发出的训令。目前，澳门的仲裁领域的此类命令并不多见，不过发布此类命令的权力由特别行政长官行使。

四、规章

规章是政府各部门在其权限内就有关事宜所制定的专门性规范，它是低于法律和法令的法律形式。仲裁委员会属民间组织，故仲裁委员会的章程并不带有普遍效力，不属于规章一类。但澳门司法部门就仲裁制度所制定的专门性规章，即属此类。

五、仲裁规则

根据澳门仲裁法律精神，澳门并无统一的常设仲裁机构，任何专业机构，只要符合《澳门本地仲裁法》第 41 条之精神即可注册为仲裁机构。与此相适应，澳门的仲裁规则资源是十分丰富的。在我国四个法域中，只有澳门的《澳门本地仲裁法》明确了当事人无约定仲裁规则时，其所选定的仲裁机构的仲裁规章即自动成为仲裁应适用的程序规则。① 因此，在澳门，当事人明确选定某一仲裁机构的仲裁规章和当事人无明确约定仲裁规则时，仲裁机构的仲裁规章都能成为该仲裁案的程序规则。仲裁规则因

① 《澳门本地仲裁法》第 21 条第 2 款规定："当事人得约定适用某一专门机构所制定之仲裁规章；筹组仲裁工作交由该等机构负责时，此约定视为存在。"

而成为澳门仲裁制度的重要渊源之一。

六、司法判例

司法判例也是澳门的法律渊源之一。葡萄牙的最高法院制定了许多判例，有些也延伸适用到澳门。但澳门高等法院于1993年4月才开始运作，至今只有极少量本院判例，就仲裁制度而言，目前尚没有相关判例。但今后仲裁制度的判例法律渊源将会丰富起来。

七、仲裁国际条约

葡萄牙参加的一些仲裁国际公约并未延伸适用于澳门。如葡萄牙参加1958年《纽约公约》后，就一直没有延伸适用于澳门。①

第四节　中国台湾地区仲裁制度的法律渊源

台湾仲裁制度的法律渊源一般有如下几种："仲裁法"、仲裁机构之仲裁规则、《联合国国际商事仲裁示范法》、台湾"最高法院"之判例等。

一、台湾"仲裁法"

台湾"仲裁法"是目前台湾仲裁领域现行有效的法典性文件，是台湾仲裁制度最重要的法律渊源。现行有效的是2002年7月10日的修订本，它针对1998年12月24日生效的"仲裁法"第八、五十四、五十六条进行了部分修正。1998年"仲裁法"取代了原有的"商务仲裁条例"。"仲裁法"不仅仅是对法规名称的改变，而是对原来不够成熟的"商务仲裁条例"的规范化、国际化和法典化。新的"仲裁法"以联合国示范法为蓝本，增加了许多为国际商事仲裁领域所公认的或新近发展起来的制度，删除了一些重复、落后的内容。而且在一些用词上都根据示范法作了修改。新的"仲裁法"无疑适应了国际经济贸易发展的新形势和国际商事仲裁的惯例。

二、行政命令

台湾行政当局有时通过行政命令的形式对与仲裁有关的问题（主要

---

① 韩健、宋连斌：《论"一国两制"下我国内地与港澳地区相互承认与执行仲裁裁决》，《中国国际私法与比较法年刊》1998年创刊号，法律出版社1998年版，第417页。

针对仲裁组织本身的有关问题）加以规定和调整。如1999年3月3日，台湾“法务部”以行政命令的形式发布了“仲裁机构组织与调节程序及费用规则”与“仲裁人训练讲习办法”。前者共57条，规定了仲裁机构成立的条件和审批机关、仲裁机构的权力机关、运作程序、仲裁机构的调解程序和调解费用的承担规则；后者共18条，规定了具备仲裁员资格者在实际从事仲裁业务前向台湾“法务部”申请参加训练和讲习的具体办法。并对学习仲裁人参与基础训练、实务训练的时间、考核及免于训练的条件等均作了详细规定。这些行政命令构成了有关仲裁机构的成立要件和仲裁员资格要件的重要部分，而其命令的权力来源则源于台湾“仲裁法”的直接授权。因而，上述两个行政命令也构成了台湾仲裁制度的重要渊源。

三、仲裁机构之仲裁规则

如同许多国家和地区的仲裁制度一样，仲裁机构的仲裁规则也是台湾地区仲裁制度的法律渊源。台湾地区的仲裁机构系受政府资助的民间团体，其仲裁规则也比较规范，选择台湾仲裁机构的当事人如果对仲裁规则没有另行约定一般便适用选定仲裁机构的仲裁规则。从而，该规则便从民间团体的规则变成了仲裁个案的程序法。由于台湾“仲裁法”的颁布，2001年10月中华仲裁协会通过了新的《中华仲裁协会仲裁规则》。

四、判例

台湾本不是一个判例法的区域，但由于仲裁最后的裁决还得经过法院的承认和执行，因此，法院在个案判例中发表的意见就不能不得到尊重，否则，败诉方精明的代理律师是不会放过任何一个撤销(“仲裁法”第40条）或拒绝承认和执行（“仲裁法”第38条）仲裁裁决的机会。而且，笔者发现，台湾的“最高法院”好像特别喜欢以个案判例说明对某一方面法律观点的看法。就仲裁而言，如1994年台湾“最高法院”在台抗字第298号裁定书中，就“推事回避问题”发表意见：“所谓推事应行回避之同一原因，系指‘民事诉讼法’第32条推事应自行回避之情形而言，至同法第33条第1项第2款所称足认推事执行职务，有偏颇之虞，得由当事人申请回避之情形，既非在推事应自行回避之原因，自不包括在内。”1975年，关于“妨诉抗辩期限问题”，“最高法院”台上字第490号判决书称：“原告起诉，不备诉讼要件，法律既无限于第一审始得为诉讼障碍之抗辩，则被上诉人于第二审执以为抗辩，非法所不许。”当然，许多判例自新“仲裁法”的生效后因与“仲裁法”精神冲突将被废除，但仲裁立法的发展永远与仲裁的最新实践有一段距离，对实践中出现的新问题仲裁立法不可能立即作出反应，这些又为台湾“最高法院”的判例提供了一定的空间。近年来，有些学者并不满足于以司法判例来补充仲裁立法之不足，又提出仲裁判例的效力问题。台湾学者陈焕文先生在其专著《国际仲裁专论》中提出了“以判例作为仲裁制度之最佳法源”的主张。关于仲裁判例的效力问题，他认为：“同一仲裁机构之仲裁人，依循同一仲裁规则，审理类似案件，岂有作出相互矛盾判断之理。而透过众多判例之刊行，往往产生一些仲裁原则，进而形成仲裁之法源。”① 对这一观点，笔者深以为然。

① 参见陈焕文：《国际仲裁法专论》，台湾永然出版社 1994 年版，第 297～298 页。

第三章　仲裁员制度

仲裁员制度包括仲裁员的身份制度、仲裁员的法律地位制度和仲裁员的责任制度等三个方面，本章将分别探讨。

第一节　仲裁员身份制度

仲裁员是对仲裁机构受理的争议案件，执行审理与裁决任务的人员。① 仲裁员既是仲裁程序的操纵者，也是仲裁法律制度的实际执行人，因此，在整个仲裁制度中仲裁员是仲裁制度能否发挥良好效用的关键，值得我们研究仲裁制度和从事仲裁实务的人予以关注。

一、仲裁员资格和条件——合法仲裁员必备的实质要件

仲裁本是建立在意思自治基础上的民间处理纠纷之方式，仲裁员在任何国家和地区均不是政府公务员，仲裁员本人多为兼职，其报酬来自具体案件收费，并不列入政府财政项目，因此，世界各国和地区对仲裁员资格的规定并不很严格，有的国家甚至不加以特别规定，如法国和日本，只要具有民事行为能力而为当事人指定即可；有的国家只是作些原则性规定；还有些国家允许当事人自己在订立仲裁协议时对仲裁员资格设立限制条件。仲裁员应具备的基本素质和实质要件主要有如下几种表现形式：

（一）法定资格

法定资格是各国和地区在仲裁法或民事诉讼法中对仲裁员资格所作的规定。这种规定也分三类：第一类是抽象的原则性规定。如仲裁员须信用度高、具有专业经验等，这是目前多数国家采用的方式。如沙特阿拉伯《仲裁条例》第4条。第二类是否定列举式。如韩国《仲裁法》第5条规定有下列情形之一的人没有资格担任仲裁员：（1）无行为能力或限制行为能力的人；（2）尚未受权的破产人；（3）被处以监禁以上的刑罚且该处罚执行完毕或不执行该刑罚的决定作出后不满3年的人；（4）任何被

① 参见肖永平著：《中国仲裁法教程》，武汉大学出版社1997年版，第54页。

处以监禁以上刑罚且刑罚期未满的人；（5）任何被处以监禁以上刑罚而缓刑，缓刑期未满的人；（6）任何被限制民事权利或停止其资格的人。瑞典《仲裁法》第5条也采用否定列举禁止5种类型的人担任仲裁员。第三类是肯定列举式。即法律明确列举作为仲裁员应具备的条件，不符合条件不得作为仲裁员。这方面最典型的要数《中华人民共和国仲裁法》。

法定实质条件中引起争执的主要有两个问题：一是外国人能否担任仲裁员；二是法官能否担任仲裁员。对前者虽然曾有过争议，但现在各国和地区为了确保仲裁的公平性、独立性，增强外国人对本国和地区内仲裁的信心，一般都同意外国人担任仲裁员。尽管日本国际商事仲裁协会的仲裁规则第15条第2款规定“除当事人另有约定外，在指定仲裁员时实际上未居住在日本的人，不得担任仲裁员”。但事实上，日本国际商事仲裁协会的仲裁员名册仍包括了不同国籍的人员。① 关于法官能否担任仲裁员问题，各国和地区争议较大，许多国家和地区不允许法官成为仲裁员，主要考虑到仲裁过程中的某些环节（如财产保全、中期命令、裁决的承认和执行等）都要经过法院，法官当然不应过早地介入仲裁，以免影响其下阶段的司法公正。但另一些国家和地区认为法官既然适合于司法审判，当然能适合商务仲裁，只不过当法官作仲裁员时同样必须经当事人或其他指定程序任命。在美国，就法律上说，现职法官、公务员、检察官、议员是可以担任仲裁员的，但现任法官、检察官、司法人员的守则规定禁止其担任仲裁员。因此，实际上法官、检察官是不能担任仲裁员的②。日本民事诉讼法，因为没有规定仲裁员应当具备的资格和条件，从理论上讲“……（日本的）公务员、检察官、法官均可以受聘为仲裁员，但需经所在单位同意”。③ 而瑞典、瑞士、法国现职的法官公务员都可以担任仲裁员，法律对此未作限制。④ 但当事人一般不选择法官、公务员担任仲裁员。可见，对现职法官能否担任仲裁员争议虽大，但由于国际商务仲裁实践中，当事人很少选择法官或者有关仲裁机构的名册上根本不把法官列进名单，因此，讨论现职法官能否担任仲裁员意义并不太大，只有很少的例外（如我国香港特区的法官仲裁员），下文亦将论述。

---

① 参见谭兵、陈彬：《中国仲裁制度研究》，法律出版社1995年版，第107页。

② 参见国务院法制局研究室编：《重新组建仲裁机构手册》，中国法制出版社1995年版，第134页。

③ 国务院法制局研究室编：《重新组建仲裁机构手册》，中国法制出版社1995年版，第150页。

④ 参见国务院法制局研究室编：《重新组建仲裁机构手册》，中国法制出版社1995年版，第160页。

（二）仲裁机构规定的条件

不论各国仲裁法规是否规定严格的仲裁员资格条件，各国仲裁机构在制定本机构仲裁员名册时均掌握一定的标准，有的国家对申请做仲裁员的人还要进行严格培训考核程序才能将其列入仲裁机构的名册。各国仲裁机构在制定仲裁员名册时所掌握的内部标准不同，但一般不对外公布，故为世界所知悉的甚少。当事人从仲裁员名册中选定仲裁员时，实际上即遵守了仲裁机构为仲裁员设定的资格条件，但有时这种条件对当事人约束力并不强，这主要取决于仲裁员名册制度本身的性质，目前主要有三种类型：第一类是全封闭型，即双方当事人只能在仲裁机构制定的仲裁名册中指定仲裁员，在仲裁员名册以外指定的仲裁员无效。采用这种做法的典型代表就是中国国际经济贸易仲裁委员会和中国海事仲裁委员会。第二类是半封闭型，即双方当事人可在该仲裁机构仲裁员名册中指定仲裁员，也可以在仲裁员名册以外指定仲裁员。采用这种做法的有新加坡国际仲裁中心和美国仲裁协会。第三类是全开放型，双方当事人可以指定任何国籍的人为仲裁员，不受任何名册的束缚。① 实际上第二、第三类仲裁名册因对当事人无约束力而可以归并为一类。因此也可以划分为封闭型和非封闭型两类。

（三）当事人协定条件

按照意思自治原则，当事人有权在仲裁协议中约定仲裁员条件，实践中，这类仲裁协议或仲裁条款一般都受到保护。较常见的往往是当事人约定由商人作为仲裁员或公断人。这种做法，虽然在法律上并无不妥，但有时并不明智，因语言的歧义拖延了纠纷的解决。“在 The ‘Bede’（1967）2 Lloyd’s Rep. 261，公断人是一个律师，但仲裁协议是订明仲裁员要求商业人士，所以公断人的裁决书被撤销。但在 The ‘North Duchess’（1975）1 Lloyd’s Rep. 560 一案，法官看来放仲裁员一马，认为他应可算是商业人士，因为虽然他一直是律师（其礼律师楼的创办人 Dick Clyde），但现在已退休，成为全职的海事仲裁员。”② 也有些国家为保证仲裁员素质，反过来又以法律形式，禁止排除律师作仲裁员。如 1969 年《瑞士联邦仲裁协约》第 7 条规定如果仲裁条款禁止律师在仲裁中担任仲裁员、秘书或当事人的代理人，该仲裁条款无效。③

---

① 参见肖永平著：《中国仲裁法教程》，武汉大学出版社 1997 年版，第 55 页。

② 参见杨宜良著：《国际商务仲裁》，中国政法大学出版社 1997 年版，第 237～238 页。

③ 参见韩健著：《现代国际商务仲裁法的理论与实践》，法律出版社 1993 年版，第 126 页。

我国对仲裁员资格采用肯定列举式。《中华人民共和国仲裁法》要求仲裁委员会只能从公道正派的人员中聘任仲裁员，并且应当符合下列条件之一：(1) 从事仲裁工作满八年的；(2) 从事律师工作满八年的；(3) 曾任审判员满八年的；(4) 从事法律研究、教学工作具有高级职称的；(5) 具有法律知识，从事经济贸易等专业工作并具有高级职称或者具有同等专业水平的。关于仲裁员国籍问题，仲裁法并未特别规定，但《中国国际经济贸易仲裁委员会仲裁规则》及《中国海事仲裁委员会仲裁规则》中明确规定仲裁员可以从符合条件的中外人士中聘任，而且中国国际经济贸易仲裁委员会规则修改后，扩大了仲裁员名册，增加了港澳地区及外国仲裁员名额。因而事实上我国允许外国人充任仲裁员。《中华人民共和国仲裁法》第 13 条第 3 款规定曾任审判员满 8 年的可为仲裁员，《中华人民共和国法官法》第 15 条规定："法官不得兼任人民代表大会常务委员会的组成人员，不得兼任行政机关、检察机关以及企业、事业单位的职务，不得兼任律师。"这些规定都暗含着对现任法官担任仲裁员资格的否定。然而，事实上，1996 年以来，各地仲裁机构为了各自不同的目的，吸收现任法官担任仲裁员的情形不在少数。这一现象的蔓延引起了最高人民法院的重视，2004 年 7 月 13 日，最高人民法院发出《关于现职法官不得担任仲裁员的通知》，通知要求在仲裁机构担任仲裁员的现职法官在一个月内（即 2004 年 8 月 13 日前）辞去仲裁员职务。按此通知精神，2004 年 8 月 13 日之后，中国内地仲裁领域将再也没有法官仲裁员了。

中国仲裁委员会采用了封闭式的仲裁员名册制度，当事人只能在仲裁名册中选定仲裁员，不得超出范围。《中华人民共和国仲裁法》第 16 条针对仲裁协议的内容只规定必须选定仲裁委员会而不必指明具体仲裁员，甚至也不必规定仲裁员指定方式，因此，是否需要当事人在仲裁协议中协定仲裁员资格的态度并不明朗。

《香港仲裁条例》并没有对仲裁员的资格进行特别规定。一般而言，任何人包括商人、律师、工程师、会计师、审计师、教授和其他一切有影响能力的人，不论其是否在香港有住所或居所，拥有哪一国的国籍，都可以被指定为仲裁员。①《香港仲裁条例》第 13A 条规定：大法官、地方法院法官、裁判官等经首席大法官同意可以受聘出任独任仲裁员、联合仲裁员或公断员。不仅如此，而且当担任仲裁员时，同时享有法官某些特权。如《香港仲裁条例》第 13A 第 5 款规定"附表 4 的规定，对于本条例内关于由大法官以独任仲裁员或以公断人身份处理仲裁的条文，具有修改的

① 参见赵秀文著：《香港仲裁法制度》，河南人民出版社 1997 年版，第 94 页。

效力，在某些情况下更具有代替的效力，尤其对关于仲裁员及公断人，其法律程序及裁决须由法院控制及审核的条文，具有以上诉法庭取代法院的效力”。香港国际仲裁中心属服务性机构，又由于临时仲裁的存在，香港HKIAC的仲裁员名册显然属非封闭式，当事人选定仲裁员时并不受该名册约束。

《澳门本地仲裁法》和《澳门涉外商事仲裁法》分别于1996年9月15日和1999年1月13日才由澳门总督颁布生效，从而完善了澳门仲裁制度的不足。澳门仲裁制度并不发达，1998年3月9日才由总督韦奇立批准设立澳门律师公会自愿仲裁中心。① 但这仅仅是其仲裁法中所提倡的所谓专业仲裁机构中一个，后来又陆续出现其他仲裁机构。《澳门本地仲裁法》规定仲裁员应为具有完全行为能力的自然人，该自然人如在仲裁前的调解中担任调解员，则不得担任该案仲裁员，同时规定当事人协议指定某一法人为仲裁员，而该法人属专门机构时，仲裁工作由该专门机构按其自身章程组成一个工作小组进行。② 而《澳门涉外商事仲裁法》则完全对仲裁员的具体资格没有作任何特别规定。《澳门本地仲裁法》并没有限制外国人和法官为仲裁员，但可以相信，澳门法官肯定不会像澳门律师公会那样因仲裁法的精神设立所谓澳门法官协会自愿仲裁中心。按照其仲裁法关于专门机构仲裁的精神，法官实际充任仲裁员的机会不大。但是，澳门的消费争议仲裁中心例外，它是一个获得政府支持的特殊机构，它主要受理小额钱债的争议。③ 1997年4月，澳门司法政务司萧伟华就澳门政府筹备设立仲裁中心的问题发表讲话时表示：“仲裁中心成立初期，邀请法官担任仲裁员，从而争取民间更多的信任。”④ 1996年公布的《澳门消费争议仲裁中心章程草案》第4条第2款则明确规定：“仲裁决定由一位法院司法官在兼职制度下兼任之仲裁官作出的。”所以，从澳门仲裁现状来说，还是存在法官任仲裁员的情况，但是，从澳门司法政务司的讲话精神看，邀请法官担任仲裁员似乎又是权宜之计。《澳门涉外商事仲裁法》

---

① 参见澳门总督办公室第26/GM/98号批示《许可设立澳门律师公会自愿仲裁中心》，载《澳门政府公报》，1998年3月11日，第10期，第2组，第1153页。

② 参见《澳门本地仲裁法》第12条。

③ 参见《推介澳门消费争议仲裁中心》，载《澳门消费》1998年第55期，第1页。

④ 参见《澳门日报》，1997年4月22日，第1版。

参照联合国示范法制定，在涉外仲裁领域，澳门旗帜鲜明地赞成外国人任仲裁员，并且，积极支持当事人自由协定仲裁员资格。①

台湾原“商务仲裁条例”仅要求仲裁员具有法律或各业专门知识，并且信望素孚，采用的是抽象原则规定的方式。但是台湾“商务仲裁协会条例及仲裁费用规则”明确规定具备下述资格之一的可登记为仲裁人：(1) 曾任法官、检察官；(2) 律师、会计师或从事其他与商务有关的专门职业的；(3) 经营工商农矿业有10年以上实际经验的；(4) 曾任仲裁人或其他有商务仲裁的学识经验的。但同时规定有下列情形之一，不得登记为仲裁人：(1) 曾受一年以上有期徒刑处罚的，但过失犯罪不在此限；(2) 经剥夺公权尚未复权；(3) 受破产宣告尚未撤销的；(4) 未成年人；(5) 仲裁人接受当事人请托或收受不正当利益而被除名的。② 中华仲裁协会实际上以自己的规则对“商事仲裁条例”加以补充，补充的方式是同时兼顾了肯定列举和否定列举两种方式。而且在旧的制度下，台湾显然只支持卸任法官任仲裁员，对现任法官则不支持。台湾地区也支持外国人任仲裁员。③ 仲裁协会也支持当事人协定仲裁员资格。

台湾“仲裁法”依照联合国示范法作了较大的修改后，其中一个最引人注目的成就就是对仲裁员的身份制度作了重大改进。台湾“仲裁法”对仲裁员的资格兼用肯定列举和否定列举两种形式。其采用肯定列举式正面详细列举了仲裁员应该具备的资格条件，规定仲裁员必须具备法律或其他各业专门知识或经验，信望素孚。明确规定具备下述资格之一者，可以担任仲裁员，包括：1. 曾任实任推事、法官或检查官者。2. 曾执行律师、会计师、建筑师、技师或其他与商业有关之专门职业人员业务5年以上者。3. 曾任国内、外仲裁机构仲裁事件之仲裁人者。4. 曾任“教育部”认可之国内、外大专院校助理教授以上职务5年以上者。5. 具有特殊领域之专门知识或技术，并在该特殊领域服务5年以上者。④ 这些肯定的要件表明：1. 卸任和现任法官和检查官均可获选担任仲裁员，而且推广到推事一职。2. 专业人士增加了从业年限限制，提高了经验要求，但比起

---

① 《澳门涉外商事仲裁法》第11条第1款明确规定：“不得以所属国籍或居住地点为理由排除任何人作为仲裁员；但当事人另有协议者，不在此限。”

② 参见谭兵、陈彬：《中国仲裁制度研究》，法律出版社1995年版，第109页。

③ 参见陈焕文著：《两岸商务纠纷及仲裁事务》，台湾永然出版社1993年版，第247页。

④ 参见台湾“仲裁法”第6条之“仲裁人之资格”。

内地的8年要短，且把建筑师和技师明确纳入专业人士行列。3. 外国人和中国其他法域的人士作为台湾地区仲裁员的资格第一次有了明确的保障。因为台湾以外的仲裁经验（无年限限制）和台湾以外的教育职称作为仲裁员的必备资格得到了法律认可。台湾“仲裁法”同时采用否定列举式对具有某些法律污点或缺陷的人士禁止其担任仲裁员，包括下列人士：1. 犯贪污、渎职之罪，经判刑确定者。2. 犯前款以外之罪，经判处有期徒刑一年以上之刑确定者。3. 经剥夺公权宣告尚未复权者。4. 破产宣告尚未复权者。5. 受禁治产宣告尚未撤销者。6. 未成年人。① 与台湾商务仲裁协会条例的规定相比，台湾“仲裁法”把受禁治产宣告尚未撤销的人也列入禁止担任仲裁员的范围；同时对犯贪污、渎职罪者作了突出规定，并且犯该两条罪行者的刑期不受一年以上的限制，只要证明确实，即丧失担任仲裁员的资格。除上述两条新增内容外，台湾“仲裁法”还就仲裁员的资格问题新增了两个制度：其一，仲裁员必须是自然人。其规定仲裁人必须是自然人，即便当事人约定仲裁机构以外之法人或团体为仲裁员的，也视为未作约定。② 因此，所谓法人仲裁员制度在台湾是不存在的，这与我们前文分析的澳门本地仲裁员制度显然不同。其二，仲裁员训练制度。台湾“仲裁法”特别要求仲裁员正式上岗之前必须经过正规培训，否则，即便符合上述条件，也不得作为仲裁员正式执业。③ 这一要件完全是新增加的内容，而且作为仲裁法单独一条特别规定，目前在世界仲裁立法中也不多见。关于仲裁员训练制度，2002年7月修订的台湾“仲裁法”第8条规定了四类法律专业人员例外。包括：

1. 曾任实任推事、法官或检察官者。

2. 曾执行律师职务3年以上者。

3. 曾在台湾“教育部门”认可之国内、外大专校院法律学系或法律研究所专任教授2年、副教授3年，讲授主要法律科目3年以上者。

4. 台湾“仲裁法”修订前已向仲裁机构登记为仲裁人，并曾实际参与争议事件之仲裁者。

前项第三款所定任教年资之计算及主要法律科目之范围，由台湾“法务部”会商相关机关定之。

---

① 参见台湾“仲裁法”第7条之“不得为仲裁人之情形”。

② 台湾“仲裁法”第5条规定：“仲裁人应为自然人。当事人于仲裁协议约定仲裁机构以外之法人或团体为仲裁人者，视为未约定仲裁人。”

③ 台湾“仲裁法”第8条规定：“仲裁人应经训练或讲习。”

二、仲裁员指定与更替——合法仲裁员必经的形式程序

(一) 仲裁员的指定

符合仲裁员资格和条件的人只能是仲裁员的候选人，只有通过指定正式介入具体个案，该候选人才能成为正式仲裁员。仲裁员的指定一般首先依据仲裁地的仲裁法，由当事人各指定一名仲裁员。这一法定权利的行使往往没有争议且无须借助第三者的介入，因而较易解决。只有当仲裁协议约定独任仲裁须指定独任仲裁员或组成三人仲裁庭推举首席仲裁员或公断人时，才会发生意见相左的情况，须双方一致或通过第三方介入方能解决。综观各国及地区仲裁法及国际商务实践，一般有如下几种指定形式：

1. 当事人协议指定。当事人协议指定仲裁员是最理想的仲裁员选派方式，由于协议指定的仲裁员为双方所共同信任，对迅速、高效地解决双方纠纷有较良好的促进作用。但协议指定仲裁员往往发生在纷争产生之前，而纷争发生之后一般很难达成共同指定仲裁员的协议。纷争发生前的指定有时并不能保证发挥作用，一种情况是协议指定的人有时不一定能同意出任仲裁员；另一种情况是即使协议前被指定的人同意出任仲裁员，纷争发生后，由于过了一段时间，被指定的人工作、身体甚至兴趣发生变化从而不能或不愿出任仲裁员；第三种情况是虽无前述障碍，但实际纷争发生时，才知道被指定的人不具备解决纷争的专门知识（如被指定的原为某专业商人，结果纷争只是纯法律事务），使得被指定的仲裁员无法胜任。由于上述三种情况的存在，虽然各国仲裁实践提倡并鼓励当事人协议指定仲裁员，但效果并不一定很好，一旦被协议指定的仲裁员无法胜任角色，则会导致该仲裁协议不能有效履行，在双方当事人无法共同协定新的人选时，则不得不求助司法程序解决纠纷。

2. 双方各自指定的仲裁员共同指定。这也是实践中较普遍的解决形式。双方当事人依法各自指定一名仲裁员后，由他们指定的仲裁员共同推举第三名仲裁员（首席仲裁员）。因为双方各指定的仲裁员一般都有文化、头脑清醒，特别是仲裁员与当事人的纷争并无利害关系，因此，能够在众多的熟识的同行中共同推举一名首席仲裁员。实践证明这一措施应用得较多，效果亦佳。

3. 仲裁机构指定。仲裁机构在被申请方拒不配合、不按期指定仲裁员及当事人不能共同指定首席仲裁员时均可发挥作用。发生上述情形时，仲裁机构可应一方或双方请求或根据仲裁规则指定一名仲裁员。

4. 名册制度。这种制度是指把候选仲裁员的姓名及其专长，有时包

括其经验和阅历要点编制成册，供当事人、仲裁机构选择或指定仲裁员。名册制度分为两种形式：间接指定和直接指定。《联合国国际贸易法委员会仲裁规则》采用的就是间接形式，根据该规则第6条，任命机构应把至少列有3人姓名的同样名单送达双方当事人。各方当事人从名单中剔除其反对的1人或数人的姓名，然后把其余人的姓名按优先次序编号，将名单送返该任命机构。任命机构从送还的已被认可的姓名中按照双方当事人所指出的优先次序任命独任仲裁或首席仲裁员。我国涉外仲裁机构的名册属于直接指定，仲裁委员会主任指定仲裁员无需根据双方当事人的认可和候选人的先后次序，可直接从仲裁员名册中指定独任仲裁员和首席仲裁员。

5. 国内法院指定。有些国家和地区在当事人或其指定的仲裁员就第三名仲裁员无法达成一致意见或仲裁庭的组成未涉及任何仲裁机构（如临时仲裁），而且未明示授权某机构或某人作出这一任命时，则必须考虑求助于某个有管辖权的法院任命仲裁员。许多国家，特别是仲裁法比较完善的国家就是授权法院在当事人提出有关申请时任命仲裁员。1969年《瑞士联邦仲裁协约》就规定双方当事人对于独任仲裁员不能取得一致意见，或者一方当事人不选定应该由他指定的仲裁员，或者仲裁员对于选出首席仲裁员意见不一致时，如仲裁协议中也没有规定另一种机构，则由州高级普通民事法院依一方当事人的请求指派仲裁员。① 英国、美国的仲裁制度及联合国国际商事仲裁示范法也作了类似规定。

须指出的是，上述各类仲裁员指定方式在一个国家的仲裁制度中往往同时并存，但是法院指定仲裁员的方式在许多国家——特别是存在权威性仲裁机构的国家——往往得不到支持。

（二）仲裁员的更替

经前述各种途径任命的仲裁员在接受指定后可能因疾病、死亡、丧失行为能力而不能继续履行职责，或因下文所述理由异议成功时，就存在着仲裁员的更替问题。目前多数国家的仲裁法规定仲裁员的更替程序与仲裁员的指定程序基本相同。《联合国国际贸易法委员会仲裁规则》第13条第1款和第2款均要求任命或选择一名替代的仲裁员应适用任命或选择原仲裁员的程序。此外《国际商会仲裁规则》、《解决投资争端国际中心仲裁程序规则》均体现了这种精神。

根据《中华人民共和国仲裁法》的精神，我国指定仲裁员的方式有

---

① 参见1969年《瑞士联邦仲裁协约》第12条。

三种：(1) 双方当事人各自选定或者委托仲裁委员会主任指定；(2) 双方当事人共同选定或者共同委托仲裁委员会主任指定；(3) 仲裁委员会主任直接指定，其前提是当事人没有在仲裁规则规定的期限内（20天）约定仲裁庭的组成方式或选定仲裁员。另根据《中华人民共和国仲裁法》的精神，申诉人或被申诉人一方有两个或两个以上时须共同推荐仲裁员，如在20天内推举不出，则由仲裁委员会主任指定。① 仲裁员更替的方法与初选方法完全相同。

1996年前的《香港仲裁条例》中基本上包括了前述五种指定方式。其基本程序是由双方当事人各指定一名仲裁员或共同指定一名独任仲裁员（《香港仲裁条例》规定无明确约定时视为独任仲裁），然后由当事人指定的仲裁员共同委任一名公断人或第三名仲裁员。如果任何一方应委任而没有委任或应共同委任而不能取得一致，则由法院指定补缺仲裁员。1996年修改后的《香港仲裁条例》将该权利改由香港仲裁国际中心（HKIAC）行使。该中心亦备有自己的仲裁员名册，它采取的是一种间接指定制度。由双方当事人分别提出两名候选人，而后中心准备一个6人名册；其中包括有双方指定的4名候选人（不透露来源），然后当事人分别对名册的6名仲裁员排列指定次序，交回中心，中心根据双方指定的顺序，排在首位的得6分，末位的得1分，中心将指定得分最多的人选为仲裁员。关于仲裁员的替换问题，香港的做法是获委任的仲裁员拒绝或无能力出任该职位或者死亡，则委任他出任仲裁员的一方可委任新的仲裁员填补其缺。② 但是，仲裁员或公断人因异议被法院撤职时，该仲裁员的空缺经任何一方申请由法院任命，法院既可委任一名或多于一人代行其职或下令解除仲裁协议。③

澳门的本地仲裁制度中包罗了当事人协议指定、现有仲裁员指定及法院指定等三种形式。④ 其基本程序是：当事人应在仲裁协议中指定一名或单数多名仲裁员组成仲裁庭，或订明选定仲裁员方式。如仲裁协议内无仲裁员的指定，也没有指定或选定的方式时，则每一方当事人得指定1名仲裁员。被指定的仲裁员协商选出另一名仲裁员作为主席组成仲裁庭。如协商不成时，则由澳门第一审法院代为委任1名仲裁员，作为仲裁庭的主

① 参见肖永平著：《中国仲裁法教程》，武汉大学出版社1997年版，第54页。
② 参见《香港仲裁条例》第9条第1款。
③ 参见《香港仲裁条例》第27条。
④ 参见《澳门本地仲裁法》第11条、第15条。

席。关于仲裁员的替换问题，《澳门本地仲裁法》支持在仲裁员死亡、自行回避、被拒绝或不能担任职务或因任何理由使指定无效时，按照经作出适当配合后适用指定或任命之规则替换新的仲裁员，但当事人约定不准替换的例外。① 澳门涉外商事仲裁制度提倡当事人协商确定仲裁员，但如果任何一方当事人无法指定仲裁员或者经指定的仲裁员无法共同产生第三名仲裁员时，则任何一方可以申请管辖法院负责指定，当然，如同本地仲裁制度一样，也允许当事人通过协议对法院指定仲裁员的权利进行限制。②《澳门涉外商事仲裁法》一个独特之处是对法院指定仲裁员作了特别要求：当任命仲裁员时，法院应考虑当事人协议内对仲裁员所要求具备之资格，并考虑对确保能任命一名独立及公正无私之仲裁员为重要之一切事宜；在任命独任仲裁员或第三名仲裁员时，尚应考虑任命一名所属国籍或居住地点与当事人不同之仲裁员之可取性。关于仲裁员的替换问题，《澳门涉外商事仲裁法》规定得较简单，即适用该被替代仲裁员的原指定程序。

台湾原“商务仲裁条例”第4条、第6条、第8条、第9条分别规定了当事人协议指定、现有仲裁员指定、仲裁协会或法院指定等方式。与内地、香港、澳门不同的是台湾虽然存在权威的仲裁协会，该协会也办理仲裁案，但当它代行指定仲裁员职责时须在仲裁协议中约定或是由双方当事人商定。③ 如无一致意见，仲裁协会无权代为指定。发生仲裁员指定歧义情况时，由法院代为指定。台湾法院指定仲裁员的权力比较广泛，发生下列情况之一即由法院指定：“（1）当事人约定由法院选定；（2）当事人选定的仲裁员不能推选出第三仲裁人，则此第三仲裁人由法院确定；（3）一造选定仲裁人后，他造于催告期内未能选定仲裁人；（4）仲裁协会未能在催告期内选定仲裁人；（5）当事人或仲裁协会选定的仲裁人出缺或不履行仲裁任务；（6）已选定的仲裁人存在法定的拒却情形”。④ 台湾“商务仲裁条例”第10条规定的仲裁员更替方法有两种：（1）当事人协议指定仲裁员须更替时，由双方另行协定，协定不成由法院为之选定；（2）当事人自行选定的仲裁员发生须更替情况，由对方当事人催告，原指定方当事人应在受催告之日起7日内指定仲裁员，否则由法院指定。台

① 参见《澳门本地仲裁法》第17条。
② 参见《澳门涉外商事仲裁法》第11条、第16条。
③ 参见谭兵、陈彬：《中国仲裁制度研究》，法律出版社1995年版，第406页。
④ 参见谭兵、陈彬：《中国仲裁制度研究》，法律出版社1995年版，第107页。

湾“仲裁法”对仲裁员的指定及替换制度进一步规范化。该“仲裁法”第9条第1款既支持当事人之间约定具体仲裁人，亦支持当事人之间仅仅协定仲裁人选定方法。在无协定选择情况下，允许由双方选定的仲裁人共推第三仲裁人为主任仲裁人。该条第2款规定了法院指定仲裁员制度。规定如果双方当事人选定的仲裁人未能及时共推主任仲裁人，或当事人双方未能及时就独任仲裁人人选达成一致意见时，任何一方均可请求法院选定。但如当事人约定了案件的仲裁机构时，则由该仲裁机构选定。这显然是一种介于内地的仲裁机构指定和澳门的法院指定之间的一种折中方法。关于仲裁人的替换问题，台湾“仲裁法”第13条规定约定仲裁人的替换，须由当事人再行约定，选定仲裁人的替换由当事人再行选定。在上述两种情况下，如果一方当事人不及时履行其职责，他方当事人可以请求仲裁机构或法院另行选定。

三、仲裁员身份合法性的监督：回避与异议

不论法律对仲裁员资格规定得多么周详，也不论指定仲裁员的程序多么严格，任何事物都有其反面，仲裁员身份的合法性也会有受到质疑的时候，为此应进行必要的监督，国际商务仲裁理论及实践中有两种措施，即仲裁员的回避和异议，有时又统称为“异议”。

（一）关于仲裁员异议的两种不同的态度

目前世界上对仲裁员的异议有两种不同的态度，少数大陆法系国家如法国不赞成对仲裁员的异议，其基本理由是由于仲裁机构的规则中允许当事人单独或共同选定仲裁员，这种制度本身会造成当事人与被指定的仲裁员有各种可以理解的个人关系，很难想象当事人会指定一个素不相识的人作仲裁员。特别是在承认友好仲裁的国家，这种做法更明显。但多数国家（包括部分大陆法系国家和大部分普通法系国家）都赞成仲裁员异议的制度，允许法官在一定条件下撤销仲裁员之资格。而目前的发展趋势是在当事人对仲裁员的独立性和公正性产生怀疑情况下都允许对仲裁员提出异议。不过实践表明，各国的法院或仲裁员的监察机构一般对仲裁员的监督都比较宽松，除非证据确凿，否则对仲裁员的异议成功的可能性很小。

（二）对仲裁员异议的两种时间限制

当事人对仲裁员资格的异议并不能随意提出，即便是符合法定异议条件也必须受到两种时间的制约，这两个时间限制为：

1. 对仲裁员提出异议的依据或因由是在仲裁员指定后才发生或意识到。《联合国国际贸易法委员会仲裁规则》第10条第2款规定：“当事人

对自己任命的仲裁员，只能是根据在任命后所知的理由提出异议。”如果在仲裁员任命之前，当事人已经知道可予以异议的因由，却没有及时提出异议，则当事人丧失申请回避及异议的权利。当事人如何于任命前知晓仲裁员异议因由呢？也有两种途径：一是当事人指定仲裁员时应进行必要了解；二是仲裁员接受任命前就自身是否具有影响其公正性、独立性的资料所进行的披露和声明。如果当事人于仲裁员任命之后才知悉应予以异议的因由（包括仲裁员接受任命和应予披露却未披露的因素），则当事人有权在任命仲裁员后提出异议，但这又受到下一种时间限制。

2. 提出回避申请或异议的时间必须是在仲裁开始前提出，或者申请人知悉回避原因后立即提出。如果当事人在仲裁开始前或仲裁过程中完全知悉仲裁员应回避或应予异议的因由却不及时提出而是继续参与仲裁程序，以后提出回避申请或异议时就可能不被接受。“如果请求回避的理由是在第一次开庭审理后才得知，应在最后一次庭审终结前提出。”①

（三）对仲裁员异议的理由

支持仲裁员异议制度的国家为保证仲裁员的廉洁、公正，针对仲裁员可能出现的弊端，开列了种种“药方”，归纳起来主要有以下几类：

1. 违反公正性和独立性基本原则。保持独立性和公正性是各国仲裁法及国际性仲裁机构制定的仲裁规则中少有的为国际商事仲裁界所共同认可的基本原则。《联合国国际贸易法委员会仲裁规则》第6条第4款，《世界知识产权组织仲裁中心规则》第19条第1款，《俄罗斯国际商事仲裁院仲裁规则》第4条和第11条，《德国海事仲裁协会规则》第5条等都明确肯定了该原则。

仲裁员的公正性和独立性究竟是什么涵义呢？

笔者理解，仲裁员的独立性是从客观角度约束仲裁员，指的是仲裁员现有客观条件是否对案件的公平仲裁产生影响。因此，仲裁员的独立性应包括两种内涵即：(1) 仲裁员与当事人的关系问题；(2) 仲裁员的国籍问题。② 前者是指仲裁员与当事人的个人关系，不仅包括亲属关系和经济利害关系，亦包括受案前固有的和受案后创造的（如行贿、受贿等）关系，还包括其他的利害关系，如：(1) 对于承办案件事先提供过咨询的；

---

① 参见李玉泉主编：《国际民事诉讼与国际商务仲裁》，武汉大学出版社1994年版，第34页。

② 参见韩健著：《现代国际商务仲裁法的理论与实践》，法律出版社1993年版，第130页。

(2) 与当事人代理人在同一单位工作；(3) 现任当事人的法律顾问；(4) 因介绍案件而谋取私利等其他可能影响公正裁决的事项。后者主要是在国际商事仲裁中衡量或判别仲裁员是否独立的一个重要因素。国际商事仲裁实践中逐渐形成了一种国籍规避制度，即仲裁案件当事人不得选择与本方国籍相同的人担任独任仲裁员或首席仲裁员，除非当事人之间另有约定。著名的《伦敦国际仲裁院规则》便对此进行了明确规定。①

仲裁员的公正性则主要是从仲裁员的主观心理角度对仲裁员加以约束。它指的是仲裁员对一方当事人或争议的问题是否心存偏袒。这里有两个关键问题值得注意，一是如何把握仲裁员的心理倾向，如何定夺其是否存在偏袒一方的心理。笔者认为解决这一问题，主要从仲裁员的行为上判断，人的行为是心理的反映，一个极具偏袒心态的仲裁员不管他多么善于掩饰，难免不在仲裁中流露出过激的言行导致对自然正义原则的明显违反（如剥夺一方当事人就若干问题的陈述、反驳权利，或仲裁过程中进行不应有的结论性表态等），当然判断这一点也须当事人及其代理律师有敏锐的观察力。二是对仲裁员公正性的要求是适用于所有仲裁员还是仅适用于独任仲裁员或三人仲裁庭情况下的首席仲裁员或取代当事人各自指定仲裁员的公断人。对这一问题确曾有过较大争议，但笔者认为结论应该是明确的，即适用于全体仲裁员。理由很简单，目前除美国仲裁协会和美国律师协会 1977 年起草的《商事争议中的仲裁员道德规则》中允许当事人指定的仲裁员为非中立性外，其他绝大多数国家和国际商事仲裁机构，均认定仲裁员不论是当事人指定的抑或是仲裁机构、法院及其他机构指定的均应不代表当事人，而应持中立态度。因此少数仲裁机构的仲裁规则的个别意见不能代表国际仲裁的发展趋势。

2. 仲裁员的指定不符合当事人双方协定的条件。这一理由是针对仲裁员资格中当事人协定资格而言的，实践中最常见的是仲裁员的职业错误，如前文提到的协定仲裁员必须是商人，而实际指定的却是律师，从而导致律师是否是商人的争论。

实践中当事人申请仲裁员回避或对仲裁员提出异议的理由以第一种居多。值得注意的是，尽管各国及国际仲裁机构对仲裁员资格提出了许多资格条件的要求，但在制定仲裁员异议制度时，除当事人协定条件外，对仲裁员不符合其他资格条件时的监督和纠正程序都没有特别规定。笔者认为，这也应构成一个异议的理由，但这恰恰却是现有仲裁制度的一个小小

---

① 参见《伦敦国际仲裁院规则》(1998 年 1 月 1 日) 第 6 条第 1 款。

的疏漏之处。

(四) 仲裁员异议的形式和程序

仲裁员的异议主要有两种方式：一种方式是仲裁员的主动回避；一种是当事人对具体仲裁员资格提出异议。

仲裁员主动回避的程序比较简单。一般是在收到当事人或仲裁机构指定其为仲裁员的通知后，即披露可能影响仲裁公正性和独立性的情况(许多国家采用填表形式)，该被指定人认为自身存在应当回避的因由时应主动向仲裁机构及当事人说明情况，由仲裁机构作出决定。这里也不存在上诉问题，如果他很想做仲裁员，他可能会隐瞒回避因由，如果他不想做仲裁员，可以直接拒绝接受指定即可。

仲裁员的异议则相对较复杂一点，绝大多数国家及国际仲裁机构的法规或仲裁规则中均详细规定了对仲裁员的异议程序。一般有两种程序：一种程序是当事人首先向仲裁庭本身提出关于异议的申诉，如果申请被否决，当事人可向法院起诉；另一种程序是当事人直接向仲裁机构提出异议的申诉，仲裁机构的决定是最后决定。现在大多数国家倾向于由法院对仲裁员异议问题作出终局决定，而国际仲裁机构包括国际商会、伦敦国际仲裁院、联合国贸发会等则支持由仲裁机构作出终局决定。不过即便是支持法院作出终局裁定的国家，也将对仲裁员的异议作特殊诉讼对待，一审终审，不允许上诉，与普通民事诉讼历经两审或三审终审不同。

(五) 我国内地与港澳台地区仲裁回避与异议制度比较

《中华人民共和国仲裁法》规定的仲裁员回避和异议的法定理由主要集中在违反仲裁的独立性和公正性方面，因为内地主要实行封闭性的仲裁员名册，当事人只能在名册范围内指定仲裁员，因而，一般不存在指定仲裁员与约定条件不符的问题。《中华人民共和国仲裁法》规定仲裁员的下列情况违反仲裁的独立性和公正性，仲裁员必须回避，当事人也有权申请回避：(1) 是本案当事人或者当事人代理人的近亲属；(2) 与本案有利害关系；(3) 与本案代理人有其他关系，可能影响公正仲裁的；(4) 私自会见当事人、代理人或者接受当事人代理人请客送礼的。① 对仲裁员的异议有两种形式：其一是仲裁员主动回避，这种回避没有时间的限制，按通常理解，仲裁员可以在仲裁的全过程中依法定事由自行提出回避；其二是当事人依法提出回避。当事人提出回避申请的应当说明理由，并且应该在首次开庭前提出。回避事由在首次开庭后知道的可以在最后一次开庭终

① 参见《中华人民共和国仲裁法》第34条。

结前提出。《中华人民共和国仲裁法》将当事人依法申请仲裁员回避的时间限制于“首次开庭前”和“最后一次开庭终结前”的做法曾经引起一些异议。① 主要有三个问题：第一，在当事人按照意思自治的原则约定不开庭时将无法以开庭作为时间限制；第二，当事人于首次开庭之后知悉回避情形，而仲裁庭不再开庭径行裁决时，当事人将无法行使申请回避的权利；第三，因为没有相应的回避法定程序，有利于恶意当事人利用申请回避权利造成仲裁程序的重复和混乱，以及时间、人力及物力的浪费。这种观点有一定可取之处，但是，只要有关部门稍加注意即可轻易解决。例如，由最高人民法院作出司法解释，在无法确定“首次开庭”和“最后一次开庭终结”时间的情况下，以仲裁庭召集双方当事人宣布裁决的时间为所谓“首次开庭”和“最后一次开庭终结”的时间。关于仲裁员是否回避的决定权问题，内地的做法是由仲裁委员会主任决定，仲裁委员会主任在担任仲裁员时，由仲裁委员会集体决定。

《香港仲裁条例》虽然强调了仲裁员权利的不可撤销性，但在符合规定条件下也可以对仲裁员提出异议，这些理由主要有如下几点：

1. 对仲裁员的指定与仲裁协议不符。英国仲裁史上的一个著名案例中所谓律师是否属商人的问题之争论就是因仲裁员的异议而起。英国法院1969年审理 Rahcassi Shipping Co. S. A. V. Blue Star Line Ltd. 案时 Roskill 法官认定出庭律师非商人，因而裁定对仲裁员的异议成立。《香港仲裁条例》与英国的仲裁法极为相似，因而也强调指定的仲裁员必须符合双方的协定资格条件，否则当事人可据此提出异议。

2. 仲裁员在法律上或事实上不能履行其职责，这个主要是指仲裁员因无行为能力或其他原因不能行使职权，而导致仲裁程序无法展开，当事人因此有权提出异议，规定这种理由的仲裁员异议在我国的四大法域中是较有特色的。仲裁员于法律上或事实上不能履行职责的情况不少，但是因此成为一个单独的仲裁员异议理由倒不多见。

3. 仲裁员行为不端或者不公正。除前述两项理由外，《香港仲裁条例》将其他违反仲裁公正性和独立性的理由统称为“行为不端”，如果仲裁员行为不端（misconduct himself）或处理仲裁程序不当，法院可将其免职。②《香港仲裁条例》中的“行为不端”并无具体定义，但实践中对其

① 参见林建文、连维兴著：《浅谈仲裁员的回避制度》，载《仲裁与法律通讯》1997年第2期，第15～18页。

② 参见《香港仲裁条例》第25条（1）款。

解释外延较广，大致涵盖了仲裁员的独立性和公正性的全部内容，即包括仲裁员与当事人有利害关系和仲裁员是否对一方当事人心存偏袒。

《香港仲裁条例》解决仲裁员的异议分两种形式：对符合异议条件的一般仲裁员或公断人提出的异议，应该向香港高等法院提出申请撤销之诉；而对法官仲裁员和法官公断人的异议应向上诉法院申请撤销对该法官仲裁员或法官公断人的指定。

澳门本地仲裁制度将仲裁员的异议分为“回避与拒却”两种形式，相当于上文归纳的仲裁员主动回避和当事人申请回避的形式。关于仲裁员的主动回避，澳门本地仲裁制度规定仲裁员接受该指定后，仅在基于嗣后发生的原因而使被指定者不能担任有关职务时，自行回避方为正当。《澳门本地仲裁法》同样采纳对仲裁员异议的两种限制规定，即构成拒却依据必须是在指定后出现的，除非指定后才获悉拒却依据；对仲裁员的异议必须在获悉有关指定或任命、仲裁庭之设立或回避事由的存在后15天内提出异议。《澳门本地仲裁法》第12条第3款规定，除当事人另有约定外，曾担任调解人职务之人不得担任仲裁员之职务。第14条规定：（1）民事诉讼法所订之回避、申请回避及自行回避制度适用于仲裁员。（2）如果仲裁员不是由当事人直接指定或当事人在嗣后始知悉有关回避的原因的，指定前发生之原因也可以作为被拒却之理由。（3）被指定为仲裁员之人，一旦获知可引致其被拒却之情况后，应立即通知当事人，且仅在当事人同意时，始得接受或继续担任有关职务。（4）一方当事人，应在获悉有关指定或任命、仲裁庭之设立或回避事由之存在后15日内，将拒却之原因通知他方当事人及已指定或任命之仲裁员。（5）如果当事人未订定拒却之决定方法，则交由初级法院就拒却作出裁判，对此不得上诉；但允许被拒却之仲裁员选择辞去其职务或他方当事人接受拒却。

分析澳门本地仲裁制度，笔者认为澳门的拒却与回避制度有下述特点：

（1）除非当事人同意，澳门本地仲裁制度排除了设立仲裁庭前曾任调解员者再任仲裁员的可能性，以确保仲裁员之中立性。

（2）澳门仲裁制度为当事人的拒却提供了更多种的选择途径。只要有正当理由，当事人在指定前后均可申请回避。虽然当事人没有约定拒却方法时由法院裁决，但即使法院就拒却作出裁决，当事人亦可自行达成拒却协议。如果当事人同意，即使有回避理由，有关仲裁员亦无须回避。在内地，回避由仲裁委员会主任决定，主任担任仲裁员的由委员会集体决定。而且由于仲裁员回避，当事人要求重新开始已进行的仲裁程序，应由仲裁庭决定，仲裁庭也可自行决定重新开始仲裁。

(3)《澳门本地仲裁法》既赋予了仲裁员拒绝指定的权利，也对这一权利的行使进行了限制，这在内地与港澳台四法域中较具特色。为了防止因仲裁员拒绝而损害当事人之利益，其规定被指定者应自作出指定通知起10日内，以书面向双方表示接受指定。或者自作出指定通知起10日内，被指定者毫无保留作出显示有意担任仲裁员职务之行为亦视为接受。而且除非当事人对自行回避之请求另有约定，一旦接受，只有在由于嗣后发生之原因而不能担任有关职务时，自行回避方为正当，否则应对由此造成之损害负责。

(4)澳门将内地仲裁制度中有关仲裁员因其他原因不能履行职责的情况不作为仲裁员的更替理由，而认定为仲裁协议无效。显然，这两者的法律效果截然不同。

《澳门涉外商事仲裁法》对仲裁员拒却的理由和程序与《澳门本地仲裁法》的规定完全不同。该法有关内容如下：1. 拒却理由：仅当存在对仲裁员之公正无私或独立性可能引起合理怀疑之情况，或仲裁员不具备当事人约定之资格时，仲裁员方得被拒却（第12条第2款）。2. 时间限制：(1)拒却理由发生的时间必须是指定仲裁员后始知悉理由之时间。(2)提出异议的时间为自仲裁庭设立或自知悉拒却理由后15天内。3. 拒却程序：(1)协议程序。由双方当事人自由协商确定。(2)法定程序。如果双方当事人未能就仲裁员异议程序达成协议，则由申请拒却的一方书面向仲裁庭提出，如果被申请拒却之仲裁员不愿辞职，或他方当事人不接受该拒却，则由仲裁庭作出决定。(3)法院最后的决定权。如果申请人通过(1)和(2)之程序未能成功拒却仲裁员，则可在接获驳回拒却之决定之日起30日内，请求管辖权法院就拒却作出裁判。处理拒却期间仲裁庭包括被申请拒却之仲裁员继续仲裁之程序并履行职责。从这比较的内容可以看出澳门本地仲裁和国际仲裁关于仲裁员的拒却问题确实存在较大差异。

台湾原“商事仲裁条例”对仲裁员的异议的规定已经比较详细，主要内容如下①：

1. 拒却理由：(1)有“民事诉讼法”所定推事应行回避的同一原因者；(2)仲裁人为未成年人、禁治产人、破产人、剥夺公权人或聋哑人；(3)非仲裁契约约定的仲裁人，延滞其任务之履行者。

2. 异议的时间限制：当事人对于自行选定或经其同意由他造或仲裁

① 参见台湾旧“商事仲裁条例”第11条。

协会选定的仲裁人非拒却的原因发生在选定后，或至选定后始悉其原因者，不得以上述第一、第二项理由提出异议。

3. 异议程序：对仲裁员的异议由当事人向法院提出拒却声明，并通知被拒却的仲裁人。

台湾“仲裁法”对仲裁员回避制度进行了适当的修改。首先根据联合国示范法的精神，将这一制度称为“回避”，不再称为“拒却”。其次在具体制度上还作了如下改变：1. 回避的理由：仲裁员具备下列情形之一者，当事人有权申请回避：（1）不具备当事人所约定之资格者；（2）有“民事诉讼法”第32条所定法官应自行回避之同一原因者；（3）仲裁人与当事人间现有或曾有雇佣或代理关系者；（4）仲裁人与仲裁人之代理人或重要证人间现有或曾有雇佣或代理关系者；（5）有其他情形足使当事人认定其有不能独立、公正执行职务之虞者。① 2. 时间限制：（1）当事人对其自行选定之仲裁员申请回避的理由必须是发生在选定仲裁员之后，或至仲裁员选定后方知悉。（2）当事人必须于回避理由知悉后14日内提出，如仲裁庭尚未成立，则自仲裁庭成立之日计算。② 3. 申请回避之程序：台湾“仲裁法”将回避程序分为几种：（1）对普通仲裁员申请回避，由申请人首先向仲裁庭提出，对仲裁庭决定不服的，于14日内向法院申请裁定。（2）对独任仲裁员申请回避，必须直接向法院申请。（3）双方当事人请求仲裁人回避的，仲裁人应立即回避，无须借助仲裁机构和法院。③

第二节　仲裁员法律地位制度

仲裁员的法律地位是指仲裁员在履行其职责时，所享有的权利和承担的义务，尤其是前者。

一、仲裁员的权利

仲裁员的权利是仲裁员在仲裁程序中的权利和资格。仲裁员的权利包括当事人赋予的权利和法律赋予的权利两种。具体来说包括四方面的权利：仲裁员的管辖权、仲裁员的程序权、仲裁员的裁决权和仲裁员的补充

---

① 台湾“仲裁法”第16条。
② 台湾“仲裁法”第16条第2款、第17条第1、2款。
③ 台湾“仲裁法”第16条、第17条第3、4、5、6款。

权利。仲裁员的管辖权指仲裁员根据当事人授权，享有运用仲裁手段解决当事人之间民商争议的权利，仲裁的管辖权主要针对诉讼的管辖权而言，现在，各国和地区的仲裁立法趋势一般都认为仲裁的管辖权由仲裁员自裁。仲裁员的程序权是指仲裁员为解决当事人提交的争议，根据仲裁规则而采取适当程序措施的权利。如仲裁员可以根据案情需要决定是否开庭聆讯、可以要求当事人提交必要的证据、可以要求对有关证据提供宣誓等，在仲裁的程序方面，仲裁员享有较大的自由裁量权。仲裁员的裁决权是仲裁的根本性权利，包括中间裁决、临时裁决和最后裁决的权利；仲裁员的补充权利指仲裁员为完善仲裁程序或仲裁裁决所享有的权利。通常较常见的补充权利是仲裁员于仲裁裁决发出后发现有疏漏、失误时可以自行更改的权利。

二、仲裁员的义务

仲裁员的义务指的是仲裁员在履行职务时所承担的责任。我们一般讨论的所谓仲裁员义务最根本的就是仲裁的基本原则中所要求的公正、独立两种义务以及因此衍生的其他的具体附加义务。如仲裁员应该如实披露可能引起异议的事实、仲裁员应该公正地听取双方对有关争议的意见、仲裁员应勤勉地履行自己的职责、仲裁员应为双方当事人保守商业机密、仲裁员应合理取费、仲裁员应充分保障仲裁法和仲裁规则赋予给仲裁当事人的各项权利。

仲裁员的权利和义务往往是通过仲裁庭集体表现出来的，因此，我们讨论仲裁员的权利和义务时应当从仲裁庭集体的角度进行分析。

三、中国内地与港澳台地区仲裁制度关于仲裁员权利义务的有关规定

（一）中国内地仲裁员权利和义务的制度

中国内地仲裁员的权利与义务分散规定在《中华人民共和国仲裁法》、《中国国际经济贸易仲裁委员会仲裁规则》、《中国海事仲裁委员会仲裁规则》、各地方仲裁委员会仲裁暂行规则等文件之中。综合这些文件精神，在中国内地仲裁制度下，仲裁员享有的权利与义务如下：

1. 仲裁员的权利。

（1）仲裁庭有权对仲裁协议的存在、效力及仲裁案件的管辖权争议作出决定。

（2）仲裁庭有权按照其认为适当的方式审理案件。即有权决定开庭审理，也有权决定只依照当事人提交的书面材料及证据进行书面审理。

（3）仲裁庭可以收集其认为必要的证据。

（4）仲裁庭有权决定就专业问题向专家咨询或者指定鉴定人进行鉴定。

（5）仲裁庭有权决定在一方当事人无故缺席时，决定缺席审理或缺席裁决。

（6）仲裁庭有权根据案件的具体情况进行调解，调解成功时，有权制作调解书，该调解书与仲裁裁决具有同等法律效力。

（7）仲裁庭有权就争议的有关问题作出中间裁决。

（8）仲裁庭有权决定双方当事人应向仲裁委员会支付的费用。也可以决定败诉方当事人应向胜诉方当事人支付的合理补偿。

2. 仲裁员的义务。

（1）仲裁员必须独立公正地审理仲裁案件。

（2）不得私自接触当事人或其代理人。自觉披露可能有损独立公正审理的任何情况并回避。

（3）勤勉审慎地履行自己的职责。

（4）严格保守仲裁秘密。

（5）参加学术活动，学习仲裁业务，提高仲裁水平。

（二）香港仲裁员的权利和义务

1. 香港仲裁员的权利。

（1）仲裁庭有权决定自己对仲裁案件的管辖权。

（2）仲裁庭享有广泛的程序权。包括下列权利：

① 要求申索人提供仲裁费用的保证；

② 要求对争议款项提供保证；

③ 指示透露文件或送达质问书；

④ 指示须以誓章的形式提出证据；

⑤ 就有关财产：

（i）指示由仲裁庭、仲裁程序的任何一方或任何专家检查、拍摄、保存、扣留或出售该财产，或

（ii）指示从该财产中取去样本，或对该财产进行观察或试验，

⑥ 批给临时强制令或指示采取其他临时措施。

（3）仲裁庭在规定的条件下享有延长仲裁程序时限的权利。仲裁庭如认为有关的情况超乎各方在订立仲裁协议时的合理预计，而延长该期限会是合理的；或由于某一方的行径，若以该协议的严格条款约束其他各方是不公平的做法，则仲裁庭可以决定合理延长仲裁程序期限。

（4）仲裁员在经当事人书面同意可以充任调解员。

（5）仲裁员的裁决权。《香港仲裁条例》为仲裁员规定的裁决种类比较多，仲裁员不仅享有一般的终局裁决权，而且享有临时裁决权。

（6）享有法院中期命令所赋予的延伸权利。仲裁员有权根据法官的中期命令在一方缺席或不履行任何其他作为时，在该命令所指明的范围和限制条件内继续进行仲裁。

（7）强制仲裁情况下的履行权。香港仲裁员有一种权利是中国其他法域的仲裁员所不曾拥有的，这就是强制履行合约的权利。在香港，除非仲裁协议表明相反意图，否则在下述规定适用于所提交的仲裁的情况下，每项仲裁协议须当做包括如下的规定，即：仲裁员或公断人一如法院般，有同样权利命令强制履行任何合约，但不包括强制履行与土地或土地权益有关的合约①。

（8）合理取酬的权益。《香港仲裁条例》全面规定了仲裁员合理取酬的权利，还特别规定了仲裁员费用的法院评定程序以及支付仲裁庭收费的法律责任。

2. 香港仲裁员的义务。

《香港仲裁条例》直接规定仲裁员的义务的条款并不多，综合该条例精神以及《港内仲裁规则》、适用于香港的判例的内容，香港仲裁员负有下列义务：

（1）仲裁员应保持公正和独立。

（2）仲裁员不得为谋求指派而私自接触当事人或其律师。

（3）仲裁员的披露义务。《港内仲裁规则》规定任何可能成为仲裁员的人，在接受指定前或已接受指定后，应向各方当事人披露可能引起人们对他产生偏袒一方当事人的印象或妨碍争议迅速解决的任何情况。

（4）仲裁员应恪尽职守，积极推进仲裁进程，否则，任何一方当事人可以申请法院清除该不负责任的仲裁员。

（5）仲裁员必须确保仲裁程序的自然公正，在案件审理过程中，应平等地对待双方当事人，给予双方当事人表达各自立场意见的机会。尤其在听审的过程中，不得发表有倾向性的意见，否则会因行为渎职而被法院免职。

（6）仲裁员负有保密义务。香港仲裁员所承担的保密义务不仅体现在仲裁案件的审理不得公开，而且即便裁决作出后，不经双方当事人同意，仲裁员也不得将案情公之于众，对仲裁审理中涉及的问题，同样负有保密

---

① 参见《香港仲裁条例》第17条。

义务。

（三）澳门仲裁员的权利和义务

1. 澳门仲裁员的权利。

（1）管辖权自裁权。仲裁庭得依职权就其管辖权作出裁定，并得为此对仲裁协议或其所属合同是否存在、有效以及其效力作出审查。

（2）仲裁员的程序权。

（i）在当事人对仲裁规则未作特别约定时，决定应适用的程序规则。

（ii）采取临时措施、保全措施、担保措施之权利。仲裁庭得应任何一方当事人之请求，下令双方遵守仲裁庭认为对争议标的为适当之临时措施或保全措施，或要求任一方当事人作出与该等措施有关之适当担保。但当事人另有规定者，不在此限。

（iii）申请法院取证之权利。仲裁庭得依职权或应任何一方当事人之申请，尤其是当为收集证据需当事人或第三人之表示意思之行为，而其拒绝提供合作，要求普通管辖法院协助收集证据。

（3）仲裁员之裁决权。

（4）仲裁员的补充权利。当事人于收到仲裁裁决后30日内，有权向仲裁员申请改正裁决的任何误算、错漏、排印错误或任何其他同类错误，也可以请求仲裁员对裁决作出解释，仲裁员认为合理时可以对上述问题作出更正或解释。对裁决的误算、错漏、排印错误或其他此类错误，仲裁员也可以在裁决作出后依职权作出更正。

（5）合理取酬的权利。

2. 澳门仲裁员的义务。

（1）符合回避的法定条件时，应履行回避之义务。

（2）仲裁员应承担及时披露之义务。

（3）平等对待当事人双方，并给各方行使其权利提供机会。

（4）仲裁员应积极推进仲裁，当其无所作为时，当事人可以提请法院终止其仲裁员资格。

（5）仲裁员负有保密义务。

（四）台湾仲裁员的权利和义务

1. 台湾仲裁员的权利。

（1）仲裁庭有权就管辖权争议作出决定。

（2）仲裁庭有权决定仲裁程序问题。台湾“仲裁法”授权仲裁庭决定开庭的处所及时间，就有关事实或专业问题通知证人或鉴定人出庭作证，仲裁庭认为有必要时有权请求法院或其他机关协助。此外，仲裁员认为时机成熟时可以主持双方当事人调解或和解，如达成协议，仲裁员还可以据此做成和解书或调解书。

（3）仲裁裁决权。仲裁庭在审结仲裁案件时，有权以仲裁庭的过半数意见做成仲裁裁决。

（4）修正裁决错误的权利。仲裁庭如发现仲裁裁决书有误写、误算或其他类此之显然错误者，仲裁庭得随时或依申请更正之，并以书面通知当事人及法院。其正本与原本不同者，亦然。

2. 仲裁员之义务。

（1）仲裁员应独立公正地仲裁案件。

（2）仲裁员承担充分披露之义务。仲裁员如果具有足以让法官自行回避的障碍、仲裁人与当事人间现有或曾有雇佣或代理关系、仲裁人与当事人之代理人或重要证人间现有或曾有雇佣或代理关系者以及有其他情形足使当事人认为其有不能独立、公正执行职务的嫌疑等情况下都应该向当事人充分披露。

（3）仲裁庭应充分提取当事人的陈述，并为当事人保密。

（4）仲裁庭应遵守仲裁期限之规定。仲裁庭应于仲裁开始之日起6个月内做成仲裁裁决，必要时得延长3个月。如果仲裁庭不能在法定期限内作出仲裁裁决，则当事人可以径直向法院起诉。

第三节　仲裁员责任制度

一、仲裁员责任制度的概述

仲裁员责任是指仲裁员在履行其职责时因存在法律规定的过错行为而对当事人或社会所承担的责任。仲裁员的责任一般包括三种形式即：当事人施加的责任、道德责任和法律责任。① 对前两者争议并不大，实践中很少去进行特别讨论，而仲裁员的法律责任在仲裁的立法和实践中都引起了关注。我们知道，当事人选择仲裁员主要基于两种考虑：其一是对仲裁员公正、独立等品质方面的信任；其二是对被指定仲裁员的业务能力的信

---

① 黄进、徐前权、宋连斌编：《仲裁法学》，中国政法大学出版社1997年版，第70页。

任。① 但在仲裁实践中，由于仲裁员的疏忽或故意（即所谓过错），仲裁过程中总会出现一些违背公正、独立原则的行为或出现仲裁员不能胜任仲裁工作的现象，从而导致不公的裁决，给当事人造成经济损失。那么，出现这种情形，仲裁员应否承担责任以及承担什么样的责任呢？当事人由于不熟悉仲裁实务或有所顾忌，往往很少在仲裁协议中约定仲裁员的责任，而社会舆论、社会道德的谴责好像又无关痛痒，既不能弥补当事人的经济损失，也无法对负有责任的仲裁员起到惩戒、警醒的作用。因此，人们自然想到给仲裁员施加法律责任。但是，对仲裁员施加法律责任的依据是什么呢？有过错的仲裁员究竟应负什么样的法律责任呢？另外，在考虑这一问题时，人们往往把仲裁员同法官相比较，我们知道，法官在履行其职责时享有豁免权，那么仲裁员是否也享有豁免权呢？这也是人们争执的焦点所在。仲裁员的工作与法官有许多相同点，他们都是对当事人之间的争议作出裁判。但是，仲裁员与法官区别更大，法官是国家政权保证的执法者，其行为代表国家。而仲裁员仅仅是受当事人委托解决当事人纷争的代表。那么，仲裁员能否享有豁免权呢？由于各国对仲裁员地位的认识不同，就仲裁员的责任问题所作的规定也完全不同。

二、关于仲裁员责任的不同理论和立法

关于仲裁员的责任问题，在世界各国理论和立法实践目前主要有两大对立的主张。其一是以大陆法系为代表，主张仲裁员应承担民事责任。其二是以英美法系为代表，主张仲裁员像法官一样享有豁免权。另外，近年来，有人为调和两种主张的矛盾，提出了一种折中主张，即“有限仲裁豁免论”。

（一）仲裁员应承担责任的主张

这一主张为大陆法系国家所支持。大陆法系国家之所以坚持这种主张，笔者认为有两个基本原因。1. 法官民事责任论。前文我们多次提到过，仲裁员和法官，就其工作职能而言，具有较相似的特点。尽管在仲裁员应否承担民事责任问题上存在着争议，但大多数国家和地区对法官应享有的豁免权则远不如仲裁员的豁免权那样富有争议性。在大陆法系国家，法官并不享有绝对的豁免权，法官在行使其职权时，如因过错或犯罪行为而给当事人造成损失，同样应给予赔偿，应负民事责任。只不过追究法官

---

① 参见黄进主编：《国际私法与国际商事仲裁》，武汉大学出版社 1994 年版，第 104 页。

的民事责任前，必须用尽其他法律救济办法方可。既然法官和公务员都应为其职务行为承担民事责任，那么，仲裁员的职务行为当然无法获得豁免。2. 仲裁契约说。大陆地法系国家，仲裁一般被看作是契约行为，而不认为是准司法行为。大陆法系国家认为仲裁是一种特殊的契约行为，在这一契约行为里，仲裁员不仅承担着仲裁协议中双方当事人约定的契约责任，而且应承担相应的法律责任。在这种法律中仲裁员对国家、对社会、对仲裁当事人承担着公正责任和专业小心责任。仲裁员的公正责任要求仲裁公正地对待当事人各方，认真听取当事人各方的陈述，不得心存偏袒。仲裁员的专业小心责任要求仲裁员在履行职务时应用尽一切自己的专业知识，确保作出一个公正、合理、正确的裁决，否则，也会像其他专业人员如医生、工程师那样承担对当事人（客户）赔偿损失的民事责任。

（二）仲裁员责任豁免论

英美法系国家在仲裁员的责任上主张采用“仲裁员责任豁免论”，即仲裁员在履行职务时不因自己的专业过错承担任何法律责任（包括民事责任）。英美法系国家对法官采取豁免的主张。在仲裁性质方面，这些国家认为仲裁行为是一种准司法行为。仲裁员行为中既有契约的成分亦有司法的因素，因此英美法系国家将司法豁免扩展到仲裁领域，形成“仲裁豁免论”。该理论的具体内容是：仲裁员的仲裁行为豁免于民事责任，仲裁员对于仲裁过程中因其过失或其他情况而导致的不公正裁决及给另一方当事人带来的损失不承担任何个人责任。① 英美法系国家形成“仲裁豁免论”的依据主要有四点：1. 仲裁员行使着与法官相同的权利，其活动相当于司法活动；2. 国家政策鼓励仲裁；3. 仲裁员享有与法官一样的豁免权，有利于保证仲裁的完整性，如果允许当事人不断申诉，则会人为拖延仲裁的过程，使得仲裁便捷、经济的优点化为乌有；4. 仲裁员如果要承担责任，会导致仲裁员在仲裁过程中过分谨小慎微，甚至会导致有责任心又有能力的人拒绝接受任命，从而无法迅速有效地解决纷争，反而阻碍了仲裁事业的发展。

（三）有限仲裁豁免论

有限仲裁豁免论是在批判和调和前述两种互相对立的主张基础上提出来的。其内容是：1. 有条件给予仲裁员以法律责任豁免权。其所谓的条件实际上是根据仲裁的双重性确定的。（1）仲裁员必须是真正的仲裁员。

---

① 参见黄进主编：《国际私法与国际商事仲裁》，武汉大学出版社 1994 年版，第 108 页。

这是仲裁司法性的反映。这一条件使得仲裁员区别于一般的调解人员或专家。（2）仲裁员的指定和仲裁协议必须有效。这是仲裁契约性的反映。仲裁的契约性要求决定着仲裁员、仲裁庭及仲裁裁决的权利基础的仲裁协议和因此对仲裁员的指定必须有效。有效的契约才能赋予仲裁员以合法的仲裁权，并因此取得法律责任的豁免权，否则，仲裁员既无权仲裁更谈不上法律责任的豁免问题。2. 对仲裁员责任的豁免划定范围。“有限仲裁豁免论”给仲裁员的责任豁免划定两个范围。（1）程序性范围。对仲裁的程序性限制要求仲裁程序不得悖于仲裁程序的自愿性、对抗性及以及自动的司法复议权。（2）契约性范围。仲裁的权力来源即仲裁员的任命在仲裁豁免的范围上起着关键作用。该理论倡导者提出了几种不当仲裁行为，作为仲裁员违反契约性限制而承担民事责任的依据。第一，仲裁员在其与案件有利害关系时没有回避。前文我们在讨论仲裁员的身份制度时也谈到过，各国仲裁法律规范或有关仲裁规则都规定了仲裁员在一定条件下应自动回避，这是仲裁员对社会、对当事人承担的义务。如果仲裁员应该回避而没有回避，会使得到败诉方当事人申请撤销裁决的诉讼获得成功，导致仲裁的彻底失败，当事人双方为此花费的人力和财力全部浪费。在这种情况下，仲裁员不仅无权获取报酬，而且应为当事人因此遭受的损失承担责任。第二，仲裁员提前退出仲裁。仲裁员对当事人的指派有权接受和拒绝。但是，一旦仲裁员接受当事人指派，即在仲裁员和当事人之间建立起一种仲裁契约关系，仲裁员就负有公正裁决，及时解决双方当事人纷争的义务。如果仲裁员无正当理由，擅自中途退出仲裁，就会导致仲裁程序的终止或拖延，无法实现或及时实现仲裁的终极目标——通过仲裁及时解决纷争，从而违反了其对当事人承担的契约责任，其行为自然不应该被视为司法行为，无权要求豁免。第三，仲裁员没有及时作出裁决。仲裁员在仲裁契约中对当事人所负的责任，不仅仅是作出裁决，而且要讲究效率，仲裁规则一般都规定，仲裁员应于限定时间内作出裁决，仲裁员如果不能及时作出裁决，可能会使得败诉方申请撤销仲裁裁决之诉成功，从而前功尽弃。即便裁决不被法院撤销，也会使当事人因时间拖延而遭受损失，当事人有权要求仲裁员予以赔偿。“仲裁有限豁免论”目前在英美等国的司法实践中得到相当多的支持。在这些国家的司法实践中一般强调仲裁员应承担因恶劣信念所致的个人后果，要对故意行为负责，也要对重大过失行为负责。

三、中国内地与港澳台地区关于仲裁员责任制度的规定

中国内地与港澳台地区对仲裁员责任的关注也是近几年的事情，在旧的仲裁制度下，对仲裁员的责任都有所疏忽。近年来，内地与港澳台地区在修订或重新制定仲裁法规时都对这个问题有所提及，但仍然不够鲜明和详细。

《中华人民共和国仲裁法》颁布实施前，有关仲裁的法律对仲裁员的责任问题并未作出规定，实践中也未出现仲裁员承担责任的案例。理论界对这一问题的讨论也不多见，且少数讨论文章中对该问题的观点也有分歧。① 1995 年实施的《中华人民共和国仲裁法》首次明确仲裁员的权利和义务的同时，也明确规定了仲裁员应承担的法律责任。《中华人民共和国仲裁法》规定仲裁员有该法第 34 条第 4 项规定的情形，情节严重的，或者有该法第 58 条第 1 款第 6 项规定的情形的，应当依法承担法律责任，仲裁委员会应当将其除名。②《中华人民共和国仲裁法》第 34 条规定的是仲裁员回避的情形。其中第 4 项是："私自会见当事人、代理人，或者接受当事人、代理人的请客送礼的。"而第 58 条规定的是法院撤销裁决的条件，其中第 6 项规定："仲裁员在仲裁该案时有索贿受贿，徇私舞弊，枉法裁决行为的。"通过分析上述有限的法规条款我们认为内地仲裁制度对仲裁员责任的态度有如下特点：1. 赞成在一定的情况下仲裁员对自己的过错行为承担责任。2. 追究仲裁员责任的理由限于两种情况。如前所述，这两种过错都存在着严重的主观恶意，他们是严重的故意的非法行为。3. 仲裁员过错行为承担责任的方式主要有两种：其一是法律责任；其二是仲裁委员会将其除名。4. 仲裁员承担的具体法律责任规定并不明确。《中华人民共和国仲裁法》对仲裁员承担法律责任的具体方式并无明文规定，仲裁法对这一问题的粗线条的规定，为司法实践留下了如下的两点疑虑：1. 仲裁员承担的法律责任究竟是哪一类法律责任，是仅仅指民事责任，还是指刑事、民事两类法律责任。2. 如果是民事责任，那么属于哪种民事责任。如何承担这类民事责任。关于前者，有的学者认为仲裁员对接受请客送礼、索贿受贿、徇私舞弊、枉法裁判等行为应该承担刑事

---

① 参见黄进、徐前权、宋连斌编：《仲裁法学》，中国政法大学出版社 1997 年版，第 74 页。

② 参见《中华人民共和国仲裁法》第 38 条。

责任①，笔者认为，这种理解是完全错误的。《中华人民共和国仲裁法》第38条所指的法律责任应该是民事责任。其理由有二：第一，从我国惯常的立法语言表达方式看，在规定对责任人的处理时，如果涉及刑事问题时往往以这样的方式表达："情节严重的，可以追究刑事责任。"或者："对违反第某某条规定的要追究其民事直至刑事责任。"但《中华人民共和国仲裁法》第38条仅仅笼统地规定承担法律责任，显然没有语气上的递进空间，也就是说，不会升格到刑事范畴。第二，第38条要求"依法"承担法律责任，而1997年《中华人民共和国刑法》虽然增加了许多新的罪名，但并没有为仲裁员规定索贿受贿、枉法裁判的罪名。原因很简单，仲裁委员会属于民间性的事业法人，仲裁员与当事人之间是建立在契约基础上的委托与被委托的关系。仲裁员既非国家机关工作人员（即公务员），亦非国家法律工作者，这一定性基本上得到了广泛的认可。仲裁员法律地位的性质从根本上决定了他们不是刑法上贪污受贿等罪名的法律主体。就刑事责任而言，对仲裁员索贿、受贿及枉法裁判问题的刑事处罚实际上无法可依。笔者这一理解得到了一些司法、仲裁实践和民商法专家的支持，这些权威人士认为《中华人民共和国仲裁法》第38条规定的仲裁员责任主要是民事责任，原因是仲裁员是以个人名义实施私人裁判行为的人，而非国家行政机关或司法机关工作人员，亦非行政法律关系中的相对一方当事人，其行为不是行政行为或国家裁判行为，所以，即便仲裁员在仲裁活动中存在第38条规定的行为，所产生的法律责任也应当主要是民事责任。② 当然，这是笔者从仲裁法字里行间推导出来的，并不完全准确。即便是上述引用的权威人士的观点也毕竟不是有效的司法解释。学者的争论始终是存在的，实际上有些权威学者认为，仲裁员的法律责任，"既可能是民事责任，也可能是刑事责任"。③ 究竟中国内地仲裁员应该承担何类法律责任，最好由最高人民法院作出一个司法解释。关于第二个问题，笔者认为，既然仲裁属于契约行为，对仲裁员因犯《中华人民共和国仲裁法》第38条所指的错误，给当事人造成的经济损失，在追究其

---

① 参见姜宪明、李贵乾著：《中国仲裁法学》，东南大学出版社1996年版，第74页。

② 参见苏庆、杨振山主编：《仲裁法及配套规定新释新解》，人民法院出版社1999年版，第256页。

③ 参见肖永平著：《也谈我国法院对仲裁的监督范围——向陈安先生请教》，载《仲裁与法律通讯》1997年第6期，第11页。

民事责任时应适用民商事法中有关合同的规定，有过错的仲裁员，对遭受损失的当事人应负违约责任。在司法实践中，在合同或法律没有明确规定的情况下，违约方承担的违约责任以其因违约而取得的非法所得为限。因此，仲裁员如存在《中华人民共和国仲裁法》第38条的情形时，对当事人的民事责任应以其所取得的仲裁酬金为限。

《香港仲裁条例》以前的旧版本并未对仲裁员的责任作出明确规定，1996年对该条例进行修改时将仲裁员责任制度增补进去。修订后的《香港仲裁条例》关于仲裁员（仲裁庭）的责任体现在第2GM条，该条在"就某些作为和不作为而负的法律责任"标题下，规定了"仲裁员须为某些作为及不作为负上法律责任"，具体内容有："（1）仲裁庭在法律上须为其或其雇员或代理人在行使或执行或在宣称行使或执行该仲裁庭仲裁职能方面作出的或不作出的作为负法律责任，但只在已证明该作为是不诚实地作出或不作出的情况下，该仲裁庭方须负上法律责任。（2）仲裁庭的雇员或代理人在法律上须为其在行使或执行或在宣称行使或执行该仲裁庭仲裁职能方面作出的或不作出的作为负法律责任，但只在已证明该作为是在不诚实地作出或不作出的情况下，该雇员或代理人方须如此负上法律责任。"仔细分析《香港仲裁条例》的上述规定，我们可以归纳出香港仲裁员责任制度的特点：1. 仲裁庭（员）责任对象不仅包括仲裁庭（员）自身，而且包括仲裁庭的雇员和代理人；2. 仲裁庭（员）承担责任的范围包括作出和不作出两种作为方式；3. 仲裁庭（员）对其作为负责的前提条件是其行为是在不诚实的情况下作出或不作出；4. 仲裁庭（员）应负法律责任的作为必须是发生于其行使仲裁庭职能期间，这种行使不论其是真实地行使仲裁庭职能，还是仅仅是自己宣称行使仲裁庭职能；5.《香港仲裁条例》仅仅规定仲裁员对符合前述四项条件的作为承担法律责任，但并未明确仲裁员所负法律责任的具体方式和内容，实际执行时同样必须借助其他法律才能判定；6.《香港仲裁条例》不仅规定仲裁庭（员）对其雇员和代理人不诚实的作为负责，而且规定这些雇员和代理人本身亦须对自己的行为负责，其前提条件与仲裁庭（员）的行为责任相同。笔者在研究《香港仲裁条例》时发现该条例，对于仲裁员制度规定得如此完善和严格，以至于扩及与仲裁有关的仲裁员的委任人甚至仅仅履行与仲裁有关的行政人员（管理人）。不同的只是对委任人和管理人承担法律责任行为作了更进一步的限制。根据《香港仲裁条例》第2GN条之规定，仲裁庭的委任人及管理人承担行为责任须具备仲裁庭及仲裁庭的雇员和代理人的全部条件（职能限制相应地改为委任职能和行政职能），但委任人和管理人不对仲裁庭及仲裁庭的雇员和代理人的行为责任负连带责任。对委任人和管理人的雇员或代理人的行为责任则在此基础上作了更严格的限制即：1. 该作为或不作为是不诚实地作出或不作出的；2. 该名雇员或代理人是参与该不诚实作为或不作为的一方；3. 委任人和管理人的雇员或代理人同样不为仲裁庭和仲裁庭的雇员及代理人的行为负连带责任。

澳门仲裁规范如前所述包含《澳门本地仲裁法》和《澳门涉外商事仲裁法》两个法规。关于仲裁员的法律责任问题只在《澳门本地仲裁法》中有简单的一条规定，而在《澳门涉外商事仲裁法》中则没有任何规定。《澳门本地仲裁法》中关于仲裁员的责任问题仅仅规定于第 13 条。该条第 5 款规定："接受仲裁员职务之人无合理理由推辞担任职务时，应对由此造成之损害负责。"这一款包含着几层含义：1. 责任主体只限于接受任命之仲裁员，不包括其雇员或代理人，更不包括仲裁员的委任人和行政人员；2. 仲裁员承担其行为法律责任的事由限于"无合理理由推辞担任职务"；3. 责任范围是对"由此造成之损害"，显然指的是民事赔偿责任。从这一款规定的前后文分析，我们不难看出，《澳门本地仲裁法》中关于仲裁员责任制度的规定实际上它是对候选仲裁员接受任命的自由及接受任命后自行回避权利的一种限制。它真正的潜在含义应当是：仲裁员的候选人有权接受仲裁员的任命，也有权拒绝接受这种任命。但该候选人一旦接受任命后即负有责任公正及时地解决当事人之间的纷争。除非他于接受仲裁员之任命后出现本地仲裁法中规定的仲裁员应当回避或当事人有权拒却的事由，仲裁员方有权选择自行回避，否则，仲裁员如不履行职责，积极推进仲裁，仲裁员将应承担由此给当事人造成的经济损失。我们对《澳门涉外商事仲裁法》中没有规定仲裁员的法律责任并不感到奇怪，因为涉外商事仲裁法以联合国示范法为样板，而示范法对仲裁员的行为责任规定得很暧昧，仅仅规定仲裁员如果在法律上或事实上不能积极推进仲裁，其任命将会被终止。这样的处理实际上相当于当事人对仲裁员拒却的一个理由，根本算不上法律责任。因此，以它为蓝本的《澳门涉外商事仲裁法》当然不会规定仲裁员的法律责任了。

台湾"仲裁法"在我国四个法域中颁布生效较晚，但仍然对仲裁员的责任没有任何规定。其原因可能也与有关方面声称参照联合国示范法修订原有的"商务仲裁规则"有关。联合国示范法是在较低水平基础上达成的各国、各法系及各大洲的仲裁制度的妥协统一，对于仲裁员的责任这一在各国各大法系引起重大争议的制度，当然不可能统一起来，这是留给各国、各地区关于仲裁制度自由立法的空间。显然，台湾有关方面修订

"商务仲裁条例"时，并没有打算填充这一仲裁制度的空白。

研究了我国四大法域仲裁制度中关于仲裁员责任的规定后，我们不难发现，我国四个法域的仲裁员责任制度同整个世界的规律并不完全一致，前文我们介绍过，大陆法系国家一般支持仲裁员承担法律责任，而英美法系国家一般支持仲裁员责任的豁免。但我国的香港特区的法律体系属英美法系，却对仲裁员的法律责任制度作了详细的规定。而属大陆法系的澳门特区和台湾地区却在仲裁立法时并未表现出多大兴趣。澳门除在其本地仲裁法中对仲裁员中途擅自辞职的责任作了轻描淡写的规定外，对仲裁员其他情况下（甚至包括仲裁员索贿、受贿，私自会见一方当事人的严重情况）的法律责任却不愿多费笔墨，而在其涉外商事仲裁法中则只字不提仲裁员的责任事宜。台湾"仲裁法"也没有规定仲裁员的责任问题。可见这两个大陆法系的地区却异常地表现出忽视或豁免仲裁员责任的倾向。中国内地原属社会主义法系，但近年来的立法都表现出受两大法系尤其是英美法系影响的痕迹，内地仲裁制度对仲裁员的责任问题在持承担责任的态度的同时，又将其限定在有限而狭窄的两个方面，而这两个方面显然属于具有重大主观恶意且情节严重之行列，当然为法所不容。内地仲裁员的责任制度表现出向"有限仲裁豁免论"靠拢的倾向，但如果认定内地的仲裁员责任制度就是"有限仲裁豁免论"的范例，那还为时尚早。

第四章　仲裁的组织形式

仲裁组织管辖范围从小到大有仲裁庭、常设仲裁机构和仲裁协会等形式。

第一节　仲　裁　庭

仲裁庭是具体负责审理和裁决提交仲裁案件的组织，它是仲裁的最常见、最基本的组织形式。仲裁庭是仲裁制度的具体执行组织。具体争议、纷争的解决和一个国家或地区甚至国际仲裁组织的仲裁制度和意志都是通过它实现的。

一、仲裁庭的特点

世界各国或地区仲裁庭制度千姿百态，但它们具有如下共同的特点：

1. 仲裁庭的产生源于当事人的仲裁协议。仲裁庭与仲裁的其他组织形式的一个不同点是，它的产生直接反映了当事人的意志。没有当事人的具体仲裁协议，就不会有具体仲裁庭的存在。而仲裁委员会或仲裁其他常设仲裁机构有的根据政府文件设立，有的又由某一方面的专业商会设立，其产生无须当事人仲裁协议的存在。

2. 仲裁庭负责审理提交仲裁争端的是非曲直，并作出终局裁决。仲裁庭是具体解决当事人之间纷争的实体，是仲裁的最基本的组织细胞。而仲裁委员会或其他常设仲裁机构只是处理仲裁的行政事务，从理论上对当事人之间的具体的是非曲直无权过问。仲裁协会则只负责仲裁的行业管理或协调工作，对当事人的具体争执也不参与处理。

3. 仲裁庭的运作经费完全来自当事人交付的仲裁费。仲裁庭因个案而产生，其经费支出自然来自该个案中当事人交付的费用。而个案仲裁费仅仅是常设仲裁庭活动经费的一小部分来源，总地来说，与个案当事人交付的仲裁费关系并不很大。常设仲裁机构因由政府出面组织或设于商会或专业协会之下，因此常常能够得到政府或商会支持。仲裁协会则往往有政府支持，也有会员缴纳的会费。

4. 仲裁庭的存续是暂时的。无论是临时仲裁的仲裁庭，还是常设仲裁机构的仲裁庭，它的存在都是短暂的。仲裁庭因具体仲裁个案而产生，一旦其完成使命，即作出终局裁决，仲裁庭就自行解散。综观各国和地区的仲裁规范或各仲裁机构的仲裁规则，仲裁期限一般为6~9个月，长者也不超过一年。也就是说，仲裁的运作期限一般都不会超过一年。而常设仲裁机构则没有时间限制，只要它的设立机构不撤销它，它就永远存在下去。仲裁协会的运作以其章程为依据，只有章程中约定的解散事由发生时，仲裁协会才会解散，而在国际仲裁实践中很少发生这样的事件。

二、仲裁庭的类型

仲裁庭的类型一般按仲裁庭的决策方式分为独任制仲裁庭和合议制仲裁庭。独任制仲裁庭是由双方当事人共同推举或仲裁协议约定的指定机构或管辖法院指派一名仲裁员组成仲裁庭审理仲裁争议。合议制仲裁庭指仲裁庭是由三名或三名以上仲裁员组成的仲裁庭。也有些学者按仲裁庭的具体人数划分仲裁庭类型。① 一人仲裁庭即独任仲裁庭，多见诸英美法系国家，它由独任仲裁员全权推进仲裁程序，直到作出裁决。二人仲裁庭一般还另外包含着一名公断人，两名仲裁员分别由双方当事人推荐，公断人由两名仲裁员共同推举。二人仲裁庭的仲裁裁决由两名仲裁员共同作出，如果不能取得一致意见，则由公断人取代仲裁员独自对仲裁事项作出终局裁决。这种仲裁庭之类型多为国际上一些商业组织内部或贸易协会内部的仲裁庭所采用。我国香港特别行政区在港内仲裁上也采用二人仲裁庭形式。三人仲裁庭在国际仲裁的立法和实践中最为常见。一般由双方当事人分别指派一名仲裁员，然后由双方或双方指派的仲裁员或仲裁协议中约定的其他机构指派第三名仲裁员担任首席仲裁员组成仲裁庭，仲裁裁决由三分之二多数的仲裁员作出。联合国示范法中向各国推荐的也是这种仲裁庭模式。四人或多人仲裁庭在国际商事仲裁实践中并不多见，因为仲裁员越多，当事人耗费越大，仲裁程序拖延的时间就越长，不利于仲裁纠纷的及时解决。多人仲裁庭往往是出于政治目的而不是出于经济或仲裁本身的考虑而产生。这方面最有名的例子就是伊朗—美国索赔仲裁庭由9名仲裁员组成，双方各指派3名仲裁员，另外3名仲裁员来自第三国。

---

① 参见肖永平著：《中国仲裁法教程》，武汉大学出版社1997年版，第50~51页。

以上分析的仲裁庭的各种不同类型，在仲裁实践中都各有利弊。一般地说，独任仲裁庭简便、快捷、经济，但独任仲裁员的权力太大，如果仲裁员对法律或事实的认识有重大偏差，或仲裁员心存偏袒或其作出不公正裁决，则当事人无法对其进行制约，如果靠法院撤销该仲裁员资格或事后进行司法复核，则丧失了仲裁制度固有的优越性。二人仲裁庭强调两名仲裁员的意见必须一致，由于人的认识偏差或看问题的角度不同，仲裁员很难就仲裁争议达成一致意见，产生意见分歧时，仲裁员要么为了推进仲裁而委曲求全达成妥协（这种妥协方案不见得对当事人公平），要么只好前功尽弃，由公断人出面，以前的仲裁程序往往被推倒重来。这对当事人无论从时间上还是从经济上都是极大的损失，这种损失并非由当事人的过错造成，将无法取得补偿，这显然对当事人不公平。三人仲裁庭相对保障了仲裁的公平性，但由于仲裁员多，要聚集起来处理同一案件机会难找，也会拖延仲裁的推进进程。四人或多人仲裁庭满足了具体案件当事人的特殊需要，但显然既不快捷，也不经济。对具体个案来说，面对着利弊并存的各仲裁庭类型，当事人只有根据自己在具体案件的具体需要加以确定。对仲裁组织来说，无论哪种仲裁庭，也无论其优缺点，必须尊重当事人在仲裁协议中对仲裁庭的选择，只有在当事人仲裁协议无约定，并且在规定的期限内没有作出选择的情况下，才由双方选定的常设仲裁机构或管辖法院决定。

三、仲裁庭的职权

仲裁庭的职权在很多方面与前文讨论过的仲裁员的职权相同，在许多情况下，仲裁员的个人的权利和义务是通过仲裁庭集体形式实现的。因此，从集体的角度看，仲裁庭职权有：1. 受理仲裁案件，告知当事人享有的权利；2. 决定仲裁案件是否开庭审理，并安排开庭时间、场所；3. 审理仲裁事项，做好开庭记录；4. 要求双方当事人提供支持各自仲裁请求、反驳对方观点的证据材料，必要时，仲裁庭可以自行收集必要的证据材料，对呈交或收集的证据作出审查评判；5. 根据具体案件需要作出临时裁决、中间裁决等；6. 根据案件需要及当事人要求请求法院提供司法保障；7. 就当事人争议进行调解，并根据调解结果作出相应裁决；8. 为查清争议是非，向专家咨询专业问题或国际惯例；9. 就双方当事人争议作出终局裁决。

第二节　常设仲裁机构

常设仲裁机构是世界各国和地区或国际组织根据各自的仲裁法规或专项国际条约而成立的专门处理仲裁事务的法律实体。常设仲裁机构在各国和地区的名称不尽相同，有的称仲裁委员会（如中国），有的称为仲裁院（如英国），有的称为仲裁中心（如新加坡），还有的称作仲裁协会（如日本）等。

一、常设仲裁机构的设置

常设仲裁机构的设置及其分布网络与一个国家和地区仲裁制度和政策关系很大。常设仲裁机构的设置一般涉及两个问题：其一是仲裁机构的设置条件；其二是仲裁机构的设置模式。

（一）常设仲裁机构的设置条件

常设仲裁机构的设置条件一般由该机构所在地的仲裁法和社团法人的政策决定。世界各国和地区对常设仲裁机构规定的条件不尽相同，综观世界各国和地区的有关规定，设置一个常设仲裁机构，下列条件是必须具备的：

1. 必须有固定的办公场所。常设仲裁机构办公场所的相对固定是为了使当事人与仲裁机构的联系方便，但多数国家对仲裁机构办公场所的具体条件，一般不作具体要求。

2. 必须有自己的名称、章程和自己的仲裁规则。名称和章程是法律对一切社团法人最基本的要求，社团法人名称是该法人与社会联系并为社会提供服务的标志，而章程则是社团法人正常运作的法律依据。这是一切社团法人的共同要件，而仲裁规则则是常设仲裁机构与其他普通社团法人相区别的关键点。常设仲裁机构为社会提供的是一种仲裁事务服务，在其广泛的服务对象中，许多都是对仲裁比较陌生的自然人或实体，他们不可能自行制定一个成熟的仲裁规则来调整解决他们遇到的民商纷争，仲裁机构作为仲裁的服务机关为此通常准备一份仲裁规则供求助的当事人选择。

3. 有必要的财产。常设仲裁机构在提供仲裁服务前，应该具备起码的物质基础。虽然常设仲裁机构可以向仲裁当事人收取一定的仲裁费，但个案收取的仲裁费并不见得能充分支付仲裁机构在为该案提供服务的实际消耗，就具体个案而言，出现盈亏是正常的，何况当事人的支付有时是在仲裁结案之后，这就要求常设仲裁机构在设立时必须像其他社团法人那样拥有保障自身正常运作的基本财产，以便在不论该机构受案数量多少及案件大小、效益盈亏的情况下保持该机构运作的延续性。

4. 有相对固定的管理成员。常设仲裁机构的管理人员包括仲裁院主席、副主席（仲裁委员会为主任、副主任）、委员、秘书、顾问等，这些管理成员如果不是全部，至少有相当一部分必须是常驻机构办公，这正是常设仲裁机构提供的仲裁与临时仲裁的区别所在。

5. 有聘任的仲裁员。仲裁员是仲裁机构最基本的细胞，是仲裁制度的最终执行者，仲裁机构一般都聘请一定数量的合格仲裁员，许多常设仲裁机构将这些仲裁员印在仲裁员名册上，供仲裁各方选择。

（二）仲裁机构的设置模式

常设仲裁机构的设置模式因各国和地区具体情况、仲裁制度及司法传统的差异而各有特色。比较各国和地区常设仲裁机构的模式，大致有如下几个种类：

1. 仲裁机构设于商会之内。

由于仲裁机构属于民间机构，常设仲裁机构设于商会内的形式比较常见。常设仲裁机构设于商会内的模式又分几种形式：

(1) 只设一个全国性仲裁机构，并无分支机构。采用这种形式的国家，一般只在全国性商会下设立一个常设仲裁机构，而在下属行政区或专业协会下并不设立相应的分支机构。世界上一些著名的常设仲裁机构如斯德哥尔摩商会仲裁院、韩国商会仲裁院即属此类。

(2) 设立两个全国性仲裁机构，并分别设立分支机构。采用这种模式一般是按案件受理范围加以区分。这种做法比较典型的如日本的国际商事仲裁协会和日本海事仲裁委员会。前者设于日本工商会所内，后者设于日本海运会所内，两者在日本神户均设有办事处。

(3) 在国内若干城市的商会内设立常设仲裁机构，没有全国统一的仲裁机构，也没有分支机构。如法国的巴黎商会和马赛商会中分别设有仲裁机构，但法国却没有统一的常设仲裁机构。

2. 常设仲裁机构独立设置。

这种仲裁网络模式是仲裁机构依本国或本地区仲裁法规独立设置的，不附属任何其他行政及民间机构。从仲裁机构本身的相互关系看，独立设置的仲裁机构又有两种类型。其一是设立全国统一的仲裁机构，属下各行政区的仲裁机构均属其分支机构。如美国仲裁协会总会设于纽约，又在其他 35 个城市设立分支机构。其二是全国性仲裁机构与地方性仲裁机构并存，但各自受理仲裁案件，互相没有隶属关系。

3. 行业协会仲裁机构与独立仲裁机构并存。

这种网络模式实际上是前两种类型的综合。英国虽然有著名的伦敦国际仲裁院，但遍布该国的各类行业协会、商会往往也设立自己的仲裁机构。

4. 多种常设仲裁机构并存，设立统一的协调机构。

采用这种网络模式的国家对仲裁机构的设立的要求较宽，因而形成各种常设仲裁机构并存的局面。为了协调、管理这些仲裁机构，这些国家往往设有统一的仲裁协调机关。德国便是这样的国家。德国为了协调德国海事仲裁协会、法兰克福仲裁协会、汉堡商会仲裁院等十几个不同类型的仲裁机构，在波恩设立了全国性的德国仲裁委员会，该仲裁委员会并不受理具体的仲裁案件，也没有分支机构，而是协调全国的仲裁机构，它自身制定有统一的仲裁规则，供各类仲裁机构选用。

二、常设仲裁机构的性质及法律地位

常设仲裁机构究竟是什么样的实体？这个问题既要从民法上的法人原理去分析，也要从仲裁本身的性质去分析，最重要的是常设仲裁机构的属人法对仲裁机构的定性。关于仲裁的性质，目前主要有四种观点，各自都有一些国家和地区立法或学术方面的支持者。1. 司法权理论。该理论认为仲裁属于国家法律授权的司法行为。仲裁员和法官一样都是根据法律和良知进行裁判，因此，仲裁必须接受国家的管理和监督。支持这一观点的有德国、奥地利、意大利等国。2. 契约理论。此论认为仲裁的权利不是来自国家，而是来自当事人之间的仲裁协议的授权，仲裁员相当于当事人的代理人，因此产生的裁决相当于代理人代表当事人所订的契约，裁决的约束力源自“契约必须遵守”的原则。法国、荷兰、斯堪的纳维亚半岛国家即奉行此说。3. 混合理论。此论认为仲裁具有司法和契约双重属性，仲裁的权利源自当事人之间的仲裁协议，仲裁裁决的执行效力又来自法律特别是代表国家执行法律的法院的支持。目前，这一学说在国际商事仲裁理论中获得多数支持。4. 自治理论。仲裁自治论是关于仲裁的一种比较激进的理论，它认为仲裁是商人们在千百年来从事商业活动注重实效的结果，先有仲裁，而后国家才予以确认，仲裁的协议和仲裁裁决的强制性同样来自商人们处理国际商事关系的实际需要，其他的程序权和实体权利也因此而产生。

从民法的法人原理上讲，法人一般分为企业法人、机关法人、事业单位法人和社团法人等几类。企业法人以盈利为目的，从事经营活动。机关法人构成国家行政系统的一部分，行使着国家法律赋予的行政管理权。事业单位法人则以政府财政拨款为依靠，从事社会各类研究或服务等社会事业。而社团法人是若干社会成员为了共同的目的而组成的社会组织。笔者认为在一个国家常设仲裁机构究竟是什么性质，要综合考虑前两个因素。一般地说，除持仲裁司法论的国家外，其他多数国家的常设仲裁机构都被认定为纯民间机构，基本上将其看做企业法人，该常设仲裁机构的设立一般也按其所在国家的公司法设立。即便在持仲裁司法论的国家，如德国，其特别之处，也仅在于加强了对仲裁的司法监督，并加强对常设仲裁机构的管理。其常设仲裁机构也多是按公司法设立的。

各国仲裁法赋予常设仲裁机构的职权不尽相同，但一般包括如下几个内容：

1. 受理并登记仲裁案件；

2. 收受和送达当事各方及仲裁庭法律文书；

3. 指导并协助当事人选择仲裁员、组织仲裁庭，并为仲裁庭提供后勤服务；

4. 在仲裁庭正式成立之前，应当事人请求对仲裁机构的管辖权或仲裁协议的效力作出决定；

5. 就本仲裁机构作出的裁决或其他法律文件加盖印章，提供证明；

6. 聘任仲裁员、法律专家或其他专家；

7. 编制本仲裁机构的仲裁规则；

8. 编印仲裁机构宣传资料和仲裁员名册；

9. 执行所在国仲裁法规和该机构章程中为该常设仲裁机构规定的其他职责。

第三节　仲裁协会

在国际商事仲裁实践中，仲裁协会有两种，一种是前述作为常设仲裁机构的仲裁协会（如美国仲裁协会），另一种是作为仲裁员或仲裁机构的管理或自律性机构的仲裁协会（如中国仲裁协会）。而本节讨论的是后一种含义的仲裁协会。

一、仲裁协会的含义

仲裁协会是根据国家仲裁规范成立的，以常设仲裁机构或仲裁员为会员的仲裁自律性组织。

根据上述定义及各国实际情况，仲裁协会具有以下特点：

1. 仲裁协会成立的依据是国家的仲裁规范与仲裁政策；
2. 仲裁协会的成员是常设仲裁机构或仲裁员；
3. 仲裁协会一般不直接受理仲裁案件；
4. 仲裁协会是常设仲裁机构和仲裁员的自律性机构，实际上相当于管理机构。

二、仲裁协会的性质

国际商事仲裁领域虽然对仲裁行为及常设仲裁机构的性质有所争议，但对仲裁协会性质并没有多大争议。现在人们倾向于将仲裁协会认定为纯民间组织，且从法律上来讲，其属社团法人。它是依据所属国法律注册成立，除了有必要的会员外，还得具备该国社团法人的法律制度规定必备的物质条件。如住所、财产、经费等。

三、仲裁协会的职能

仲裁协会的职能来源于两个方面：其一是所在地的法律授权；另一种是仲裁协会章程中仲裁协会成员的授权。

由于各国仲裁制度与各国仲裁机构的组织章程有较大的差别，故各国仲裁协会的职能也有较大的差别，但归结起来应该有如下共同职能：

1. 对各协会成员包括常设仲裁机构和一般仲裁员进行监督，确保仲裁协会成员的职业操守的端正；
2. 制定统一的仲裁规则供各仲裁机构选用；
3. 条件许可时从宏观上指导、协调协会成员的工作；
4. 处理对仲裁协会成员包括常设仲裁机构和仲裁员的投诉。

第四节　中国内地与中国港澳台地区仲裁组织的形式

一、中国内地仲裁的组织形式

（一）仲裁庭

《中华人民共和国仲裁法》规定了两种仲裁庭的类型①：一种是合议制，即由三名仲裁员组成仲裁庭；另一种是独任仲裁制，由一名仲裁员组

① 参见《中华人民共和国仲裁法》第4章第2节。

成仲裁庭。在具体案件中究竟采用何种形式由当事人自己决定。在当事人无特别约定的情况下，《中华人民共和国仲裁法》并未强制规定采用何种仲裁庭类型，而是将该项权利交给仲裁委员会主任。① 仲裁委员会主任行使上述权利必须是在当事人于规定期限内没有决定仲裁庭的组建形式前提下进行的。前述所谓规定期限，根据适用于国内仲裁的《仲裁委员会暂行规则示范文本》第 17 条规定，为“自收到受理仲裁通知之日起 15 日内”，但 1998 年 5 月 10 日实施的《中国国际经济贸易仲裁委员会仲裁规则》及《中国海事仲裁委员会仲裁规则》并没有规定当事人约定仲裁庭的组成方式之最后期限，也没有规定由仲裁委员会主任指定仲裁庭组成方式，而是按照三人合议仲裁庭的形式要求当事人选定仲裁员。在当事人选定独任仲裁的情况下，该仲裁员由当事人共同选定或者共同委托仲裁委员会主任指定。如果当事人在仲裁规则规定的期限内不能共同委派仲裁员，仲裁委员会主任根据仲裁规则获得代为指定仲裁员的当然授权。只是根据前述三个仲裁规则，国内仲裁的期限是 15 天，而涉外仲裁的期限是 20 天。超过这个时间，当事人之间如无法共同指派仲裁员，则由仲裁委员会主任直接指定。而在三人仲裁庭情况下，应设立首席仲裁员，由各方当事人各自指定一名仲裁员，第三名仲裁员由双方共同指定，或者共同委托仲裁委员会主任指定。第三名仲裁员担任首席仲裁员。同样如在前述仲裁规则规定的期限内（国内仲裁 15 天，涉外仲裁 20 天）不能指定仲裁员，则由仲裁委员会主任指定。

（二）常设仲裁机构

中国内地的常设仲裁机构比较复杂。就特殊仲裁而言，其常设仲裁机构一般直接设于行政机构之下，与行政机构合署办公，实际上是两块牌子，一套人马。如所谓劳动仲裁委员会，一般都设在劳动局下，由劳动局的仲裁科或仲裁处的行政人员直接处理劳动争议，因而其仲裁员本身就是国家公务员。就普通仲裁而言，中国内地目前采取的是国内仲裁和涉外仲裁分头发展、分头开展工作的形式。中国内地的涉外仲裁机构成立较早，由中国国际贸易促进委员会（对外又称中国国际商会）出面组建。中国内地的涉外仲裁机构又按专业分为中国国际经济贸易仲裁委员会与中国海事仲裁委员会两个既互相独立又有共同主管部门的常设机构。前者主要管辖涉外经济贸易仲裁纠纷，后者主要管辖涉外海事纠纷。《中华人民共和

① 《中华人民共和国仲裁法》第 32 条规定：“当事人没有在仲裁规则规定的期限内约定仲裁庭的组成方式或者选定仲裁员的，由仲裁委员会主任指定。”

国仲裁法》实施后，各地又根据新仲裁法的精神，在省会城市和设区的地级市设立仲裁委员会，新组建的仲裁委员会的主要职责是受理国内仲裁案件，但根据1996年6月8日《国务院办公厅关于贯彻实施〈中华人民共和国仲裁法〉需要明确的几个问题的通知》的精神，对于涉外仲裁案件，只要当事人自愿选择新组建的仲裁委员会仲裁解决的，新的仲裁委员会也可以受理，并且与国内仲裁案件的收费相同。《中华人民共和国仲裁法》实施后，中国国际经济贸易仲裁委员会与中国海事仲裁委员会适应新形势，先后几次修改了自身的仲裁规则。按照2005年5月1日生效的中国国际经济贸易仲裁委员会新仲裁规则精神，现在只要当事人书面选择，中国国际经济贸易仲裁委员会基本上可以受理仲裁法许可范围内的任何性质的案件，而原来的涉外因素则已经蜕化为该仲裁机构的专业优势而已。

应该指出的是《中华人民共和国仲裁法》的颁布与实施的确是我国内地仲裁制度的分水岭，仲裁法的颁布有效地促进了内地仲裁事业的发展。"截至2003年11月，全国共成立仲裁机构178家。《仲裁法》颁布7年来，全国各仲裁委员会共聘请仲裁员近3万名，累计处理各类民商事纠纷4万余件，标的额达830多亿元 。"①

关于仲裁委员会性质，中国内地的仲裁委员会除劳动仲裁委员会等专业仲裁委员会外，其他均独立于行政机关，与行政机关没有隶属关系。仲裁委员会之间也没有隶属关系。②《中华人民共和国仲裁法》第11条规定的仲裁委员会的设立条件实际上与法律对企业法人的要求相类似。从法律本身的角度看，我国仲裁委员会应该是一个企业法人，但由于国内的具体情况，需要解决仲裁委员会工作人员的待遇和经费问题，而这些都需要得到政府的支持。因此，中国国内仲裁委员会实际上享受着事业单位的待遇。

关于仲裁委员会的设立条件和程序。根据《中华人民共和国仲裁法》的精神，仲裁委员会的设立应当具备下列条件：1. 有自己的名称、住所和章程；2. 有必要的财产；3. 有该委员会的组成人员；4. 有聘任的仲裁员。③ 按照《中华人民共和国仲裁法》第10条的规定，仲裁委员会应当

① 邓伟平、杨敬轩著：《内地与澳门仲裁法律制度的比较（上）》，载《仲裁研究》第2期。

② 参见《中华人民共和国仲裁法》第14条。

③ 参见《中华人民共和国仲裁法》第11条。

由符合条件的城市的人民政府组织有关部门和商会统一组建。这里所谓"有关部门"主要指《中华人民共和国仲裁法》实施前，已经设有仲裁机构的政府部门，如工商行政管理局、科学委员会、房产管理局等，而所谓的商会指中国工商联下的各城市地方工商联。① 依照仲裁法的规定，设立仲裁委员会，应当经省一级的司法行政部门登记。

（三）中国仲裁协会

1995 年的《中华人民共和国仲裁法》将内地的仲裁委员会彻底从行政机关中分离开来。为了对仲裁委员会及其组成人员和仲裁员的行为进行监督，《中华人民共和国仲裁法》首次以法律形式规定了建立中国仲裁协会的问题。《中华人民共和国仲裁法》将拟议中的中国仲裁协会认定为社会团体法人。中国仲裁协会的会员是各地的仲裁委员会，其章程由全国会员大会制定。中国仲裁协会的主要职能有两项：其一，作为仲裁委员会的自律性组织，根据章程对仲裁委员会及其组成人员、仲裁员的违纪行为进行监督；其二，根据仲裁法和民事诉讼法等有关规定制定仲裁规则。

《中华人民共和国仲裁法》的规定与内地现存的法律制度和社会现实产生了一定的矛盾，有些方面还为中国内地仲裁事业的发展设置了潜在的障碍，表现在如下几个方面：1. 内地迄今尚未有完善的法人制度，只是在《民法通则》中对法人制度作了简单的规定。而对社团法人的具体条件、组成方式、运作机制都缺乏明确的规定。中国仲裁协会作社团法人定性，今后如何操作却不得而知。2. 中国仲裁协会是仅以仲裁委员会为团体会员，不设个人会员，仲裁员个人并非中国仲裁协会会员。这与国内其他行业协会有所不同。这种法人会员的实体，其会员的广泛性受到限制。特别是临时仲裁在国际商事仲裁领域占有重要地位的今天，中国仲裁协会的法律依据里却没有为临时仲裁员和临时仲裁庭留下发展空间。3. 中国仲裁协会的权力机构是全国会员大会。其他许多专业协会的权力机构是全国代表大会，如中国注册会计师协会、中华全国律师协会等。这可能是因为中国仲裁协会以仲裁委员会为会员，全国的会员有限，不方便实行代表制。但是，会员制协会的协会行政性因素远远多于自律性成分，这在我国其他全国性的会员制实体，如上海证券交易所和深圳证券交易所等都表现得十分明显。如前所述的两个证券交易所，既是证券交易的场所，也是各证券公司、证券上市公司及证券市场的监督管理机构，负有较大的行政职

① 参见 国务院法制局研究室编：《重新组建仲裁机构手册》，中国法制出版社 1995 年版，第 25 页。

能，必要时证券交易所有权对某一证券停牌，甚至关闭整个证券市场。这与仲裁协会所标榜的自律性组织显然相矛盾。4. 中国仲裁协会的具体职责有两条：（1）根据章程对仲裁委员会及其组成人员、仲裁员的违纪行为进行监督；（2）依照仲裁法和民事诉讼法的有关规定制定仲裁规则。前一职能显得有些荒诞，仲裁协会既然属于自律性社团法人，其决定理应只对其会员具有约束力，对属于第三人的仲裁员的处罚权没有任何理论和法律依据。而仲裁委员会的"组成人员"很多，一些纯粹行政事务性的组成人员，如行政秘书、办公室主任等，他们的赏罚应该由作为社团法人的仲裁委员会自身决定，而按照仲裁法的精神，仲裁协会同样可以插手。5. 仲裁法对仲裁协会的有关问题只作粗线条的处理，既没有规定牵头组织部门，如规定地方各级政府负责组建仲裁委员会，也没有相应的落实措施，如实施细则等，使得"中国仲裁协会"到现在因为没有哪个部门出面组建，至今仍然是空中楼阁。有些学者建议由国务院法制局牵头组建中国仲裁协会，结束目前"上不着天、下不着地的空中楼阁"的状态，解决仲裁委员会在运作过程中遇到问题"向谁请示，由谁予以协调解决"的问题。① 笔者认为，这一建议值得重视。但遗憾的是，其并没有为有关部门采纳，由于种种原因，中国仲裁协会至今尚未建立。

二、香港特别行政区仲裁组织形式

（一）仲裁庭

根据《香港仲裁条例》精神，香港的仲裁庭有三种形式：即独任仲裁庭、两人仲裁庭和三人仲裁庭。在具体仲裁案件中，采用何种仲裁庭形式，由当事人双方的仲裁协议规定。在当事人无约定情况下，必须提交单一仲裁员处理，即组成独任仲裁庭（这一点显然与内地的做法有较大区别）。② 单一的仲裁员应由双方当事人共同委任，如果不能达成一致意见，则由香港国际仲裁中心另外推荐。对于一方没有指定仲裁员的，如果双方当事人约定采用两人仲裁庭形式，则不论是原本便没有委任，或者是在上述情况中（指出现仲裁员应行更替的情况）没有委任新的仲裁员代替的，在已委任仲裁员的另一方向失责的一方送达委任仲裁员的通知起计满七天后，已委任仲裁员的一方，可委任其所委任的仲裁员作为处理所提交的仲

① 参见 徐前权著：《仲裁法实施中的若干问题》，载《仲裁与法律通讯》1997年第4期，第15页。

② 参见《香港仲裁条例》第8条。

裁的独任仲裁员，而该仲裁员的裁决对双方均具约束力，犹如他是经双方同意委任的一样。① 这一态度实际表明，在当事人参与仲裁事务时，一定要持主动积极的态度，否则，不论是对仲裁庭组织形式不作约定，或者约定两人仲裁庭的情况下不积极推动仲裁进程，不及时委任仲裁员，只能导致强制采用独任仲裁庭解决仲裁争议的形式。两人仲裁庭在我国香港及英国比较普遍，特别是在香港的港内仲裁中。在两人仲裁庭中，由双方当事人各委任一名仲裁员，如前所述，如任何一方不及时行使委任仲裁员的权利，则两人仲裁庭会变成由已委任仲裁员的一方当事人所委任的仲裁员组成的独任仲裁庭。如双方当事人均已委任仲裁员后，则由两名已获委任的仲裁员共同委任一名公断人。如两名仲裁员不能共同委任一名公断人，则由香港国际仲裁中心指派。在仲裁过程中，如果两名仲裁员不能达成一致意见，则公断人有权立即介入仲裁，取代两名仲裁员，法院也可应任何一方当事人之请求，命令公断人取代仲裁员而介入仲裁。香港的三人仲裁庭一般出现在国际仲裁或者适用国际仲裁的情况下。根据《香港仲裁条例》的规定，香港的国际仲裁或者适用国际仲裁的港内仲裁，均适用联合国示范法，该规范在支持当事人自愿约定仲裁庭组织形式的同时，力举组成三人仲裁庭的形式。联合国示范法（因而也是香港国际仲裁法）规定，当事人对仲裁庭的组织形式无约定时，采用三人仲裁庭。三人仲裁庭的组织方式，一般是由当事人双方各委任一名仲裁员，然后，由两名仲裁员共同委任第三名仲裁员。如果在两名仲裁员被指定后的30日内，两名仲裁员仍未能委派第三名仲裁员，则经任何一方当事人之请求，由香港国际仲裁中心指定。仲裁过程中，以其中两名仲裁员的一致意见为有效裁决，如无两名意见一致的仲裁员，则由各仲裁员共同委任而为主席的仲裁员所作出的裁决即具约束力。

（二）常设仲裁机构——香港国际仲裁中心

香港国际仲裁中心是香港惟一的常设仲裁机构。根据《香港仲裁条例》第2条释义，“‘香港国际仲裁中心’（HKIAC）指香港国际仲裁中心，而该中心属一间在香港根据《公司条例》（第32章）成立为法团的担保有限公司”。这一条释义是1996年香港修订仲裁法时新增补的。这一条款从法律上将香港国际仲裁中心的性质和法律地位正式确定下来。

香港国际仲裁中心成立于1985年，其权力机构是理事会。理事会由不同国籍并具有多方面专长和资历的商界和其他专业人士组成，中心的日

---

① 参见《香港仲裁条例》第9条第1款（b）项。

常管理由秘书长负责。香港国际仲裁中心既受理港内仲裁，也受理国际仲裁，对港内仲裁适用自己制定的《港内仲裁规则》，对国际仲裁，适用联合国贸发会制定的《仲裁规则》。

香港国际仲裁中心的主要职能是为通过仲裁解决商事争议提供管理方面的服务，包括就国际和港内仲裁提供一般性意见和帮助，回答有关在香港进行仲裁方面的询问，特别是介绍在香港进行国际仲裁有关的仲裁法律与程序，并就仲裁条款的适当形式提供咨询意见。除上述职能外，其还为在香港仲裁准备了一份仲裁员名册，供当事人选用。根据《香港仲裁条例》第 12 条之规定，香港国际仲裁中心在当事人或仲裁员不及时委任仲裁员或公断人的情况下可以代为指定仲裁员或公断人。此外，仲裁中心还为当事人提供有关在其他国家进行仲裁事宜的咨询。同时为在香港进行的国际仲裁作出安排并协调行政和后勤服务，包括传递仲裁文件，提供文字或同声传译方面的服务，膳食安排，预定酒店和机票，以及安排酒店与中心之间的交通服务。

（三）香港的仲裁协会

香港回归以前，其作为英国的殖民地没有独立的仲裁协会，只有一个 the Chartered Institute of Arbitration（Hong kong Branch）即英国仲裁司学会香港分会，1997 年 9 月 21 日，香港于回归后成立了自己的仲裁专业组织：香港仲裁司学会。该学会现任主席是林睿。

三、澳门仲裁组织形式

（一）仲裁庭

澳门由于实行本地仲裁和涉外仲裁分别立法的方式，两种条例对澳门仲裁庭的组织方式的规定不完全相同。

根据《澳门本地仲裁法》之规定，澳门仲裁庭允许采用独任制和合议制。合议制仲裁庭仲裁员的数目要求必须是单数。仲裁庭组织由当事人以仲裁协议或随后签订书面协议的形式选择，当事人未作约定时，仲裁庭由三名仲裁员组成。当事人应以仲裁协议或事后签定的书面协议选定仲裁员或约定仲裁员的指定方式，如当事人并无此约定，则由当事人各选一名仲裁员，如果仲裁协议或事后签定的书面协议约定每一方当事人可以指定一名以上仲裁员，则各方指定的仲裁员人数必须相等。当事人完成指定后，由被指定之仲裁员共同指定另一名仲裁员并设立仲裁庭。如果当事人或当事人选定的仲裁员无法按时指定应指定的仲裁员，则由管辖法院作出有关任命。关于合议制仲裁庭的首席仲裁员人选问题，《澳门本地仲裁法》似乎特别重视。在中国四大法域中，只有《澳门本地仲裁法》以单独的一个法律条文专门规定首席仲裁员的产生及其权利。根据该法之规定，首席仲裁员有如下几种产生方式：1. 当事人一致选定；2. 当事人约定首席仲裁员的选定方式；3. 如各方当事人自行指定的仲裁员无法共同指定另一名仲裁员时，则由管辖法院负责任命，由法院任命的仲裁员依法自动担任首席仲裁员；4. 如依前三种情况无法产生首席仲裁员，则由仲裁员之间互相推选产生；5. 如根据上述第四种方式仍不能产生首席仲裁员，则由管辖法院选定。澳门本地仲裁制度还特别重视首席仲裁员所享有的权利，法律赋予了首席仲裁员下列权利：指定一名秘书或秘书处人员、准备卷宗、指挥预审、下令进行辩论、制定合议庭终局裁决。但是，这些权利同样受到当事人协议的限制。①

《澳门涉外商事仲裁法》关于仲裁庭的组成与本地仲裁的规定相比较，要简单得多。根据《澳门涉外商事仲裁法》第三章之规定，有关部门仲裁庭的制度有如下内容：1. 仲裁庭组成人数。法律允许当事人自由确定仲裁员数量，没有本地仲裁中的奇数限制。当事人无特别约定时，应由三名仲裁员组成仲裁庭。2. 仲裁庭成员之选定方式。仲裁员一般有三种选定方式：第一，当事人直接协议选定。第二，当事人约定指定仲裁员之程序。第三，如无上述约定，在三人仲裁庭中，则由每一方当事人指定一名仲裁员，由指定的仲裁员，共同选定第三名仲裁员。第四，法院任命。澳门涉外仲裁制度特别突出法院任命的作用。法律规定管辖法院在下列情况下有权任命仲裁员：1. 当事人未约定仲裁员或未约定选任仲裁员的程序时，如果出现下列两种情况则法院有权任命仲裁员：其一，在三人仲裁庭情况下，如一方当事人在收到他方当事人提出指定仲裁员之请求后，未在30日内作出指定，或两名仲裁员在被指定后30日内未就第三名仲裁员之人选达成协议；其二，在独任仲裁情况下，当事人未能就仲裁员之人选达成协议。2. 当事人已就仲裁员之选定程序达成协议时，如果出现下列三种情形，法院同样有权任命仲裁员：（1）一方当事人未按上述程序行事；（2）当事人或两名仲裁员未能根据上述程序达成协议；（3）第三人（包括机构）未履行在上述程序中所受托之职责。②

澳门仲裁庭组织制度中有一个例外情况，这就是属专门机构负责仲裁者，不适用上述制度，而适用有关规章之规定。

① 参见《澳门本地仲裁法》第18条。

② 参见《澳门涉外商事仲裁法》第11条。

（二）常设仲裁机构

《澳门本地仲裁法》授权总督透过法令，制定进行一般或专门性质的常设仲裁机构的必要条件，以及修订或废除该条件的规则。① 根据上述法律精神，1996 年 7 月 22 日，澳门政府以第 40/96/M 号法令颁布了澳门自愿仲裁机构组织法案。该法案基本内容是：1. 成立自愿仲裁机构应向澳门总督申请许可。2. 成立自愿仲裁机构的申请得到批准必须符合三个条件，即应考虑申请实体在进行仲裁活动方面的代表性、适当性及技术能力。3. 对获准成立自愿仲裁机构的实体划分为一般性质的仲裁实体和专门性质的仲裁实体。4. 获准成立的自愿仲裁机构，由司法事务司于每年的 1 月 15 日前公布。5. 已成立之自愿仲裁机构如不符上述第二条之条件时，即予以废止。6. 对未经许可擅自进行机构自愿仲裁之实体，将处以 20 000 ~ 40 000 元澳门币的罚款。从这一法令的内容分析看，澳门实际上对自愿仲裁机构的审批是开放性的，只要符合和具备“代表性、适当性及技术能力”三项条件的申请实体即获得许可。而这三项条件的弹性很大，完全取决于审批者的主观判断。根据上述标准，各行各业的行业协会、政府部门甚至相关学术团体，如想成立本行业的自愿仲裁机构，实际上都可以设法满足上述三个条件。根据笔者掌握的资料，1998 年 2 月 27 日，澳门总督以第 19/GM/98 号批示澳门消费者委员会设立仲裁中心，就民事或商事之小额消费争议作出制度化自愿仲裁。根据《澳门消费争议仲裁中心规章草案》第 1 条之规定，该中心主要是“透过中介、调解及仲裁方式解决在本地区（指澳门）发生涉及金额少于 25000 元澳门币之消费争议”。澳门消费争议仲裁中心属于专门性质的自愿仲裁机构。而同年 3 月 9 日，澳门总督以第 26/GM/98 号批示许可设立澳门律师公会自愿仲裁中心。该中心的目的是审理一般性质之自愿仲裁案件。具体受案范围是：（1）律师间之争议；（2）律师与顾客间之争议；（3）涉及民事、行政事宜或商事之任何争议。②

2002 年 12 月 12 日，澳门行政长官何厚铧以第 259/2002 号行政长官批示，批准成立了保险及私人退休基金自愿仲裁中心，“其标的是透过中介、调解及仲裁方式，促进解决在澳门特区发生而涉及金额不超过初级法院法定上诉利益限额的保险及私人退休基金争议”。③

① 参见《澳门本地仲裁法》第 41 条。

② 参见《澳门政府公报》，1998 年第 10 期，第二组，第 1153 页。

③ 参见《保险及私人退休基金争议仲裁中心规章》第 1 条。

上述四个仲裁机构均属于澳门政府依法审批的一般性质之自愿仲裁机构，是澳门目前存在的主要仲裁机构。

四、台湾仲裁组织形式

(一) 仲裁庭

台湾仲裁庭制度主要反映在台湾“仲裁法”中的专条规定,① 其基本内容如下:

1. 既允许独任制仲裁庭，亦允许合议制仲裁庭。对仲裁庭的人数，无奇数或偶数之限制。在具体仲裁案件中，依当事人的仲裁协议确定。

2. 当事人之间的仲裁协议未就仲裁庭人数及选定方法作特别规定时，采用三人合议庭形式。三人仲裁庭的组建方式是由双方当事人各选一个仲裁人，再由双方选定的仲裁人共推第三名仲裁人为主任仲裁人，共同组织仲裁庭。

3. 仲裁人于选定后30日内未能共推主任仲裁人者当事人有权申请法院代为选定。

4. 如果在协定独任仲裁制时，一方当事人于收受他方选定仲裁人之书面要求后30日内未能达成协议，他方当事人有权申请法院代为选定。

5. 仲裁一方当事人不只一人时，对仲裁人之选定未能达成协议者，依多数决定之；人数相等时，由抽签决定。

6. 在第3种和第4种情况下，如果当事人协议约定仲裁机构为指定机构，则由该被指定的仲裁机构行使代为指定仲裁人之权利，而不再由管辖法院行使该项权利。

(二) 常设仲裁机构

台湾主要常设仲裁机构是“中华仲裁协会”(前身为台湾“商务仲裁协会”)及其在各地设立的分支机构。1999年3月3日，为了配合1998年台湾“仲裁法”的实施，台湾颁布了《仲裁机构组织与调解程序及费用规则》。2003年1月22日又对上述规则进行了修正。根据该规则之规定，台湾的常设仲裁机构是“指以公益为目的，经主管机关征得目的事业主管机关同意后许可，由各级职业团体、社会团体设立或联合设立，负责该仲裁机构仲裁人登记、注销登记、训练、讲习及办理仲裁事件，并依法完成登记之社团法人”。②

---

① 参见台湾“仲裁法”第9条。

② 参见台湾2003年1月22日修正之“仲裁机构组织与调解程序及费用规则”第1条。

关于设立常设仲裁机构的条件，该规则规定，只要有益于整体经济及公共利益，并符合规定的条件即可设立常设仲裁机构。其具体条件是：

1. 会员数达三十以上。

2. 置公立或经政府立案之私立专科以上学校或经“教育部”承认之国外专科以上学校法律系科毕业或经公务人员法律类科考试及格之专职人员三人以上。

3. 应业务需要之办公处所或场地七十坪以上；其处所或场地为租赁者，至少应订定二年以上租赁契约，并经法院公证。

4. 充足之设立经费（包括购买或租赁土地、建筑、设备等经费）及维持基本运作所需之每年经费（包括人事、业务、维修及报废等经费）。

5. 独立之会计及内部稽核制度。

6. 新台币一千万元以上之现金。①

应该说根据上述条件，在台湾成立常设仲裁机构是一件相当复杂和困难的事情，但正是因为这种原因，反映了在仲裁机构成立及运作问题上，台湾的有关部门规定是相当完善和规范的。至少在目前中国四个法域中是个典范。

第五节　建立中国区际商事仲裁中心的构想②

香港、澳门回归后，在一国两制的政治体制下，建立了独立的司法体系。台湾目前虽未统一，但多年来已经事实上形成了自成一体的“法律体系”。但司法独立也给区际民商事争议的解决造成了一定的不便。而各法域现有的仲裁机构的运作方式及理念存在一定的差距，不一定为其他法域的当事人所接受。区际民商事交往已经如火如荼地进行着，实践的需要呼唤尽快建立处理区际民商事争议的中心机构。然而，司法独立决定了在可以预见的未来不可能建立起有效的区际司法中心，人们只能寄希望于具有民间性质的仲裁机制，笔者认为建立中国区际商事仲裁中心是切实可行的。

一、构建中国区际商事仲裁中心的可研论证

构建我国区际商事仲裁中心的可研论证本质上就是研究在中国内地与港澳台地区各类仲裁机构林立的情况下，为什么需要建立新的区际仲裁中

① 参见“仲裁机构组织与调解程序及费用规则”第4条。

② 本书节选自作者论文《略论中国区际商事仲裁中心的构建》。

心问题。

我们知道，无论按照国际惯例还是区域内的仲裁立法，常设仲裁机构因定性为民间性质并无排他性。因此，同一区域理论上讲可以并存不同的仲裁机构，但不能并存审级相同的法院。例如在深圳同时存在着深圳仲裁委员会与中国国际经济贸易仲裁委员会深圳分会，但深圳市中级人民法院就只能有一个（有些城市因为比较大而按照地域范围设立第一、第二中级人民法院）。因此，建立我国区际商事仲裁中心并无法理障碍。而且未来的区际商事仲裁中心无论是落实到内地与港澳台地区任何一个具体的法域，都可以找到正面支持的法律依据，因为这四个法域均已颁布相应的仲裁法规范。

在具备设立仲裁机构的合法环境前提下，考量一个仲裁机构设立的必要性与可行性，应该考虑如下因素：

（一）设定仲裁区域对拟设立的仲裁机构是否具有特殊的期待。

（二）拟设定仲裁机构的竞争力：

1. 设定仲裁区域是否有同类竞争性仲裁机构，

2. 设定仲裁机构在同类仲裁机构中是否进行专业分工，

3. 在未加专业分工的同类仲裁机构中是否具备专业优势。

（三）是否存在足够的潜在业务量。

（四）能否聘请高质量（包括学识与品格）的仲裁员。

（五）能否形成高效率的仲裁服务体系。

（六）是否具备造就业内高度的公信力的条件。

那么我们未来的区际商事仲裁中心是否具备上述条件呢？笔者认为完全可能。因为：

（一）内地与港澳两特区的一国两制及内地与台湾当局的现状已经造就了我国四法域人民对设立解决区际仲裁机构的特殊期待。尽管我国区际民商事交流已经非常频繁，但是，长期的政治分离所带来的各法域间法律体系及司法理念的巨大差异已经造成了区际之间法律上的冲突。因此，尽管建立处理区际民商事争议机构的需求非常迫切，但鉴于建立区际司法机构的难度，人们只能求助于具有民间性质的仲裁机构。

（二）区际商事仲裁中心将具备相当的竞争力。

虽然各法域都具备相应的仲裁机构，但未来的区际商事仲裁中心应该具备相当的竞争力。因为我国各法域仲裁机构目前仍有其自身的缺陷。内地仲裁机构虽然数量众多且不乏成熟之机构如中国国际经济贸易仲裁委员会、北京仲裁委员会等，但是，内地的仲裁机构无论是编制、经费还是行政级别至今难以完全摆脱行政的影响。而且，除中国国际经济贸易仲裁委员会与中国海事仲裁委员会外，其他地方仲裁委员会并无处理涉外争议经验（目前内地把区际争议也作为涉外案件处理）。因此，目前中国内地的仲裁机构无法担当起区际商事仲裁中心的角色。香港国际仲裁中心应该说是按照国际标准建立的常设仲裁机构，并且仲裁员均具备一定的外语优势。但是，一百多年来，香港受英国的殖民影响太深，《香港仲裁条例》多年来对英国《仲裁法》亦步亦趋，带有过分浓厚的西方色彩，比如两人仲裁庭制度、仲裁启动程序等实际上不仅与其他法域做法相距甚远，就是与联合国示范法也有一定的距离，这一差异可能导致区际当事人难以接受其仲裁规则。澳门尽管先后成立了消费争议仲裁中心、保险及私人退休基金争议仲裁中心、澳门世界贸易有限公司自愿仲裁中心及澳门律师公会自愿仲裁中心，但这些中心受案范围相当狭窄，因而不能认为是一般意义上的常设仲裁机构，更不能指望其担当起区际商事仲裁中心的角色。台湾商务仲裁协会及其在各地设立的分支机构虽然相对成熟，但是，台湾当局长期以来未解决与内地三通问题，使得海峡两岸的商贸关系比内地与港澳之间要少得多。因此产生的民商争议也较少，在这相对较少的争议中提交台湾商务仲裁协会及其在各地设立的分支机构的更在少数。因此，可以说，台湾常设仲裁机构严重缺乏处理海峡两岸民商事争议的经验。

上述比较表明，内地及港澳台地区现存的常设仲裁机构在处理区际商事争议时都有其相应的缺陷。只有建立以处理区际商事争议为目标的新型区际商事仲裁中心才能适应区际民商事交流的新形势。

（三）中国区际商事仲裁中心成立后，原来存在的区际商事争议仲裁案件很大一部分会流向该中心，各法域现存的常设仲裁机构将致力于本法域之内的民商事仲裁。最重要的是，由于目前内地与港澳之间的相互承认与执行判决的司法协助问题尚未解决，因此，大量原来依靠诉讼解决的区际商事纠纷将选择仲裁解决。这两类案源加上区际仲裁中心的其他优势，应该可以保证该中心起码的业务流量。

（四）各法域的仲裁制度对仲裁员的兼职单位数量并无限制，因此，中国区际商事仲裁中心与现存各法域内部常设仲裁机构就高质量（包括学识与品格）仲裁员的聘用并无竞争之嫌，因而区际商事仲裁中心仲裁员的来源不成问题。

（五）区际商事仲裁中心可以学习借鉴香港国际仲裁中心的行政管理经验形成高效率的仲裁服务体系。

（六）笔者相信一个脱离各具体法域控制或直接影响的区际商事仲裁

中心更加具备造就业内高度的公信力的优势。

二、中国区际商事仲裁中心的法律地位及构建程序

（一）中国区际商事仲裁中心的法律地位

中国区际商事仲裁中心的法律地位定性是探讨中国区际商事仲裁中心的法律地位构建程序的前提。对中国区际商事仲裁中心的法律地位的不同定性将决定着该中心构建的不同程序。

常设仲裁机构究竟是什么样的实体？这个问题既要从民法上的法人原理去分析，也要从仲裁本身的性质去分析，最重要的是常设仲裁机构的属人法对仲裁机构的定性。

关于仲裁的性质，目前主要有四种观点。1. 司法权理论。其认为仲裁属于国家法律授权的司法行为。支持这一观点的有德国、奥地利、意大利等国。2. 契约理论。其认为仲裁的权利不是来自国家，而是来自当事人之间的仲裁协议的授权。裁决的约束力源自“契约必须遵守”的原则。法国、荷兰、斯堪的纳维亚半岛国家即奉行此说。3. 混合理论。其认为仲裁具有司法和契约双重属性，仲裁的权利源自当事人之间的仲裁协议，仲裁裁决的执行效力又来自法律特别是代表国家执行法律的法院的支持。目前，这一学说在国际商事仲裁理论中获得多数支持。4. 自治理论。其认为仲裁是商人们在千百年来从事商业活动注重实效的结果，先有仲裁，而后国家才予以确认，仲裁协议和仲裁裁决的强制性同样来自商人们处理国际商事关系的实际需要，其他的程序权和实体权利也因此而产生。

按照民法的法人原理，法人一般分为企业法人、机关法人、事业单位法人和社团法人等几类。企业法人以盈利为目的而从事经营活动。机关法人构成国家行政的一部分，行使着国家法律赋予的行政管理权。事业单位法人则以政府财政拨款为依靠，从事社会各类研究或服务等社会事业。而社团法人是若干社会成员为了共同的目的而组成的社会组织。笔者认为，判断一个国家常设仲裁机构的性质要综合考虑前两个法人类别。一般地说，除持仲裁司法论的国家外，其他多数国家的常设仲裁机构都被认定为纯民间机构，基本上看做一个企业法人，该常设仲裁机构的设立一般也按其所在国家的公司法设立。即便在持仲裁司法论的国家，如德国，其特别之处，也仅在于加强对仲裁的司法监督，并加强对常设仲裁机构的管理。其常设仲裁机构也多是依公司法设立的。

虽然内地与港澳台地区同属一个主权之下，但是，考虑到一国两制下的司法独立问题，无论内地及港澳台地区内部对仲裁机构如何定性，作为

解决我国区际商事争议的中国区际商事仲裁中心，应该突出其民间性色彩，因此，笔者认为，拟构建的中国区际商事仲裁中心应定性为自收自支的企业法人。

（二）中国区际商事仲裁中心的构建程序

按照企业法人性质的定性，中国区际商事仲裁中心应该按照所在地的公司法构建。具体来说应该分如下几个程序：

1. 发起。为了确保尽快树立中心在未来仲裁领域的权威，中国区际商事仲裁中心的发起人本身必须具备一定的权威。笔者建议由内地与港澳台地区相应的商会协同各地区现有的权威仲裁机构如中国国际经济贸易仲裁委员会、香港国际仲裁中心、澳门律师公会自愿仲裁中心、台湾商务仲裁协会等联合发起成立。当然，各法域政府或其指定的相应机构能够参加则更能加强其权威。

2. 选址。中国区际商事仲裁中心名为中心，选址问题上应该考虑地理上便利仲裁的原则，中国内地的广东（广州或深圳）或香港特区可以成为优先考虑的选址。因为在区际民商事交往中内地无论是人口、面积、经济容量都居优势，可以预见，未来中国区际商事仲裁中心的仲裁当事人中涉及内地当事人的案件应该占相当大的比例。而选择香港的优势是香港是自由港，香港应该是四个法域中仲裁当事人与仲裁员出入境均不会受到限制的地方。更重要的是在香港现行法制下，中国区际商事仲裁中心可以注册成为“非盈利性的担保有限公司”。而内地则因需要到司法行政部门注册而有所不便。

3. 起草章程、合作关系文件，由发起各方起草中国区际商事仲裁中心章程，及在中心框架下的合作文件，这是建立中国区际商事仲裁中心的法律基础。

4. 起草仲裁规则草案。中国区际商事仲裁中心的仲裁规则既不能过于激进也不能过于保守。如果各方不能达成一致意见，可以先直接借用《联合国国际贸易法委员会仲裁规则》。待中国区际商事仲裁中心成立并运行一段时间后，再根据仲裁实践情况加以调整。

5. 登记。按照中国区际商事仲裁中心所在地公司法进行登记。

6. 聘请仲裁员。中国区际商事仲裁中心的仲裁员名单应该包含各法域现有仲裁机构中信誉卓著的资深仲裁员。但是，一些司法官仲裁员应该排除在外。

三、中国区际商事仲裁中心若干问题的考量

（一）中国区际商事仲裁中心的管理体制

中国区际商事仲裁中心的管理体制可以根据住所地的公司法精神确定。由于中国区际商事仲裁中心系功能性而非赢利性法人，因此，借鉴香港国际仲裁中心的理事会管理模式是可行的。中国区际商事仲裁中心具体管理模式笔者将另行研究建议案，但笔者认为理事会下至少应该设立管理中心、仲裁业务中心、财务中心、政策研究中心、对外宣传联络中心等，而仲裁业务中心下应该设立各专业仲裁组及独立的专家咨询组等相关组织。

（二）中国区际商事仲裁中心的职责

对中国区际商事仲裁中心职责的考虑实际上是关于中国区际商事仲裁中心的定位问题。也就是说中国区际商事仲裁中心究竟是像内地仲裁委员会那样发挥机构仲裁作用，还是像香港国际仲裁中心那样作为仲裁服务机构？笔者认为，中国区际商事仲裁中心应采取机构仲裁模式，发挥机构仲裁作用。理由是：

1. 仅仅发挥仲裁服务作用会与现有各法域仲裁机构功能重复；

2. 除香港外，我国另外三个法域均采取机构仲裁的做法；

3. 采用机构仲裁形式可以借助机构的影响增强仲裁裁决的权威性，及各法域对中国区际商事仲裁中心仲裁裁决的承认与执行力度；

4. 采用机构仲裁形式可以对仲裁员统一掌握与管理，对违纪仲裁员可以进行纪律制裁，从而维护中国区际商事仲裁中心仲裁裁决的整体水平与公信力；

5. 实行机构仲裁可以便于机构对各法域政策变化的掌握，同时也可以以中国区际商事仲裁中心名义与各法域相应政府机构或仲裁组织进行协调，并在裁决中加以反映；

6. 采用机构仲裁的模式，可以避免因仲裁员水平或学习背景的差异导致仲裁裁决的矛盾。

按照机构仲裁的模式，中国区际商事仲裁中心应当承担起如下职责：

1. 受理并登记仲裁案件；

2. 收受和送达当事各方及仲裁庭法律文书；

3. 指导并协助当事人选择仲裁员，组织仲裁庭，并为仲裁庭提供后勤服务；

4. 在仲裁庭正式成立之前，应当事人请求对仲裁机构的管辖权或仲

裁协议的效力作出决定；

5. 就本仲裁机构作出的裁决或其他法律文件加盖印章，提供证明；

6. 聘任仲裁员、法律或其他专家；

7. 组织仲裁员的学习、培训；

8. 编制本仲裁机构的仲裁规则；

9. 编印仲裁机构宣传资料和仲裁员名册；

10. 回答有关进行区际商事仲裁的询问，并就仲裁条款的适当形式提供咨询意见。

以上职责是机构仲裁模式下常设仲裁机构的普通职责。但是，中国区际商事仲裁中心的职责显然不能仅仅局限于此，笔者认为中国区际商事仲裁中心还应该履行如下特殊职责：

1. 研究各法域的法规政策，并指导仲裁中心运作；

2. 研究仲裁制度，向各法域推荐先进的仲裁制度与仲裁模式；

3. 研究各法域的实体法与程序法，引导各法域协调立法，消除法域之间实体法与程序法的冲突；

4. 中国区际商事仲裁中心章程规定的其他特殊职责。

（三）中国区际商事仲裁中心设置的网络模式

笔者认为，当务之急是将中国区际商事仲裁中心这一解决区际民商事争议的机构尽快建立起来。中国区际商事仲裁中心是否应该设立分支机构及其内部相互关系则需要边建立、边运作、边思考，现在还不必急于回答。

第五章　仲裁协议的法律地位

第一节　仲裁协议的性质和法律特征

一、仲裁协议的概念

仲裁协议，根据联合国示范法之规定是指当事各方同意将在他们之间确定的不论是契约性或非契约性的法律关系上已经发生或可以发生的一切或某些争议提交仲裁的协议。仲裁协议可以采取合同中的仲裁条款形式或单独的仲裁协议形式。①

联合国示范法中这一定义可以说比较准确地把握了仲裁的本质。但是该段文字由于系西文翻译所致，不符合中国人的表达习惯，笔者根据自己的理解对仲裁协议作如下定义：仲裁协议是指有关各方当事人自愿将他们之间已经发生或将要发生的财产性权益争议提交仲裁解决的法律文件。

上述定义中的“财产性权益争议”，系与联合国示范法中“契约性”和“非契约性”相对应的中和概念，它既包括因合同关系而发生的争议，如买卖合同、承包合同引起的争议，也包括因非合同关系而产生的争议，如产品责任、侵权行为引起的争议。

二、仲裁协议的性质

仲裁协议的性质指的是仲裁协议的法律归类，即仲裁协议究竟是属于实体法上的契约，还是属于诉讼法上的契约，抑或是自成一家的独立型契约。由于仲裁协议的性质既关系到调整仲裁协议法律关系的立法体例问题，又关系到仲裁及司法实践中执行仲裁契约的方式及违反仲裁协议的法律救济形式等问题，因此其作用不可低估。

---

① 参见高菲著：《中国海事仲裁的理论与实践》，中国人民大学出版社 1998 年版，第 553 页。

目前，世界各国学者及立法机关对仲裁协议性质的认定分歧很大，归结起来至少有四种观点:①

(一) 诉讼法上契约说

诉讼法上契约说认为，仲裁协议是一种受诉讼法调整，处分契约各方诉讼上的权利和义务的特殊协议，而不是处分实体权利的普通民商事契约。支持这种观点的依据主要有如下几个理由:

1. 仲裁协议的内容并不为协议各方设定实体上具体的权利义务关系，它规定的仅仅是解决当事人之间实体上权利义务争端的方式、方法及规则，其功能在于通过授权第三人（仲裁员）处理争议，而解决当事人之间的争执，因而，其内容与诉讼程序问题相似。

2. 仲裁协议的目的在于约定排除法院对双方当事人之间的特定争议的诉讼管辖权，这实际上是当事人以协议的形式对自己诉权（通过诉讼寻求法院解决纷争，保护自己合法财产利益的权利）的处分，而有关诉权的协议显然应该适用诉讼法加以调整。

3. 在世界各国的立法实践中，大多数国家将仲裁协议问题规定在诉讼法之中，所以，诉讼法是仲裁协议赖以存在的法律基础。

诉讼法上契约说曾经为多数国家和学者所赞同，在德国、日本、意大利、法国等国颇具影响。前述国家及赞同仲裁协议应受诉讼法调整观点的学者许多都也是仲裁司法权论的支持者。他们从仲裁司法权说出发，必然地将仲裁协议演绎成受诉讼法调整的契约，因为，在他们看来，仲裁就是另一种形式的司法行为。

(二) 实体法契约说

仲裁协议实体法契约说为西方许多国家所支持。以公法与私法的划分为前提，该说将仲裁协议划归私法范畴，认为仲裁协议本质上就是民商事契约的一种形式。其理由是:

1. 仲裁协议规定在诉讼法中并不意味着仲裁协议即属诉讼法上之契约，契约之性质不应取决于契约的内容，而取决于契约的形成条件及其约束效力。仲裁协议的主体资格、协议之一般原则、形式及法律效力都应适用民商实体法，而诉讼法仅就仲裁协议的局部或特别问题作出规定，属立法技术问题，并非法律性质所决定。

2. 仲裁制度本是遵循私法上契约自治原则建立起来的私法纷争自主

---

① 参见谭兵主编:《中国仲裁制度研究》，法律出版社 1995 年版，第 177 ~ 181 页。

解决制度，如果视为诉讼法上的契约，必将受到公力干预，不能发挥正常作用，从而有违创设仲裁制度的初衷。

3. 仲裁协议的内容从浅层次上看大多具有程序性质，但它是为保护实体权利而设定的。仲裁协议是间接地、附条件地处置了实体权。只不过这种处置不是当事人对其实体权利的直接处置，而是由仲裁员根据其授权来进行间接处置。

实体法契约说依托的是“私法行为说”，由于它在某种程度上反映了仲裁起源的本质，因此，近年来它在西方国家已逐步取得支配地位，以前支持诉讼法上契约说的日本也已改变了立场，转而支持实体法契约说。在美国和意大利等国，实体法契约说也是占主流之学说。从各国仲裁制度及仲裁实务的发展趋势来看，实体法上契约说代表着各国发展的方向。①

（三）混合说

这种观点是前两种观点的折中。它认为仲裁协议既有诉讼法上的效力，也有实体法上的约束力，它以诉讼法和实体法作为其共同的法律基础。这一观点回避了仲裁协议的根本性质问题，实际上，无助于国际仲裁的立法和实践。

（四）独立类型契约说

这种观点正好和第（三）种观点相反，它对诉讼法上契约说和实体法契约说均予以否定，认为仲裁协议属于一种新的契约类型，应建立新的法律体系加以调整。由于各国尚未有专门针对仲裁协议这种“新型契约”的法律体系，这种观点在实践中很难实施。

关于仲裁协议的性质问题，笔者认为实体法契约说比较可取。除前文介绍的“实体法契约说”所列举之理由外，尚有如下因素应予考虑：

1. 从仲裁和诉讼的历史起源看，先有仲裁后有诉讼。早在法院这个国家机器产生前，仲裁作为解决民间纷争的原始方式即已存在，而诉讼则是阶级社会才有的以国家强制力解决人民之间争议的方式。诉讼法则专门是为保证法院运转的正常进行而制定的程序规范。实体权利的存在与消灭，并不以实体法是否正式颁布为前提条件，而诉权的存在与否则必须以诉讼法的生效为前提。那么，产生于诉讼之前的仲裁所赖以发生的仲裁协议（体现的形式比较灵活），又怎么可能由远在其之后产生的诉讼法的调整和约束呢？

2. 诉讼法和实体法是两种绝对不同的法律体系。我们知道，诉讼程

① 参见谭兵主编：《中国仲裁制度研究》，法律出版社 1995 年版，第 180 页。

序的展开来自国家强制力，而仲裁程序的展开则来自当事人在仲裁协议中的授权。我们也知道，作为国家强制力赋予的诉权是不能在诉讼真正展开之前预先处理和放弃自己的诉权的，而在争议展开之前通过仲裁协议就有关争议仲裁权利和义务作出规定，正是仲裁协议和仲裁制度的根本特征。而且，诉讼法上的契约所处分的权利和义务只能针对协议双方，而不能为第三方（法院或法官）设定义务。而仲裁协议不仅约束双方当事人，而且对仲裁员都有约束力，甚至对法院的管辖权都有排除效力（所谓"妨诉抗辩权"），显然，仲裁协议与诉讼法上的其他契约是格格不入的，它不可能同时以诉讼法和实体法作为其法律基础。那么，当事人之间的仲裁协议究竟凭什么有那么大的权利，不仅约束协议各方，而且对仲裁员均具有约束力，甚至可以妨碍法院的司法管辖权？很简单，仲裁协议，它是一种实体契约，它相当于民事委托书，通过仲裁协议，双方共同委托第三人（仲裁庭）对当事各方的权利进行处分。显然，当事人最终真正处分的是相互之间的实体权利，而国家和法院在正常情况下不应该否定当事人对自己实体权利的处置。

3. "独立类型契约说"在对"诉讼法上契约说"和"实体法契约说"加以否定的同时，只是提出了一个空泛的新型契约的概念，但对仲裁协议究竟怎么调整，却无法作出回答。一个对理论及实践无任何指导作用的理论学说是没有什么实际意义的，因此，这种观点更不可取。

三、仲裁协议的法律特征

根据以上对仲裁协议概念和法律性质的分析，笔者认为，仲裁协议具有如下法律特征：

1. 仲裁协议并不直接处理当事人之间的实体上的权利、义务，而是就解决他们之间的民事争议的方式作出规定，从而对实体上的权利与义务作了间接的处分。

2. 仲裁协议约束的不仅仅是协议的各方，而且对缔约以外的第三方都具有约束力。对仲裁协议所规定的仲裁员资格和选择方式、仲裁过程中应适用的仲裁规则、仲裁适用的实体法甚至裁决的具体方式等仲裁员应严格执行，否则其裁决的效力将会遭到质疑。而且，仲裁协议的存在，使得法院不得就仲裁协议范围内的争议事项行使诉讼管辖权，除非仲裁协议被仲裁庭或法院认定为无效。另外，法院在根据当事人的申请对仲裁案加以裁决时，也必须充分尊重该仲裁案的仲裁协议。

3. 仲裁协议中缔约各方的权利和义务具有同一性。一般合同中，缔约各方的权利和义务表现为对应和互易，即一方当事人的权利同时就是另一方当事人的义务。而仲裁协议有所不同，仲裁协议中的权利与义务往往很难被绝对区分开来，而且权利往往就是当事人共同的权利，如共同享有通过仲裁方式解决有关争议，而义务也是双方当事人共同履行的义务，如在仲裁程序中双方均应遵守仲裁协议约定的仲裁规则。

4. 以仲裁条款形式表现的仲裁协议具有独立性。我们后文将会提到仲裁协议的表现形式丰富多彩，其中就有附着于民商事合同的仲裁条款这一特殊形式。但仲裁条款与其所附着的民商事协议属于两种完全不同类型的协议，当民商合同被当事人双方或其他权力机关认定为无效或予以解除时，仲裁条款并不因此而随之无效或中止，相反它的作用还会更加突出地表现出来，因为当事人将会依据它而寻求仲裁以解决因此产生的纠纷。

第二节　仲裁协议的形式和内容

一、仲裁协议的形式

仲裁协议的形式可以说是丰富多彩，根据不同的分类方法可以划分出各种不同类型的仲裁协议来。在本书中，笔者仅采用比较常见的分类方式作出几种归类。

（一）仲裁条款与独立仲裁协议

根据仲裁协议的外在表现形态可将仲裁协议划分为依附于民商事合同的仲裁条款（下文简称仲裁条款）和独立仲裁协议两种形式。

1. 仲裁条款。

仲裁条款是附着于民商事实体合同的一种约定将可能发生的与该合同有关联的争议提交仲裁解决的合同条款。

在现代商业社会中，仲裁条款是仲裁协议最常见、最简便的表现形式，为商人们所喜闻乐“用”。究其根源恐怕与仲裁制度存在的社会基础有关。我们知道，仲裁的产生是渊源于千百年来，人们对寻找便捷、经济、非正规化的解决争议方式梦想追求的结果。发现仲裁这一方式的同时，人们也发现仲裁条款比仲裁协议的其他形式更容易实现上述梦想。在签订商业合同时，人们既图简便、经济，又对缔约时尚为潜在可能性的未来争议并不在意，只要促成交易，以什么方式解决争议并非他们关注的重心。因而，在实体合同中列入一条仲裁条款，合约各方并不十分介意，交易容易成功。而专门独立的仲裁协议经常签订于争议发生后，有时也签订于争议发生之前，不论哪一种形式，由于涉及繁琐的条文，特别是协议中涉及本方利益的条款，当事人都打起十二分精神，不容易妥协，因而达成协议困难较大。仲裁实践中独立仲裁协议出现的频率远不如仲裁条款那样高。但这并不意味着仲裁条款就十分完美，我们从仲裁条款的法律特征上就不难看出。笔者认为仲裁条款具有如下法律特征：

（1）仲裁条款从形式上寄生于实体合同，构成实体合同的一个条款。这一点正是仲裁条款与独立仲裁协议根本的区别所在。

仲裁条款在实体合同中处于什么地位呢？它们之间是否存在从属关系呢？笔者认为，仲裁条款与实体合同之间的关系如同生物界的寄生物一样。寄主仅仅是利用了宿主这个物质载体，但它们完全就是两类生物品种。但是，寄主也不是随便寄生的，因为寄主和宿主之间存在着一定的有机联系，如宿主的分泌物往往就是寄主的营养物质等。仲裁条款和其所依附的实体合同一样，仲裁条款仅仅把实体合同作为自己的物质载体，实际上它们是两类不同的合同。但仲裁条款也不是说与实体合同没有任何联系，仲裁条款所确定的权利义务关系的主体，就是实体合同的缔约各方。而且仲裁条款所处理的对象正是因该实体合同的履行而产生的实体上的权利与义务的争议。正是基于这个理由，笔者认为仲裁条款的特点之一是它寄生于实体合同，但是，与实体合同之间并无从属关系，它们的法律地位是并列平等的。

（2）仲裁条款从效力上独立于实体合同。从上述第一个特征中我们知道，仲裁条款虽然在形式上寄生于实体合同，但它与实体合同是并列平等互不隶属的关系。因此，从法律效力上来讲，仲裁条款独立于实体合同，即仲裁条款一旦寄生于实体合同，它的法律效力并不以实体合同是否有效为前提，具体表现在几个方面：其一，实体合同被法院或仲裁机构认定无效时，仲裁条款并不因此无效；其二，当事人之间协定解除合同时，仲裁条款所确定的仲裁关系的权利义务关系并不因此而解除。

（3）仲裁条款只适用于可能引起的仲裁争议，不适用于已经产生的实体争议。由于仲裁条款寄生于实体合同，为解决因履行实体合同引起或与该合同有关的实体权益之纠纷而设定，而此时实体合同尚在谈判签约阶段，仲裁条款所约定交付仲裁的争议并未发生，因而，仲裁条款并无现实的仲裁纠纷加以调整，它存在于实体合同中的目的只能针对将来可能发生的合同纠纷。

（4）仲裁条款只能适用于契约纠纷。由于仲裁条款须以合同为载体，所以它只能适用于契约纠纷，对因侵权引起的争议，不可能以仲裁条款的形式达成仲裁协议。

2. 独立仲裁协议。

前文分析仲裁条款的法律特征时，我们发现，仲裁条款尽管存在许多令人不能否认的优点，但它也有一个致命的缺点，那就是它的适用范围有限。它只能适用于可能发生的契约纠纷，对已经发生的争议或者契约外的其他性质的争议却无法适用。解决这一缺陷的办法只能是采用仲裁协议的另外一种法律形式——独立仲裁协议。

所谓独立仲裁协议，是指当事人专门就可能发生或已经发生的契约或非契约财产争议约定提交仲裁解决的独立协议。

与仲裁条款相对照，独立仲裁协议克服了仲裁协议所固有的适用范围窄的缺陷，但它自身却带来了另外一个缺陷，那就是它不如仲裁条款那样经济、便利和容易达成协议。独立仲裁协议有自己的特点，那就是：

（1）独立仲裁协议无须寄生于实体合同，因此，它无论从形式上，还是从法律效力上都是独立的。而仲裁条款只是法律效力上独立，在法律形式上并不独立。

（2）独立仲裁协议既可以适用于可能发生的仲裁争议，也可以适用于已经发生的仲裁争议。而仲裁条款只适用于可能发生的仲裁争议，对已经发生的不能适用。

（3）独立仲裁协议既可以适用于契约纠纷，又可以适用于非契约性财产纠纷。而仲裁条款只能适用于契约性仲裁争议。

（二）其他形式的仲裁协议

除前两种形式外，仲裁协议还有其他的表现形式，如当事人之间的信函、传真、电报或其他书面材料。这些仲裁协议形式的一个共同特点是它们将规范的独立仲裁协议中所应有的内容分散地表现在上述各种形式的书面材料之中，有时只有一种形式，有时多种形式并存。由于这种形式方便了商业人士的交易，也受到国际商界，特别是现代国际商界的欢迎。允许灵活的仲裁协议形式存在，已成为当今国际仲裁的立法和仲裁实践的一种发展趋势。

（三）明示仲裁协议和默示仲裁协议

以当事人之间是否存在积极、明确的仲裁意思表示为划分标准，仲裁协议可以划分为明示仲裁协议和默示仲裁协议两种形式。明示仲裁协议是当事人通过书面或口头等方式积极、明确地将以仲裁方式解决双方争议的意思表达出来。明示仲裁协议的形式中包含了前述两种具体方式。而默示仲裁协议则是指一方当事人并没有明确表达以仲裁方式解决双方之间的民事争议，由于其对他方的推进仲裁之行为不表示异议，反而以积极作为的方式参与仲裁程序，根据有些国家的成文法或者判例，推定出其同意仲裁的意图。目前，世界各国的仲裁制度中，一般多支持以明示的仲裁协议作为仲裁的合法依据，而支持默示仲裁协议作为仲裁依据的只有英美等少数几个国家。即便承认默示仲裁协议的国家对这种仲裁协议生效的方式也有严格的限制。一般是等到被动地卷入仲裁的那一方对仲裁的实质即案件的是非曲直问题作出答辩，默示仲裁协议才算成立，如英国即是如此规定的。

二、仲裁协议的内容

如前所述，世界各国或地区对仲裁协议的形式一般都采取比较宽容的态度，与此相适应，各国或各地区的仲裁立法对仲裁协议应具备哪些内容规定得也并不十分严格，或者根本不作具体规定。无论何种形式的仲裁协议只要能表达出当事人仲裁的真实意图即可，至于其他问题，当事人在仲裁程序中可以临时约定。有些国家或地区的法律甚至还为不完善的仲裁协议规定了补救措施。但是，法律是否计较是一回事，仲裁协议是否规范是另外一回事。作为对仲裁制度的研究，我们认为一个完善的仲裁协议一般应包含下列内容：

（一）当事人真实的仲裁意愿

这是仲裁的最基本的必备内容。一个缺乏当事人关于以仲裁方式解决争议的真实意思表示的仲裁协议肯定将会被认定为无效的仲裁协议。而且，与仲裁协议的其他缺陷（如有真实的仲裁意思，却没有指定具体仲裁机构）不同，缺乏真实仲裁意愿的仲裁协议是没有法定的补救措施，除非当事人重新达成具备仲裁真实意图的新仲裁协议，否则，该协议不能作为推进仲裁的依据，只能认定无效。

（二）明确的仲裁事项

仲裁事项实际上就是通过当事人仲裁协议的形式为仲裁设定的可提交仲裁解决的争议范围。当事人对仲裁事项的规定有大有小，但是，无论哪一种都得明确地将双方之间可提交仲裁的事项规定在特定的法律关系范围内，不能无限制地以一纸仲裁协议包罗万象地将当事人之间的一切关系全部包括在内（因为其中可能包括不能仲裁的人身或其他法律关系）。在实践中常见的对仲裁事项的约定往往是就某一方面的具体法律关系达成以仲裁解决争议的仲裁协议。如“与本合同有关的履行、解释、中止等一切争议双方同意提交某某仲裁机构并适用该机构仲裁规则仲裁解决”。

（三）选定的仲裁机构或仲裁员的产生方式

仲裁协议除了要求具有真实的仲裁意愿、明确的仲裁事项外，还必须就实施上述意图、解决上述争议的仲裁机构作出选择。要满足这一条件，只要当事人在仲裁协议中选定一个特定的常设仲裁机构即可。因为根据仲裁国际惯例，在当事人对仲裁规则无特别约定的情况下，当事人选定了仲裁机构便选择了该机构的仲裁规则，而仲裁规则中一般对仲裁庭的组织方式和仲裁员的选派方法都作了规定。当然如果当事人需要对仲裁庭或仲裁员的组成特别约定的也同样受到法律保护。如果当事人不选择机构仲裁而选择临时仲裁，则当事人必须在仲裁协议中就仲裁庭的组成及仲裁员的产生方式甚至仲裁规则作出特别的约定。但有些英美法系国家在仲裁协议未就仲裁机构或仲裁员的产生方式作出特别约定的情况下并不当然地认定仲裁协议无效，而是规定了补救措施。一般是要求当事人就该问题达成一个补充协议，不能达成补充协议的，则由法院予以确定。因此，本项的要求在部分国家和地区的仲裁制度中是作为仲裁协议的必备内容来对待的，但另一些国家却并不作特别要求。而将仲裁机构作为仲裁协议一个必备内容的做法在世界上更为罕见，① 但这仍然为少数国家所推崇。

第三节　仲裁协议的效力和仲裁协议的独立性问题

一、仲裁协议效力问题

仲裁协议的效力涉及有效仲裁协议的基本条件、仲裁协议效力的认定和仲裁协议法律效力的表现等三个方面。

（一）有效仲裁协议的基本条件

仲裁协议的性质我们在前文已经分析过，在众多的观点中，笔者倾向于实体法上合同之观点，其理由前文已有论述，在此不再赘述。既然仲裁协议从本质上就是实体法上的一种特殊合同，那么，实体法上有效合同的必备要件仲裁协议同样必须满足。不过，由于仲裁协议是一种专门化合同，实体法上有效合同的必备要件在仲裁协议上有不同的表现形式。笔者认为有效的仲裁协议至少应具备下列要件：

1. 仲裁协议的主体资格。

---

① 参见韩健著：《仲裁协议关于仲裁机构的约定——兼评我国仲裁法中有关条款的规定》，载《仲裁与法律通讯》1997 年第 2 期，第 4 页。

各国的仲裁制度对仲裁协议的主体资格并没有作特别规定，但是，根据合同法的原理，一个有效的合同首先必须主体合格，即仲裁协议的主体必须具有必要的缔约行为能力。根据国际私法有关属人法的规定，仲裁协议的主体资格应当由该主体的属人法决定。具体说来，决定当事人主体资格的是当事人众多属人法中的民事实体法。因此，只要仲裁协议的当事人根据其属人法具备民事行为能力，该当事人即具备仲裁制度所要求的仲裁协议合法的主体资格。

2. 真实的意思表示。

意思表示真实不仅仅是有效仲裁协议应具备的条件，而且是所有经济合同和民事协议甚至诉讼法上合同的必备要件。不同的是，仲裁协议的真实意思不是处理实体上的权利和义务，而是同意以仲裁这种方式解决实体争议。更不同的是仲裁协议中的意思表示的重要性远远超过其他实体合同对真实意思表示的要求。我们前文提到过仲裁协议中如果缺乏仲裁的真实意思表示，除非当事人签定补充协议，否则在法律上无法补救。而其他实体合同即便因缺乏真实意思表示而导致合同无效时，依据无效合同所进行的交换在无法返还或者当事人也不要求返还的情况下，对方同样会承担相应的支付责任，因此发生的事实上的货币交换，法律同样予以承认。只不过，无效合同应该终止继续履行，任何一方均无须向对方承担违约责任。而仲裁协议因缺乏真实的仲裁意图从而被认定无效时，不仅仲裁程序不应该发生，而且根据无效仲裁协议作出的裁决，也将被法院撤销，除非当事人不申请法院审查，也不请求法院承认和执行该仲裁裁决。

3. 内容合法。

仲裁协议的内容合法性应该关注两个问题：其一，仲裁协议规定的仲裁事项，必须符合仲裁适用的仲裁法关于可仲裁事项的要求；其二，仲裁协议不得违反社会的公共秩序。关于前者本书将在下一章管辖权问题里另作详细讨论。关于公共秩序的要求问题，主要意思是仲裁协议所规定的内容不得与社会最基本的法律制度或社会公共道德和利益相冲突。如仲裁协议不得规定就买卖海洛因的争议进行仲裁，也不得约定由仲裁机构强制执行仲裁裁决。

4. 形式要件。

仲裁协议的形式要件中，较多为人了解的是仲裁协议必须采用书面形式。联合国示范法第 7 条要求仲裁协议必须是书面形式的。不过，示范法对所谓的“书面形式”作了扩大的解释，不仅包括本书前文提到的各种明示的仲裁协议形式，而且包括默示形式。一方在仲裁申诉书或者答辩书中声称有仲裁协议存在而对方不予以否定时都被认定为满足了书面形式的要求。目前，规定仲裁协议书必须采用书面形式，已经成为世界上绝大多数国家和地区对仲裁协议的共同要求，只有英美等少数国家例外。除对书面形式要求外，对仲裁协议形式要件，极少数国家还规定必须经过公证，如西班牙、葡萄牙等国即如此。不过，对这种形式要件的要求由于影响面太小，很少人专门讨论它，笔者认为，这是一种落后的阻碍仲裁事业发展的和即将被淘汰的形式要件，实践意义并不大，也不作讨论。

（二）仲裁协议效力的认定

对仲裁协议效力的认定直接关系到仲裁机构或临时仲裁庭对仲裁案件的管辖权问题。目前，有权对仲裁协议进行认定的机构主要有两个，即仲裁机构和管辖法院。

1. 仲裁机构对仲裁协议效力的认定。

仲裁机构是仲裁协议的实际执行机构，仲裁协议的有效与否影响最直接的就是仲裁机构。仲裁协议的有效与否不仅关系到被指定的仲裁机构对仲裁案件的管辖权问题，而且决定了仲裁机构的裁决能否得到法院的承认与执行的问题。无效的仲裁协议不能构成仲裁管辖权的依据，仲裁庭根据无效的仲裁协议所作出的仲裁裁决将得不到法院的承认和执行。因此，仲裁协议的有效性问题是仲裁机构首先应该关心的问题，各国仲裁法规为方便仲裁机构开展工作也通常赋予仲裁机构认定仲裁协议效力的权力，而且这一做法已经渐渐成为国际仲裁领域公认的发展趋势。仲裁机构在两种情况下必须对仲裁协议的效力问题作出评判：

（1）立案阶段。申请人申请仲裁，仲裁机构准备组成仲裁庭时，当事人必须向有关仲裁机构提交作为仲裁管辖权依据的仲裁协议，而仲裁机构必须对该仲裁协议作出初步审查，如果仲裁机构不能识别无效的仲裁协议将会面临仲裁裁决被撤销的危险。这一阶段审查仲裁协议的效力的意义在于确定仲裁机构对争议案件的管辖权。仲裁机构对仲裁协议的判别旨在建立起受理仲裁案件的信心，也不必要以书面形式表达出来。

（2）答辩阶段。被诉方当事人于答辩书中就仲裁协议的效力提出异议时，仲裁机构应该予以答复，这种答复往往以临时仲裁裁决的形式表现出来，在少数国家，针对这种裁决，当事人可以提起上诉。

2. 法院对仲裁协议效力的认定。

法院是仲裁裁决的承认和执行机构，同时仲裁协议的有效与否的问题也关系到有关法院对仲裁协议下的民事争议是否拥有管辖权的问题，因此，法院同样关心仲裁协议的有效性问题。一般地说，法院对仲裁协议有效性问题的关注，在三个阶段表现出来：

（1）诉讼答辩阶段。在存在仲裁协议的情况下，一方向法院起诉，另一方在答辩期内以仲裁协议为依据对法院管辖权提出异议，则法院必须就该管辖权问题先行作出裁定，其中，必须就仲裁协议的有效性问题作出认定，如果仲裁协议有效，则法院决定撤销（有些国家和地区采取诉讼搁置的形式）已经受理的案件，责令当事人向仲裁机构申请仲裁解决争议；如果仲裁协议被认定为无效，法院将裁定自己对争议享有管辖权，从而驳回当事人的管辖权的异议。

（2）申请撤销仲裁裁决阶段。仲裁机构作出仲裁裁决后，虽然法律规定仲裁裁决一审终局，但往往并不能排除当事人在仲裁裁决作出后若干法定时间内向法院申请撤销仲裁裁决。法院在对该申请进行审查时，首先要审查的一个大问题就是该裁决据以产生的仲裁协议是否有效，如果认定仲裁协议无效，则法院将裁定撤销该案仲裁裁决，如果有效，还得审查其他情节，如仍没有问题，则法院将裁定驳回当事人的撤销仲裁裁决的申请。

（3）裁决的承认与执行阶段。仲裁裁决的最终阶段是仲裁裁决的承认和执行阶段。这一阶段法院在对仲裁裁决承认与执行前，一般会对仲裁裁决的效力问题作出决定。

（三）仲裁协议法律效力的内容

仲裁协议的法律效力主要表现在对当事人、仲裁机构（仲裁员）和法院等三个主体的约束力方面。

1. 仲裁协议对当事人的约束力。

仲裁协议一经成立首先约束的就是仲裁当事人。仲裁协议使双方当事人承担义务在仲裁协议规定的法律关系范围内产生争议时，当事人只能向仲裁机构寻求解决，不得诉诸法院。不仅如此，当事各方还必须承认仲裁协议中约定的仲裁机构或仲裁员的资格，并无条件履行约定仲裁机构或仲裁庭所作出的仲裁裁决，除非根据仲裁所在地的仲裁法规对向法院申请撤销仲裁裁决或申请拒绝承认和执行仲裁裁决。

2. 仲裁协议对仲裁机构（仲裁员）的约束力。

仲裁协议既是仲裁机构行使仲裁管辖权的依据，也是仲裁机构承担义务的重要渊源之一。仲裁协议中规定的仲裁员资格、仲裁规则、仲裁准据法等仲裁机构（仲裁员）都必须遵守。同时仲裁机构（仲裁员）行使仲裁的权力时必须限制在仲裁协议所约定的仲裁事项范围内，超越仲裁协议范围的裁决无效，不仅对当事人无约束力，而且也得不到法院的承认和执行。

3. 仲裁协议对法院的约束力。

仲裁协议与其他实体合同的一个显著区别是，一般实体合同只能约束合同各方，不得为合同外的第三方约定义务，而仲裁协议则不同，仲裁协议不仅约束当事人双方和以仲裁协议作为重要权利来源的仲裁机构，而且对与仲裁协议并无直接联系的法院也有一定的约束力。仲裁协议的存在使得法院对仲裁协议规定范围内的争议事项丧失诉讼管辖权，除非仲裁协议被法院或仲裁机构判定无效。法律上将仲裁协议这种妨碍法院行使管辖权的功能称为妨诉权。除妨诉权外，仲裁协议还决定了法院在对仲裁裁决进行审查时应适用的实体法，是法院对仲裁裁决进行监督的重要依据。

二、仲裁条款的独立性问题

（一）仲裁条款独立性的含义

仲裁条款的独立性是指仲裁条款独立于包含该条款的实体合同之外，与实体合同处于并列平行的法律地位，当该实体合同的法律效力受到质疑时，仲裁条款的法律效力并不因此受到影响，仲裁条款不因实体合同的无效或失效而当然地失效或无效。

在现代国际经济贸易实践上，承认仲裁的独立性，已经成为国际仲裁的理论基石。① 目前，世界绝大多数国家和地区的仲裁制度中都对仲裁条款的独立性予以认可，联合国示范法也列入了此项条款。

（二）仲裁条款独立的理论依据

仲裁条款独立的理论依据有许多见解，比较符合实际情况的主要有如下几种：

1. 意思自治理论。仲裁制度的建立就是立足于意思自治理论基础上的，仲裁条款之所以能独立于实体合同，主要就在于尊重当事人的将与实体合同有关的争议提交仲裁的共同意志。正因为如此，当实体合同由于种种原因被判定无效，被中止、解除甚至自始无效时，并不能因此而否定当事人的以仲裁方式解决双方争议的意思表示。恰恰相反，这些导致合同终止或无效的因素本身正是仲裁条款所要解决的争议。即便实体合同是通过欺诈获得的，却并不表明仲裁条款也是通过欺诈所得。

2. 平行合同论。这一理论认为仲裁条款和作为其载体的实体合同是

---

① Gary B. Born, International Commercial Arbitration in the United states, Commentary & Materials, Kluwer Law and Taxation Publishers, 1994, p. 192

两个效力平行的合同，两者之间并无主从关系，只是因为两者主体完全相同，为方便起见当事人才将两者融合于一个载体之下。支持这一理论的明显依据是实体合同与仲裁条款所调整的完全是两个不同的对象；两者关于合同主体权利义务的指向是不同的，且违反两者的法律后果也是不同的。具体地说：（1）实体合同调整的是当事人之间直接的、实体法上的权利义务关系，而仲裁条款则是通过直接调整争议解决方式，从而达到间接调整实体法上的权利义务关系之目的。（2）实体合同为当事人规定的权利义务具有异向性特点，一方的权利即为它方之义务，反之，一方之义务即为它方之权利。而仲裁条款中为当事人规定的权利义务具有同向性（或称同一性），仲裁条款所规定的权利（如以仲裁方式解决双方争议的权利）为双方共同之权利，仲裁条款规定之义务（如不得就仲裁条款项下争议寻求诉讼救济之义务）即为双方共同之义务。双方的权利与义务是统一的。（3）违反实体合同的结果既可负赔偿责任，以违约金或赔偿金的支付代替实际履行，必要时也可以强制当事人实际履行，而违反仲裁条款的惟一后果只能是强制履行，不能以违约金代替实际履行。通过比较我们不难看出，由于实体合同和仲裁条款是两种完全不同，法律效力平行的合同，因此，实体合同是否有效、是否解除甚至是否成立与仲裁条款并无多大联系，决定仲裁条款的效力的方式只能是将仲裁条款作为一个独立的协议单独考察。关于这一理论，早有学者提出过，笔者将该理论称为“平行合同论”。

（三）关于仲裁条款的独立性存在的争议

前文我们说到过承认与适用仲裁条款独立原则已经成为国际商事仲裁一个不可逆转的发展趋势，尽管如此，在仲裁条款独立性原则的适用深度和广度上尚存分歧。笔者认为仲裁条款的独立性应当划分为如下几个层次：

1. 实体合同无效时，仲裁条款并不当然无效；

2. 实体合同终止、中止和解除时，仲裁条款并不当然随之终止、中止和解除；

3. 实体合同自始不成立时，仲裁条款并不当然不成立；

4. 实体合同因根本性违法无效时，仲裁条款仍然有效。

仲裁条款的独立性原则经历了一个复杂而循序渐进的过程，如 1942 年英国法院在处理 Heyman v. Darwins Ltd. 一案中确立了仲裁条款独立于实体合同的法律地位，但是作了一些限制，即必须是有效合同解除后引起的争议，且并未涉及自始无效或违法合同中的仲裁条款的独立性问题，否则仲裁条款将无独立性可言。1967 年，美国最高法院对 Prima Paint co. v. Flood &Conklin manufacturing co. 所作出的判决确立了一个新的原则：仲裁条款可独立于自始无效的欺诈合同。而 1993 年，英国上诉法院对 Harbor Assurance co. v. Kansa General International Insurance co. 判决则进一步确定了仲裁条款独立于因违反法律订立而自始无效的实体合同。①

目前，针对仲裁条款的独立性问题，各国将其适用于第一、二种情况即在实体合同无效、终止、中止和解除不影响仲裁条款之效力的问题上还算能达成共识，许多国家对实体合同自始不成立时，仲裁条款的效力不受影响也尚能包容，但对实体合同系违法签订从而被判定无效时，仲裁条款的相应效力争议很大，许多国家干脆对此不作回答。

笔者认为，实体合同因违法导致无效时，其中的仲裁条款的法律效力应视情况而定，一般情况下仍然应尊重当事人的意思自治，从而认定仲裁条款继续有效，但有两个例外：其一，刑事例外。仲裁条款的所依托的实体合同（前文曾比喻为生物学上所称之"宿主"）如果违反刑事法律（如非法订立文物买卖合同或毒品买卖合同等），即构成刑事犯罪嫌疑，则其相应的仲裁条款应认定无效。因为当事人通过仲裁方式解决本质上属于刑事犯罪范畴的意思自治不仅是不现实的，而且是违法的，因为对于涉嫌刑事犯罪问题，法院具有排他的刑事管辖权，不允许当事人协商仲裁。其二，不可仲裁性例外。如果实体合同仅仅是一般性违法或规避国家法律，从而导致实体合同无效，那么，应根据实体合同所调整的法律关系的性质决定仲裁条款的效力，如果实体合同所调整的法律关系属于可仲裁范围，则仲裁条款有效，应强制履行，反之，如果该法律关系属不可仲裁范畴，则仲裁条款无效，应予以解除。

第四节　中国内地与中国港澳台地区的仲裁协议制度

一、中国内地的仲裁协议制度

中国内地与港澳台地区四个法域的仲裁制度中，对仲裁协议规定得最为详尽的是《中华人民共和国仲裁法》。《中华人民共和国仲裁法》的第三章从第 16 条至第 20 条就仲裁协议的各个方面基本上都作了相应的规

① 参见赵秀文著：《论仲裁条款独立原则》，载《法学研究》第 19 卷第 4 期，第 68～78 页。

定。归纳起来，这些关于仲裁协议的规定有如下内容：

（一）仲裁协议的形式

《中华人民共和国仲裁法》规定了两种仲裁协议的形式：一是包含在实体合同中的仲裁条款；一是在纠纷发生前或发生后所订立的独立仲裁协议。两种仲裁协议的形式均要求以书面形式出现。司法实践中，人民法院也同样强调仲裁协议的书面形式，如1997年《涉外仲裁司法审查研讨会会议纪要》即明确要求，“仲裁协议要以书面作成”。仲裁法本身没有对书面形式进行解释，但《中华人民共和国合同法》第10条对书面形式作出了规定。依此规定，书面形式包括了合同书、信件、数据电文（如电报、电传、传真、电子数据交换和电子邮件等可以有形地表现其仲裁内容的形式）。这表明：（1）前两种仲裁协议不一定直接以合同书形式出现，当事人也可以采取互换函件、信件等形式；（2）《中华人民共和国仲裁法》虽然制定于1996年，没有及时反映电子时代的电子邮件等新型通讯方式，但是，1999年制定的《中华人民共和国合同法》却及时弥补了这一缺陷，明确承认电子数据交换和电子邮件可以作为书面形式。

（二）仲裁协议的内容和效力

《中华人民共和国仲裁法》对仲裁协议的内容只是高度概括地规定了三点最基本的要求：1. 请求仲裁的意思表示；2. 仲裁事项；3. 选定的仲裁委员会。从内容比较分析看，前两种没有什么特别之处，是仲裁法对一个合法的仲裁协议最起码的要求；第三点的规定确实堪称有特色。前文曾述及把仲裁机构的选定作为仲裁协议的必备内容在世界各国和地区的仲裁法中都是罕见的，而中国恰恰就是这些少数国家之一。但是，这并非优点，因为《纽约公约》对各成员国的仲裁协议并没有作上述要求，更重要的是，国际商事仲裁领域大量存在的临时仲裁，无法从《中华人民共和国仲裁法》中找到依据，从而为中国仲裁制度与国际仲裁制度的接轨造成了障碍。①

关于仲裁协议的效力，《中华人民共和国仲裁法》规定了导致仲裁协议无效的三种情形：（1）约定的仲裁事项超出了法律规定仲裁范围，即属于不可仲裁事项；（2）无民事行为能力或限制行为能力人订立的仲裁协议，即仲裁协议主体不合法；（3）一方采取胁迫手段，迫使对方订立仲裁协议的，即违反仲裁自愿的原则；（4）仲裁协议中必备的内容不齐

① 参见韩健著：《仲裁协议关于仲裁机构的约定——兼评我国仲裁法中有关条款的规定》，载《仲裁与法律通讯》，1997年第2期，第3~7页。

全或不明确，经当事人协商无法达成补充协议的。但《中华人民共和国仲裁法》只在缺乏两种仲裁协议内容的前提下，才允许补充：其一是没有约定仲裁事项或仲裁事项不明确的情况下；其二是在没有约定仲裁委员会或约定不明确的情况下。而对缺乏仲裁意思表示的仲裁协议则不允许补充。显然，缺乏仲裁意思表示的协议，根本不能称之为仲裁协议，也无法补充，只有重新签订完整的仲裁协议。

（三）仲裁协议效力的认定机构及仲裁协议效力异议的时间限制

《中华人民共和国仲裁法》和世界绝大多数国家和地区的法律一样，将认定仲裁协议效力的权力同时赋予仲裁机构和法院。规定当事人对仲裁协议效力有异议的，既可以请求仲裁委员会作出决定，也可以请求人民法院作出裁定。在中国内地，这样规定的意义不仅仅是认定机构的不同，而且带来程序上的根本不同。仲裁委员会的决定往往是即时生效的，不允许当事人上诉，而人民法院的裁定根据民事诉讼法是可以上诉的，因为《中华人民共和国仲裁法》并没有特别说明对人民法院就仲裁协议效力的裁决不允许上诉或声明不服。另外，当事人无论是请求仲裁委员会还是请求人民法院认定仲裁协议的法律效力，均应当在首次开庭前提出，否则不予考虑，即便在后来的仲裁裁决的申请撤销阶段和裁决的承认与执行阶段，都不再考虑仲裁协议的效力。

（四）仲裁协议的独立性原则

根据《中华人民共和国仲裁法》之规定，仲裁协议独立存在，合同的变更、解除、终止或者无效，不影响仲裁协议的效力。① 《中华人民共和国仲裁法》的精神具有如下特点：1. 将仲裁条款独立性扩大到仲裁协议的独立性。即涵盖了仲裁协议的两种形式（仲裁条款和独立仲裁协议）。2. 关于仲裁条款独立性的深度问题，只涉及两个层次：（1）合同无效，不影响仲裁协议的效力；（2）合同的变更、解除和终止，不影响仲裁协议的效力。而对于实体合同自始无效，或实体合同属根本性违法而无效时，仲裁协议的效力如何则未作回答。这种情况导致了司法实践的混乱。1988 年 10 月，上海市高级人民法院在审理中国技术进出口总公司诉瑞士工业资源公司侵权损害赔偿纠纷上诉案时认定："上诉人利用合同形式，进行欺诈，已超出履行合同的范围，不仅破坏了合同，而且构成了侵权。双方当事人的纠纷，已非合同权利和义务的争论，而是侵权损害赔偿纠纷。被上诉人有权向法院提起侵权上诉，而不受双方所订立的仲裁条款

① 参见《中华人民共和国仲裁法》第 19 条。

的约束。”该判决出笼后，曾引起理论和实践部门很大争议，但它仍然被收录在《中华人民共和国最高人民法院公报》（1989 年第 1 号）之中。1990 年，广东省高级人民法院在判决一家中国内地企业与一家香港公司合资纠纷案时，认定：不应当以实体合同尚未生效为由，否定合同中仲裁条款的效力，从而支持了在实体合同未生效情况下，仲裁条款仍然有效的仲裁条款独立原则。但这两个案例均出现在《中华人民共和国仲裁法》生效之前，其影响是否延伸于仲裁法生效之后，尚待观察。

二、香港的仲裁协议制度

（一）香港仲裁协议的形式和内容

香港仲裁协议的形式多种多样，不仅包括仲裁协议和仲裁条款，还包括几乎一切能证明仲裁意思表示的形式。笔者下这样的判断是建立在对《香港仲裁条例》第 2AC 条的理解的基础上的。该条要求仲裁协议必须采用书面形式，否则，便不被看做是仲裁协议。但该条第 2 款对所谓的书面形式作了广义的解释，包括如下方面：1. 该协议是载于任何文件之内的，不论该文件是否由协议各方签署；2. 该协议是以互换书面通讯的形式作出的；3. 虽然该协议本身不是以书面作出的，但备有该协议的书面证据；4. 该协议的各方以非书面的方式但藉参照书面形式的条款而作出协议；5. 该协议虽然不是以书面的方式作出，但是由该协议的其中一方或由第三者（在协议每一方的授权下）记录下来的；6. 在仲裁程序或法律程序中，有书面陈词的互换，由其中一方向另外一方指称非以书面形式作出的协议，而该指称并未由回应该指称的其他一方否认。另外，该条第 3 款从另一方面扩大了仲裁协议的范围，它规定，任何协议如提述书面形式的仲裁条款或者载有仲裁条款的文件并且如果该提述是使该仲裁条款成为协议的一部分，则该提述构成仲裁协议。除此以外，《香港仲裁条例》还特别规定仲裁协议所要求的书面形式包括“藉以将资料记录的任何形式”。

笔者认为，尽管《香港仲裁条例》要求仲裁协议采取书面形式，但从繁琐的立法文字的表述的字里行间，我们不难看出，在这一问题上，立法者的本意不过是要求无论何种形式的仲裁协议，必须要明确无疑。只要能确切地证明仲裁的真实意愿，任何基本上常见的各种非书面形式都可被认定为书面形式。《香港仲裁条例》关于仲裁协议形式的精神本来渊源于联合国示范法第 7 条第 2 款，但立法过程中又远远超越了示范法，因而，《香港仲裁条例》对仲裁协议的书面要求远较示范法宽松。《香港仲裁条例》尽管将联合国示范法作为附表 5 适用于国际仲裁部分，但是偏偏在仲裁协议的形式上以《香港仲裁条例》的第2AC条取代示范法的第7条第2款，并且同时适用于港内仲裁和国际仲裁。

《香港仲裁条例》对仲裁协议的内容，并没有作特别的要求。实际上，在香港，最重要的是仲裁的意思表示必须真实，其他的缺陷都允许当事人事后协商解决，协商不成时，也可以通过法院裁判解决。1993年，香港高等法院曾经审理了一个著名的有关仲裁协议效力的案件，这就是Lucky – Goldstar International (HK) limited v. Ng Moo Kee Engineering Limited案，在该案中，双方当事人选择“国际商事仲裁协会”的仲裁程序规则仲裁，而这所谓的“国际商事仲裁协会”及其所谓的“程序规则”是根本不存在的。原告律师当时据此提出仲裁协议无效的意见，但是最后被法官否定。法官认为，当事人之间约定的通过仲裁解决合同项下争议的意图十分明确。此项约定并不因为选择了一个并不存在的机构及其规则而无效。

（二）香港仲裁协议的效力

香港仲裁协议的效力，其实与其他国家和地区的仲裁协议一样，不外乎针对当事人、仲裁机构（仲裁员）和法院。但从内容看，《香港仲裁条例》特别强调仲裁协议的如下几方面效力：1. 根据仲裁协议委任的仲裁员及公断人的权限不得撤销，除非该仲裁协议中表达了相反意图或者获得法院或大法官的许可。2. 仲裁协议一方死亡和破产，并不影响仲裁协议的效力。仲裁条例对这些情况下仲裁协议权利与义务的继承者作了明确规定。仲裁协议一方死亡时，该协议可由死者的遗产代理人强制执行，或可针对该遗产代理人强制执行；如仲裁协议一方为破产人，则由破产案受托人强制执行，或可针对该破产案的受托人强制执行；如破产人于破产展开前已经成为仲裁协议一方，且仲裁协议所适用的任何事项须就破产程序或为该程序的目的而予以决定，则仲裁协议的任何一方，或取得审查委员会同意的破产案受托人，可向法院申请命令，指示将有关事项提交仲裁，法院在顾及该案件的所有情况后如认为该事项应由仲裁决定，可据此作出命令。3. 仲裁协议对法院的约束力。《香港仲裁条例》将联合国示范法第8条引进港内仲裁，同时适用于国际仲裁。根据该条精神，任何一方如置仲裁协议于不顾，向法院起诉，另一方只要在进行实质性答辩前要求将该案提交仲裁，法院即应让当事各方付诸仲裁，除非法院发现该仲裁协议无效、不能实行或不能履行。在涉及劳资审裁处司法管辖权问题上也同样如此。一方不顾仲裁协议而展开法律程序后，任何一方，在提交应诉状之后和在递交状书或在该法律程序中采取任何其他法律行动前的任何时候，向法院申请将法律程序搁置，则该法院或其中一名法官查明以下事宜，可作出命令将法律程序搁置：（1）并无充分理由显示该事项不应按照仲裁协议提交仲裁；（2）申请人在法律程序展开时已准备和愿意作出一切能使仲裁恰当进行的必要事情，并一直如此准备作出该等必要事情。

（三）香港仲裁条款独立性原则

联合国示范法第16条被《香港仲裁条例》第13A条引进港内仲裁，同时因为示范法适用于国际仲裁，因而该条适用于香港的一切仲裁。第16条第1款中确定了仲裁条款独立性原则。该款实际上只有半款涉及仲裁条款独立性问题。因为第1款是这样表述的："仲裁庭可以对它自己的管辖权包括对仲裁协议的存在或效力的任何异议作出裁定。为此目的，构成合同的一部分的仲裁条款应视为独立于其他合同条款以外的一项协议。仲裁庭作出的关于合同无效的决定，不应在法律上导致仲裁条款的无效。"从前述表述方式可知，该款主要是规定仲裁庭的管辖权自裁原则，而仲裁条款的独立性问题只是作为与仲裁庭管辖权有关的一个部分，才被列入作出半款规定。从其表述内容可知，《香港仲裁条例》对仲裁条款独立性原则的规定仅仅停留在浅层次基础上，因为只有仲裁庭作出的关于实体合同无效的决定才会不影响仲裁条款的效力，而实体合同被认定自始不成立或实体合同根本性违法或者实体合同被终止、解除的情况下，仲裁条款的效力是否受到影响？对此，《香港仲裁条例》并未作出回答，只得让当事人或者学者从浩如烟海的司法判例中去分析，而这些实际上本来只要在现有制度上添加几个字即可解决。

三、澳门的仲裁协议制度

澳门仲裁协议制度分别规定在《澳门本地仲裁法》和《澳门涉外商事仲裁法》之中。但对本地仲裁的规定要比对涉外商事仲裁的规定详细得多。

（一）澳门仲裁协议的形式

澳门仲裁协议也有两种形式：独立仲裁协议和仲裁条款。按照《澳门本地仲裁法》的规定，仲裁协议以现存之争议包括正在受司法法院审理之争议为适用对象。而仲裁条款以某一特定法律关系可能产生之争议为适用对象，而不论这种法律关系是否合同关系。但在《澳门涉外商事仲裁法》中，则只是简单地以定义的形式对仲裁协议作了两种划分，而没有特别规定两种形式的适用范围。

在仲裁协议的物质载体上，澳门两个仲裁法均要求仲裁协议采取书面形式，且两个仲裁法对所谓的“书面形式”作了广义解释。《澳门涉外商事仲裁法》参照联合国示范法，因而，其对书面形式的解释完全是照抄示范法第7条第2款，不过采用了澳门特色的表述方式：“仲裁协议应以书面作出。当协议载于当事人所签署之文件或能证明仲裁协议存在之往来书信、专线电报、电报或其他电讯方式之文件内，均视为具有书面形式；在往来之请求书及答辩书内，一方当事人声称存在仲裁协议而他方当事人未对此提出争辩时，亦视为具有书面形式之协议。在合同内提出参照载有仲裁条款之一份文件亦构成仲裁协议，只要该合同具有书面形式，而此种参照系足以使该仲裁条款成为该合同之组成部分。”《澳门本地仲裁法》对仲裁协议的书面形式的解释也是参照示范法第7条第2款所订，但特别规定，当事人在仲裁协议内提及某专门仲裁机构之规章时，该规章视为仲裁协议本身之组成部分。

（二）澳门仲裁立法对有效仲裁协议的基本要求

1. 主体合格。

根据澳门相关立法之规定，具有民事行为能力的人均有权签订仲裁协议，在特别法允许或在仅涉及民商事争议时，澳门地区和其他地区的公法人也有签订仲裁协议的资格。

2. 合法的形式。

如前所述，仲裁协议必须以书面形式作出，否则无效。

3. 仲裁意愿的真实性。

这是仲裁协议最基本的要求。

4. 具备法律要求的基本内容。

《澳门本地仲裁法》规定仲裁协议必须具备如下几项内容：

（1）明确争议标的；

（2）指定仲裁员或最低限度规定指定仲裁员的方式；

（3）明确仲裁争议所涉及的法律关系。

澳门仲裁协议如不具备以上内容，则会被认定为无效协议。必须注意的是，《中华人民共和国仲裁法》对仲裁协议要求指明的对象与《澳门本地仲裁法》有所不同。前者为仲裁委员会，后者为仲裁员。澳门要求当事人以通过仲裁协议直接指定仲裁员的方式来组成仲裁庭，属于临时仲裁的模式。这种模式相对于内地规定的指定仲裁机构，再由仲裁机构提供仲裁员予以选择的常设仲裁模式更能体现当事人的意志，但也可能因为对仲裁员不熟悉而影响仲裁协议的效力。因此在仲裁起步阶段，为防止人们对仲裁员不熟悉而造成仲裁选择度过低，澳门规定当事人在仲裁协议中约定仲裁员的产生方式的，仲裁协议亦为有效。

（三）仲裁协议的废除或失效

仲裁系当事人的意思自治行为，既可因当事人的意愿而发生，同样也可以因当事人的意愿而废除和终止。澳门的仲裁立法要求当事人如想终止仲裁协议，必须在仲裁裁决之日前签署终止仲裁的文件。即便如此，如果仲裁庭已经成立，当事人不仅要将终止仲裁协议的文件及时送达仲裁庭，而且，仍须向仲裁庭支付原约定的服务费。

澳门相关立法规定仲裁协议在出现下列特殊情形时失效：

1. 仲裁员死亡、自行回避或长期不能担任职务，或仲裁员之指定无效，且未能依法替换新的仲裁员时；

2. 在采用合议制仲裁庭的情况下，仲裁员所作出之决议未能获得根据仲裁协议或仲裁法应具备的多数；

3. 仲裁裁决未能在仲裁协议或随后协议所订之期间或仲裁法规定的期间内（6个月）作出。

仲裁协议失效的第1种情形完全是因应法律对仲裁协议内容要求的规定，由于法律要求仲裁协议必须选定仲裁员或者规定仲裁员产生的方式，因而当这一选定的仲裁员或者依仲裁协议规定方式产生的仲裁员发生上述第1种情形时，仲裁协议已经失去了继续履行的基础，因而认定无效。然而，在内地的仲裁制度下，由于采取机构仲裁制度，因而，仲裁员发生的上述情形只是导致仲裁机构按照仲裁法规定重新选定或者指定仲裁员，并不导致仲裁协议的无效。另外，在澳门的仲裁制度下，虽然仲裁员的死亡会影响仲裁协议的效力和仲裁协议的进行，但仲裁协议任何一方当事人死亡，或法人消灭，仲裁协议的效力和仲裁程序反而不受影响。

（四）仲裁条款独立原则

关于仲裁条款独立性原则，《澳门本地仲裁法》规定，主合同之无效不必然导致其中的仲裁协议（实际是仲裁条款）无效，除非缺少该协议（仲裁条款）会导致主合同不成立者。① 显然，就仲裁条款独立性而言，这一精神并不先进，因为它只就仲裁条款独立性原则中的一个方面作出规定，即实体合同无效，仲裁条款并不必然无效。而且，《澳门本地仲裁法》将作为仲裁条款载体的合同称为“主合同”，这种称呼显然值得商榷。仲裁条款独立性原则，表明了现代国际仲裁领域已经就这样的观点达成共识：仲裁条款与作为其载体的合同是两个不同种类的合同，效力平

① 《澳门本地仲裁法》第4条第3款。

行，无任何隶属关系。既然如此，仲裁条款的载体与仲裁条款之间并非主从关系，当然不应该称之为“主合同”。另外，《澳门本地仲裁法》为仲裁条款独立性原则规定了例外，这在国际仲裁领域也比较少见，在我国四个法域中则是独一无二的，且该例外的适用范围也交代得不明确，实践中执行起来也会比较麻烦，如何界定仲裁条款构成所谓“主合同”的必要条件，则是无章可循的。

（五）澳门仲裁协议的效力

《澳门涉外商事仲裁法》规定，一方当事人不顾仲裁协议的存在，就仲裁协议项下争议提交法院处理时，另一方在最初进行实体性答辩前，要求法院将有关争议提交仲裁，法官一般会支持，除非法院认定该仲裁协议无效、不能实行或不能适用。

四、台湾的仲裁协议制度

应该说，台湾“仲裁法”对仲裁协议还是十分重视的，因为台湾“仲裁法”开宗明义就规定仲裁协议的有关问题。不仅如此，新修订的“仲裁法”中特别地将原“商务仲裁条例”的“仲裁契约”正式改为“仲裁协议”，台湾有关方面提交的修订稿中本来也保留了“仲裁契约”这一名称，但送交通过时被改为“仲裁协议”，为此，审查会还很认真地作了如下说明：“第一章章名修正为‘仲裁协议’。此因‘契约’系指双方当事人对立的意思表示一致的情况，而若双方当事人需仲裁时，这是一种共同行为，所以应使用‘仲裁协议’之章名。如用‘仲裁契约’之名，容易与第三条所规定的契约相混淆。故采各国立法通例，将‘仲裁契约’修改为‘仲裁协议’。”可见，台湾新的“仲裁法”从仲裁协议与普通契约性质的根本区别出发，对仲裁协议的名称作了审慎的改变。这一改变，反映了仲裁协议的本质和国际商事仲裁的发展趋势，无疑是正确的。台湾仲裁协议制度的内容大致如下：

（一）台湾仲裁协议的种类和形式

台湾仲裁协议也分为独立仲裁协议和仲裁条款两种类型。从形式上来说，台湾“仲裁法”要求仲裁协议必须采用书面形式，但同时又规定当事人间之文书、证券、信函电传、电报或其他类似方式之通信，足认有仲裁合意者，视为仲裁协议成立。台湾有关机构曾建议在仲裁协议采用上述形式之情况下，“推定”仲裁协议成立。但被有关机构修订为“视为”成立，原因是“推定”是可以举反证加以推翻，而“视为”是立法上的拟制，不可以举反证加以推翻。

（二）台湾仲裁协议不生效之情况

关于仲裁协议无效的情况，台湾“仲裁法”只规定了一种情况：“约定应付仲裁之协议，非关于一定之法律关系，又由该法律关系所生之争议而为者，不生效力。”实际上其根本的含义在于仲裁协议中必须有明确的付与仲裁的法律关系和仲裁事项。这实际上也是台湾“仲裁法”对仲裁协议内容的起码要求。

（三）仲裁协议的法律效力

根据台湾“仲裁法”第4条的精神，仲裁协议具有相当大的妨诉抗辩效力。如果仲裁协议一方不顾仲裁协议的存在，径直起诉到法院，他方得以仲裁协议为依据，要求停止诉讼，提起仲裁。但如果被告方已经就原告之诉讼请求进行了答辩，则被告即丧失以仲裁协议为依据，行使妨诉抗辩的权利。

针对被告人的妨诉抗辩，原“商事仲裁条例”规定法院可以采取驳回原告起诉的措施来确保仲裁协议的法律效力。但新的“仲裁法”没有采取直接的驳回起诉的方式，而是插入了一个停止诉讼的程序，这一点与香港法院的做法相同。根据新“仲裁法”，台湾法院应被告方的请求，先行裁定停止诉讼程序，并命令原告在一定期限内将争议交付仲裁，如果在该期限内，原告仍然没有申请仲裁，则法院裁定驳回原告起诉，如果原告提请仲裁，则于仲裁庭作出仲裁裁决后，视为原告已在法院撤回起诉。

台湾“仲裁法”之所以插入一个停止诉讼的中间环节，完全是为了保护原告的利益。因为根据台湾“民法”第131条之规定，诉讼因不合法而被驳回确定者，原告的诉讼时效并不中断，如果争议事项的时效短，则被法院驳回诉讼后，原告很可能来不及再行申请仲裁，因为此时，可能时效已过，原告已经丧失了胜诉权，即便提交仲裁也已经没有实际意义了。笔者认为，这种规定虽然保护了原告方的利益，但对被告却极不公平，不利于保护仲裁协议的权威和法律效力。因为在仲裁协议存在的情况下，原告本不该将仲裁协议项下的争议起诉到法院，原告不顾仲裁协议，向法院起诉时就应该合理预见到不履行仲裁协议的风险，违反仲裁协议的过错在原告一方，原告就应该承担因此而产生的过错责任。如果被法院驳回起诉，并耽误了时效，从而面临失去胜诉机会的风险，当然是预料之中的事情。插入停止诉讼的措施，会鼓励仲裁协议的当事人不顾仲裁协议进行滥诉，因为如果成功当然是意想不到的收获，如果不成功，再行仲裁还来得及。这显然会拖累被告，使得本来遵守仲裁协议的一方被动地疲于奔命。台湾地区的有关方面虽以美国联邦仲裁法、英国仲裁法和日本1989年仲裁法草案为借鉴，但笔者认为，西方的月亮并不见得比东方的圆。

第六章　仲裁管辖权

仲裁管辖权与诉讼管辖权类似，须从两个不同的角度予以考虑：其一是与其他争议解决方式相区别，即解决整个仲裁制度的管辖（生存）空间，仲裁学上称之为“可仲裁性”；其二是就具体个案而言仲裁机构是否拥有管辖权，解决具体仲裁机关处理具体争议的管辖权合法性问题。在探讨这些问题时，当然不能忘记仲裁制度的伙伴和对手——法院——对仲裁的介入问题。

第一节　民商事争议的可仲裁性问题

一、民商事争议可仲裁性的概念及法律意义

所谓民商事争议的可仲裁性问题又被称为仲裁范围或仲裁对象，是指当事人之间所发生的民商事争议，就其性质而言，能否通过仲裁方式加以解决的问题。民商事争议的可仲裁性问题本身就是一个经常引发争议的问题。这个问题在国外仲裁学界曾有过激烈的争论，但是，在我国似乎并不太被重视。笔者在撰写本书时查阅了国内许多仲裁专著，居然没有发现单独以专章或专节的篇幅讨论可仲裁性问题的著作，也可能因为笔者手头资料有限，但即便有也肯定不多见。

民商事争议的可仲裁性问题的法律意义在于：

（一）民商事争议的可仲裁性问题，决定了仲裁协议的效力，从而也决定了仲裁的管辖权

我们知道，仲裁庭对具体仲裁事项的管辖权，来自当事人在仲裁协议中的授权。而判定仲裁协议有效性的一个首要审查内容（第五章我们曾经讨论过）就是仲裁协议所约定的仲裁事项必须具有可仲裁性。如果双方当事人所约定的事项在有关法律中属于不可仲裁的事项，则法院将依一方当事人之申请而判定该仲裁协议无效，继而判令终止仲裁程序。在此意义上讲，判断争议事项可仲裁性的准据法通常是仲裁机构所在地国家的法

律或者仲裁协议的准据法。相对而言，仲裁地国家的法律更为重要，因为仲裁机构在其仲裁规则中确定的本机构受案范围时，首先考虑的当然是仲裁机构所在地本国的法律。若一方当事人依据仲裁协议提交仲裁的事项为当地法律所禁止，其结果必然是要么仲裁机构拒绝接受该仲裁案件，要么他方当事人向仲裁机构就该机构的管辖权提出异议，还可以直接向当地法院申请裁定仲裁机构终止仲裁程序，而当地法院依本地法律如认定该仲裁争议确实不属于可仲裁范围，一般都很乐意裁定终止仲裁机构的仲裁程序。所以，民商事争议的可仲裁性直接决定了仲裁机构的管辖权。

（二）民商事争议的可仲裁性决定了仲裁裁决能否得到有关国家法院的承认与执行

换言之，如果争议事项不具有可仲裁性，则仲裁机构所作出的仲裁裁决，将得不到有关国家法院的承认与执行，因而该仲裁裁决因不具备法律效力也就失去了意义。1958 年《纽约公约》第 1 条第 3 款规定，缔约国可以声明“本国只对根据本国法属于商事的法律关系——不论其为契约关系与否——所引起的争执适用本公约”,① 因而，凡是依据此条款作保留声明的缔约方就不会执行其他缔约方仲裁机构所作出的非商事性质的仲裁裁决。《纽约公约》第 5 条第 2 款又规定，如果被请求承认与执行仲裁裁决的国家有关当局认为，按照该国的法律，裁决中的争议事项不适合以仲裁方式处理，可拒绝承认和执行该项仲裁裁决。② 正因为如此，世界各国的仲裁机构在受理仲裁案件时，都比较注意争议事项的可仲裁性，以免遇到本仲裁机构的仲裁裁决得不到外国法院承认与执行的尴尬。

二、国际民商事争议可仲裁性的理论和实践

（一）国际民商事争议的可仲裁性的法律渊源

界定民商事争议的规范性文件，我们称之为可仲裁性的法律渊源。国际民商事可仲裁性的法律渊源一般有如下几种：

1. 民事诉讼法典。

大陆法系的习惯做法是在民事诉讼法典中界定可仲裁性的事项。德国、法国、意大利、奥地利、日本以及南美的阿根廷均采用该种做法。

---

① 参见高菲著：《中国海事仲裁的理论与实践》，中国人民大学出版社 1998 年版，第 496 页。

② 参见高菲著：《中国海事仲裁的理论与实践》，中国人民大学出版社 1998 年版，第 497 页。

2. 仲裁法。

英美法系国家习惯于在专门的仲裁法中规定仲裁的范围即可仲裁性事项。英国、美国、澳大利亚以及南美洲的巴西，即采用此种方式。

3. 民事或商事法典。

采用民事或商事法典界定仲裁范围的国家不多，一般见于少数拉美国家。如秘鲁即在民事法典中规定可交付仲裁的民商事项的范围。而墨西哥却在商事法典中规定民商事项的可仲裁性范围。欧洲的比利时也是在民法典中规定争议的可仲裁性问题。①

4. 仲裁规则。

可以说每一个常设仲裁机构所制定的仲裁规则中基本上都有对仲裁范围的规定，但普通的国内常设仲裁机构的仲裁规则对仲裁范围的规定常常是国内仲裁法有关规定的翻版，不能构成仲裁范围的法源。国际上一些著名的仲裁机构以及一些建立在国际公约基础上的国际仲裁机构，则可能独立地在仲裁规则中确定自己的仲裁范围（即受案范围）。这样的国际仲裁机构很多，如斯德哥尔摩商会仲裁院、伦敦国际仲裁院和解决投资争端国际中心等，它们的仲裁规则才构成可仲裁性事项的法律渊源。

（二）民商事可仲裁性事项的界定方式

对仲裁的可仲裁性事项问题，各国都有或多或少的关注，各国在制定有关法规时都有所考虑。但由于各国仲裁的发展水平并不相同，其允许交付仲裁解决的民商事争议范围的大小也当然有所差异，表现在其对仲裁的可仲裁性事项的界定方式上就有许多微妙的差别，归纳起来，具有代表性的界定方式主要有以下几种形式：

1. 概括式。

这种方式多为一些仲裁较发达的国家和地区采用。其方式是仲裁制度就可提交或不允许提交仲裁的民商事争议事项不作具体的列举，只对可提交仲裁的事项范围作抽象性的原则规定。概括式的规定具有一定的弹性，采用概括方式界定的对象，其范围都比较广泛；采用这种界定方式的国家一般都对仲裁事业寄予厚望。概括式的界定又分为两种方式，一种是肯定概括式，另一种是否定概括式。肯定概括式是在有关仲裁法规中抽象地规定允许提交仲裁解决的民商事争议事项的范围；否定概括式则相反，它是在仲裁法规中抽象地规定不允许采用仲裁方式解决的民商事争议的范围。

---

① 参见丁建忠编著：《外国仲裁法与实践》，中国对外经济贸易出版社 1992 年版，第 16 页。

《韩国仲裁法》和《泰国仲裁法》采用的是肯定概括式界定方式，而阿根廷《国家民商事诉讼法典》则采用了否定概括式的界定方式。①

2. 列举式。

这种界定方式多为仲裁制度尚不够发达的国家和地区所采用。其做法是仲裁规范详细地列举允许或者不允许提交仲裁解决的民商事争议的范围。列举式界定方式的优点是，它所界定的仲裁范围比较清楚，不仅仲裁专业人士，而且普通商人、公民对照法规条文一般也能明白哪些民商事争议允许或者不允许他们协商提交仲裁。但它也有一个致命缺点，由于采用列举式，仲裁庭和法官都无法根据仲裁形势发展变化的需要，对可仲裁性事项作灵活解释，在仲裁立法渊源落后于仲裁制度发展现实时，就只能通过修改有关仲裁法规来适应新的变化。采用列举式的界定方式实际上反映了立法者对仲裁制度地位的一种举棋不定的保守心态。列举式的界定方式同样也分为肯定列举式和否定列举式两种方式。前者是在仲裁规范中列举允许当事人提交仲裁解决的各种不同类型的民商事争议；后者是列举不允许提交仲裁解决的各类民商事争议的具体范围。就二者比较而言，肯定列举式所确定的仲裁范围相对较窄，而否定列举式所界定的仲裁范围相对较宽。采用肯定列举式界定仲裁范围的典型国家是哥伦比亚，该国 1986 年的《国际商事仲裁法案》列举了 16 种可提交仲裁解决的民商事争议。②采用否定列举式界定仲裁范围的立法并不很多或者说不明显，只有少数国家如秘鲁采用这种方式。③

3. 结合式。

结合式是仲裁规范就可仲裁性事项既作概括性界定，同时也作列举式的表达。一方面，它反映了逐渐拓宽仲裁范围的立法心态；另一方面又极力避免概括式所固有的“模糊”缺陷，有利于当事人和仲裁制度的执法者——仲裁员和法官——根据实际情况掌握实施。在各国的立法实践中，采用结合方式界定仲裁范围的情况很多，其具体方法一般是先使用肯定概括式确定可以提交仲裁解决的事项（即可仲裁性事项），然后，又列举数

① 转引自程德钧、王生长 主编：《涉外仲裁与法律》（第二辑），中国统计出版社 1994 年版，第 183 页。

② 转引自程德钧、王生长 主编：《涉外仲裁与法律》（第二辑），中国统计出版社 1994 年版，第 334 页。

③ 参见 1984 年的《秘鲁民法》第 1913 条，其列举了三种不允许仲裁的事项，可归人此类。

种争议事项不得提交仲裁解决（即不可仲裁事项）。瑞典、葡萄牙、希腊、苏格兰、巴西等国家和地区采用的就是这种界定方式。例如，巴西仲裁法规定，凡当事人可以自由处分的权利就可以仲裁，但家庭和有关身份的争议不能仲裁解决。① 也有少数个别国家采用既作肯定概括又作否定概括，同时还作肯定性列举的界定方式。如《荷兰民事诉讼法典》即采取这种特殊立法方式。应该说，结合式的界定仲裁范围的方式在目前来说是一种相对比较成熟的立法形式。

（三）国际民商事争议可仲裁性的发展趋势

民商事争议的可仲裁性是一个外延十分广泛的法律概念，当然也并不是包罗万象的。自现代国际商事仲裁产生数百年来，民商事争议可仲裁性的概念便经历了一个不断变化、扩大的过程。时至今日，我们仍然不能断定"可仲裁性"概念的外延的确切范围，因为它是一个动态概念。但是我们也不能因为它的动态而迷失研究的方向，因为它的发展和整个仲裁制度的发展息息相关，虽然它处于动态发展的状态，但它也是有规律的。综合研究国际商事仲裁发展的历史及比较研究各国仲裁立法的规律，我们发现各国仲裁制度中"可仲裁性"概念有一种趋同化的趋势，表现在对仲裁范围的界定的共同点越来越多。关于可仲裁争议事项的范围，目前世界各国和各地区的普遍要求主要有两个：1. 要求可以和解；2. 当事人可自由拥有并处理其私法权利的民商事争议。就不能提交仲裁解决（即不可仲裁性）的争议形成的共识是：1. 属国家机构专管的争议，如触及刑法或公共秩序的争议等；2. 家庭纠纷诸如离婚、分居、赡养、继承、住宅、衣物；3. 馈赠等纠纷。联合国示范法反映的是国际商事仲裁领域对仲裁的有关问题达成的起码共识，但示范法对仲裁的范围这一敏感问题规定得却不够明确具体。根据示范法第 7 条第 1 款关于仲裁协议的定义，当事人可以就"契约性或非契约性"的法律关系通过仲裁协议提交仲裁。合并"契约性"和"非契约性"两个概念的外延，不难看出，它们外延的综合即包括全部的法律关系。当然由于示范法的一个适用前提是国际"商事"领域，所谓全部的法律关系也仅限于商事领域。示范法本身对所谓的"商事"要求作广义解释，认为其包括不论是契约性或非契约性的一切商事性质的关系所引起的种种事情。商事性质的关系包括但不限于下列交易：供应或交换货物或服务的任何贸易交易；销售协议；商事代表或代

① 参见《巴西制定新仲裁法》（陈敏供稿），载《仲裁与法律通讯》1997 年第 4 期，第 1 页。

理；代理；租赁，建造工厂；咨询；工程；许可证；投资；银行；保险；开发协议或特许；合营或其他形式工业或商业合作；货物或旅客的天空、海上、铁路或公路的载运。1958 年《纽约公约》第 1 条第 3 款允许缔约国在签署该公约时作两种保留即互惠保留和商事保留。其中商事保留即意味着允许缔约国将可仲裁性争议事项限制于商事范围之内。

国际仲裁事业的迅速发展，使得各国对可仲裁性争议事项的理解，不仅超越了各个国家的传统观点，甚至也超过了 1958 年《纽约公约》所昭示的可仲裁性的"商事"范围。自 20 世纪 80 年代以来，国际商事仲裁的受案范围越来越广泛。在这种情况下，如果各国法院仍然固守于过去对于商事争议可仲裁性的陈旧观点，必然会导致大量仲裁裁决因不具备可仲裁性，从而遭到法院的拒绝承认和执行的局面。为此，各国法院采取了一些积极的适应措施，灵活地看待商事概念，灵活处理有关仲裁裁决。其中一个办法是将国内仲裁和国际仲裁区别对待。对于因国际商业活动所产生的争议，只要双方当事人之间存在有效的仲裁协议，就决不轻易地援用"争议事项不具备可仲裁性"这一保留条款来拒绝承认和执行仲裁裁决。但是实现这一转化经历了循序渐进的过程。1974 年，美国最高法院在 Scherk v. Alberto-Culver Co① 案中否定了自己过去一贯坚持的"证券争议不可仲裁"的观点，1987 年美国最高法院又在 Shearson/American Express, Inc. V. Eugene McMahon ②一案中再次坚持了证券争议的可仲裁性原则。1985 年，美国最高法院在判决 Mitsubishi Motors Corp. v. Soler Chrysler -Plymouth, Inc③ 一案中确认反托拉斯案件可以通过仲裁解决即具有可仲裁性。1987 年，美国联邦第二巡回上诉法院在 J. P. Kakiuckhi / Kakiuchi v. AMERICANGenesco, Inc④案中判决认为，不当得利、不正当竞争、欺诈等行为均属于可仲裁事项。另外，英国高等法院在"Lonrho, Inc V. Shell Oil, INc."案中、印度最高法院在"Renusagar v. GELEC & ICC"案中、意大利最高法院在"Scherck Compang Limited v. Soc. Del Grandes Mar-

---

① 417 U. S. 506 (1974), reported in Yearbook Commercial Arbitration I (1976) pp. 203-204.

② 107 Supreme Court Report (1987) 2332, reported in Yearbook Commercial Arbitration XIII (1988) pp. 165-176.

③ 473 U. S. 614 (1985), reported in Yearbook Commercial Arbitration XIII (1988) pp. 555-556.

④ 815 Federal Reported 2d series 840 2d Cir. (1987) Reported in Yearbook Commercial Arbitration XIII (1988) pp. 567-588.

ques”案中分别判决侵权行为、商标许可协议等争议均可通过仲裁解决。上述案例表明，国际仲裁实践的迅速发展，使得各国法院为了适应新时代的仲裁需要，已经来不及等待国际仲裁公约的修订，而通过本国法院的判例解释来发展“商事”概念的外延，从而扩大可提交仲裁解决的争议范围。

三、中国内地与中国港澳台地区仲裁制度关于民商事争议可仲裁性（仲裁范围）的规定

（一）中国内地仲裁制度下的可仲裁性问题

《中华人民共和国仲裁法》摒弃了纯粹的概括式和列举式，采用结合式的方法对可仲裁性事项进行了界定。《中华人民共和国仲裁法》以肯定概括式的界定方式规定平等主体的公民、法人和其他组织之间发生的合同纠纷和其他财产权益纠纷，均可以仲裁。① 同时，又以否定列举式规定不能提交仲裁的事项，包括：1. 婚姻、收养、监护、扶养、继承纠纷；2. 依法应由行政机关处理的行政争议。② 从《中华人民共和国仲裁法》的精神看，我国内地的仲裁范围与《纽约公约》与联合国示范法的规定还是存在一定的差别。表现在肯定概括式规定的表述上，示范法采用的是“契约性”和“非契约性”两个外延互补的概念，而《中华人民共和国仲裁法》采用的是“合同纠纷③”和“其他财产权益纠纷④”两个看似互补，其实交叉的概念。就“契约性”和“合同纠纷”相比较，只是中西文表达方式的区别，其内涵一样；但是，“非契约性”和“其他财产权益纠纷”两个概念的外延的差异是明显的，“非契约性”的外延远远大于“其他财产权益纠纷”的外延。因为非契约性，既包括非契约性财产权益纠纷，也包括非契约性非财产权益纠纷，如不正当竞争、名誉侵权等。对非契约性商事争议扩大化的解释中还包括前文提到的欺诈、知识产权中的署名权和修改权等，而这些无论如何不会包含在“其他财产权益纠纷”外延内。中国制定的《仲裁委员会仲裁暂行规则示范文本》第2条在规

---

① 参见《中华人民共和国仲裁法》第2条。

② 参见《中华人民共和国仲裁法》第3条。

③ 笔者认为“合同纠纷”既包括与财产权益有关的合同，也包括非财产性的合同。

④ 有些学者认为“其他财产权益纠纷”主要指侵权纠纷（参见 苏庆、杨振山主编：《仲裁法及配套规定新释新解》，人民法院出版社1999年版，第3页）。笔者认为，对这一概念应作广义理解，“其他财产权益纠纷”立法意图应该是既包括侵权纠纷，也包括其他的债务关系纠纷，如不当得利、无因管理等。

定受案范围时使用了仲裁法中的肯定概括式界定的内容，同时将劳动争议和农村集体经济组织内部的农业承包合同纠纷排除在外，因为后两者由其他专业仲裁机构受理。但各地在参照示范文本制定本地仲裁规则时，一般又增加了仲裁法中否定列举式所规定的不可仲裁性的内容，如《北京仲裁委员会仲裁规则》第2条、《广州仲裁委员会仲裁暂行规则》第3条、《天津仲裁委员会仲裁暂行规则》第3条和《上海仲裁委员会仲裁规则》（暂行）第3条即是如此。1998年5月10日实行的《中国国际经济贸易仲裁委员会仲裁规则》第2条在采用肯定概括式界定其受案范围的同时，又采用肯定列举式加以说明。其第2条是这样规定的："中国国际经济贸易仲裁委员会……以仲裁的方式，独立、公正地解决契约性或非契约性的经济贸易等争议。前款所述争议包括：（一）国际的或涉外的争议；（二）涉及香港特别行政区、澳门或台湾地区的争议；（三）外商投资企业相互之间以及外商投资企业与中国其他法人、自然人及/或经济组织之间的争议；（四）涉及中国法人、自然人及/或其他经济组织利用外国的、国际组织的或香港特别行政区、澳门、台湾地区的资金、技术或服务进行项目融资、招标投标、工程建筑等活动的争议；（五）中华人民共和国法律、行政法规特别规定或特别授权由仲裁委员会受理的争议。"①

中国国际经济贸易仲裁委员会仲裁规则的上述规定应该说还是比较成熟的，但由于其属于专业（涉外）性仲裁机构，该机构的仲裁规则对中国内地的仲裁范围并不能产生全局性的影响。

（二）香港仲裁制度下的可仲裁性问题

《香港仲裁条例》中并无专门条款规定可仲裁性事项，但这并不意味着在香港的仲裁不受节制。尽管《香港仲裁条例》中并没有采用我们前文所分析的概括式、列举式及结合式来界定仲裁范围，但我们可以从《香港仲裁条例》的字里行间分析一下香港对仲裁范围的态度。综合分析《香港仲裁条例》全文，我们找到了与可仲裁性有关的下列线索：

1.《香港仲裁条例》在阐明立法宗旨时声称，条例旨在为民事事项而制定。② 这说明香港仲裁所解决的争议仅限于民事事项。因而，其并没有脱离英美法系国家的仲裁解决私法争议的框架。

---

① 为适应新形势下仲裁发展方向，2005年5月1日施行的《中国国际经济贸易仲裁委员会仲裁规则》第3条将"管辖范围"归纳为："（一）国际的或涉外的争议；（二）涉及香港特别行政区、澳门特别行政区或台湾地区的争议案件；（三）国内争议案件。"

② 《香港仲裁条例》序言称："本条例旨在就民事事项订定仲裁的条文。"

2.《香港仲裁条例》没有为“仲裁协议”特别释义，仅规定与联合国示范法第7条中该词的含义相同①。我们知道仲裁协议的效力决定了仲裁庭对具体争议的管辖权，而仲裁协议是否有效需要审查的一个重要因素就是争议事项是否具有“可仲裁性”。《香港仲裁条例》对仲裁协议含义的界定与联合国示范法相同，就说明仲裁协议中允许协商提交仲裁解决的争议事项（仲裁范围）与联合国示范法相同。前文我们分析联合国示范法中“仲裁协议”的含义时知道，示范法中仲裁协议可以协商提交仲裁解决的纷争包括契约性或非契约性商事法律关系。

3.《香港仲裁条例》在引进联合国示范法的适用时，对联合国示范法第1条将可仲裁性范围仅限于国际商业领域的限制加以否定，② 也使得香港国际仲裁的可仲裁性范围已经超越了联合国示范法的“商事”概念外延。

4. 欺诈事项不可仲裁。《香港仲裁条例》规定法官在有关仲裁争议涉及一方欺诈情况时有权撤销该仲裁协议，如果处理该仲裁案件的是法官仲裁员或法官公断人，则上述命令由法官仲裁员或法官公断人自己作出，其效力如同法院作出的一样③。这说明欺诈问题在香港属于可撤销的仲裁事项。

综合上文分析，我们认为，在香港可仲裁性争议事项范围很广，除涉及欺诈，进而可能构成刑事犯罪之情况外，当事人可就任何契约性或非契约性的商事争议事项协商提交仲裁，在国际仲裁领域，非商事性争议事项也可以提交仲裁。

（三）澳门仲裁制度下的可仲裁性问题

《澳门本地仲裁法》和《澳门涉外商事仲裁法》对可仲裁性的范围的规定有所不同。《澳门本地仲裁法》以“仲裁标的”为题采用结合式的方法规定了仲裁标的（即可仲裁性）的范围。在本地仲裁中，只要凡可处分权利之任何争议均可提交仲裁，但下列争议不得通过仲裁解决：（1）特别法规定应由法院或者通过强制仲裁者（《澳门本地仲裁法》主要规定自

---

①　参见《香港仲裁条例》第2条第1款。

②　《香港仲裁条例》第34C条第（2）款规定：“联合国国际贸易法委员会示范法第1（1）条并无将该示范法只限适用于国际商业仲裁的效力。”

③　《香港仲裁条例》第26（2）条规定：“凡协议规定协议各方之间日后产生的争议须提交仲裁，而所产生的争议是涉及任何一方有否犯欺诈罪的问题的，则为有需要使得以由法院裁定，法院有权下令协议不再生效，以及有权批予许可，以撤销根据或凭借协议而委任的任何仲裁员或公断人的权限。”

愿仲裁问题)；(2) 已经确定裁判的争议；(3) 导致检察院参与诉讼之争议。①

《澳门本地仲裁法》所确定的仲裁范围应该说还是相当广泛的，不仅包括商事争议，也包括许多普通民事争议。② 根据上述规定精神，实际上，在澳门本地仲裁领域，只要争议所涉及之利益为可处分之权利，即可成为协定仲裁的对象。那么什么是"不可处分权"呢？澳门政府立法事务办公室《关于联合联络小组中方就〈澳门本地仲裁法〉草案提出的问题之答案》中指出："不可处分权指那些从当事人意志领域产生的法律关系中的权利，即意志主体不能转移或消灭的权利。这种权利涉及法律秩序之公共利益问题，因此，它高于意志之主体之私人利益。不可处分权之例子有家庭关系领域中的某些权利（配偶之个人权利、父亲身份之权利及亲子关系之权利、收养权等）以及人格权（人身完整权、自由权、荣誉权及身份权等)。"澳门本地仲裁制度将属于司法专门管辖和强制仲裁的事项排除在本地仲裁管辖之外，也是符合仲裁国际惯例的。前者多出现于公法领域，如税收之争、治安纠纷等，国际仲裁发展的普遍规律一般是将仲裁限制于私法领域；而后者，则属于其他专门法规调整的范围，而《澳门本地仲裁法》主要调整一般意义的自愿仲裁，对无须当事人协议，政府强行介入的各类冲突和纷争，则不予约束。从确立仲裁的范围角度看，第 2 条第 2 款的否定列举的意义并不大。因为仲裁裁决和法院判决一样都有既判的效力，同样适用"一案不再理"的原则，当事人当然不得就已决案件重复申请仲裁。至于需要检察院出面参与诉讼的案件一般都是刑事或其他公法案件，这是司法强制的力量范围，当然不是民间仲裁机构所能解决的。

笔者认为，澳门本地仲裁制度比内地仲裁制度的可仲裁范围要大得多，而且更强调双方对争议权利的处分能力，甚至规定只要法院未对本案作出确定裁判，当事人即可协议将纠纷提交仲裁。值得注意的是《中华

---

① 《澳门本地仲裁法》第 2 条规定："一、不涉及不可处分权利之任何争议均可成为仲裁标的；但特别法规定应提交司法法院或必要仲裁处理者，不在此限。

二、下列争议尤其不得为仲裁标的：

a) 争议已因本案裁判转为确定而获解决；但涉及解决在该裁判内未载明之关于其日后执行之问题者，不在此限；

b) 引致检察院参与诉讼之争议，在该诉讼内当事人因无诉讼必要之能力，在法庭不能依靠自身为行为，而需要检察院之代理者。"

② 参见黄进《澳门本地仲裁制度初探》，载《仲裁与法律通讯》1998 年第 5 期，第 41 页。

人民共和国仲裁法》完全排斥行政机关的相关争议，《澳门本地仲裁法》第39-A条规定，行政合同；行政当局、其机关据位人、公务员或服务人员因其公共管理行为造成之损失之责任，包括实现求偿权；具财产内容之权利或受法律保护之利益，尤其是应以税捐名义以外之其他名义支付之金额等涉及经济因素的行政纠纷可以仲裁。

《澳门涉外商事仲裁法》几乎完全参照联合国示范法，其关于可仲裁性的规定也几乎完全照搬联合国示范法的有关规定。《澳门涉外商事仲裁法》第1条（连标题都照搬示范法，在本地仲裁法中称仲裁标的）规定："一、本法规规范涉外商事仲裁……二、为着上款之目的，'商事'一词包括不论是合同性或非合同性之任何商事性质关系所引起之问题；商事性质关系包括但不限于下列交易：供应或交换货物或服务之任何贸易交易、销售协议、商事代表或代理、代收账款、融资租赁、咨询、工程、许可证合同、投资、融资、银行业交易、保险、开发协议或特许协议、合营及其他形式之工业或商业合作、货物或旅客之空中、海上、铁路或公路之载运。"这些内容由于与示范法完全相同，笔者不再赘述。

（四）台湾仲裁制度下之可仲裁性问题

台湾前"商务仲裁条例"中没有可仲裁性事项之规定。但是，旧规定的名称冠以"商务"限制，这说明其意图是将仲裁的范围限制在"商务"领域。但是，什么是"商务"？笔者在撰写本书时查找了许多台湾仲裁资料，但均未找到有关"商务"的法定解释。为此，笔者又查阅了台湾常设仲裁机构①判例，发现这些既决判例主要集中在"买卖"、"承揽"、"工程"、"证券"、"航运"、"租赁"、"合伙"、"保险"、"委任"、"智慧财产权"、"国际投资"等领域。② 从这些仲裁案例反映的内容来看，"商务仲裁条例"所指的"商务"应该主要指在商品生产和流通环节存在的民商事法律关系特别是契约性法律关系，所谓的商务仲裁也就是因这些法律关系而产生的争议。台湾旧"仲裁条例"这种晦涩的立法方式显然不利于实践中的执行从而也阻碍了仲裁事业的发展。

新台湾"仲裁法"对可仲裁性事项有了比较明确的概括性、原则性规定，这是台湾"仲裁法"中新增加的一项内容。其规定提交仲裁机构仲裁的争议，必须是允许当事人自行调节、和解的事项，即所谓"以依

① 台湾自称为"中华商务仲裁协会"。

② 参见台湾"中华商务仲裁协会"编著：《仲裁案例选辑》（I——Ⅲ辑）王令麟发行，1996年8月第一版，至正彩色印刷有限公司印刷。

法得和解者为限”。① 既然台湾仲裁制度下允许通过仲裁协议提交仲裁解决的争议，以“依法得为和解者为限”。那么什么是“依法得为和解者”呢？据悉，台湾“仲裁法”的这一规定，是根据台湾“行政院”提交的草案通过的，台湾“行政院”就该草案所作的说明，可以说是这句话的最佳注释：“参考德、日立法例，增订第二项，得以仲裁解决之争议，以依法得为和解者为限。所谓‘依法得为和解者’系指系争之财产法上权利或法律关系得由私人以自由意思加以处分者，至于亲属法上、继承法上之权利或法律关系，即使具有财产内容，例如受扶养之权利，亦非属之。至于刑事案件，因涉及公益，自非依法得和解。”研究这段草案说明后，我们才恍然大悟，所谓“依法得为和解者”原来与《澳门本地仲裁法》中的“可处分之权利”是一回事。也就是说，台湾“仲裁法”的精神是只有那些能为当事人依自己的意志将其自由处分的财产权产生的纠纷，才能够通过仲裁方式加以解决。当事人无法自由处分的人身权等领域产生的纠纷，不得诉诸仲裁解决。

笔者认为，台湾“仲裁法”在可仲裁性方面有两大优点：其一是仲裁管辖范围比较宽泛。“以依法得和解者为限”的表述虽然简单，但却充分体现了意思自治原则。如何确定仲裁事项的范围，涉及个人利益和公共利益协调的问题。仲裁是建立在当事人意思自治的基础上的，仲裁的效力不是来源于司法的强制性，而是来源于当事人对仲裁方式的选择和对仲裁裁决的认可，也就是说来源于当事人的意思自治。因此，只要发生争议的实体权益纠纷在当事人自由处分的范围内，就应当允许当事人选择仲裁这种纠纷解决方式。只有当涉及公共利益和第三人利益的时候，当事人对仲裁的选择才应被禁止。② 其二是“以依法得和解者为限”虽然概括，但它却非常有弹性，能将立法时不可预知的新型法律关系囊括进去。例如，互联网时代特有的域名之争及网络虚拟财产等，如果使用《中华人民共和国仲裁法》的“财产权益纠纷”来解释虽然不一定行不通，却受制于现实生活中立法机构、司法机构，甚至法律专家对民事法律的解释。而如果适用台湾“仲裁法”的“以依法得和解者为限”及澳门仲裁法的“可处分之权利”则完全可以不理会学术争议，只要法律没有禁止的，即视为可以处分，可以和解，因而也属可仲裁范围。

---

① 台湾“仲裁法”第 1 条规定：“有关现在或将来之争议，当事人得订立仲裁协议，约定由仲裁人一人或单数之数人成立仲裁庭仲裁之。前项争议，以依法得和解者为限。”

② 参见王利民：《海峡两岸仲裁立法的比较研究》，载《法学评论》2004 年第 1 期。

第二节　仲裁庭的管辖权自裁原则

一、仲裁管辖权原则

仲裁管辖权原则的含义是指确立、界定仲裁庭对具体争议是否具有管辖权的基本原则。

我们知道，仲裁庭行使仲裁案件管辖权的权利来自当事人的授权。当事人的授权是通过仲裁协议进行的。合法有效的仲裁协议才能授予仲裁庭对仲裁案件的合法管辖权。否则，如果仲裁协议不存在或仲裁协议无效时，仲裁庭将失去行使管辖权的基础，即便强行裁决，也会因败诉方当事人的申请而被法院撤销。那么，仲裁协议是否成立？是否有效？仲裁协议中约定的仲裁事项是否属于可仲裁性范围？当事人的仲裁协议是否符合书面形式？无书面形式仲裁协议时，被申请人的答辩行为是否构成对仲裁庭管辖权的认同？等等，这些问题应该由谁作出回答和决定呢？现代国际商事仲裁实践已就上述问题给出了一个解决方案，这就是“仲裁庭管辖权自裁”的原则。

现代国际商事仲裁管辖原则的核心是：仲裁庭享有对它自己的管辖权包括对仲裁协议的存在或效力等问题作出裁定的权力，这种原则在仲裁理论上被称为“管辖权自裁原则”。

二、仲裁庭管辖权自裁原则的确立

仲裁庭管辖权自裁原则已经成为世界各个国家和地区广泛接受的一项仲裁原则。由仲裁庭决定其管辖权及仲裁协议效力的理论依据是：仲裁庭的此项权利来源于双方当事人之间的仲裁协议。当仲裁协议双方同意将他们之间的争议交由仲裁解决时，他们的本意一般而言是将协议项下所有有关争议交由仲裁庭而不是法院解决，如无相反约定，决定仲裁协议项下争议是非曲直的管辖权当然赋予仲裁庭。在这种情况下，如果将上述权力交与法院，则违背了当事人的意志和仲裁的本质。“承认自裁管辖权进一步尊重了当事人的意思自治，也限制了法院对当事人意志的不正当干涉，使得仲裁条款真正具有独立性。”① 因此，在当事人仲裁协议的特定授权下，

---

① 参见王利民：《海峡两岸仲裁立法的比较研究》，载《法学评论》2004 年第1期。

由仲裁庭决定其自身对仲裁案件的管辖权，是仲裁庭固有的权力。管辖权自裁的原则对于保障仲裁制度健康发展和方便仲裁庭履行职责，至关重要。

20世纪80年代以后，仲裁庭管辖权自裁原则已经得到许多国家的立法与学说的接受，如法国、德国、英国、希腊、意大利等国家的仲裁立法正式接受了这一理念。另外，凝聚各国仲裁理论和实践成果的联合国示范法在规定仲裁庭的管辖权问题时，也明确授予仲裁庭可以对它自己的管辖权包括对仲裁协议的存在或效力的任何异议作出裁定的权力。① 这表明仲裁庭管辖权自裁原则不仅为各国个别接受，而且被联合国示范法所采纳，并通过它，向全世界推广。

三、对仲裁庭管辖权裁定的异议

仲裁庭虽然有权对自己的管辖权作出裁定，但这并不意味着仲裁庭就管辖权问题作出的裁决就是终局裁决。有裁判就有监督，这应该说是人类社会处理纷争的一个客观规律，绝对终局，不受任何监督的裁判是不存在的。只不过监督的方式会因不同的国度、不同的社会背景甚至不同的信仰而有所不同。对仲裁庭管辖权自裁原则也同样如此。当事人如果对仲裁庭作出的管辖权裁决不服，许多国家规定可以通过法院的审查提供救济。联合国示范法第16条第3款规定，仲裁庭对管辖权的问题，既可以作为一个初步问题先行作出裁决，也可以在最后的裁定中作出裁决。如果仲裁庭裁定它有管辖权，当事任何一方均可以在收到裁定通知后30天内要求管辖法院对这个问题作出决定。该决定不容上诉，在等待对这种要求作出决定的同时，仲裁庭可以继续进行仲裁程序和作出裁决。

四、中国内地与中国港澳台地区仲裁制度关于仲裁庭管辖权自裁原则的立场

我国四个法域，除内地外，另三个法域的仲裁立法明显地呈现向联合国示范法靠拢的倾向。因此，在港澳台地区的仲裁法规中，仲裁庭管辖权自裁原则得到明显的接纳，而内地则作了小小的修改。当然，即便在港澳台地区之间，它们接纳仲裁庭管辖权自裁原则的方式和做法也并不完全相同。

内地并没有紧跟仲裁庭管辖权自裁的原则，而是做了轻微的变通。根

① 参见联合国示范法第16条第1款。

据《中华人民共和国仲裁法》第20条的规定，当事人对仲裁协议的效力提出异议时，仲裁委员会（而不是仲裁庭）和人民法院都拥有管辖权，由两个机构决定仲裁协议是否存在、有效以及决定仲裁庭的管辖权。为解决因权限冲突而可能出现互相矛盾的决定的情况，仲裁法规定，如一方请求仲裁委员会作出决定，另一方请求人民法院作出裁定的应该由人民法院作出裁定。这说明在决定仲裁管辖争议时人民法院享有优先于仲裁委员会的决定权。值得一提的是，内地的仲裁委员会与国际商事仲裁领域的"仲裁庭"是有区别的，前者是内地特有的常设仲裁机构，而后者则是根据当事人的授权在个案成立的临时性的仲裁组织形式，个案结案后便撤销。关于仲裁庭与常设仲裁机构的其他区别，本书在前文有关章节已有论述。因此，在内地，就仲裁庭的管辖权问题，仲裁庭自身无权作出决定，通常由内地常设仲裁机构——仲裁委员会作出决定，同时当事人也可以请求法院作出裁定，二者发生冲突时，法院的审判管辖权优于仲裁委员会的仲裁决定权。《中华人民共和国仲裁法》并没有就当事人是否有权对仲裁委员会之决定或人民法院的裁决提出上诉作出规定，而实际上无论是仲裁委员会的决定还是法院的裁定都是终局的。

笔者认为，《中华人民共和国仲裁法》第20条没有完全体现国际商事仲裁领域普遍接受的"仲裁庭管辖权自裁的原则"，该条的精神实际上违背了自裁管辖的本意，而且带来了实际操作上的困难，因此受到了学者的批评。① 而且因为当事人自始至终都未授予仲裁委员会任何管辖权，在仲裁法未予授权情况下，由仲裁委员会决定管辖权问题反而失去了正当性基础。②

也许认识到了现行立法的缺陷，同时顾忌到涉外仲裁案件的重大影响，最高人民法院就涉外、涉港、涉台仲裁协议被人民法院认定无效的情况特别建立了一套"报告制度"。根据《最高人民法院关于人民法院处理与涉外仲裁及外国仲裁事项有关问题的通知》（1995年8月28日 法发[1995] 18号）第1条规定："凡起诉到人民法院的涉外、涉港澳和涉台经济、海事、海商纠纷案件，如果当事人在合同中订有仲裁条款或者事后达成仲裁协议，人民法院认为该仲裁条款或者仲裁协议无效、失效或者内

---

① 韩健：《现代国际商事仲裁法的理论与实践》，法律出版社2000年版，第101～103页。

② 齐树洁、方建华：《台湾地区"仲裁法"的最新发展及其借鉴意义》，载《仲裁与法律》（2001年合订本），第255页。

容不明确无法执行的，在决定受理一方当事人起诉之前，必须报请本辖区所属高级人民法院进行审查；如果高级人民法院同意受理，应将其审查意见报最高人民法院。在最高人民法院未作答复前，可暂不予受理。”最高人民法院这样的做法主要是考虑到涉外案件影响很大，如不慎重从事将会严重影响我国的司法形象，因而，建立“报告制度”是为了进一步保障人民法院对涉外、涉港澳台地区仲裁协议的裁定无效持审慎态度，切不可鲁莽行事。对内地这种制度有些澳门学者称之为“反致机制”。这种称谓是否妥当，笔者认为值得探讨。首先，这种称谓容易与国际私法上的“反致”混淆，容易误导读者；其次，这种自下而上的请示制度，并无“反致”之因素。因此，还是用最高人民法院自己对这种做法的称谓“报告制度”比较恰当。

1996 年香港修订《香港仲裁条例》以前，原《香港仲裁条例》中关于仲裁庭管辖权自裁原则的规定还只是适用于国际仲裁，对港内仲裁则不适用。虽然香港国际仲裁中心 1993 年港内仲裁规则第 11 条第 1 款第 h 项，也作了类似规定，但是，它毕竟是一个仲裁服务机构的仲裁规则，当事人可以选用，但并无强制约束力。1996 年修订《香港仲裁条例》后，仲裁庭管辖权自裁原则在港内仲裁和国际仲裁领域取得了同等待遇，因为联合国示范法第 16 条同等地适用于港内仲裁和国际仲裁。① 前文我们已经分析过，示范法第 16 条与本章有关的内容主要有如下几层意思：

1. 仲裁庭有权对自己的管辖权包括对仲裁协议的存在或效力的任何意义作出裁定；

2. 关于仲裁庭管辖权的异议必须在提出答辩书之前提出。但是当事人指定或参与指定仲裁员的事实，不妨碍其行使仲裁庭管辖的异议权；

3. 有关仲裁庭超越其权力范围的抗辩，当事人可以在仲裁程序过程中发生越权的情况时立即提出；

4. 2、3 两种管辖权异议，如有正当理由也可推迟提出；

5. 针对当事人上述异议，仲裁庭可以作为一个初步问题先行作出裁定，也可以在最后的实质性裁决中一并作出处理；

6. 上述异议仲裁庭如果作为一个初步问题裁定它有管辖权时，任何

---

① 1996 年《香港仲裁条例》第 13B 条以“仲裁庭可对自己的司法管辖权作出裁定”为标题，规定：“联合国国际贸易法委员会示范法第 16 条适用于任何正根据一项本地仲裁协议进行仲裁程序的仲裁庭，犹如该条适用于任何正根据一项国际仲裁协议进行仲裁程序的仲裁庭一样。”

一方当事人均可在收到裁定后 30 天内向管辖法院申诉，而管辖法院因此作出的裁定，当事人不得上诉。

7. 当事人在寻求法院作出仲裁庭管辖权裁定的同时，仲裁庭可以继续进行仲裁程序和作出裁决。

必须指出的是，香港仲裁庭的管辖自裁权利受另一条强行性条款限制，这就是《香港仲裁条例》第 26 条第 2、3 款。我们前文也分析过，这两条涉及仲裁协议下的争议是否存在诈骗问题。在这种情况下，仲裁庭不再享有就自己的管辖权作出自我裁定之权利，因为根据第 26 条第 2、3 款，法院在这种情况下，有权下令仲裁协议不再有效，并且有权撤销依据该协议而产生的仲裁员或公断人，从而剥夺了仲裁庭的管辖权，这是香港仲裁庭管辖权自裁原则的一个例外。

《澳门本地仲裁法》关于仲裁庭管辖权自裁的立场与联合国示范法相类似，但没有关于仲裁庭越权异议的规定，也没有针对仲裁庭管辖权裁决请求管辖法院作出裁判的程序。《澳门本地仲裁法》第 27 条（关于本身管辖权之决定）的主要内容如下：

1. 仲裁庭有权对自身管辖权作出决定，包括对仲裁协议是否存在、是否有效以及其法律效力作出决定；

2. 对仲裁庭管辖权的抗辩须在第一份答辩书内或者在第一份答辩书之前提出；

3. 仲裁庭可以对管辖权异议立即处理，也可以在终局裁决中与实体问题一并处理；

4. 当事人并不因指定仲裁员而丧失对仲裁庭管辖异议权。

《澳门涉外商事仲裁法》关于仲裁庭管辖权自裁的原则的立场与联合国示范法第 16 条的规定完全相同，只是由于翻译方法的不同，我们前文所说的初步问题，《澳门涉外商事仲裁法》第 16 条称之为“先决问题”。由于与示范法第 16 条相同，澳门涉外商事仲裁中关于仲裁庭管辖权问题也有如下内容：

1. 仲裁庭有权对自己的管辖权包括对仲裁协议的存在或效力的任何意义作出裁定。

2. 关于仲裁庭管辖权的异议必须在提出答辩书之前提出。但是当事人指定或参与指定仲裁员的事实，不妨碍其行使仲裁庭管辖的异议权。

3. 有关仲裁庭超越其权力范围的抗辩，当事人可以在仲裁程序过程中发生越权的情况时立即提出。

4. 2、3 两种管辖权异议，如有正当理由也可推迟提出。

5. 针对当事人上述异议，仲裁庭可以将其作为一个先决问题先行作出裁定，也可以在最后的实质性裁决中一并作出处理。

6. 上述异议仲裁庭如果作为一个先决问题裁定它有管辖权时，任何一方当事人均可在收到裁定后30天内向管辖法院申诉，而管辖法院因此作出的裁定，当事人不得上诉。

7. 当事人在寻求法院作出仲裁庭管辖权裁定的同时，仲裁庭可以继续进行仲裁程序和作出裁决。

台湾“仲裁法”完全接受了仲裁管辖权自裁原则，根据该法第22、30条的规定，“当事人对仲裁庭管辖权之异议，由仲裁庭决定之。但当事人已就仲裁协议标的之争议为陈述者，不得异议”、“当事人下列主张，仲裁庭认为其无理由时，仍得进行仲裁程序，并为仲裁判断：一、仲裁协议不成立……”

综合上述条文精神，台湾“仲裁法”有关仲裁庭管辖权自裁问题的内容为：

1. 当事人对仲裁庭管辖权之异议，由仲裁庭决定；

2. 当事人已经就仲裁协议标的之争议进行陈述的，不得再提出管辖权异议；

3. 仲裁庭认为当事人主张仲裁协议无效无理由时，可以不予理会，继续审理，直到作出仲裁裁决。

第三节　仲裁与法院管辖权冲突的协调

在讨论仲裁管辖权的问题上，我们始终不能回避一个问题，那就是仲裁与法院的管辖权冲突问题。自从现代仲裁制度产生以来，这个问题始终萦绕在仲裁立法者和工作者的心头。为此许多学者和实践工作者提出了不少解决方案。

一、法院介入仲裁管辖权的几种情况

一般说来，除强制仲裁外，没有仲裁协议的支持，仲裁员（庭）不会主动介入传统的属于法院管辖的争端。但是，反过来，由于仲裁制度的特殊性，法院有时会介入与仲裁有关的纷争，从而发生冲突。国际商事仲裁实践中仲裁与法院管辖权的冲突主要表现在如下几个方面：

（一）对仲裁协议效力的认定

我们前文已经讨论过仲裁庭管辖权自裁的原则，这是一方申请仲裁，

而另一方对仲裁庭管辖权提出异议的情况。但实践过程中，常出现由法院对仲裁管辖权作出认定的情形。一般有两种形式：1. 仲裁庭已经就仲裁管辖权作出决定，而一方当事人对决定不服的；2. 一方直接请求法院对仲裁协议的效力（从而决定仲裁管辖）进行认定的；3. 一方不理会仲裁协议的存在，直接起诉到法院，而另一方出示仲裁协议，并对法院的管辖权提出异议的。

（二）对与仲裁有关争议的实体问题的裁判

法院当然不能随便介入有关仲裁争议的实体问题的处理，否则，整个仲裁制度也就丧失了其存在的基础。但是，任何事物总是有其特殊的一面，在若干特殊情况下，法院有权对与仲裁有关的争议行使管辖权，并对实体问题作出裁判。体现在如下几个方面：

1. 仲裁协议的不能履行。仲裁协议不能履行的情况很多，在其不能履行的情况下，当事人之间的纷争只好通过诉讼解决，法院因此对有关争议作出实体裁判，当然无可厚非。出现下列法定事由时，仲裁协议将无法履行：

（1）仲裁协议无效；

（2）仲裁协议模棱两可或不明确；

（3）仲裁协议指定的仲裁员死亡或丧失行为能力或回避或离职，仲裁协议不能实现；

（4）实际发生的争议不具可仲裁性；

（5）争议不属于仲裁协议的范围；

（6）一方当事人向法院起诉，另一方当事人未提出管辖权抗辩，并应诉、答辩或就同一争议向对方当事人提出反诉；

（7）一方当事人拒绝适用仲裁协议的要求或未履行指定仲裁员的义务，而另一方当事人也宁愿向法院起诉并不坚持仲裁协议；等等。

2. 特定法律关系由法院专属管辖，法院有权撤销仲裁协议，并将该争议提交法院管辖。在许多国家和地区的仲裁或诉讼法中对有些法律性质的争议要求由法院专属管辖，在这种情况下，即便当事人之间订有仲裁协议，法院也可以撤销该仲裁协议和因此产生的仲裁员或公断人的权利。如《香港仲裁条例》规定涉及一方当事人的欺诈问题时，法院可以撤销仲裁协议，并将有关争议交由法院管辖，但是，如果当事人指定的是法官仲裁员或者法官公断人，则该法官仲裁员或者法官公断人可以继续对该问题进行仲裁，直到作出裁决。

3. 特定法律关系的仲裁裁决并不终局，法院可以接受当事人上诉，并就有关争议作出实体判决。许多国家对劳资纠纷、科技纠纷要求先行仲裁，但当事人对仲裁不服的，可以向法院起诉，法院可以对争议的是非曲直作出评判。如中国内地就规定，劳动争议、房屋拆迁、农村集体经济组织内部的农业承包合同的争议都需要先行仲裁，当事人不服裁决的，可以向人民法院起诉。另外，在英美法系的一些国家和地区，当事人之间可以协定或经过法院的批准对仲裁裁决的法律问题提起上诉，则管辖法院可以根据当事人的上诉对仲裁裁决的法律问题作出实体处理。

（三）法院和仲裁同步进行

从实践上，对同一争议，法院与仲裁当然不可同步进行，因为无论是法院判决还是仲裁裁决都能产生既判的效力，如果对同一争议由两个不同性质的机构同时处理，而其结果互相矛盾，当事人一定无所适从，从而既损害了法院的形象，也有损仲裁的威信。但在仲裁的过程中，有时会出现这种情况。

1. 当一方当事人不顾仲裁协议而直接向管辖法院起诉，另一方当事人出示仲裁协议而被法院判定有效的情况下，法院往往会责令诉讼原告在规定的时间内将有关争议提交仲裁解决，如果该原告在规定的时间内不提起仲裁，则法院裁定驳回起诉，从而使原告的时效不能中断。相反，如果原告在规定的时间内提起仲裁，则法院的诉讼程序并不撤销，直到仲裁庭作出有效判决后，视为原告撤回起诉。而在此期间，给人的印象是仲裁和诉讼并存（因为诉讼没有撤销），同步进行。我国台湾地区“仲裁法”第4条规定的“不遵守仲裁协议所提之诉讼”和《香港仲裁条例》第6条的搁置程序即作了如此规定。《澳门涉外商事仲裁法》第8条第2款进一步规定，如果一方当事人不顾仲裁协议提起诉讼时，另一方当事人以仲裁协议为依据提出管辖权异议，在法院对该问题处理期间当事人可以同时提起仲裁，推进仲裁程序，甚至可由仲裁庭作出裁决，直到法院就管辖权问题作出最后决定。

2. 当一方当事人根据仲裁协议提起仲裁，而另一方当事人就仲裁协议的效力从而对仲裁庭的管辖权提出异议时，仲裁庭依照仲裁庭管辖权自裁原则决定仲裁协议有效时，任何一方当事人均可向法院申请作出裁定，而在法院最后作出裁定前，仲裁庭可以继续推进仲裁程序，甚至作出仲裁裁决，直到法院作出管辖权的最后认定。

通过上述分析，我们明白了，所谓诉讼和仲裁同步进行只是一个假象，实际上这两种措施都是为了保障仲裁协议的严肃性。前者是为了保证当事人将争议事项提交仲裁处理，而后者是为了充分尊重“仲裁庭管辖权自裁原则”。

二、仲裁与法院管辖权冲突的协调

解决仲裁与法院管辖权的矛盾很多，但现在人们普遍接受的方法有如下几种：

（一）普通民商事争议，仲裁优先

这一条几乎为世界各国的仲裁制度所认可。在英美法系国家，法院的管辖权曾被认为是神圣不可侵犯的，当事人不得以自己的私下协议剥夺法院对民事争议的管辖权，否则，其仲裁协议将会被认定无效。但是，这种状况已经得到彻底的改变，不仅英国仲裁法将仲裁优先原则确定下来，而且在1958年《纽约公约》、1985年联合国示范法等国际性的公约和示范法规中都得到了认可，可见其已经成为仲裁领域一个基本原则。

（二）专属案件，法院优先

随着仲裁制度的迅速发展，各国的可仲裁性范围在不断拓宽，而法院对仲裁的干预的领域却相应减小。但是，司法管辖权作为国家专政的工具和社会平衡的强制性杠杆，它始终对社会的纷争起着终极解决的作用。因此，各个国家和地区在放开仲裁范围的同时，始终将若干社会矛盾（主要是比较激烈的社会矛盾）的解决留给法院专属管辖。在这些专属领域内，法院的司法管辖权具有排他的效力，不允许当事人自由协商，仲裁庭对此作出的裁决，将不具有法律约束力。如前所述，在香港仲裁制度下，如果仲裁争议涉及仲裁协议的一方是否构成欺诈，则法院可以撤销仲裁协议，而由法院行使司法管辖权。

（三）仲裁管辖和法院管辖互相协调，促进争议迅速和公平地得到解决

这种情况下实际上不存在冲突的问题，两者的管辖权只是法律上的一种特殊安排。如前所述的两种情况，其一是先行仲裁，允许上诉的案件，如劳动争议案件等；其二是诉讼搁置，等候仲裁的案件，即前述所谓仲裁与法院管辖同步进行的案件。在上述情况下，由于仲裁和诉讼程序都是必经程序，两者同等重要，因此也就无所谓先后之分。

第七章　仲裁程序

仲裁程序是有关仲裁机构、仲裁庭、仲裁员、申诉人、被诉人、其他关系人（如证人、代理人和鉴定人）以及法院之间在仲裁程序进行过程中的相互关系和活动方式规定的总称。① 仲裁程序一般包括如下几个阶段：（一）仲裁的申请和受理阶段；（二）仲裁的答辩和反诉阶段；（三）仲裁庭的组成阶段；（四）仲裁庭的审理阶段；（五）仲裁的和解、调解和裁决阶段。由于各个国家和地区在仲裁程序细节上差距太大，我们不方便逐一比较，只好就与本论题有关的中国内地与港澳台地区仲裁程序分别作简要介绍。另外，由于仲裁庭在前文已有介绍，而仲裁裁决将在后文详细讨论，因此，这两者虽然各构成仲裁程序的一个重要环节，但在本章将不作详细讨论。

第一节　中国内地仲裁程序之简介

一、中国内地仲裁的申请和受理阶段

仲裁申请和受理是仲裁的起始阶段，它是整个仲裁程序的启动程序，其重要性自不待言。这一阶段总体上又大致可划分为仲裁申请、仲裁受理和受理后的准备工作等三个阶段。

（一）仲裁的申请阶段

仲裁申请是当事人以仲裁协议为依据，将仲裁协议项下产生的民商事争议提交仲裁机构处理并作出仲裁裁决的活动。

1. 申请仲裁的条件。

仲裁申请是仲裁程序启动的大前提，因此，各个国家或地区的仲裁法和常设仲裁机构的仲裁规则，对这一环节都非常重视，为此对这一环节的法律要件都作了一定的安排。比较研究发现，各个国家和地区的仲裁法或

---

① 参见肖永平著：《中国仲裁法教程》，武汉大学出版社 1997 年版，第 119 页。

仲裁机构的仲裁规则对仲裁申请的条件大致相同。中国内地关于仲裁申请要件的规定，反映在《中华人民共和国仲裁法》第 21 条和第 22 条，其主要内容是：

(1) 有仲裁协议。仲裁的本质特征在于尊重当事人的意愿，当事人的仲裁协议是仲裁机构对有关民商事争议行使管辖权的依据，因此，当事人向仲裁机构提起仲裁申请时首先要向仲裁委员会提供该委员会对该案享有仲裁管辖权的书面证据。

(2) 有具体的仲裁请求和事实、理由。仲裁请求是指申请人请求仲裁机构要解决的问题和要保护的内容。仲裁请求体现着当事人申请仲裁的目的和内容。根据目的、内容的不同，仲裁请求可以分为确认请求、给付请求和变更请求三种。确认请求是要求仲裁委员会依法确认当事人之间一定的民事、商事法律关系的存在，裁决被申请人履行一定的民事义务以及裁决改变或消灭当事人之间现存的一定的民事关系。给付请求是申请人要求仲裁委员会裁定被申请人为一定的支付义务，如支付价款、违约金等。变更请求，则是请求仲裁委员会裁定解除双方当事人之间既存的法律关系。事实和理由是仲裁申请人支持其仲裁请求的案件事实与法律依据。其中事实分为两类：一是当事人之间民商事法律关系发生、变更、消灭的事实；二是当事人之间民商事权益受到侵害或与他人发生争执的事实。但这一阶段只是对证据作表面审查，对证据是否属实、是否足够以及有无直接联系，仲裁委员会均不过问，因为实体问题只有立案后成立的仲裁庭才能审查。

(3) 属于仲裁委员会受理的范围。这一要求实际上包含几层含义：其一是申请仲裁的争议事项必须具有可仲裁性，超出仲裁范围的争议事项仲裁委员会将不会受理。上一章我们在讨论民商事仲裁的可仲裁性问题时，曾经提到我国仲裁法规规定的仲裁范围是平等主体之间的合同纠纷和其他财产权益纠纷，而婚姻、收养、监护、抚养、继承纠纷及行政争议等则不可仲裁。其二是提交仲裁的纠纷，必须属于仲裁协议约定的事项，否则，仲裁委员会也不得受理。如仲裁协议约定双方就合同的履行问题提交仲裁解决，但如果实际发生的是双方对合同的理解出现巨大分歧，或仅仅就实体合同的效力进行认定的问题，则仲裁委员会不能受理。其三是双方选定适合解决该类仲裁争议的仲裁委员会。仲裁协议选定武汉仲裁委员会为仲裁机构当然不能在广州仲裁委员会申请仲裁，但是如果纯粹国内因素的纠纷，如国内房地产买卖，而当事人仲裁协议却选择中国国际经济贸易仲裁委员会深圳分会解决，该会同样不能受理，因为中国国际经济贸易仲裁委员会的仲裁规则中没有将纯粹的国内民商事争议列入其受案范围。

（4）申请人应该向仲裁委员会递交仲裁协议、仲裁申请书及副本，并按规定预交仲裁费用。

2. 仲裁申请书的内容。

仲裁申请书是指仲裁申请人根据仲裁协议，请求将仲裁协议各方之间已经发生的争议提交仲裁机构仲裁，以保护自己权益的书面文件。仲裁实践中，具体申请书的内容是比较复杂的。有的学者将其总结为六个部分①，这当然比较完善，但是，笔者在本书中暂不拟对仲裁申请书完善格式作全面探讨，只就《中华人民共和国仲裁法》第23条为仲裁申请书所规定的内容作出解释。

（1）仲裁当事人的身份情况。主要也分两类：当事人是公民个人的，应写明姓名、性别、年龄、职业、工作单位和住所；当事人是法人或其他组织的，应当写明其名称、住所和法定代表人或主要负责人的姓名、职务。

（2）仲裁请求和所依据的事实和理由。这是仲裁申请书的主要内容。没有这一部分，仲裁争议便无从产生，也不可能为仲裁委员会所接纳。

（3）证据和证据来源、证人姓名和住址。即申请人在申请书中，应当提供能够证明案件事实和自己主张的各种证据及其来源。提供书证、物证、视听材料的，应在递交申请书时一并递交仲裁委员会；提供证人的，应记明证人的姓名和住所。

（二）仲裁申请的受理

仲裁机构对当事人的申请经审查后，认为符合条件的，便会立案审理，从而导致仲裁程序的正式启动，这一行为，我们称为仲裁的受理。仲裁的受理标志着仲裁委员会对仲裁案件的接纳，同时意味着，从此之后，只要申请人不撤回申请，被申请人不提出管辖权异议，或异议未获得成功，仲裁庭就必须对仲裁争议作出处理，并最后作出仲裁裁决。仲裁申请的受理阶段一般要做好两个环节的工作：一是审查申请；一是立案。

对仲裁申请进行审查的内容主要是：

1. 申请是否属于可仲裁的范围和属于受理仲裁庭管辖。

2. 仲裁协议是否明确、有效，如果不明确，应及时要求当事人达成补充协议。

---

① 参见肖永平著：《中国仲裁法教程》，武汉大学出版社1997年版，第129～132页。

3. 申请人和被申请人是否都是载有一项有效仲裁条款的合同的法律主体。

4. 申请手续是否完备，仲裁申请书的内容是否明确。

对上述问题审查通过后，仲裁庭需要完成两项工作：

1. 履行通知义务。仲裁委员会于收到仲裁申请书后5日内，认为符合条件的，应当受理，并通知当事人；认为不符合受理条件的，应当书面通知当事人不予受理，并说明理由。

2. 履行送达义务。仲裁委员会受理仲裁申请后，应当在仲裁规则规定的期限内，将仲裁规则和仲裁员名册送达申请人，并将仲裁申请书副本和仲裁规则、仲裁员名册送达被申请人。

二、中国内地仲裁的答辩和反请求阶段

所谓答辩是被申请人为了维护自己的权利，针对申请人在仲裁申请书中提出的事实和理由进行辩驳的行为。所谓反请求是指在仲裁程序进行过程中，被申请人针对申请人的仲裁请求提出相反的独立请求。答辩和反请求是仲裁过程中被申请人为保护自己权利的两种重要手段，实践中，这两个程序往往是同时进行的，即被申请人在进行答辩的同时也提出反请求。答辩权和反请求的权利也是仲裁过程中，仲裁规范和各仲裁委员会或其他仲裁机构的仲裁规则赋予被申请人的重要程序权利，这是自然正义对仲裁制度的必然要求。仲裁委员会或者成立后的仲裁庭必须保障被申请人的上述权利，否则，仲裁裁决在进入承认和执行阶段时，被申请人可能以仲裁裁决违反仲裁程序为理由，申请撤销仲裁裁决或者拒绝承认和执行仲裁裁决。因此，各个国家和地区的仲裁法规对此也格外重视。《中华人民共和国仲裁法》要求被申请人收到仲裁申请书副本后，应当在仲裁规则规定的期限内向仲裁委员会提交答辩书。仲裁委员会收到答辩书后，应当在仲裁规则规定的期限内将答辩书副本送达申请人。被申请人未提交答辩的，不影响仲裁程序的进行。① 中国内地各地方仲裁委员会与涉外仲裁机构的仲裁规则对答辩期限所作的规定有所区别。作为国内地方仲裁委员会示范规则的《仲裁委员会仲裁暂行规则示范文本》规定的答辩期为自被申请人收到仲裁申请书副本之后15天，② 仲裁委员会在收到答辩书后15天之内，将答辩书副本送达申请人。而1998年5月10日施行的《中国国际经

① 参见《中华人民共和国仲裁法》第25条第2款。

② 《仲裁委员会仲裁暂行规则示范文本》第11条第2款。

济贸易仲裁委员会仲裁规则》和《中国海事仲裁委员会仲裁规则》规定的答辩期间为自收到仲裁通知之日起45天内。① 关于被申请人的反请求权利，《中华人民共和国仲裁法》仅确认申请人放弃或变更仲裁请求的权利和被申请人承认或反驳仲裁请求的权利，② 却没有规定反请求的时间限制，《仲裁委员会仲裁暂行规则示范文本》中也没有时间限制。从理论上来讲，被申请人的反请求只要在仲裁裁决之前均为有效，但是，《中国国际经济贸易仲裁委员会仲裁规则》和《中国海事仲裁委员会仲裁规则》却规定被申请人如有反请求，最迟应在收到仲裁通知之日起60天内以书面形式提交仲裁委员会。仲裁庭认为有正当理由的，可以适当延长此期限。③ 这样一来，仲裁法和涉外仲裁机构仲裁规则之间显然存在着矛盾。那么，选择内地涉外仲裁机构的被申请人，如果没有正当理由在第60天之后，而又在仲裁裁决作出之前提出反请求，那么，仲裁委员会应否接纳呢？如果接纳，则违反了仲裁规则；如果不接纳，则违反了仲裁法。两者皆可能导致法院对仲裁裁决的拒绝承认与执行。

答辩是当事人的一项重要的权利。但是，法律对答辩没有作特别要求，被申请人可以按自己的爱好撰写答辩书，对其并没有严格的格式和内容要求。答辩既然是被申请人的仲裁权利，被申请人当然可以放弃，但这并不影响仲裁的进程，仲裁法和上述两种仲裁规则对此均有明文规定。被申请人如果在仲裁开庭前放弃答辩权利，在后面的仲裁审理阶段还可以当庭行使。从抗辩的角度来讲，这是仲裁实践中，律师们常用的一种策略，可以收到让对手措手不及的效果。但是，从迅速解决争议的角度来讲，这样做不见得可取。因为，针对被申请人的新观点或新证据，申请人有权庭后补充证据并进行反驳，而这又会导致新一轮的质证程序，因而，被申请人如不及时答辩会拖延争议的解决。当然，从被申请人角度出发，他们会希望争议得到及时解决，倒是值得怀疑的。

对反请求的提出，虽然仲裁法也没有特别的规定，但是从程序角度出发，仲裁的反请求和诉讼的反诉有许多相同之处。仲裁的反请求也必须与

---

① 参见1998年5月10日施行的《中国国际经济贸易仲裁委员会仲裁规则》第17条和《中国海事仲裁委员会仲裁规则》第16条。参见苏庆、杨振山主编：《仲裁法及配套规定新释新解》，人民法院出版社1999年版，第790、805页。

② 参见《中华人民共和国仲裁法》第27条。

③ 参见1998年5月10日施行的《中国国际经济贸易仲裁委员会仲裁规则》第18条和《中国海事仲裁委员会仲裁规则》第17条。分别参见苏庆、杨振山主编：《仲裁法及配套规定新释新解》，人民法院出版社1999年版，第790、805页。

申请人的原请求既有关联性又有相对的独立性。前者的意思是反请求必须是针对原来的仲裁请求提出来的，因为被申请人提出反请求的目的在于抵消或吞并申请人的原仲裁请求，或者使其失去意义，从而维护自己的合法权利。后者的意思是被申请人提出反请求后，如果仲裁裁决作出之前，申请人撤回了仲裁请求，仲裁并不因此而终止，除非被申请人也撤回反请求。

在仲裁的答辩和反诉阶段，申请人和被申请人还可以享有下列权利：

1. 申请人可以放弃和变更仲裁请求；

2. 被申请人可以就仲裁协议的有效性向法院或者仲裁委员会提出异议；

3. 当事人任何一方如认为有必要，均可向仲裁委员会申请财产保全，仲裁委员会将把该申请提交有关法院。根据最高人民法院的通知精神，目前，一般地说，纯国内仲裁案件的诉讼保全，一般交由财产所在地的基层人民法院执行，而涉外案件的保全则由财产所在地的中级人民法院执行。

三、中国内地仲裁制度下仲裁庭的组建阶段

我国内地仲裁庭的组建阶段的法律问题，实际上我们前文已经讨论过，在此，笔者只作些简单的程序介绍。

根据《中华人民共和国仲裁法》第 4 章第 2 节的规定，在仲裁庭的组建阶段，当事人需要就下列事情作出反应：

（一）指定仲裁员和首席仲裁员

仲裁委员会受理案件后，双方当事人及仲裁委员会必须配合完成的第一件重要事情就是组建仲裁庭。前文我们也讨论过，内地仲裁庭的组织形式只有两种，一种是独任仲裁制；另一种是三人合议制。当事人如果约定实行三人合议制，则双方有权各自选定或各自委托仲裁委员会主任指定一名仲裁员，然后，双方共同选定或共同委托仲裁委员会主任指定第三名仲裁员担任首席仲裁员，组成仲裁庭。如果当事人选择独任仲裁制，则这名独任仲裁员应该由当事人双方选定或者共同委托仲裁委员会主任指定。《仲裁委员会仲裁暂行规则示范文本》第 17 条要求当事人自收到受理仲裁通知书之日起 15 日内完成选定仲裁庭的组成方式的约定及仲裁员的选定，否则，该权力只能由仲裁委员会主任行使。而《中国国际经济贸易仲裁委员会仲裁规则》则将上述期限放宽到 20 天。必须注意的是，根据内地仲裁的惯例，每个仲裁委员会都备有仲裁员名册，当事人只能在仲裁员名册内选定仲裁员，否则无效。仲裁庭组成后，仲裁委员会应当将仲裁

庭的组成情况书面通知当事人。

（二）仲裁员的自行回避和当事人对仲裁员的异议

根据《中华人民共和国仲裁法》第24、第25和第26条之精神，具备下列四种情况的仲裁员必须回避，当事人也有权申请有关仲裁员回避：

1. 本案当事人或者当事人或代理人的近亲属；

2. 与本案有利害关系；

3. 与本案当事人、代理人有其他关系，可能影响公正仲裁的；

4. 私自会见当事人、代理人，或者接受当事人、代理人的请客送礼的。

当事人提出回避申请，应当说明理由，在首次开庭前提出。回避事由在首次开庭后知道的，可以在最后一次开庭终结前提出。仲裁员的回避，由仲裁委员会决定；仲裁委员会主任担任仲裁员时，对他的回避问题，由仲裁委员会会议决定。

（三）仲裁员的更替

当事人依照前述规定对仲裁员提出异议，如果获得成功，或者仲裁员因其他原因不能履行职责的，则有关仲裁员的缺额应根据《中华人民共和国仲裁法》的规定重新选定或指定仲裁员。即就当该仲裁员从来不存在一样，由该仲裁员原来选定的一方按照仲裁法的要求，另行选定一名仲裁员，当事人不能选定时，同样由仲裁委员会主任指定。但是，如果仲裁委员会主任因异议被解除仲裁员职务时，他的缺额当事人无法依照仲裁法的规定填补时，究竟由谁来指定仲裁员呢？按照法律精神，当然还是仲裁委员会主任。但是，这种做法显然不合适。

四、中国内地仲裁的审理阶段

仲裁庭组成之后，仲裁即进入了审理阶段。所谓审理是仲裁庭对案件事实和证据审查是否属实的仲裁程序。仲裁的审理阶段对判断仲裁争议最后的是非曲直是至关重要的环节，正是通过这一阶段的审理和查证工作使当事人各方充分交换了对争议的看法，虽然这一阶段尚未作出裁决，但经过这一阶段的调查和质证，仲裁庭和当事人双方对基本的事实甚至争议的是非曲直已经心里有数。根据《中华人民共和国仲裁法》第三节的规定，仲裁的审理阶段需要了解下列内容：

（一）仲裁的审理原则

1. 开庭原则。

仲裁案件的审理主要有两种形式，即开庭审理和书面审理。两种形式各有千秋，当事人可以通过仲裁协议自由选择。仲裁法的精神一般是要求仲裁开庭审理，当事人协议不开庭的，仲裁庭可以书面审理。① 仲裁法的这种精神确立了以开庭审理为主，尊重当事人协议选择审理方式的原则。我们将这种原则称之为“开庭原则”。

2. 不公开原则。

不公开原则即仲裁的保密原则，这是国际商事仲裁领域又一项公认的原则。这一原则与司法上公开审判原则正好相反。司法诉讼要求公开审理，为的是增加透明度，便于人民群众的监督，增强人民对司法的信心；而仲裁是建立在仲裁协议基础上的民间裁判行为，都是与私法性质有关的民事争议，人们自然不想把它公诸于众。仲裁的不公开原则要求仲裁的仲裁员、仲裁委员会的秘书人员等对仲裁过程中的有关事宜负有保密责任。仲裁应在保密状态下进行，不得允许仲裁非参与人旁听，更不得对外报道，对仲裁案件的案情、审理过程、仲裁庭意见等均不得随意泄露。《中华人民共和国仲裁法》也采纳了公认的保密原则，它要求仲裁不得公开进行。当事人协议公开的，可以公开进行，但涉及国家秘密的除外。② 仲裁法的这种规定一方面追随了国际仲裁的潮流，从而确定了不公开原则，也充分体现了仲裁制度的实质，因而尊重当事人的意愿。对当事人约定公开的，允许公开，体现了仲裁制度下的意思自治原则。但是，意思自治不得超越法律界限，涉及国家秘密的不论当事人是否协议公开，都不允许公开审理。

（二）仲裁的证据制度

仲裁的证据是指仲裁过程中，当事人双方提供或仲裁庭依法搜集或取得的能够证明案件真实情况的一切客观事实材料。仲裁证据与诉讼证据一样，包括书证、物证、视听材料、证人证言、当事人陈述、鉴定结论、勘验笔录等几个种类。

《中华人民共和国仲裁法》关于仲裁的证据制度归纳起来有几种：

1. 谁主张，谁举证。

2. 仲裁庭有权搜集必要证据。

3. 证据须经质证。

4. 专业问题，当事人可以约定鉴定，仲裁庭也有权指定鉴定。当事人和仲裁庭均有权要求鉴定部门参加开庭，接受询问。

---

① 参见《中华人民共和国仲裁法》第 39 条。

② 参见《中华人民共和国仲裁法》第 40 条。

5. 在证据可能灭失或者以后难以取得的情况下，当事人有权申请证据保全。

（三）开庭审理的基本程序

如果当事人选定或者仲裁委员会主任指定开庭审理的方式，则一般要经过如下程序：

1. 通知当事人仲裁开庭日期。

《中华人民共和国仲裁法》第 41 条规定："仲裁委员会应当在仲裁规则规定的期限内将开庭日期通知双方当事人。当事人有正当理由的，可以在仲裁规则规定的期限内请求延期开庭。是否延期，由仲裁庭决定。"关于该条的期限限制，根据《仲裁委员会仲裁暂行规则示范文本》第 26 条规定，仲裁委员会应当在仲裁开庭 10 日前将开庭日期通知双方当事人；双方当事人经仲裁庭同意，还可以提前开庭。当事人有正当理由的，可以在开庭前 7 日请求延期开庭；是否延期，由仲裁庭决定。《中国国际经济贸易仲裁委员会仲裁规则》则规定秘书局应于开庭前 30 天通知双方当事人，当事人有正当理由的必须在开庭前 12 天以书面形式向秘书局提出。

关于当事人无故不到庭的后果，《中华人民共和国仲裁法》规定，申请人无故不到庭或未经仲裁庭许可中途退庭的，可以视为撤回仲裁申请；而被申请人无故不到庭或者未经仲裁庭许可中途退庭的，可以缺席裁决。在落实仲裁法这一精神方面，国内仲裁机构的《仲裁委员会仲裁暂行规则示范文本》第 27 条作了类似的规定，1998 年 5 月 10 日的《中国国际经济贸易仲裁委员会仲裁规则》第 42 条和《中国海事仲裁委员会仲裁规则》第 41 条规定则有所出入，两规则规定："仲裁庭开庭审理时，一方当事人不出席，仲裁庭可以进行缺席审理和作出缺席裁决。"该条的出入在于：对不出庭没有作合理与不合理之区分；申请人缺席时不是作撤诉处理，而是与被申请人一样作缺席审理与缺席裁决。对仲裁地点的问题，《中华人民共和国仲裁法》和国内仲裁机构的《仲裁委员会仲裁暂行规则示范文本》均没有作特别规定，但是，《中国国际经济贸易仲裁委员会仲裁规则》第 35 条允许当事人选择仲裁地点，当事人没有选择时应当在北京进行审理，中国国际经济贸易仲裁委员会各地分会受理的案件，应在该分会所在地进行，但是，经过仲裁委员会或其分会秘书长批准，也可以在其他地点进行审理。

2. 开庭开始阶段。

开庭的开始阶段，仲裁庭依此要作如下工作：

（1）由首席仲裁员或独任仲裁员核对双方当事人及其代理人的身份；

（2）宣布案由；

（3）宣布仲裁员和书记员的名单；

（4）告知双方当事人有关仲裁的权利和义务；

（5）询问当事人是否提出针对仲裁员的回避申请；

（6）仲裁庭宣布正式开庭。

在仲裁的开始阶段，必须注意的是，被申请人如果要针对仲裁协议的效力和仲裁案件的管辖权提出异议，必须在仲裁庭宣布开庭前提出，否则，一旦仲裁庭宣布开庭，即进入实体阶段，被申请人即被视为承认仲裁庭的管辖权，从而丧失管辖权异议的权利。

3. 庭审程序阶段。

仲裁法与诉讼法的立法方式不同，《中华人民共和国仲裁法》及其国内和涉外两种仲裁机构的仲裁规则都没有对仲裁的详细程序加以列举，主要根据仲裁的本质需要，强调了当事人的三个权利和仲裁庭的两个义务。当事人的三个权利是：

（1）辩论权。《中华人民共和国仲裁法》第 47 条规定当事人在仲裁过程中有权进行辩论。这就是说，在庭审过程中，双方当事人及其代理人在仲裁庭的主持下，可以随时就案件的事实及如何适用法律，陈述各自的主张，互相辩驳和论证，以维护自己的合法权益。

（2）最后陈述权。即当事人在仲裁庭辩论的终结阶段，有权在开庭过程中的双方陈述和质证的基础上，对自己的观点和立场作一个归纳和总结。

（3）记录补正权。根据《中华人民共和国仲裁法》第 48 条规定，当事人如果认为仲裁庭的开庭笔录中对自己陈述的记录有遗漏或者差错的，有权申请补正，仲裁庭如果不同意补正，应该记录该申请。

仲裁庭的两项义务实际上是与上述当事人权利的对应规定，它们是：

（1）听取当事人最后陈述的义务。仲裁法规定，辩论终结时，首席仲裁员或者独任仲裁员应当征询当事人的最后意见。这一义务的主体是"首席仲裁员"（三人合议制）和"独任仲裁员"（独任仲裁制），履行义务的时间是当事人之间辩论终结时。

（2）仲裁庭应当将开庭情况记入笔录。记录由仲裁员、记录员、当事人和其他诉讼参与人签名或者盖章。

尽管法律没有详细规定仲裁程序，参照《中华人民共和国民事诉讼法》和中国内地仲裁实践，仲裁的庭审程序如下：

（1）当事人陈述；

（2）告知证人的权利、义务，证人作证，宣读未到庭的证人证言；

（3）出示书证、物证和视听材料；

（4）宣读勘验笔录和鉴定结论；

（5）申请人及其仲裁代理人发言；

（6）被申请人及其仲裁代理人发言；

（7）双方互相辩论；

（8）按申请人、被申请人的顺序征询当事人的最后意见。

4. 书面审理。

所谓书面审理，是仲裁庭根据当事人之间的仲裁协议，不予开庭，只根据当事人提供的书面材料对案件进行审理并作出仲裁裁决的行为。在我国内地，进行书面审理的情况往往具有如下特点：

（1）进行书面审理必须有双方当事人要求书面审理的协议。

（2）进行书面审理的案件一般应是争议金额小、案情简单、事实清楚的案件，否则，不应该采用书面审理的形式。

五、中国内地仲裁的和解、调解和裁决阶段

仲裁与许多其他解决民事争议的方式一样，都允许当事人对自己的权益作出处理，并且有权以自己的方式解决争议。和解与调解便是其中两个重要方式。

（一）和解

所谓和解，是指双方当事人通过协商就已经提交仲裁的争议自行达成解决争议的协议的行为，和解的根本特点就是没有仲裁员的介入，纯属当事人之间自发达成。从和解发生的场所角度来区分，和解可以分为庭内和解和庭外和解两种形式。庭内和解顾名思义就是在仲裁庭开庭过程中达成的和解；而庭外和解就是当事人在仲裁庭之外私下自行达成的和解。按照当事人处理实体权利的方式划分，和解可以区分为三种方式：第一，申请人弃权。申请人在仲裁立案后，自动放弃自己的仲裁请求，从而结束争议。第二，被申请人承认。仲裁过程中，被申请人对申请人的仲裁请求没有异议，并表示同意履行义务，双方为此达成履行义务之协议。第三，双方当事人找到解决仲裁争议的方案，并就此签定协议。

和解的法律后果是仲裁程序的终止或撤销。当事人在达成和解后一般有两个结案方式：其一是由申请人撤回仲裁申请；其二是当事人双方请求

仲裁庭根据双方的和解协议作出裁决书。①

当事人达成和解协议后，能否反悔？能否再次申请仲裁？对这两个问题，在国际仲裁界存在两种截然相反的观点：一种认为可以再申请仲裁；另一种认为，当事人不得再申请仲裁。笔者认为应该允许当事人再次申请仲裁。原因是，当事人在和解阶段，虽然处理了他们之间的实体权利，一旦双方签字即行生效。但是，他们之间的仲裁协议却始终独立存在，只要他们在和解协议中没有解除仲裁协议，仲裁协议就不因为实体问题是否解决而受到影响，一旦发生纠纷该争议事项仍然属于仲裁协议调整范围，当事人当然可以依据仲裁协议再行提交仲裁；而且在存在仲裁协议的前提下，仲裁的权利如同诉权一样，是仲裁法赋予当事人的一种解决争议的程序权利，任何协议都不得剥夺。当然，在申请人已经签订和解协议的情况下，如果再行申请仲裁能否胜诉那就另当别论了。如同司法上丧失实体权不一定就丧失诉权一样，取得了诉权不见得就取得了胜诉权。

对和解后再行仲裁的态度，《中华人民共和国仲裁法》采取了允许仲裁的立场。《中华人民共和国仲裁法》允许当事人达成和解协议并撤回仲裁申请后，根据仲裁协议再行申请仲裁①。内地的仲裁机构的仲裁暂行规则也作了类似规定。但是，《中国国际经济贸易仲裁委员会仲裁规则》第44条第3款的规定有所不同，该款规定："当事人就已经撤销的案件再提出仲裁申请时，由仲裁委员会主任作出受理或不受理的决定。"也就是说，在内地的涉外仲裁中，当事人对仲裁和解并撤回申请应持慎重态度，否则，一旦当事人反悔重新提出仲裁申请就必须得到仲裁委员会批准才可能得以立案受理。

（二）调解

所谓调解，是指当事人在仲裁庭的主持下，当事人在自愿协商、互谅互让的基础上达成一致意见以解决纠纷的一种结案方式。

《中华人民共和国仲裁法》及国内仲裁机构的仲裁暂行规则示范法对仲裁调解的规定主要有如下内容：

1. 调解是当事人和仲裁庭的一项程序权利，但不是仲裁的必经程序。只有当双方当事人自愿调解时，调解才必须进行。

2. 调解不能被潜在的败诉方用来作为拖延争议解决的一种逃避义务的手段，因此，不能久调不决，如果调解不成的，仲裁庭应及时作出裁决。

---

① 参见《中华人民共和国仲裁法》第50条。

3. 调解成功达成调解协议时，仲裁庭可以制作调解书或根据调解协议作出仲裁裁决。两者具有同等的法律效力。

4. 仲裁法要求仲裁委员会制作的调解书中应当写明当事人的仲裁请求及当事人就此协商的结果。调解书必须以仲裁委员会的名义签发，仲裁员应当在调解书上签字。

5. 调解书自双方当事人签收时生效。

6. 允许当事人在签收前反悔，当事人反悔的，仲裁庭应及时作出仲裁裁决。

内地的涉外仲裁机构于1998年5月10日实施的两个仲裁规则对调解制度的规定要详细得多。笔者认为与国内仲裁机构的仲裁示范规则相比，其增加的两点值得提倡和研究。这两点是：

1. 仲裁庭在进行调解的过程中，任何一方当事人提出终止调解或者仲裁庭认为已无调解成功的可能性时，应停止调解(《中国国际经济贸易仲裁委员会仲裁规则》第47条)。这一条从程序规则上保证了调解不会久调不决，主动权掌握在仲裁庭和当事人双方手中，一旦任何一方当事人不愿意继续调解，即可使调解程序终止。

2. 如果调解不成功，任何一方当事人均不得在其后的仲裁程序、司法程序和其他任何程序中援引对方当事人或仲裁庭在调解过程中发表过的、提出过的、建议过的、承认过的以及愿意接受的或否定过的任何陈述、意见、观点或建议作为其请求、答辩及/或反请求的依据(《中国国际经济贸易仲裁委员会仲裁规则》第50条)。这一条又从仲裁程序上免除了当事人对调解程序的担心。

（三）裁决

仲裁庭完成前述程序后便进入裁决阶段，完成这一阶段究竟需要多长时间，《中华人民共和国仲裁法》并没有统一规定，而是将这个问题留待各仲裁委员会的仲裁规则加以明确。为此，供内地地方各仲裁委员会参照的《仲裁委员会仲裁暂行规则示范文本》第42条规定：“仲裁庭应当在仲裁庭组成后4个月内作出仲裁裁决。有特殊情况需要延长的，由首席仲裁员或者独任仲裁员报经本仲裁委员会主任批准，可以适当延长。”但是，《中国国际经济贸易仲裁委员会仲裁规则》第52条和《中国海事仲裁委员会仲裁规则》第51条则规定：“仲裁庭应当在组庭之日起9个月内作出仲裁裁决书。在仲裁庭的要求下，仲裁委员会秘书长认为确有必要和确有正当理由的，可以延长该期限。”比较国内和涉外仲裁机构的仲裁规则，我们发现这两个规则关于仲裁期限的规定有着重大区别：

1. 涉外仲裁机构的仲裁期限要比国内仲裁机构的仲裁期限长。前者为9个月，后者为4个月。

2. 允许延长的理由有细微的差异。涉外仲裁机构要求“确有必要和确有正当理由”，而国内仲裁机构只要求“有特殊情况需要延长”即可。

3. 申请延长期限的主体不同。涉外仲裁机构要求仲裁庭集体名义申请，而国内仲裁机构只需要“首席仲裁员或者独任仲裁员”个人申请即可。

4. 批准的主体不同。涉外仲裁机构由仲裁委员会秘书长批准，而国内仲裁机构却需要仲裁委员会主任批准方可。显然，在这一点上，国内仲裁机构要比涉外仲裁机构严格。

仲裁裁决的种类很丰富，本节讨论的只是仲裁委员会的最后裁决的期限，其实，其他仲裁裁决的类型不一定受上述期限的约束，如补充裁决等，这将和仲裁裁决的其他法律问题一道留待下一章详细讨论。

第二节 香港仲裁程序之简介

一、仲裁的开始阶段

在香港仲裁中，仲裁开始（香港仲裁界称之为展开仲裁）以申请人将仲裁通知书送达被申请人之日为标志。《香港仲裁条例》规定仲裁协议的一方向另一方或多于一方送达通知书，要求他或他们委任或赞同委任一名仲裁员时，仲裁即当作展开，如仲裁协议规定争议须提交予协议中所提名或指定的人，则在仲裁协议的一方或多于一方送达通知书，要求他或他们将争议呈交该被提名或指定的人时，仲裁即当作展开①。《香港仲裁条例》强调的是仲裁通知书的送达，仲裁通知书与仲裁申请书并不相同，根据港内仲裁规则，这两者之间允许至少有28天的时间差。因为港内仲裁规则规定仲裁申请书必须在仲裁员接受对他的指定后28天内提出。当然，申请人也有权选择将仲裁申请书与仲裁通知书同时送达，以加快仲裁争议的处理进程。

那么，仲裁通知书究竟包括什么内容呢？《香港仲裁条例》并没有特别规定，根据香港仲裁实践，仲裁通知书一般包括下列内容：

1. 将争议提交仲裁的要求。

---

① 参见《香港仲裁条例》第31A条。

2. 争议双方当事人的名称及其地址、电话、电传和传真号码。如果申请人聘请了代理人，也要提供其代理人的上述资料。

3. 含有仲裁协议或仲裁条款的合同性文件。

4. 简要说明争议的性质及其原委，并列明索赔请求的要点。

5. 关于由 HKIAC 直接指定 1 名仲裁员，或者由 HKIAC 提出一个不超过 3 名仲裁员的名册供双方当事人选择的建议。

香港国际仲裁适用的《联合国国际贸易法委员会仲裁规则》第 3 条对仲裁通知书作了类似规定，仲裁通知书不仅要送达给对方当事人，而且应将其副本寄交 HKIAC 秘书长。

仲裁通知书的送达既然被认为是仲裁开始的起点，那么仲裁通知书是否送达对各方当事人及仲裁庭来说都十分重要。为了避免送达概念的分歧，《香港仲裁条例》第 31 条第 2 款特别规定了几种送达的形式：

1. 递送予须予送达的人；

2. 将通知书留在该人在香港的通常居住地方或最后为人所知的地方；

3. 按该人在香港的通常居住地方或最后为人所知的居住地方而藉挂号邮件将通知书致予该人；

4. 按照仲裁协议书订明的其他方式送达。

法律还特别规定，以上述第 3 种方式寄送的通知书，除非相反证明成立，否则该通知书须当作为已循照通常的邮递程序寄达收件人。

二、仲裁的答辩程序

被申请人收到仲裁通知书后，应在 28 天内提出答辩，被申请人的答辩书应包括下述内容：

1. 确认或否认上述仲裁意向。如否认，则应说明所依据的理由；

2. 对索赔请求的全部或部分金额的确认或否认；

3. 如提出反诉，则简要说明其性质和情况；

4. 或者同意申请人请求 HKIAC 直接指定一名仲裁员的建议，或者同意在 HKIAC 提供的三人仲裁员名册中指定一名仲裁员；

5. 如由代理人代理，则应说明该代理人的详细情况，包括他的姓名和地址，以及电话、电传和传真号码。

三、仲裁庭的组成

前文已经讨论过，香港仲裁庭是采取独任仲裁制还是合议仲裁制由当事人自由约定。无约定时，港内仲裁采用独任仲裁制，而国际仲裁中，则由香港国际仲裁中心在该个案中决定 1 ~ 3 名仲裁员组成仲裁庭。在港内仲裁中，如果双方当事人无法在仲裁开始后的 42 天内就独任仲裁员人选或双方已选定的仲裁员无法就公断人人选达成一致意见，则任何一方均可向他方或仲裁员发出任命仲裁员、公断人、第三名仲裁员的通知，如果发出通知后 7 天内仍未能委任，则由 HKIAC 指定一名独任仲裁员组成合议庭。

而在香港国际仲裁中，如果当事人双方对于仲裁员的人数（一人或三人）事先并无约定，而在被诉人收到仲裁通知书后 15 日内，双方又未能同意仲裁员仅为一人时，则由香港国际仲裁中心在该个案中所决定的一或三名仲裁员组成仲裁庭。根据国际仲裁所适用的《联合国国际贸易法委员会仲裁规则》第 6 ~ 8 条规定，其任命程序相当复杂，大致内容如下：

1. 独任仲裁员的任命方法。

首先由双方当事人协商选定。如果协商不成时，应按下列程序操作：

（1）任何当事人一方向对方提出两个选择方案。其一是提出一人或数人的姓名，其中一人将作为独任仲裁员；其二是（在当事人对有任命权的机构尚无约定时）提出一个或一个以上的机构或人员的名称或姓名，其中之一将作为有任命权的机构。

（2）如当事人一方在收到上项提议后 30 日内，双方当事人尚未就独任仲裁员人选达成协议，则应提交双方共同同意的任命机构任命独任仲裁员。

（3）任命机构应尽快任命独任仲裁员，一般采用提名征询办法确定独任仲裁员（除非当事人双方同意或该机构认为不宜时，方不采用）。其基本步骤是：任命机构应将包含相同姓名的名册（至少有三人）送达双方当事人，双方当事人在收到名单后 15 日内从名单中剔除其反对的人选，将其余的姓名排好优先顺序送还任命机构，任命机构从双方分别认可的名单中，按当事人排列的优先次序任命一名独任仲裁员。如果这种办法仍然不能产生独任仲裁员，则由任命机构直接任命一名独任仲裁员。任命机构的任命应确保仲裁员的独立性和公正性，最好任命一名与双方当事人国籍不同的仲裁员。

（4）如果双方无法共同选定任命机构或者该机构拒绝接受，或者不能在收到当事人一方请求后 60 日内作出任命，则任何一方当事人可以请求海牙常设仲裁法院秘书长指定一个有任命权的机构。

必须说明的是，在香港仲裁实践中，HKIAC 常常扮演任命机构的角色，1996年修订的《香港仲裁条例》第12条和第34C条进一步将HKIAC作为有权任命机构的地位正式确认下来。

2. 三人合议制仲裁员的任命方法。

三人合议制情况下，一般由当事人各指定一名仲裁员，然后由这两名仲裁员指定担任首席仲裁员的第三名仲裁员。如果在收到一方当事人任命一名仲裁员的通知后30日内，对方当事人还没有任命仲裁员，则第一方有权请求约定的任命机构任命第二名仲裁员。如果这种任命机构尚未产生，则第一方当事人有权请求海牙常设仲裁法院秘书长指定一个任命机构，然后由该任命机构任命第二名仲裁员。两名仲裁员产生后，应共同推举担任首席仲裁员的第三名仲裁员，如果自第二名仲裁员产生后30天内，两名仲裁员还无法选定首席仲裁员，则由任命机构按选定独任仲裁员的程序选择首席仲裁员。

四、仲裁审理阶段

仲裁庭成立后便展开了仲裁审理程序，仲裁的审理方式一般由仲裁庭决定。在决定如何审理仲裁争议前，香港的仲裁庭往往会召开一次预备性会议，主要解决有关该案的仲裁程序问题。其具体内容无论是《香港仲裁条例》还是港内仲裁规则和国际仲裁规则都没有详细规定，根据HKIAC仲裁实践的归纳，在仲裁庭主持下召开的预备性会议主要涉及18个问题①（以港内仲裁，并适用《港内仲裁规则》为例）：

（1）当事人是否了解通过调解解决争议的可能性？

（2）当事各方愿意选择联合国示范法中规定的程序吗？

（3）当事双方是否已订立了排除对仲裁裁决上诉的协议？他们是否愿意这样做？

（4）是否采用简易程序？

（5）是否需要在开庭审理之前确定将审理的主要问题？

（6）当事各方的责任与他们各自应承担的赔偿金额一并审理，还是分开？仲裁庭是否应发出相应的指令？

（7）是否应聘请一位助手协助仲裁庭确定当事人对争议事项应承担的责任？

（8）当事人是否了解向法院付款的程序和《港内仲裁规则》第18条

① 参见赵秀文著：《香港仲裁制度》，河南人民出版社1997年版，第148～149页。

的规定？

(9) 提交申诉书和答辩状的时间表依《港内仲裁规则》第 6 条规定办理，还是重新确定一个日程表？

(10) 还应作哪些特别规定？

(11)《港内仲裁规则》第 6 条第 6 款规定的文件应全部提交，还是先提交文件目录？

(12) 是否有必要根据《港内仲裁规则》第 6 条第 7 款向当事各方发布提交补充文件的指令？

(13) 是否有证人？如有的话，他们是专家证人还是事实证人？或者两者兼有？在有专家证人的情况下，是否举行一次听证会？会议在交换专家报告之前进行，还是在此之后？在有事实证人的情况下，证人证词是否交换？何时交换？它们是否应作为主要证据？

(14) 谁是仲裁当事人的代理人？如果需要开庭的话，估计用多长时间，在何时何地开庭？

(15) 开庭时是否需要速记和录音？仲裁程序使用英语还是其他语言？是否需要翻译？

(16) 仲裁庭是否应根据《港内仲裁规则》第 15 条作出费用担保的裁定？

(17) 当事人是否明确同意裁决不必附具理由？

(18) 是否还有仲裁庭认可可以经济快捷地解决争议所必须的其他事项？

上述 18 个问题是在港内仲裁的情况下需要了解的，在国际仲裁情况下又有所不同，国际仲裁适用联合国示范法和《联合国贸易法委员会仲裁规则》，因此，上述问题应参照示范法和贸法会仲裁规则作适当调整。必须指出的是，仲裁庭对了解上述问题的方式有很大的自由裁量权，仲裁庭认为必要时，可以只就上述问题向当事各方发调查问卷，而不实际主持召开所谓预备性会议。

对许多内地当事人来说，属英美法系的香港的仲裁程序一定很新鲜。因为本书讨论到现在，实际上还停留在程序问题上，因为到现在申请人还没有提交主张其实体权利的索赔请求书。但是，完成仲裁审理程序的调查后，这一阶段就真正开始了。

《港内仲裁规则》规定，申请人应在收到仲裁员接受任命的通知后 28 天内向仲裁庭提交索赔请求书，申请人应在请求书中详细列明请求索赔的事项、争议的事实、索赔的证据、所依据的法律等，被申请人应在收到索赔请求书后35天内提出答辩，如有反诉，被申请人也应在上述期限内提出。申请人接到被申请人的答辩和反诉后应在21天内提出新的答辩。对申请人的反答辩，被申请人还有21天的答辩期。申请人和被申请人在进行索赔和答辩时都应该附具证明文件。同时这些文件也应该提交仲裁庭。

申请人和被申请人完成上述的意见交流后，可以约定审理的形式，约定书面审理的就不得再要求开庭审理。如果双方未作书面审理的约定，则有权要求开庭审理。应当事人要求，仲裁庭应将开庭的时间、地点告知双方，并将审理的主要事项和问题的清单提交当事各方。仲裁庭可同时要求当事人双方将开庭审理的开场白和结束语书面提交仲裁庭。

正式的开庭比较简练，主要围绕仲裁庭的问题清单进行询问和质证。除双方书面同意外，仲裁开庭时一般不公开，也不允许旁听和报道。为了确保仲裁的保密性，《港内仲裁规则》还要求HKIAC在收到当事人提交的最后一份文件资料后满一年将文件资料销毁。

《香港仲裁条例》对仲裁的程序所作的强制性规定并不多，这样做的目的是为仲裁庭灵活处理案件留下更多的空间。1996年的《香港仲裁条例》专门以第2GA条和第2GB条详细地规定了仲裁庭的权利和义务。由于前文已有讨论，在此不再赘述。此外，1996年的修订本中还给仲裁庭增加了两项与仲裁程序有关的权利，这就是第2GD条“延长仲裁程序的时限的权力”和第2GE条就“拖延提起申索”对当事人制裁的权利。

第2GD条“延长仲裁程序的时限的权力”是这样规定的：

（1）凡协议将日后争议提交仲裁的仲裁协议规定，除非申索人在该协议所订定的时间之前或所订定的期限内采取步骤以——

（a）展开仲裁程序；或

（b）展开其他解决争议的程序（而该程序必须用尽始可展开仲裁程序），否则申索须受禁制或申索人的权利须予终绝，则本条适用于该协议。

（2）仲裁庭可因应本条适用的仲裁协议的一方所提出的申请，按照本条作出命令，以延长采取第（1）款所提述的步骤的期限。

（3）只有在已有申索产生以及在用尽任何可用的以获得延长时限的仲裁程序后，方可提出申请。

（4）申请人必须在提出申请后7天内向其他各方发出申请通知书。该等其他各方有权在裁定该申请的程序中陈词。

（5）仲裁庭只可在信纳——

（a）有关的情况超乎各方在订立仲裁协议时的合理预计，而延长该

期限会是合理的；或

(b) 由于某一方的行径，若以该协议的严格条款约束其他各方，是不公平的做法的情况下，根据本条作出命令，以延长该期限。

(6) 仲裁庭可按其认为合适的条款延长期限，而所延长的期限为一段其认为合适的期间；即使先前所订定的期限（不论是藉协议或藉先前的命令而订定）已届满，仲裁庭亦可如此行事。

(7) 如有任何成文法则限制展开仲裁程序的期限，本条并不影响该成文法则的实施。

(8) 如在有关时间，并没有能够行使本条授予仲裁庭的权力的仲裁庭存在，则该权力可由法院或法院大法官行使。

第2GE条规定了拖延提起申索的有关规定：

(1) 所有仲裁协议均包括以下的隐含条款，即：根据该协议有申索权的一方，在申索关乎能够藉仲裁解决的情况下，应提起该申索，不得拖延。本款受在该协议中相反规定的任何明订条款规限。

(2) 在仲裁庭前进行的仲裁程序中，仲裁庭如信纳某方或某方的顾问曾不合理地拖延提出或提起申索，则可作出命令——

(a) 撤销该方的申索；及

(b) 禁止该方就该申索展开进一步的仲裁程序。

(3) 上述命令可由仲裁庭主动作出，亦可因应在仲裁席前进行的仲裁程序的另一方面所提出的申请而作出。

(4) 就第（2）款而言，如拖延——

(a) 引起或相当可能引起申索中的争论点不会得到公平解决的重大危险；或

(b) 已对或相当可能对仲裁程序的其他各方造成严重损害，即属不合理的拖延。

(5) 如在有关时间，并没有能够行使本条授予仲裁庭的权力的仲裁庭存在，则该权力可由法院或法院大法官行使。

五、香港仲裁的裁决阶段

《香港仲裁条例》和《港内仲裁规则》及《联合国国际贸易法委员会仲裁规则》中均未规定仲裁裁决（即终局裁决）的期限。《香港仲裁条例》第15条只是给仲裁庭一种授权性的规定，根据该规定仲裁庭有权在任何时间作出裁决，而且，即便当事人约定有仲裁期限，法院或大法官均有权将该期限延长。仲裁条例只是要求仲裁员积极、全力推进仲裁（包括当2位仲裁员意见不一致时，应尽速通知当事人和公断人)，否则，任何一方均有权将懒惰的仲裁员撤职，被撤职的仲裁员无权就其已经提供的服务接受任何报酬。

从上述规定精神可知，香港的仲裁程序，无论对当事人还是对仲裁庭来说均有较大的自治权利，仲裁庭对仲裁的程序推进具有较大的自由裁量权，但是，这并不意味着对仲裁庭毫无约束，仲裁当事人可以在预先签订的仲裁协议或者我们前文讨论的“预备性会议”中就仲裁程序的进程速度达成一致，从而对仲裁庭产生约束力，即便没有这样的程序约定，仲裁员和公断人也应该严格自律，否则会因自己的懈怠而被法院驱逐。

第三节　澳门仲裁程序之简介

一、澳门仲裁的开始

澳门仲裁的准备阶段是从原诉人向被诉人发出仲裁通知开始的。按照《澳门本地仲裁法》要求，如果当事人在仲裁协议或随后订立的书面协议订立有仲裁机构或仲裁员人选，则原诉人可以直接将仲裁通知书寄交该仲裁机构或仲裁员。如果无此约定，拟把争议提交仲裁庭之一方当事人（原诉人）应以具收件回执之挂号信或能证明收件人收件之其他书面文件，将该事实通知他方当事人。① 该仲裁通知书中应该指明所依据的仲裁协议，如果未在协议内确定争议标的，则通知中也应该实事求是地予以说明。仲裁通知书中还应该就仲裁庭的组建方式作出表态。原诉人可在通知书内提出自己的一名或数名仲裁员人选或提出建议指定独任仲裁员人选，邀请对方当事人（被诉方）作类似指定或对独任仲裁员人选作出表态。如果双方约定由第三方指定一名或数名仲裁员时，原诉人应通知第三人在规定时间内指定仲裁员，如无规定时间，则应在15日内作出指定，并通知双方当事人。仲裁自被诉人收到上述仲裁通知开始。

二、仲裁庭的组成及仲裁准备

被诉人在接到前一通知后，应积极配合原诉人做好仲裁庭的设立工作。当事人对仲裁庭的组成有约定的按约定组成，如无约定，则按第15条之程序设立（即当事人分别指定人数相同之仲裁员），除双方选定独任

① 参见《澳门本地仲裁法》第15条。

仲裁员外，应由双方指定的仲裁员共同推举另一名仲裁员，共同组成仲裁庭，如果按前述程序未能指定仲裁员，则由管辖法院指定（当事人另行约定除外），首席仲裁员由仲裁员互选产生，否则由管辖法院选定。

仲裁庭适用的仲裁规则和仲裁地点应由当事人在仲裁协议或随后的书面协议中约定，或者约定适用专门机构的仲裁规章，或者约定将仲裁筹备工作交由专门机构负责，从而当然地适用该机构之仲裁规章。如果当事人无法在接受第一名仲裁员之前确立上述问题，则应交由仲裁员确定。在澳门涉外商事仲裁中，如果当事人不能约定适用的仲裁规则，则仲裁庭有权采用其认为适当的方式进行仲裁。

关于仲裁语言问题，《澳门本地仲裁法》并没有特别规定，因为澳门面积不大，在纯粹的本地仲裁中语言障碍并不大。但是，在澳门涉外商事仲裁中，语言问题就显得特别重要，因此，《澳门涉外商事仲裁法》第22条特别规定当事人应通过仲裁协议约定仲裁适用的语言，当事人无约定时，由仲裁庭决定。

三、澳门仲裁的审理阶段

（一）原诉人的陈述与被诉人之答辩

仲裁庭组成之后，在当事人所协议确定或仲裁庭所确定的时间内，原诉人应该及时向仲裁庭提交仲裁请求书（索赔请求书），就索赔请求之事实、双方当事人之争议点及请求赔偿之标的作详细说明。原诉人的陈述书应附具支持其仲裁请求的法律文件和证据材料。被诉人应针对原诉人的仲裁请求作出答辩，被诉人的答辩书应该回答原诉人在仲裁请求书中的相应问题，并同样得附具证据材料。如果被诉人对仲裁的管辖权有异议，应该在其提交的第一份答辩书内或者第一份答辩书之前提出。双方当事人都有权对他们的请求书或答辩书进行修改，但仲裁庭如认为当事人提出的改动太迟，可以不予接受。

在这一阶段中，如果原诉人被通知提交载明其主张之请求书而不提交时，仲裁程序将不予进行，原诉人应负担设立仲裁庭之费用。被诉人在指定期限内不提出答辩时，仲裁庭应证实已作出传唤，并下令有关程序继续进行。但是，被诉人之无所行动并不能视为接受原诉人的主张，除非当事人之间有此规定。

（二）澳门仲裁的审理程序

1. 书面审理与开庭（口头）审理的选择。

对仲裁争议的审理方式，当事人可以以书面约定。当事人约定书面审理时，则任何一方无权单方面请求口头审理。当事人之间无特别协定时，由仲裁庭决定是否设立口头审理阶段，以便提出证据或进行辩论。

2. 仲裁程序的一般原则。

澳门仲裁制度刚刚建立不久，又没有权威的仲裁机构，澳门消费争议仲裁中心，由于其只受理争议标的少于25 000澳元的争议，具有一定的特殊性。而其他如律师公会仲裁中心等专门机构，由于成立较晚，受案也不多，如果现在就认为它是澳门仲裁制度的典范还言之过早。因此，我们暂时还无法严格参照某一权威仲裁机构的仲裁规则来分析澳门仲裁的具体程序。但是，我们从分析《澳门本地仲裁法》第20条规定的仲裁程序的一般原则出发，可以对澳门仲裁的程序有一个大致认识，该一般原则，实际上对涉外仲裁同样适用。① 该条奠定了如下的程序原则：

1. 在仲裁程序中，当事人应获绝对平等对待，且任一方当事人应有行使其权利之机会；

2. 就争议及仲裁程序中所出现之问题，在确保适用辩论原则之前提下，任一方当事人应有充分机会支持其主张及表达其观点；

3. 被诉人须被传唤作出答辩，且得根据民事诉讼法所允许之情况，在仲裁协议或当事人随后之协议范围内提出反诉；

4. 在作出终局裁决前，应听取双方当事人口头或书面意见；

5. 应提前足够时间以挂号信或其他约定之方式，通知当事人有关仲裁庭审查证据之听证及讨论待决之法律问题之会议之日期及地点，以及所有之陈述书、陈述、申请、所提交文件及裁决。

（三）澳门仲裁的证据制度

证据是仲裁庭进行实体审查，从而判断当事人之间是非曲直的重要依据。澳门仲裁法对这方面也给予了足够重视，并确立了下列仲裁证据制度：

1. 仲裁证据的种类。仲裁法规定澳门民事诉讼法所接受的证据均可作为仲裁的证据，即澳门仲裁的证据类型与澳门司法诉讼证据的种类完全相同。

2. 仲裁制度对证人证据的特别约束。《澳门本地仲裁法》规定，曾担任有关争议调解人职务之人不得以证人身份作证或出任鉴定人，除非当事人另有约定。另外澳门消费争议仲裁中心的规章草案第15条第3款还规定："各当事人的证人不得超过三人。"对证人作数量限制，这可是开创

① 参见《澳门涉外商事仲裁法》第37条第1款。

证据制度的先例。

3. 仲裁庭有权请求法院协助收集证据。仲裁庭在审理仲裁争议过程中，如发现有必要收集特定证据，需要当事人或第三人之配合，而有关证人拒绝配合时，仲裁庭可以依职权，也可以应任何一方当事人之申请，出面要求普通管辖法院协助收集该项证据。法院收集到的有关证据应以书面或者其他适当之方式记录后送交仲裁庭。

4. 仲裁庭有权聘请专家证人。根据《澳门涉外商事仲裁法》第 26 条规定的精神，仲裁庭认为必要时，可以指定一名或一名以上鉴定人就仲裁庭所委托的特定问题提出鉴定报告。同时为使得鉴定人对鉴定事项有一个清楚的了解，出具一份准确、公平的鉴定报告。仲裁庭有权责令有关当事人向鉴定人提供一切有关资料、文件或者让鉴定人接触有关货物或其他财产。鉴定人出具报告后，任何一方当事人或者仲裁庭均有权要求鉴定人出庭作证，回答当事人或仲裁庭的质询。

5. 任何一方当事人在证据方面不合作，并不影响仲裁进程。《澳门本地仲裁法》第 23 条第 3 款规定，如果任何一方当事人被传唤出席听证，而拒绝出席，或者拒不提供书面证据等并不影响仲裁进程。相反，仲裁庭可以依据取得的现有仲裁证据，继续推进仲裁程序。当然，不提供证据的一方，如果因此无法支持其主张，很可能承担败诉的后果。

（四）澳门仲裁程序的中止

在完成正常仲裁程序，并由仲裁庭作出终局裁决前，澳门仲裁可能因为一些法定因素的出现而导致仲裁程序的中止。归纳起来有如下几个因素：

1. 当事人协定中止。澳门仲裁法赋予仲裁当事人双方通过书面协定将仲裁程序中止一段时间。这段时间当事人既可以用来协商调解、和解，也可以用来准备证据或其他法律文件。但是，在这种情况下，法律允许的中止时间有限，不得超过 60 日，并且，会导致仲裁的其他限制期限相应顺延。这种中止方式，在国际商事仲裁领域中可算少见。①

2. 争议的消失。在澳门本地仲裁中，这种情况指的是原诉人放弃其仲裁请求或者被诉人承认对方的仲裁请求并且就解决争议事项达成和解协议的情况下，原诉人与被诉人之间的争议已经得到了解决，经仲裁庭作出裁决确认上述行为有效时，仲裁程序即可中止。但是，原诉人放弃仲裁请求的行为并不影响被诉人的反诉，反诉可以独立存在，并且可以继续进行

---

① 参见《澳门本地仲裁法》第 26 条第 1 款。

下去，直到作出裁决。

3. 为补充调解程序而中止。如果双方当事人在协议中约定必须经过调解环节，而原诉人不能提供曾召集该调解之证据时，仲裁庭可以中止仲裁程序最多30日，以便让原诉人补充调解程序。如果原诉人在上述期限内不召集调解，则仲裁庭有权中止仲裁程序，并由原诉人承担仲裁费用。反之，如果原诉人证实曾召集调解，由于不可归咎于原诉人的原因使得召集未能实现，仲裁程序仍可继续进行。

四、澳门仲裁的裁决与终止

澳门仲裁程序一般因终局裁决的作出而终止。仲裁庭作出终局裁决的期限受当事人之间的仲裁协议及在接受第一名仲裁员之前订立的书面协议的约束。如果没有任何规定时，仲裁庭应该自指定或任命最后一名仲裁员之日起六个月内作出终局裁决。但是，上述期限当事人可以协议延长，不受次数限制。且仲裁程序中发生的回避、请求拒却、自行回避或替换仲裁员以及一方当事人之死亡或消灭等均导致期限之中止，直到结束这种不确定状态为止。另外，根据《澳门涉外商事仲裁法》的精神还有几种终止仲裁程序的情况：

1. 在仲裁过程中，当事人之间就解决争议达成协议，仲裁庭应当终止仲裁程序，应当事人请求，仲裁庭可以根据当事人协议的内容作出与终局裁决具有同等法律效力的仲裁裁决。

2. 原诉人撤回仲裁请求，可导致仲裁程序终止。但是被诉人表示反对，且仲裁庭承认确定性解决争议对被诉人有正当利益者除外。

3. 双方当事人同意终止仲裁程序。

4. 仲裁庭证实基于其他理由仲裁程序已无必要或不可能继续进行时，仲裁程序可以终止。

仲裁程序终止的法律后果是仲裁庭活动的终止和仲裁员授权的结束，除非法院要求变更或仲裁当事人要求补充仲裁。

第四节　台湾仲裁程序之简介

就仲裁程序而言，由于台湾“仲裁法”刚刚生效不久，而1989年“台湾商事仲裁协会”根据当时的“商务仲裁条例”制定的仲裁程序实施办法显然与新的“仲裁法”有所冲突，新的仲裁规则尚未产生。我们尚不知晓新的“仲裁法”会给中华仲裁协会的仲裁规则带来怎样的改变。

1999 年 3 月 6 日，台湾有关方面发布的“仲裁机构组织与调解程序及费用规则”仅仅适用于调解程序，不适用于仲裁程序，因而，我们对台湾仲裁程序的介绍只能以新的“仲裁法”为依据，并参照旧的“台湾仲裁协会仲裁程序实施办法”若干相似规定进行。

一、台湾仲裁程序的开始

台湾“仲裁法”规定，当事人将争议事件提付仲裁时，应以书面通知相对人。仲裁程序自相对人（被申请人）收到申请人提付仲裁之通知时开始。如果相对人有两个或两个以上的，则以最早收到仲裁通知的相对人的收受日期为准。原台湾“商务仲裁条例”中并没有关于仲裁程序开始的约定，该约定系“仲裁法”参照联合国示范法第 21 条增加了上述规定。这就意味着，仲裁申请人除了向有关仲裁机构提交仲裁申请书外，还得履行向相对人通知的义务，否则，仲裁程序并没有开始。但是，仅仅是仲裁通知，并不能代替仲裁申请书，申请人还得向仲裁庭提交申请书。根据 2001 年 10 月中华仲裁协会第十二届第十次理事会通过施行的“中华仲裁协会仲裁规则”第 9 条规定，仲裁申请书应包括下列内容：

1. 当事人姓名、住所或居所。当事人为法人或其他团体或机关者，其名称及事务所、营业所或公务所。
2. 有法定代理人、仲裁代理人者，其姓名、住所或居所。
3. 仲裁标的及其金额或价额。
4. 应受判断事项之声明及其事实与理由。
5. 仲裁受理机构。
6. 年、月、日。

申请人在仲裁申请书中应该写明有关证据及其他资料。

仲裁机构在收到上述申请书后，经审查，不符合条件的，应通知当事人补正，符合条件的应连同有关申请书和证据材料立即通知相对人。

2001 年 10 月中华仲裁协会“中华仲裁协会仲裁规则”第 11 条规定，相对人在收到上述申请书后 10 日内，向仲裁机构提出答辩，第 12 条规定答辩书应包含如下内容：

1. 当事人姓名及住所或居所。当事人为法人或其他团体或机关者，其名称及公务所、事务所或营业所。
2. 有法定代理人、仲裁代理人者，其姓名、住所或居所。
3. 应受判断事项之声明及其事实与理由。
4. 仲裁受理机构。

5. 年、月、日。

同样，相对人的答辩书必须说明支持其答辩理由的证据材料。仲裁机构在收到答辩书及其附属文件后，应立即转交申请人。

二、仲裁庭的组建

台湾仲裁庭的组建方式，一般是按照当事人在仲裁协议中约定的方式组建仲裁庭。如果当事人没有约定，一般由双方各指定一名仲裁人，然后由两名仲裁人共同推举第三名仲裁人为首席仲裁人，共同组成仲裁庭。如双方无法在相对人收到对方仲裁通知之日起30日内推举独任仲裁人，或者双方指定的仲裁员无法在选定后30日内推举首席仲裁人，则任何一方均可请求法院指定，如果争议事项双方约定由常设仲裁机构仲裁，则由该仲裁机构指定。另外如果一方当事人选定本方指定仲裁员后，可以催告他方于受催告之日起14日内选定仲裁人，否则，催告人有权请求仲裁机构或法院为之选定。关于仲裁庭的组成，还有其他一些复杂的规定，由于本书第三章已有讨论，在此不再赘述。

三、仲裁审理程序

台湾的仲裁审理程序涉及以下几个方面的问题：

（一）仲裁审理的准备工作

1. 仲裁程序及决定。

根据台湾“仲裁法”的精神，仲裁程序首先应由双方当事人协商确定，当事人未就仲裁程序特别约定的应该适用台湾“仲裁法”，如果台湾“仲裁法”没有规定的，则仲裁庭可以适用“民事诉讼法”或者其认为适当的程序进行。①

笔者认为，台湾仲裁关于程序的这一规定似乎有画蛇添足之嫌。

首先，与“商务仲裁条例”相比较，这一规定无疑是个进步。因为它合理地吸取了联合国示范法第19条关于仲裁当事人有权约定仲裁程序的精神，体现了对当事人私法自治原则的充分尊重。

其次，在这一规定里，“程序”一词概念不清，按一般理解，仲裁程序是仲裁机构处理具体争议所依循的步骤。也就是说程序所指的本来是仲裁庭处理当事人民商事争议的具体操作过程，它主要体现在仲裁机构的仲裁规则中。而世界上许多国家和地区的仲裁法一般只对仲裁的一般性、原

---

① 台湾“仲裁法”第19条。

则性问题作出规定，对具体的仲裁程序没有作详细的规定，因而，仲裁法本身常常不能作为仲裁程序的依据。为落实仲裁法的精神，许多仲裁机构以仲裁地的仲裁法为依据制定自己的仲裁规则，以便处理具体仲裁案件时供当事人选用。而示范法所提倡的私法自治权就在于当事人可以选用，也可以不选用。但是，示范法决无在当事人对仲裁程序未作选择时，以示范法代替仲裁庭的仲裁规则的意图。对台湾而言，道理也一样。据笔者对台湾“仲裁法”的研究，“仲裁法”虽然与“商务仲裁条例”相比，确实增加了不少内容（本条即为一例），但是，仔细分析“仲裁法”的内容，就不难发现，新的“仲裁法”对仲裁程序的规定其实也很抽象和原则。“仲裁法”中的仲裁“程序”概念其实是“程序原则”，而这些程序（原则）往往是强制性的，不允许当事人自由选择，因为仲裁地的仲裁法如果得不到遵守的话，则往往会导致仲裁裁决得不到法院的承认与执行。在涉外仲裁案件中尤其如此。因此，台湾“仲裁法”第19条的规定，关于“当事人就仲裁程序未约定者，适用本‘法’之（程序原则——笔者）规定”是偷换了概念。前者为当事人所选择的是仲裁的程序细节，而后者为“仲裁法”规定的是“程序原则”，当事人在没有选择前者（实际上是仲裁规则）的情况下，是不能以本“法”（程序原则）代替的。只能如同联合国示范法所规定的那样，“仲裁庭可以在本法的规定的限制下（仲裁地仲裁法必须遵守——笔者），按照它认为适当的方式进行仲裁”，才比较合适。因为这样一来，实际上是授权仲裁庭选择适合个案的仲裁规则。仲裁庭既可以选择使用本仲裁机构的仲裁规则（实践中常常如此），也可以选用联合国《国际贸易法委员会仲裁规则》，还可以选其他国际著名仲裁机构的仲裁规则。

再次，即便台湾“仲裁法”没有规定大环节，适用台湾“民事诉讼法”也是极端错误的，因为这是完全不同的两种法律。民事诉讼法所规定的程序带有强制性，如被告人不到庭，必要时可以拘传等，这显然与仲裁的本质大相径庭。笔者在研究仲裁法时也很少看到仲裁程序中适用民事诉讼法的情况，除非是审判机构——法院适用民事诉讼法的有关规定来对仲裁进行监督和保障。

最后，如果本条所指的仲裁程序是指国际私法上的程序法选择，那也不对。因为国际私法的法律选择，只能在同一性质的法律关系中，按照不同的连结点适用相应的程序法，但不能跨越法律关系。因此，以仲裁法的程序选择，不管是多么地无从选择都轮不上民事诉讼法。

2. 仲裁时间、地点及语文的确定。

台湾“仲裁法”规定，当事人对仲裁地有约定的尊重当事人的选择，无约定的由仲裁庭决定。

仲裁当事人对仲裁程序有约定的，应按照该程序推进仲裁。如果没有约定仲裁程序，仲裁庭应于接获被选为仲裁人之通知之日起10日内，决定仲裁处所及询问期日。

在涉外仲裁案中，当事人应该约定仲裁程序所适用的语种，但不论当事人如何约定，任何一方及仲裁庭都有权要求就与仲裁有关的文件提供其他语种的译本。当事人或者仲裁人不通晓国语的仲裁庭应该提供翻译。

（二）开庭审理原则

台湾仲裁制度将我们通常称为“开庭审理”的环节称为“询问程序”。显然，台湾“仲裁法”与其他地区仲裁法的一个区别是没有授权当事人作所谓“书面审理”和“开庭审理”的选择。而从台湾“仲裁法”第21条中关于仲裁庭于得到被选为仲裁员的通知后10日内自动确定询问期日的规定推知，台湾仲裁制度下一般都要求开庭审理。1989年“台湾商务仲裁协会仲裁程序实施办法”第16条特别规定：“仲裁人于仲裁判断前，应行询问，使两造陈述。”但是，2001年10月“中华仲裁协会”在“中华仲裁协会仲裁规则”第四章“询问程序”中，则修改了此项规定。显然，从仲裁机构的角度看，只要当事人之间约定，书面审理也是应有之义。

（三）不公开审理原则

台湾“仲裁法”如许多国家和地区的仲裁法一样，要求仲裁程序不能公开，除非当事人另有约定。① 台湾行政当局在为“仲裁法”第23条第2款草案作出说明时称：“隐密为仲裁制度重要特色之一，国际社会在仲裁程序原则上均不公开，爰增订第二项，并于但书明订定当事人另有约定者，从其约定，以贯彻当事人自主原则。”

（四）仲裁的询问程序

台湾“仲裁法”没有详细规定仲裁庭的询问程序，但是，2001年“中华仲裁协会仲裁规则”第四章虽然以“询问程序”为题，但其内容亦很空泛。归纳起来，仲裁庭在本阶段应做的工作是：询问双方当事人，让他们陈述自己的主张及理由，另外，仲裁人还可以询问证人、鉴定人，以了解事实。当事人也可以主动请求仲裁庭调查某些证据，但是，如果仲裁人认为该证据不必要，也可以拒绝。在进行询问时，仲裁人可以要求当事

① 参见台湾“仲裁法”第23条第2款。

人、证人、鉴定人到庭；如不到庭，仲裁人不能对不到庭的人加以拘提或其他制裁。但是，如当事人无正当理由，拒不到庭，不得以未受询问为理由，对仲裁判断表示不服。仲裁庭应就询问细节做成笔录。笔录包括下列内容：

"1. 询问处所及年、月、日、时；

2. 仲裁人、书记及通译姓名；

3. 仲裁事件；

4. 到场当事人姓名，有代理人者，其代理人之姓名；

5. 进行之内容。"①

仲裁笔录应由仲裁人及书记员签名，仲裁员不能签名者，由其他仲裁人签名并附记其事由。独任仲裁员不能签名的由书记员签名，并附具其事由。笔录应自判断书交付或送达双方之日起保存10年。

（五）台湾的仲裁证据制度

台湾的仲裁证据制度比较简单，主要有如下内容：

1. 当事人必须为自己的主张举证。②

2. 仲裁庭有权通知证人或鉴定人到场作证，接受盘问，但不得强制到庭。

3. 证人如果无正当理由拒不到庭，仲裁庭可以通知法院强制他到庭。

4. 为妥善处理好仲裁争议，仲裁庭必要时可以请求法院或其他机构协助。受请求之法院，关于调查证据，有受诉法院之权。

（六）仲裁程序之异议

仲裁当事人在仲裁过程中有权对违反仲裁协议、仲裁法的仲裁程序提出异议。但是如果当事人明知程序有问题，而继续进行仲裁程序，则丧失异议权。当事人所提出的异议，应该由仲裁庭自行决定，当事人不得表示不服。仲裁程序并不因为当事人提出异议而终止。除非仲裁庭经考虑其异议理由并作出支持决定时，方可停止。而对当事人的下列主张，仲裁庭认为其无理由时，可以继续进行仲裁程序，直到作出仲裁裁决，而这些问题的最后是非及其法律后果将在法院的监督阶段解决：

1. 仲裁协议不成立；

---

① 2001年10月"中华仲裁协会""中华仲裁协会仲裁规则"第32条。

② 对仲裁的举证责任问题台湾"仲裁法"并无详细规定，但是"仲裁法"第19条规定："本法未规定者，仲裁庭得准用'民事诉讼法'……"而台湾"民事诉讼法"采用"谁主张谁举证"的原则。

2. 仲裁程序不合法；

3. 违反仲裁协议；

4. 仲裁协议与应判断之争议无关；

5. 仲裁庭欠缺仲裁权限；

6. 其他得提起撤销仲裁判断之诉之事由。

四、仲裁的和解与裁决

台湾“仲裁法”规定“未依本法订立仲裁协议者，仲裁机构得依当事人之申请，经他方同意后，由双方选定仲裁人进行调解。调解成立者，由仲裁人作成调解书①。”这说明台湾地区很重视调解工作。但是，台湾的调解概念与我们通常所理解的仲裁中的调解环节有所不同。因为在台湾，调解问题独立于仲裁程序之外，它是在没有仲裁协议的情况下，经双方同意由仲裁人作出调解的，而且，由专门的法规去调整，前文提到的刚刚生效的“仲裁机构组织与调节程序及费用规则”即专门调整“调解”问题。可见在台湾，仲裁人调解已经形成一种专门的制度，与我们所讨论的仲裁程序中调解环节不完全相同。本书也不打算专门讨论。

台湾“仲裁法”在调解程序之外还专门规定了和解程序。仲裁案件在仲裁裁决作出之前都可以进行和解。当事人就争议事项达成和解的，由仲裁人作成具有执行效力的和解书。② 另 2001 年“中华仲裁协会仲裁规则”第 35 条规定：“仲裁庭于仲裁判断前，得劝导双方当事人试行和解。

和解成立者，仲裁庭应作成和解书，应记载下列事项，并由双方当事人或其代理人及仲裁人签名或盖章：

一、当事人姓名、住所或居所；当事人为法人或其他团体或机关者，其名称及事务所、营业所或公务所。

二、有法定代理人、仲裁代理人者，其姓名、住所或居所。

三、出席仲裁人之姓名、住所或居所。

四、和解事由。

五、和解内容。

六、和解成立之场所。

七、和解成立之年、月、日。

前项和解书，仲裁庭应于和解成立之日起五日内，报知本会。其原本

① 参见台湾“仲裁法”第 45 条。

② 参见台湾“仲裁法”第 44 条第 1 款。

应保存二十年。”

上述和解书与仲裁判断书有同等法律效力。不同的是，和解书在申请法院强制执行时，必须先行申请法院作出执行裁定，方可进行。

无论和解是否成立，根据台湾“仲裁法”第21条之规定，仲裁庭应在决定仲裁处所和询问日期后六个月内作成仲裁判断书（裁决书），必要时，可以延长三个月。充分利用这一融通期限，仲裁庭作出最后裁决的期限可长达九个月。原“商务仲裁条例”中规定的仲裁期限仅有三个月，可以延长三个月，最长六个月。台湾行政当局在修订草案中指出：“现行条文第一项规定仲裁人应于决定仲裁处所及询问日期后三个月内作成判断，必要时仅得延长三个月，惟于案情复杂、鉴定报告延迟、天灾、不可抗力或双方同意暂停程序试行和解等情形均可能逾越六个月之期限，故修正为判断书应于六个月内作成。”

第八章 仲裁裁决

仲裁裁决是仲裁庭依据案件事实和有关法律，对当事人申请仲裁有关实体权利的请求事项作出的确认当事人之间的权利义务关系的具有法律约束力的结论性的判定。载有仲裁内容的书面文件，我们称之为裁决书。

仲裁裁决是仲裁制度为实现解决当事人之间民商事争议而采用的一种非诉讼手段。通过裁决仲裁庭将自己对当事人之间争议的是非曲直的判断表达出来，并因此对当事人之间的实体权利义务关系作出相应的调整。如果将整个仲裁程序比作一次航程的话，仲裁的其他程序是航海的工具和手段，而仲裁裁决是整个航程的目的港。仲裁裁决不仅法律意义重大，其中的内容也很丰富，值得我们进行探讨。

第一节 仲裁裁决的产生和内容

一、仲裁裁决产生的方式

仲裁裁决产生的方式是指仲裁庭作出仲裁裁决的程序和依据。

仲裁裁决依仲裁庭的多数意见产生，如独任仲裁制下的依独任仲裁员的意见裁决，在三人合议制仲裁庭下，按照其中两人的一致意见裁决（不论是否包括首席仲裁员的意见），这是国际商事仲裁的惯例，在这一点上并没有争议。而值得我们进行探讨的仲裁裁决的产生方式是在仲裁庭不能产生多数意见的情况下，如三个仲裁员三种意见，仲裁庭依据谁的意见进行裁决呢？在国际仲裁实践中有如下几种做法：

（一）必须取得多数意见

有些国家和地区的仲裁法规对仲裁庭不能取得多数意见的情形没有作折中规定。仲裁裁决必须通过磋商让步或妥协方式取得多数意见，没有多数意见的裁决是无效的裁决。1991 年《美国仲裁协会国际仲裁规则》第 27 条规定："仲裁庭的任何裁决、决定或裁定在有一名仲裁员以上时应由仲裁员的多数作出。"① 《奥地利民事诉讼法典》第 591 条、《韩国仲裁法》第 11 条及西班牙等都是采取这种方式。

（二）按首席仲裁员的意见作出

这是国际仲裁领域的多数做法。1988 年《斯德哥尔摩商会仲裁院规则》第 25 条规定："举行表决时，以多数人的意见为准。如果没有产生多数，则以首席仲裁员的意见为准。" 1985 年《伦敦国际仲裁院仲裁规则》第 16 条第 3 款规定："如果仲裁员人数在一个以上而不能就任何事项达成一致，则应由多数作出决定。如果未能达成多数一致，则首席仲裁员就应单独作出裁决，就如同他是独任仲裁员一样。"② 此外，1995 年瑞士新仲裁法草案第 28 条也是采用这种方式。

（三）经当事人或仲裁庭授权，程序问题由首席仲裁员单独作出决定无须多数

前述《美国仲裁协会国际仲裁规则》第 27 条第 2 款规定："在得到当事人或仲裁庭的授权时，首席仲裁员可以对程序问题作出决定或裁定，但仲裁庭可以改变。"联合国示范法第 29 条规定："如果有当事各方或仲裁庭全体成员的授权，首席仲裁员可以就程序问题作出决定。"《联合国国际贸易法委员会仲裁规则》第 31 条第 2 款规定："关于程序问题，在未取得多数的情况下或由仲裁庭授权时，首席仲裁员得单独作出决定，但应遵从仲裁庭的可能修正。"国际商会仲裁院 1998 年的仲裁规则、斯德哥尔摩商会仲裁院 1999 年生效的仲裁规则也是采取这种做法。③

（四）根据当事人的协议作出裁决

---

① 1997 年 4 月 1 日生效的《美国仲裁协会仲裁规则》已改为首席仲裁员决定制。参见王生长著：《中国国际经济贸易仲裁委员会仲裁规则、国际商会仲裁规则、美国仲裁协会仲裁规则、伦敦国际仲裁院仲裁规则和斯德哥尔摩商会仲裁院仲裁规则的比较》，载《仲裁与法律通讯》1999 年第 2 期，第 11 页。

② 伦敦国际仲裁院 1998 年 1 月 1 日生效的新仲裁规则已经取代了 1985 年规则。新规则第 26 条第 3 款规定："Failing a majority decision on any issue, the chairman of the Arbitral Tribunal shall decide that issue…" 也就是说新仲裁规则仍然采用按首席仲裁员的意见定案裁决的做法。参见 page 816, HANDBOOK OF ARBITRATION PRACTICE, Third Edition, Sweet & Maxwell in conjunction with The Chartered Institute of Arbutrators. London 1998。

③ 转引自王生长著：《中国国际经济贸易仲裁委员会仲裁规则、国际商会仲裁规则、美国仲裁协会仲裁规则、伦敦国际仲裁院仲裁规则和斯德哥尔摩商会仲裁院仲裁规则的比较》，载《仲裁与法律通讯》1999 年第 2 期，第 11 页。

以这种方式作出仲裁裁决一般发生在当事人达成和解或调解协议而中止仲裁的案件中。在国际仲裁理论和实践中，当事人在仲裁程序中的调解或和解都是仲裁制度所积极支持的。当事人达成和解或调解协议，就会导致仲裁程序的中止或终止，为了保护当事人的和解或调解成果，仲裁庭可应当事人的请求以当事人的和解书或调解书的内容为基础作成具有执行效力的仲裁裁决。《国际商会调解与仲裁规则》中仲裁规则第 17 条规定："如双方当事人……达成和解的，该和解应以双方当事人同意的仲裁裁决形式记载之。"《美国仲裁协会国际仲裁规则》第 30 条第 2 款规定："如在作出裁决前，当事人各方达成了和解，仲裁庭应终止仲裁。如经当事人各方要求，仲裁庭亦可以用仲裁裁决的形式根据同意的条款将和解作成记录。仲裁庭对这类裁决毋须说明理由。"此外，《德国民事诉讼法典》第 1038 条、《比利时司法法典》第 1701 条也有类似规定。

二、仲裁裁决的内容

各国仲裁裁决的外在形式五花八门，但是，比较其内容还是有一定规律可循的，一般来说包括几个共同的部分：

（一）首部

首部应该写明仲裁机构的名称和地址，双方当事人的姓名、住址，代理人和其他参与人的姓名。还得写明裁决书的案件编号。

（二）引言

引言部分主要说明作成裁决书的权利来源和依据。具体包括如下内容：

1. 仲裁庭受理案件的依据。一般须阐明仲裁庭是依据当事人双方签订的实体合同中的仲裁条款或者依据当事人在争议发生后达成的仲裁协议取得仲裁管辖权，并且说明收到申请人申请仲裁的书面文件等事实。

2. 仲裁庭的组成。一般要说明本案件适用的仲裁规则，仲裁庭的组成方式（独任制或合议制）、仲裁庭的成员及指定方式。

3. 仲裁庭的审理情况。这一部分要写明审理仲裁案件所经历的程序。包括收受当事人和转发当事人的申诉书、答辩书、证明材料的情况；仲裁是书面审理还是开庭审理，如果是开庭审理，则记明开庭的时间、场所以及当事人或其代理人到庭的情况。

（三）裁决事项

这一部分应写明仲裁庭认定的事实和证据，申诉人的仲裁请求和被诉人的答辩，以及双方当事人在一些重要问题上的立场。

（四）裁决理由

此部分写明仲裁庭根据认定的事实和案件适用的法律对双方当事人的仲裁请求、反请求及其理由的意见（支持与否），并且对当事人在仲裁纠纷中的责任的分析，以及分担损失的意见。

（五）裁决结果

写明仲裁庭对案件的处理决定以及仲裁费用的数额和分担比例。

（六）尾部

这一部分主要包括裁决终局性的声明、仲裁员的签名、仲裁书作出时间和地点，机构仲裁的一般要加盖仲裁机构的印章。

必须说明的是，上述内容是仲裁实践中的裁决书的格式和内容的一般形式。仲裁法本身并不可能规定得那么细致，其往往只对裁决的主要内容作出要求，而不涉及裁决书的规范格式问题。

三、中国内地与中国港澳台地区仲裁裁决产生方式和内容的法律制度

（一）中国内地仲裁制度关于仲裁裁决产生方式和内容的规定

《中华人民共和国仲裁法》第 53 条规定仲裁裁决应当按照多数仲裁员的意见作出，少数仲裁员的不同意见可以记入笔录。不能形成多数意见时，则按照首席仲裁员的意见作出，也就是采用了前述为国际仲裁立法所普遍支持的第二种方式。

《中华人民共和国仲裁法》积极支持当事人之间的和解，为了保障和解的成果，《中华人民共和国仲裁法》允许当事人请求仲裁庭根据和解协议作出裁决书，从而付诸执行效力，当然当事人愿意的话，也可以撤回仲裁申请。

除和解方式外，仲裁与调解相结合也构成内地仲裁制度的一个重要特色。内地仲裁调解的提起分为两种形式：其一是当事人自愿调解而向仲裁庭提出申请；其二是仲裁庭认为有必要和有可能调解时依职权主动提起。值得一提的是内地的调解制度与国外甚至国际著名仲裁机构的调解制度具有较大的差别，作为世界各法系仲裁制度的反映，我国内地与港澳台地区的调解制度也有所不同。具体说来这种区别主要表现在以下几个方面：

1. 仲裁与调解程序不同。内地的调解制度是仲裁程序中的一个环节，因而实施的是仲裁与调解程序合一制。而《联合国国际贸易法委员会调解规则》和《国际商会仲裁院调解与仲裁规则》以及我国的香港和台湾地区都规定仲裁和调解分别进行，实行的是仲裁与调解独立制。

2. 仲裁调解的效力不同。内地的调解结果可以通过仲裁庭作成调解

书，从而具有与裁决同等的强制执行效力。但是，国际商会的调解协议只具有一般的合同效力，不具有直接强制执行的效力，如果债务人不能自觉履行调解协议，还必须重新起诉或仲裁。

3. 仲裁员和调解员职能不同。内地调解程序由于仅仅是仲裁程序的一个环节，因而不设独立的调解员，而由仲裁员同时执行调解职责。如前所述，国际商会和联合国贸法委由于实行仲裁和调解独立制度，因而，调解员和仲裁员是各司其职，不得逾越，而且曾任调解员的不得在同一案件担任仲裁员或代理人。

关于仲裁裁决书的法定内容，《中华人民共和国仲裁法》规定裁决书应当写明仲裁请求、争议事实、裁决理由、裁决结果、仲裁费用的负担和裁决日期。当事人协议不愿写明争议事实和裁决理由的，可以不写。裁决书由仲裁员签名，加盖仲裁委员会公章，对裁决持不同意见的仲裁员，可以签名，也可以不签名。①

（二）香港仲裁制度下仲裁裁决产生方式和内容

香港仲裁裁决的产生方式除独任仲裁员的全权裁决权外，还有三种形式，它们是：

1. 按公断人意见作出裁决。香港仲裁制度中，仲裁庭有一种两名仲裁员加一名公断人的组建方式。在这种仲裁庭形式下，一般的情况下公断人不介入仲裁，由当事人分别指定的两名仲裁员进行仲裁，按照两名仲裁员的一致意见作出裁决。但是，无论在仲裁过程中，还是就裁决表决时，一旦两名仲裁员不能达成一致意见，则立即由公断人取代两名仲裁员独任仲裁，而原来的两名仲裁员，则退出仲裁程序。公断人实际上享有独任仲裁员的权利。这种方式是中国内地及澳门、台湾地区所没有的，比较独特。《香港仲裁条例》第10条的公断人决定制度具有如下内容：

（1）除非仲裁协议另表明相反意图，否则每项提交予2名仲裁员的仲裁协议，须当做包括如下规定，即：这2名仲裁员本身获委任后，可随时委任一名公断人，如这2名仲裁员不能取得一致意见，则须立即委任一名公断人；

（2）除非仲裁协议另表明相反意图，否则，一旦仲裁员已向仲裁协议的任何一方或公断人递送通知书，告知他们不能取得一致意见时，则公断人可立即取代仲裁员而介入仲裁；

（3）在委任公断人后的任何时候，不论该公断人是在何种情况下委

① 参见《中华人民共和国仲裁法》第54条。

任的，法院均可应提交仲裁的任何一方提出的申请（不论双方是否有相反约定）命令公断人取代仲裁员而介入仲裁，犹如该公断人是独任仲裁员一样。

2. 按首席仲裁员的意见裁决。按照香港仲裁制度，仲裁庭如果是普通的三人合议制，在不能取得多数意见时，采用世界上较流行的首席仲裁员决定方式①。

3. 依据当事人合意裁决。香港仲裁制度允许当事人之间的和解，同时允许将和解当做裁决予以强制执行，并且规定各方就争议达成和解的协议，并以书面订立和解协议，该和解协议须被视为根据仲裁协议作出的裁决，并且可在法院或大法官的许可下，一如是一项具有同样效力的判决或命令般予以强制执行，并且在取得以上的许可后，判决可依照该协议条款予以登录。从上述规定我们可以看出，香港仲裁制度对和解的处理方式与我们以上分析归纳的按照当事人协定合意裁决不完全相同。香港制度下只是将“和解协议”本身“视为”仲裁裁决，而不是像其他国家和地区那样，由仲裁庭按照和解协议的内容作出一份与和解协议内容完全相同的裁决，而香港仲裁制度下不需要这种转换。

《香港仲裁条例》也规定了调解制度，但是，香港的调解制度与内地并不相同。香港仲裁制度下，仲裁与调解的程序一般也是独立的，一般要求当事人在仲裁协议中特别注明请求调解，则在展开仲裁程序前应该指定调解员先行调解，这一期限不得超过 3 个月（当事人约定更长的时限者例外），否则调解程序即告终止，当事人可以另行委派仲裁员或公断人展开仲裁程序。在仲裁员或公断人与调解员的关系上，与国际商会仲裁院相比较，香港采取了一种相对比较开明的做法：允许调解员继续出任仲裁员或公断人，也允许仲裁员或公断人出任调解员，且互不构成前提条件。

《香港仲裁条例》对仲裁裁决的具体内容完全没有作出特别的规定，这说明仲裁条例不想在这方面规定得过死，而留待仲裁庭自由发挥。

（三）澳门仲裁制度关于仲裁裁决产生方式和内容的规定

澳门仲裁庭裁决的决策方式与其他地区相比，区别比较明显。在本地仲裁问题上实际上采用了必须取得多数意见和当事人协议表决方式相结合

---

① 《香港仲裁条例》第 11 条规定：“除非仲裁协议另表明相反意图，否则在任何情况下，凡仲裁是提交 3 名仲裁员的，则任何 2 名仲裁员所作的裁决即具约束力，而倘若没有 2 名仲裁员对裁决的意见一致，则由两个仲裁员共同委任作为主席的仲裁员所作的裁决即具约束力。”

的决策制度。其具体内容是：

1. 一名以上仲裁员组成的仲裁庭之裁决取决于表决之多数，且所有仲裁员均应参与决议；

2. 当事人可以在仲裁协议或随后签署的书面协议中对裁决的决策方式作特别的约定：如裁决必须取得特定多数意见，或不能取得必需之多数时，由首席仲裁员自行决定，或按照首席仲裁员的意见作出裁决；

3. 当事人约定裁决表决方式的书面协议必须在接受第一名仲裁员前订立①。

澳门本地仲裁制度创造了一种独特的裁决产生方式，这就是将当事人意思自治原则引进到仲裁裁决的决策环节。在不能取得正常多数的情况下由当事人自己决定可以接受的妥协方案，而不是像通常那样以立法强制规定折中措施。笔者认为这是对当事人仲裁意愿的充分尊重，值得推广。在涉外仲裁领域，澳门仲裁制度借鉴联合国示范法的做法，它包含了我们前文分析的两种方式：其一是裁决必须多数，无妥协之安排；其二是经当事人或全体仲裁员授权，首席仲裁员可就程序问题作出独立决定，无须多数②。显然，这种决策方式比起本地仲裁的前述规定要落后。因为本地仲裁中，当事人的授权可以使首席仲裁员对实体问题作出决定。

澳门两个仲裁法也规定了当事人和解制度。澳门本地仲裁制度允许原诉人放弃仲裁请求和被诉人承认仲裁请求以及双方为解决纷争订立其他任何和解协议，当事人之间的和解协议由仲裁庭以裁决形式加以确认③。而《澳门涉外商事仲裁法》第 30 条几乎就是照搬联合国示范法第 30 条关于和解的规定。它要求仲裁庭按照正常裁决的形式认可当事人之间的和解协议，并特别强调它是一项裁决。由于前文中已经引述过联合国的相应条文，在此就不再重复引用。

关于仲裁裁决书的内容，澳门本地仲裁制度要求必须采用书面形式，合议制仲裁庭裁决应当有多数仲裁庭成员签名，对落败票及无签名之仲裁员也应作出说明。对仲裁裁决书应记载的内容，本地仲裁制度作了如下要求：

① 参见《澳门本地仲裁法》第 29 条。

② 《澳门涉外商事仲裁法》第 29 条规定："在有一名以上仲裁员之仲裁程序中，仲裁庭之裁决应由其成员之多数作出；但当事人另有协议者不在此限。如获当事人或仲裁庭全体成员授权，首席仲裁员可就仲裁程序问题作出决定。

③ 《澳门本地仲裁法》第 28 条规定："……三、原诉人舍弃作出之请求、被诉人对请求作出自认以及双方为终止争议而订立之和解，均得自由进行……五、在第三款所指条件下，应由仲裁裁决确认有关行为……"

(1) 当事人及仲裁员之身份资料；

(2) 仲裁协议之提及；

(3) 争议之标的；

(4) 仲裁地点、作出裁决之地点及日期；

(5) 仲裁员之签名、落败票及第二款所指之其他事项（指记明其他仲裁员无签名之原因）；

(6) 第19条（仲裁庭报酬及负担）所规定之仲裁负担之订定及分担。

对涉外仲裁裁决的要求，《澳门涉外商事仲裁法》照搬联合国示范法的有关规定①作了如下要求：

1. 仲裁裁决应以书面作出，并由仲裁员签名。在有一名以上仲裁员之仲裁程序中，仲裁庭多数成员签名即可，但须注明其他成员未签名之原因。

2. 仲裁裁决应说明理由；但当事人协议无须说明理由或裁决系根据上条之规定按当事人之协议作出者，不在此限。

3. 仲裁裁决应载明作出裁决之日期、仲裁地点。

4. 仲裁裁决作出后，应将仲裁裁决书副本送交当事人各一份。

从上述内容分析，我们不难看出，澳门仲裁制度对涉外仲裁裁决的规定仅仅是一些程序性规定，对裁决书具体内容的要求仅仅是仲裁员签名、仲裁地点和日期及仲裁理由是必须的，其他均未作要求。

（四）台湾仲裁制度关于仲裁裁决产生方式和内容的规定

台湾"仲裁法"关于裁决的方式是比较典型的多数表决制的形式，而且，特别规定合议仲裁庭不能取得过半数的，仲裁程序视为终结。② 其实，关于裁决无多数即为无效的原则在许多国家和地区的仲裁法规中都有所反映，联合国示范法及《联合国国际贸易法委员会仲裁规则》中也是这样规定的，这一规定就隐含着裁决如果得不到多数仲裁员的支持将得不到法院的承认和执行。但是，台湾"仲裁法"的独特之处在于，明确规定合议仲裁庭之意见不能过半数时，除非当事人另有约定外，仲裁程序必

① 参见《澳门涉外商事仲裁法》和《联合国国际商事仲裁示范法》第31条。

② 台湾"仲裁法"第32条的有关规定如下："……合议仲裁庭之判断，以过半数意见定之。关于数额之评议，仲裁人意见各不达过半数时，以最多额之意见顺次算入次多额意见，至达过半数为止。合议仲裁庭之意见不能过半数者，除当事人另有约定外，仲裁程序视为终结，并应将其事由通知当事人。前项情形不适用民法第133条之规定。但当事人于收受通知后，未于一个月内起诉者，不在此限。"

须立即终止，仲裁庭已经无权再作出一个必将得不到法院承认和执行的仲裁裁决，无须浪费当事人的时间和财力去等待法院的否定。

台湾“仲裁法”关于数额评议的规定也可谓独辟蹊径，以仲裁法形式规定就裁决中涉及数额的评议采用累加多数制，也是笔者以前的研究中所不曾见识过的。台湾“仲裁法”第32条第3项规定关于数额之评议，仲裁人之意见各不达半数时，以最多数额之意见顺次算入次多额之意见，至达过半数为止。这一规定就直接弥补了因为不能达成合意而使仲裁裁决难以形成的缺陷。然而该规定主要适用于货款的支付、损害赔偿额的确定、违约金的支付等，对不涉及货币的支付而只涉及合同效力、合同是否成立的问题时，则难以依此而确定。对于不涉及数额的案件，因为首席仲裁员不能作出裁决，就会使案件不能及时得到解决，该案件将被迫提交法院进行处理，这也不符合效率原则。

根据台湾“民法”第133条时效制度的规定，无效的解决纠纷方式包括仲裁和起诉，都不能导致时效的中止。台湾行政当局建议说：“如意见不能过半数者，仲裁即不能达成判断，此时依‘民法’第133条规定，时效视为不中断，如此对当事人显然不公。为免非因当事人之过失，而导致时效完成，爰增订第五项。”这种立法意图反映了立法者对当事人的细致体谅。当然体谅只能在合理限度内，仲裁法在这种情况下只是给当事人一个月的宽限期，如果在一个月之内当事人仍然不去法院起诉，则丧失享受时效豁免的资格。

台湾“仲裁法”为仲裁判断书规定的必备内容如下：

1. 当事人姓名、住所或居所，当事人为法人或其他团体或机构者，其名称及公务所、事务所或营业所。
2. 有法定代理人、仲裁代理人者，其姓名、住所或居所。
3. 有通译者，其姓名、国籍及住所或居所。
4. 主文。
5. 事实及理由。但当事人约定无庸记载者，不在此限。
6. 年月日及仲裁判断作成地。

第二节　仲裁裁决之类型

一、国际商事仲裁实践中存在的裁决的类型

仲裁裁决可以根据不同的标准划分为不同的类型。在国际仲裁实践中，仲裁裁决一般存在如下几种类型：

（一）终局裁决和非终局裁决

根据裁决是否最终生效、可否上诉，我们将仲裁裁决分为终局裁决和非终局裁决两种类型。我们把仲裁庭作出的已经生效，不得再行上诉或异议的裁决叫做终局裁决，否则，叫做非终局裁决。仲裁制度中一个为世界各个国家和地区普遍认同的原则是仲裁裁决一审终局。但是，例外总是存在的。一方面在某些特定性质的仲裁中，仲裁裁决并不终局，当事人可以上诉。如在许多国家，劳动仲裁的裁决并非终局，劳资双方任何一方不服，可以向法院进行上诉，并且还可以二审终局。另一方面，普通仲裁的有些环节，允许当事人对仲裁裁决提请法院审议，并作出决定，在这种情况下仲裁裁决也属于非终局性裁决。如前文在分析仲裁庭管辖权问题时曾提到，有些国家和地区仲裁庭对管辖权的异议作出裁决后，可以继续进行仲裁程序，而此时任何一方当事人可以向法院就仲裁庭的管辖权裁决申请作出裁判。此时仲裁庭就管辖权问题作出的裁决就不具有终局性。联合国示范法第 16 条第 2 款所指的管辖权裁决即是一种非终局性裁决。

（二）对席裁决和缺席裁决

根据当事人是否参与审理程序陈述事实并行使答辩权为标准，可将裁决划分为对席裁决和缺席裁决两种类型。当事人双方均参与案件审理程序，亲自或委托代理人陈述案情并行使答辩权的情况下作出的仲裁裁决称为对席裁决；对一方当事人不参与也没有委托代理人参与仲裁审理程序，从而放弃对案件的陈述权和答辩权的情况下仲裁庭作出的仲裁裁决，称为缺席裁决。

关于对席裁决与缺席裁决的区分存在着几个问题值得讨论：

1. 缺席裁决是否只针对被申请人缺席之情形？笔者认为应该包括申请人和被申请人在内。在我们的通常概念中，缺席通常指的是被申请人缺席，仲裁实践也的确如此，但是有时候也存在申请人缺席的情况。一般地说，申请人在仲裁程序进行过程中，发现难以获胜，甚至仲裁程序推进反而可能出现不利于自己的结局时，也可能缺席。根据世界各国和各地区的仲裁惯例，申请人缺席情况下一般采取视同撤诉的做法，但实际情况也不总是如此，少数国家并不支持无条件的撤诉，相反，仲裁庭可能继续推进仲裁，从而作出一个不利于申请人的裁决。特别是存在被申请人反请求的情况下更是这样。

2. 缺席裁决主要就是针对开庭审理的缺席吗？笔者认为，这种理解是片面的。诚然，如果任何一方当事人特别是被申请人自始缺席的情况下，仲裁庭一般都会开庭审理（因为仲裁庭对缺席裁决总是很小心的，担心被法院拒绝承认与执行），而不会只进行书面审理，从而事实上又导致缺席方的开庭缺席。但是，就仲裁程序而言，缺席不应该仅仅指开庭缺席。如被申请人与申请人协商书面审理，但是，其中一方既不向仲裁庭作言词陈述，也不提交书面答辩（可能认为对方主张荒唐不值得一驳；也可能觉得自己反正是泼皮一个，刀枪不入，判我败诉又如何？书面审理，早日收场，省得出庭浪费口舌），也不提交有关证据。这种情况下，仲裁庭也不得不作出缺席裁决。还有一种可能，就是一方当事人只应答有限的几个程序环节（甚至包括出庭），但对其他程序环节一概不理。如不提交答辩、不提交证据、不出席专家证人的听证会、需要现场检验封存样品的拒不到现场签字等，这些行为当然不能阻碍仲裁程序的进行，因此产生的仲裁裁决也应该称作缺席裁决。

3. 仲裁裁决是否就一定裁定缺席方败诉？笔者认为，这也是对仲裁的一种误解。在国际商事仲裁实践中，我们常常看到缺席方败诉，这是事实。但是，我们不要被事物的表象所迷惑，形而上学地得出缺席导致败诉的结论。我们应透过实践的表象去发掘事物的本质。我们不难发现，缺席与败诉有一定的关系，但是，没有直接的、必然的联系。造成缺席方败诉的直接原因是仲裁的证据制度。缺席方的缺席，使得他无法反驳和质疑对方的主张和证据，也无法向仲裁庭陈述本方的观点和提出有利于本方的证据。因而，充斥在仲裁员的脑海里的全部是出席方的观点和有利于出席方的证据，在此基础上，仲裁裁决结果对缺席方不利就不奇怪了。从法理上讲，缺席方的缺席行为只能视为缺席方放弃依仲裁法规所享有的程序权利，如管辖权的异议权、对仲裁员的异议权、答辩权、举证权、质证权、辩论权、陈述案情权及指定仲裁员的权利等，但是，这并不意味着，缺席方就因此丧失或放弃了所应享有的胜诉权。胜诉权是自然正义赋予当事人在司法诉讼及仲裁领域的一种固有的权利，除非有法定原因，如诉讼时效或仲裁时效完成等，否则，该项权利不容剥夺，即便是当事人本人声言放弃亦无效。笔者这种观点并不孤立，在有些国家或地区的法律中已经得到体现。《保加利亚国际商事仲裁法》（1988）第 34 条规定："被诉人未就申诉书提出答辩的，仲裁庭应审理争议。不答辩不作为承认索赔对待。"第 35 条规定："即使当事人一方或双方不出席开庭，仲裁庭仍应继续进行程序并根据现有证据作出裁决。"《澳门本地仲裁法》第 23 条第 2 款规定："被诉人在指定期间内不提出答辩时，仲裁庭应证实已作出传唤及应下令有关程序继续进行，而不将被诉人的无所行动视为接受原诉人之主张；但另有订定者不在此限。"

（三）中间裁决、部分裁决和最终裁决

以裁决的内容和作出裁决的时间为标准，我们将仲裁裁决区分为中间裁决、部分裁决和最终裁决。

中间裁决是在案件为作出最终裁决之前，对于案件的一些重要问题必须查清楚，而又来不及等到在最终裁决里作出的情况下，由仲裁庭作出的。它是仲裁庭查清事实的一个手段，主要是为终局裁决服务的，以便仲裁庭作出终局裁决。中间裁决不对当事人责任问题作出结论，往往是对有关程序问题和证据问题作出裁决。中间裁决不具有强制执行的效力，但当事人应当履行，否则，仲裁庭可在最终裁决中就此划分责任。中间裁决的执行结果，可以作为终局裁决的依据。

部分裁决有的又称先行裁决。它是仲裁庭对于提交给其仲裁的所有争议问题中，就其中那些事实已经调查清楚，可以进行裁决的部分应一方当事人或双方当事人的要求而进行的先期裁决。部分裁决实际上是实体裁决的一种，它与最终裁决一样具有终局性的特点，并且具有强制执行的效力。部分裁决的产生主要是为了适应商业实践的需要，同时为了促进仲裁其他事项的迅速解决。我们知道，现代仲裁制度产生的动力是商业实践的需要。商人们在经营过程中，产生纠纷时怕被旷日持久的诉讼程序所拖累，仲裁制度便应运而生。但是仲裁虽然便捷，作为一种解决争议的方式，为了达到公正的目的，总是需要经过必要的调查取证程序，因而总要拖延时日，也可能给商人们造成损失。因而，为了达到迅速解决争议的目的，仲裁庭便应当事人的要求对已经调查清楚的争议事项先行作出裁决，其余的事项再行处理。部分仲裁往往适用于可以分割的仲裁请求，而且，被部分裁决解决的事项，往往与其余争议事项的解决有因果关系或其他直接的联系，因而，部分裁决作出后，可能导致当事人在仲裁的下一阶段促成调解或和解。如当事人的两项请求事项中，第一项请求裁定房屋租赁合同无效，并予以解除。第二项请求裁定被申请人支付房屋使用金，并于裁决生效后 15 日内搬迁。被申请人可能坚持合同有效要求继续履行。但是，一旦仲裁庭以部分裁决裁定租赁合同无效，裁定解除合同，那么，第二项仲裁请求双方可能会调解成功。

最终裁决就是我们常见的仲裁程序结束后仲裁庭就争议的实体问题作出的终局裁决。终局裁决因为大家都比较熟悉，笔者在此也就不多讨论了。

（四）临时裁决

这是一种为普通法系国家及《联合国国际贸易法委员会仲裁规则》

所认可的仲裁裁决，在国内学者的专著中却少有提及。原因可能是它与国内涉外仲裁机构的仲裁规则中所规定的中间裁决的含义有点相似的缘故，许多人怕造成概念的混乱。这种担心并非多余，笔者在撰写此论文时确实为分清中间裁决和临时裁决概念的区别而颇费脑筋。究竟临时裁决与中间裁决区别在哪里呢？这得首先从临时裁决的真实内涵讨论起。笔者手头所能找到的材料中，最早出现临时裁决的是《联合国国际贸易法委员会仲裁规则》第26条，为方便弄清其含义，笔者需要引用英文原文。该条原文是这样的：

"Interim measures of protection

Article 26

1. At the request of either party, the arbitral tribunal may take any interim measures it deems necessary in respect of the subject-matter of the dispute, including measures for the conservation of the goods forming the subject-matter in disputes, such as ordering the deposit with a third person or the sale of perishable goods.

2. Such interim measures may be established in the form of an interim award. The arbitral tribunal shall be entitled to require security for the cost of such measures.

3. A request for the interim measures addressed by any party to a judicial authority shall not be deemed incompatible with the agreement to arbitrate or as a waiver of that agreement."

从《联合国国际贸易法委员会仲裁规则》所规定的内容可知，被称之为"interim award"临时裁决主要针对仲裁过程中出现的可能危害未来仲裁裁决的执行或可能出现的损害当事人利益而无法回复的情况而采取的保全性措施。第26条的标题"临时性的保全措施"就明白地解释了临时仲裁的真实含义。英国1950年的仲裁法中尚无临时裁决的规定，1996年英国修订仲裁法时增加了有关临时裁决的规定，该规定反映在1996年英国仲裁法的第39条中，该条的内容是：

"(1) the parties are free to agree that the tribunal shall have power to order on a provisional basis any relief which it would have power to grant in a final award.

(2) This includes, for instance, making –

(a) A provisional order for the payment of money or the disposition of property as between the parties, or

(b) An order to make an interim payment on account of the costs of the arbitration.

(3) Any such order shall be subject to the tribunal's final adjudication; and the tribunal's final award, on the merits or as to costs, shall take account of such order.

(4) Unless the parties agree to confer such power on the tribunal, the tribunal has no such power."

在英国仲裁法中，临时裁决被称做"provisional award"，但它的含义基本上相同，即为解决仲裁程序中出现的临时紧急情况而采取的一项措施。与联合国贸法会仲裁规则的一点不同是：在英国仲裁制度下仲裁庭采取临时裁决的形式须经双方当事人授权，而且明确规定临时裁决可以在最后裁决时加以调整。

从上述引用的两个代表性的仲裁规范中，我们可以看出临时裁决尽管在不同的国家和地区可能有不同的规定，但是有三点是共同的。其一，它是仲裁程序过程中作出的裁决。其二，仲裁裁决处理的是一种实体的财产权。这与中间裁决处理的纯粹的程序性权利，如仲裁管辖权、对仲裁员异议的决定有区别。其三，临时裁决所处理的只是一种与双方当事人均有关系的财产权，而且，这种处理可以在最后裁决中由仲裁庭自身加以调整，因而具有明显的非终局性。而中间裁决处理的程序问题，不论根据仲裁地的法律是否终局，对仲裁庭自身而言，肯定是终局的。仲裁庭不得随便调整其内容。可以确定的是，由于临时裁决的非终局性，如果这种裁决向他国或地区申请强制执行，该国或地区法院可以根据1958年《承认及执行仲裁裁决公约》拒绝承认与执行该临时裁决。

(五) 合意裁决与非合意裁决

合意裁决是指国际商事仲裁过程中，仲裁的双方当事人就仲裁争议达成和解或调解，仲裁庭以仲裁裁决的形式将当事人之间的协议内容确定下来，以便承担义务的一方不履行裁决时，另一方可以向法院申请强制执行。这种体现当事人和解、调解内容的裁决叫做合意裁决，其他非此类型的裁决，称之为非合意裁决。

(六) 附理由裁决和不附理由裁决

仲裁裁决一般应该写明裁决据以产生的理由，这种裁决我们称为附理由裁决，也是我们最为常见的裁决。而在国际仲裁实践中，有些国家在此基础上，进一步尊重当事人的意思自治，允许当事人通过仲裁协议约定由仲裁庭在审理完毕后作出一份不说明裁决理由的裁决，这类裁决我们称之为不附理由裁决。附理由裁决和不附理由裁决各有优缺点，前者可以让当事人清楚地明白胜诉或败诉的原因，以便在今后的民商事实践中吸取经验教训；而后者可以使得败诉方难以吹毛求疵寻找向法院申请撤销仲裁裁决的理由，从而加速仲裁裁决的承认和执行。

（七）补充裁决

仲裁庭就当事人双方民商事纠纷通过仲裁审理认为事实清楚足以作出仲裁裁决时，所作出的是一次性的终局裁决，仲裁程序本身并未安排必经的仲裁程序。但是，由于仲裁庭的疏忽，也可能出现漏裁现象，因而，规定补充仲裁制度，弥补仲裁庭的疏忽是很有必要的。《联合国国际贸易法委员会仲裁规则》第 37 条、《伦敦国际仲裁院仲裁规则》第 17 条都规定了补充裁决制度，但后者被称为“附加裁决”。

二、中国内地与中国港澳台地区的仲裁裁决类型

（一）中国内地的仲裁裁决类型

根据《中华人民共和国仲裁法》，仲裁庭完成仲裁程序后所作出的仲裁裁决为最后的、终局的裁决，而且实践中，以对席的、非合意裁决居多。其他特殊类型的裁决有：

1. 缺席裁决。

《中华人民共和国仲裁法》规定被申请人经书面通知，无正当理由不到庭或者未经仲裁庭许可中途退庭的，可以缺席判决，被申请人未提交答辩的，不影响仲裁程序的进行。① 这种规定说明《中华人民共和国仲裁法》中的缺席裁决主要针对被申请人的不当行为。而且内地仲裁制度并没有针对缺席裁决的倾向性的规定，也就是说即便在缺席情况下裁决同样须根据查清的事实和正确适用的法律作出。

2. 合意裁决。

《中华人民共和国仲裁法》第 49、51 条分别规定了当事人在仲裁程序中的和解和调解的权利，并规定当事人可以请求仲裁庭根据和解或调解协议的内容作出仲裁裁决，这些裁决就是合意裁决。

3. 附理由裁决。

《中华人民共和国仲裁法》第 54 条要求仲裁裁决书的法定内容中必须有“裁决理由”，因此，中国内地仲裁领域只有附理由裁决，没有不附理由裁决。

---

① 参见《中华人民共和国仲裁法》第 42 条第 2 款和第 25 条。

4. 部分裁决（先行裁决）。

《中华人民共和国仲裁法》规定仲裁庭仲裁纠纷时，其中一部分事实已经清楚，可以就该部分先行裁决。① 实际上《中华人民共和国仲裁法》是将国际上通常称为“部分裁决”的仲裁裁决叫做先行裁决。

5. 补充裁决。

《中华人民共和国仲裁法》允许仲裁庭对裁决中的文字、计算错误或者仲裁庭已经裁决但在裁决书中遗漏的事项作出补正，当事人提出此项要求的，必须自收到裁决之日起30日内提出。② 根据上述精神所作出的裁决就是补充裁决。

6. 中间裁决。

关于中间裁决，《中华人民共和国仲裁法》中没有明文规定。但是，《中国国际经济贸易仲裁委员会仲裁规则》第57条和《中国海事仲裁委员会仲裁规则》第56条对此作了完全相同的规定：“仲裁庭认为必要或者当事人提出经仲裁庭同意时，可以在仲裁过程中在最终仲裁裁决作出之前的任何时候，就案件的任何问题作出中间裁决或部分裁决。任何一方当事人不履行中间裁决，不影响仲裁制度的继续进行，也不影响仲裁庭作出最后的裁决。”由此看来，中间裁决虽然并没有得到仲裁法的正式认可，但是中国内地的涉外仲裁制度与国际仲裁惯例已经接轨，受联合国示范法和国际贸易法委员会仲裁规则影响，早在新仲裁法生效之前中国内地涉外仲裁机构的仲裁规则中就列入了有关中间裁决的规定。但是，中国内地涉外仲裁机构的仲裁规则中关于中间裁决问题的规定也有自己的特点：（1）不需要当事人特别授权。在“仲裁庭认为必要”或“当事人提出经仲裁庭同意时”即可作出。（2）裁决事项不受限制，也就是说无须仅仅拘泥于管辖权等有限的程序问题。（3）适用效力范围较窄。由于没有得到仲裁法的普遍认可，所以，当事人只有在涉外案件中，指定涉外仲裁机构仲裁，并选用该仲裁机构的仲裁规则时，才可能出现中间裁决。

（二）香港的仲裁裁决类型

应该说1996年修订的《香港仲裁条例》并没有给仲裁裁决的类型带来多大的革命，修订后的仲裁条例中仲裁裁决的类型与旧法基本相同，此后《香港仲裁条例》的修改也没有涉足此领域。综合现行《香港仲裁条例》全文，香港有法律依据的仲裁裁决类型主要有如下几个类型：

① 参见《中华人民共和国仲裁法》第55条。

② 参见《中华人民共和国仲裁法》第56条。

1. 终局裁决。

由于存在着《香港仲裁条例》第 23 条所规定的司法复核的可能性，香港仲裁的最后裁决只有符合下列任一条件下，才可能成为终局裁决。

（1）双方依《香港仲裁条例》第 23B 条之规定，签订了免除司法复核的“免除协议”；

（2）法院就一方当事人针对最后裁决的上诉拒绝批予上诉许可；

（3）虽经法院司法复核被法院裁定维持仲裁裁决；

（4）根据《香港仲裁条例》第 23（2）（b）之规定，法院将裁决连同法院对上诉主题的法律问题的意见，一并发还给仲裁员或公断人重新考虑时，仲裁员或公断人在规定的 3 个月内作出裁决。

香港仲裁最后裁决须经比较复杂的程序才能成为终局裁决。《香港仲裁条例》第 18 条中为终局裁决所作的规定，今天受到了很大限制。我们不妨分析一下第 18 条，该条是这样规定的：“除非仲裁协议另表明相反意图，否则在下述规定适用于所提交的仲裁的情况下，每项仲裁协议均须当做包括如下的规定，即：仲裁员或公断人所作的裁决即为最终裁决，且对各方和对在各方之下作申索的人具约束力。”这一规定系借鉴 1950 年英国仲裁法而来，早在 1963 年的条例文本中就已有体现，其原意本来是一般情况下仲裁裁决应该是终局裁决，除非当事人在仲裁协议中另作规定，也就是说只有当事人才有权在仲裁协议中否定裁决的终局性。但是，条例经过多次修改，司法复核协议的出现导致仲裁庭的仲裁裁决无法真正无条件终局。就这一点而言，香港仲裁裁决制度与国际商事仲裁裁决制度尚有一定差距。

2. 临时裁决（中间裁决）。

《香港仲裁条例》规定除非仲裁协议另表明相反意图，否则，仲裁员或公断人有权根据仲裁个案的实际情况作出临时裁决，临时裁决与其他类型裁决的法律地位相同。① 从临时仲裁概念的前后文情况看，这里的临时裁决实际上相当于我们前文所指的中间裁决，而不是指保护性措施的临时裁决。

3. 合意裁决。

前文我们分析香港仲裁裁决的产生方式时曾提到过《香港仲裁条例》第 2C 条关于“和解协议”的规定，根据前述和解协议作出的裁决就是合意裁决。

---

① 参见《香港仲裁条例》第 16 条。

4. 补充裁决。

《香港仲裁条例》第19条规定除非仲裁协议另表明相反意图，否则仲裁员或公断人有权纠正裁决书内由于任何意外失误或遗漏而造成的文书错失或失误。① HKIAC《港内仲裁规则》第17条第3款规定，除非当事人另有约定，一方当事人可以在自裁决之日起14天内，经书面通知另一方当事人之后，请求仲裁员对在其提交的仲裁申请书中提出的而没有处理的请求事项作出补充裁决。香港涉外仲裁所遵循的联合国示范法中有关补充裁决的规定体现在第33条第3款，前文已经引述，不再重复。

5. 不附理由裁决。

《香港仲裁条例》对仲裁裁决应否附理由没有作出特别强制性规定。相反，就司法复核而言，因没有附理由而被法院命令仲裁员或公断人必须详细说明裁决理由的只有该条例的第23条第6款所规定的两种特殊情形：

（1）在作出裁决前，提交仲裁的其中一方已通知有关的仲裁员或公断人需要一份列明裁决理由的裁决书；

（2）基于某些特殊理由未有作出上述通知。

6. 其他裁决。

由于香港在国际商事仲裁中直接适用联合国示范法及《联合国国际贸易法委员会仲裁规则》，因此，该两个国际性文件中有关的仲裁裁决的类型，在香港国际仲裁中都会出现。这两个文件中的裁决类型本书在前面也已分别介绍过。

（三）澳门仲裁裁决类型

澳门仲裁裁决类型比较丰富，综合《澳门本地仲裁法》和《澳门涉外商事仲裁法》的规定，澳门仲裁裁决具有如下类型：

1. 终局裁决。

澳门仲裁裁决的终局性有点与香港相反，前文我们说到，澳门的法律问题上诉制度是一种普遍性制度，但是双方订立免除上诉协议者例外。《澳门本地仲裁法》规定仲裁裁决于不能请求更正、澄清或透过上诉争执时，视为确定。② 也就是说，澳门仲裁庭之最后裁决不能当然地成为终局裁决，只有在不能透过更正、澄清、上诉等环节修改时，才可能成为终局裁决。所谓的更正、澄清问题，我们很快在补充裁决中加以讨论，而所谓的上诉问题指的是第34条规定的所谓“透过上诉争执”，该条内容是：

---

① 参见《香港仲裁条例》第19条。

② 《澳门本地仲裁法》第35条第1款。

(1) 当事人有权通过书面协议约定一个仲裁的上诉仲裁审级，但必须订明提出上诉之条件及期间、上诉之方式及审理上诉之仲裁实体之组成，否则该上诉之订定无效；但当事人引用之仲裁机构规章对上述事宜已有规定者，不在此限；

(2) 当事人也有权以书面协议约定将仲裁裁决上诉向高等法院提出，且在程序上适用民事诉讼之相应规定。这种约定应在接受第一名仲裁员前订立；

(3) 当事人如果允许仲裁员按衡平原则作出裁决，则不得上诉。

第34条实际上告诉了我们，澳门仲裁裁决可能因为当事人约定可以上诉而不得终局（香港仲裁裁决则因约定免除协议而不能上诉）。当事人约定上诉可以有两种途径：其一是约定通过仲裁机构上诉；其二是约定通过澳门高等法院上诉。但是，法律也规定了例外情况，那就是当事人许可按衡平原则审理时，不得上诉，而不论当事人事先是否约定允许上诉。

约定通过法院上诉，这种情况并不新鲜，我国香港的仲裁制度中的法律问题上诉制度与有些英美法系国家也存在着在一定条件下向法院上诉的制度等都相类似。但是，当事人约定向另一个仲裁机构上诉的做法并不多见，至少，在中国诸法域只此一法域如此。内地在20世纪50～60年代在经济合同仲裁上曾经出现过三级仲裁的情形，但是特殊年代司法审判不正常，只好这样做，而且当时的经济合同仲裁是强制仲裁，这与《澳门本地仲裁法》所宣称的“自愿仲裁”不可类比。

2. 合意裁决。

我们在本章第一节分析澳门仲裁裁决产生方式时提到《澳门本地仲裁法》中存在的“按当事人协议裁决”的方式，并因此引用该法的第28条“仲裁程序之终止；舍弃、自认或和解”，以及完全照搬联合国示范法对应条款的《澳门涉外商事仲裁法》第30条。我们从裁决类型的角度，将“按当事人协议裁决”的方式作出的仲裁裁决称为合意裁决。

3. 缺席裁决。

根据《澳门本地仲裁法》第23条的规定，一方当事人无所作为（不答辩、不出庭、不举证、不听证等）并不影响仲裁庭对案件的审理，仲裁庭继续推进仲裁程序，最后作出的仲裁裁决就是澳门的缺席裁决。同样《澳门涉外商事仲裁法》第25条所规定的“一方当事人不履行责任”情况下作出的仲裁裁决也是缺席裁决。

4. 临时裁决。

《澳门本地仲裁法》规定仲裁庭应任一方当事人之请求，有权下令双方遵守针对争议标的适当的临时措施或保全措施，或要求任一方当事人作出与该等措施有关之适当担保，除非当事人另有约定。[①] 这与《澳门涉外商事仲裁法》第17条“仲裁庭命令采取临时措施或保全措施之权力”的内容基本相同，而后者则是连条次（同为第17条）带内容文字都“借鉴”联合国示范法。因而，笔者认为澳门仲裁制度中的“临时措施或保全措施”与联合国示范法所倡导的“临时措施”意义完全相同，仲裁庭根据上述精神所下的命令就是临时裁决。

5. 补充裁决（附加裁决）。

澳门两种仲裁制度都规定了补充裁决，其中《澳门本地仲裁法》是在第31条加以规定的，其内容是：

（1）除非当事人另行约定，任一方当事人得自终局裁决通知日起30日内，请求更正任何错漏、误算或相同性质之错误，或澄清裁决依据或裁决部分之含糊或模棱两可之处；

（2）在同一份声明书内仅得请求更正或澄清一次；

（3）仲裁庭有权在第（1）条期间内依职权更正任何错漏、误算或相同性质之错误；

（4）听取他方当事人意见后，仲裁庭应对更正或澄清之请求作出决定；

（5）上款所指之决定即为补充裁决，构成裁决总体的一部分。

《澳门涉外商事仲裁法》关于补充裁决的规定体现在第33条，主要内容是：

（1）除当事人另有约定外，在受到仲裁裁决书后30日内，当事人可在通知他方当事人后，请求仲裁庭更正仲裁裁决书内任何误算、错漏或排印错误，或任何相同性质之错误；或根据双方当事人的约定，请求仲裁庭就仲裁裁决内具体一点或一部分作出解释。如仲裁庭认为合理，应在收到请求后30日内作出更正或解释，即补充裁决，该解释构成仲裁裁决之组成部分。

（2）仲裁庭有权在作出仲裁裁决之日起30日内，主动针对上述问题作出补充裁决。

（3）除当事人另有约定外，当事人在收到仲裁裁决书后30日内，可在通知他方当事人后，请求仲裁庭就仲裁裁决书内遗漏之某些申请事项作出附加裁决。如仲裁庭认为请求合理，应在60日内作出附加仲裁裁决。

---

① 参见《澳门本地仲裁法》第25条第3款。

（4）如认为必要，仲裁庭对上述（1）、（3）的期限予以延长。

（5）补充裁决和附加裁决同样必须遵守仲裁法关于仲裁裁决的内容和形式的规定。

上述规定篇幅较长，但并不复杂，基本上就是三层含义：当事人请求更正裁决表面文字错漏的权利、仲裁庭更正裁决错误之权力、当事人请求增补漏判事项之权利。行使三项权利的结果都可能导致仲裁庭作出补充裁决。与本地仲裁中不同的是，涉外仲裁追随联合国示范法将这种裁决称之为附加裁决，而本地仲裁则称之为补充裁决。其含义却大致相同。

6. 附理由裁决与不附理由裁决。

《澳门本地仲裁法》第 30 条第 5 款特别规定："裁决应说明理由。"该条款前后也并无但书条款，因此可以认为，澳门本地仲裁裁决必须是附理由裁决，不允许不附理由裁决。《澳门涉外商事仲裁法》在规定仲裁裁决应说明理由的同时，出现了但书，将当事人约定不附理由或合意裁决排除在外。①

（四）台湾仲裁裁决之类型

台湾的仲裁裁决类型相对来说比较简单，至少从台湾"仲裁法"本身的角度看，明文规定的裁决类型并不多。

1. 终局裁决。

台湾仲裁制度如同内地仲裁制度一样，只有申请撤销裁决的程序，而没有任何形式的上诉程序。因此，台湾的最后裁决应该是终局的。

2. 合意裁决。

台湾"仲裁法"第 44、45 两条分别规定了仲裁程序中的和解和调解程序，并且允许以和解和调解协议为基础作出仲裁裁决。因而，这两个构成台湾合意裁决的依据。

3. 附理由裁决与不附理由裁决。

台湾"仲裁法"第 33 条第 2 款第 5 项在规定"判断书记载事项"时规定事实和理由为判断书之内容之一。但是，该规定后面紧接着附上一条但书，"但当事人约定无庸记载者，不在此限。"这就说明台湾仲裁制度下，一般要求作成的判断书中一般必须写明裁决之理由，但是，当事人行使自己的意思自治权约定不用记载裁决理由的，仲裁庭也可以出具一份不附理由的判断书。因而，在台湾，附理由裁决与不附理由裁决都是存在的。

---

① 参见《澳门涉外商事仲裁法》第 31 条第 2 款。

4. 补充裁决。

台湾“仲裁法”要求判断书如有误写、误算、正本与原本不符或其他类此之显然错误时，仲裁庭有权随时或依申请更正之，并以书面通知当事人及法院。①仲裁庭因此所作出的更正判断书就是补充裁决。

5. 缺席裁决。

缺席裁决这种较常见的裁决形式在台湾“仲裁法”中居然没有明确规定，但事实上，缺席裁决是大量存在的。1989 年“台湾商务仲裁协会仲裁程序实施办法”第 16 条规定：“……如当事人之一造经合法通知无正当理由而不到场者，询问仍得进行。”这就暗示着，当事人的仲裁协议中，只要选择台湾商务仲裁协会仲裁并适用该协会的仲裁规则，一方当事人无正当理由不到场参加询问时，仲裁庭可以继续推进仲裁程序，并最后作成仲裁裁决，这就是缺席裁决。因而，我们还可以从中推理出另外一个结论，那就是：台湾的缺席裁决既可针对被申请人，也可以针对申请人。

6. 部分裁决和中间裁决。

关于部分裁决和中间裁决，台湾“仲裁法”中并无明文规定，但是“台湾商务仲裁协会仲裁程序实施办法”第 30 条规定：“仲裁人得为一部及中间判断。”这一规定，不仅只有选择台湾商务仲裁协会仲裁并适用该协会的仲裁规则时才对当事人有约束力，而且，该规则本身对部分裁决和中间裁决尚未作区分亦未具体规定适用的范围，实践中执行起来具有太大的随意性。

第三节　仲裁裁决之效力

生效裁决的效力经常被通俗地表述为：与判决具有同等的法律效力。但是，从学理研究上，这种表达并不完全正确。仲裁裁决的效力要从两个不同的方面去分析：一方面是仲裁裁决效力与法院判决相同的一面；另一方面是与法院判决不同的一面。仲裁裁决与法院判决相同的一面是仲裁裁决具有两个效力与法院判决完全相同，即仲裁裁决的既判力和仲裁裁决的执行力；仲裁裁决与法院裁决效力不同的一面是终止仲裁协议和终止仲裁员或仲裁庭权力的效力。

---

① 参见台湾“仲裁法”第 35 条。

一、仲裁裁决的既判力

既判力指的是法院对作为诉讼标的的某一争议对象和法律关系作出终局判决后，当事人就不得再就同一争议对象和法律关系再行提起诉讼。某一方面争议判决的作出，其既判力将使得当事人就同一争议对象、同一法律关系丧失诉权。根据民事诉讼法关于“一案不再理”的原则，当事人任何一方，在任何时候不得就同一争议重复寻求法律救济。由于仲裁也是一种为法律所认可的解决当事人之间民商事争议的重要途径，且除强制力之差别外，仲裁和法院审判在很多方面具有共同之处。因此，近年来，人们也渐渐地将既判力的概念引进到仲裁中来以说明仲裁裁决的效力。

（一）仲裁裁决既判力的内涵

1. 稳定性。即仲裁裁决一经形成既判力，作出该裁决的仲裁机构就不得返回来再处理已经审理的案件，不得重新审查、变更已作出的裁决。

2. 排他性。即裁决一旦作出，包括法院、作出裁决的仲裁机构及其他任何仲裁机构等均无权变更仲裁裁决。

3. 预决性。已经生效的仲裁裁决，其所确定的事实或法律关系在今后的纠纷程序中将作为一个不须证明的已知事实，直接作为证据，有关机构不得重新作出修订和更改。

4. 强制性。指当事人对既判力不得自由处分，抛弃既判力或者合意变更既判力均属无效。当事人虽然可以自由地约定争议解决方式，也可以在仲裁程序中对自己的实体权利作出处分，但一旦形成终局裁决，当事人自己也无法约定改变为仲裁裁决所确定的法律关系及事实。当然，当事人是可以放弃终局裁决赋予自己的财产权的。

（二）仲裁裁决既判力的法律依据

仲裁裁决本是一个民间机构就当事人之间的民商争议经双方当事人授权同意所作出的决定。一个民间机构的决定为什么会有几乎与判决平等的法律效力？其权力来自何方呢？

关于仲裁裁决既判力的渊源与仲裁性质的探讨有一定的联系，现在人们一般认为仲裁裁决既判力的依据有两种：

1. 双方当事人合意。即认为仲裁裁决的既判力来源于双方当事人在仲裁条款或仲裁协议中达成的将双方当事人的争议提交仲裁处理的意愿。

2. 国家的法律规定。仲裁法、民事诉讼法以及其他仲裁规范关于仲裁裁决效力的规定是仲裁裁决具有既判力的另一依据。如果只有协议而没有相应的法律规定，仲裁裁决就不会形成具有强制性的拘束力，至少不会对当事人之外的其他主体形成拘束力。在实行仲裁裁决司法确认制度的国家，司法机关对仲裁裁决效力的有效性的确认实际上也是仲裁裁决形成既判力的原因。

（三）仲裁裁决既判力的生效时间

关于仲裁裁决的效力问题实际上也就是仲裁裁决效力的生效时间问题。仲裁裁决的生效时间，历来有两种时间界限：一是以裁决作出为标准；另一种是裁决送达为标准。

第一种标准是仲裁裁决既判力的产生系自仲裁裁决作出之日形成。采用这种标准的国家如《法国民事诉讼法法典》第1476条规定："仲裁裁决自其作出之日起对于它决定的争议具有既判力。"

第二种标准是自裁决书送达之日生效。采用这种标准的国家或地区很多。如《瑞士联邦私法典》第190条规定："裁决自送达之日起形成。"

二、仲裁裁决的执行力

（一）裁决作为履行根据的效力

1. 效力内容。仲裁裁决的执行力体现在三个方面：

（1）义务主体应当主动履行裁决所确定的义务，否则，将承担迟延履行责任；

（2）权利主体除非基于放弃权利的动机，不得拒绝接受义务主体之履行；

（3）其他单位和个人不得否认履行的有效性，都不得妨害履行，否则也将承担相应的法律责任。

2. 生效时间。即仲裁裁决可赋予强制执行的有效起点时间。仲裁裁决付诸强制执行的时间与仲裁裁决产生既判力的时间肯定不同，仲裁裁决只有生效后，并且为裁决的义务人所知悉时，才可能发生作为履行根据的效力。所以，实践过程中这一效力的起点时间往往是当事人受送达之日。

（二）裁决作为强制执行根据的效力

1. 效力内容。裁决作为强制执行根据的效力内容主要有两个方面：其一是当裁决的义务主体不能按照裁决确定的时间履行裁决所确定的义务时，裁决的权利主体可以向管辖法院申请强制执行。其二是管辖法院应该根据裁决的内容和权利人的申请采取相应的强制措施。

2. 生效时间。仲裁裁决只有满足了仲裁裁决中规定的一定条件后才有可能付诸强制执行。而这种条件则往往根据个案的不同规定而有所不同。因此笔者认为裁决作为强制执行根据的生效时间由具体裁决中规定义务主体主动履行仲裁裁决的最后时间决定。这只是针对有执行内容的仲裁裁决而言，有些裁决只是对某些法律关系起一种宣示、认定作用（宣布合同有效或只是应当事人之请求对某些法律文件作出解释，或者在合同履行实践中，双方对涉外合同应适用的准据法产生争议，申请仲裁庭给予认定等），没有执行内容，则仲裁裁决永远不具作为强制执行根据的效力。

三、终止仲裁协议的效力

仲裁协议既是仲裁庭对具体民商事争议行使管辖权的依据，也是仲裁裁决发生法律效力的依据之一。一旦仲裁庭就当事人申请仲裁的争议作出终局裁决，则就裁决所涉及的仲裁协议中的仲裁事项而言，仲裁协议在该部分已经终止。如果当事人已经就仲裁协议下所约定的仲裁事项已经全部提起仲裁，并且仲裁庭已经作出终局裁决，则仲裁协议的全部皆因仲裁裁决的产生而终止。

无效或被撤销的仲裁裁决，其所依据的仲裁协议从理论上来讲仍然有效。当事人可以据此重新提起仲裁。

四、终止仲裁员或仲裁庭之权力

终止仲裁员及仲裁庭之权力是终止仲裁协议的必然结果。由于仲裁协议是仲裁员与仲裁庭行使仲裁管辖权及仲裁员仲裁庭产生和运作的依据。当仲裁庭就仲裁争议作出终局裁决后，随着仲裁协议的终止，仲裁员及仲裁庭的权力也自然随之终止。

五、中国内地与中国港澳台地区仲裁制度关于仲裁裁决效力的规定

中国内地与港澳台地区仲裁制度中关于仲裁裁决效力的规定大多比较模糊，因而分歧也比较大。

《中华人民共和国仲裁法》关于仲裁裁决及其效力的问题仅仅出现在第57条和第62条中。第57条规定裁决自作出之日起发生法律效力；第62条规定当事人应当履行裁决，一方当事人不履行的，另一方当事人可以依照民事诉讼法的有关规定向人民法院申请执行，受申请的人民法院应当执行。

《中华人民共和国仲裁法》这两条只是笼统地规定了仲裁裁决的生效时间，不论当事人是否收到，裁决自作出之日起生效。而且，《中华人民共和国仲裁法》也没有区分仲裁裁决既判力和执行力等的不同性质的生效时间。第62条虽然规定了法院强制执行的权力，来保障仲裁裁决的执

行效力，但是，该条对仲裁裁决的开始强制执行的时间没有具体安排。按照正常的理解，权利人申请强制执行的生效时间，应当根据具体案件情况而定，一般是自义务人在裁决赋予的履行义务宽限期后，义务人未能主动履行终局裁决中承担的支付义务时，则权利人立即取得申请法院强制执行的权利，从而该仲裁裁决也就发生了强制执行的法律效力。《中华人民共和国仲裁法》的有关内容在《中国国际经济贸易仲裁委员会仲裁规则》中也有体现。该规则第56条第4款规定："作出仲裁裁决书的日期，即为仲裁裁决发生法律效力的日期。"这一条只是重复了《中华人民共和国仲裁法》第57条关于裁决生效日期的规定。规则第60条规定："仲裁裁决是终局的，对双方当事人均有约束力。任何一方当事人均不得向法院起诉，也不得向其他任何机构提出变更仲裁裁决的请求。"这一条规则强调了终局裁决的既判力，即终局裁决的既判力限制了当事人就裁决事项 求助于其他争端解决途径。规则第63条第2款规定："一方当事人不履行的，另一方当事人可以根据中国法律的规定向中国法院申请执行；或者根据1958年《承认及执行外国仲裁裁决公约》或者中国缔结或参加的其他国际条约，向外国有管辖权的法院申请执行。"这一款是根据涉外仲裁的特殊情况提供了本国法院或《纽约公约》缔约国法院对涉外仲裁裁决的强制执行效力的依据。《中华人民共和国仲裁法》没有特别规定仲裁协议、仲裁员、仲裁庭权力终止的时间，只能正常理解为自仲裁裁决生效之日，仲裁员或仲裁庭的权力将同仲裁协议同时终止，但是，一旦发生补充裁决或法院发回重新裁决的情况，这种权力又将随时恢复。

《香港仲裁条例》中关于港内仲裁效力问题，只有简单的两条。这就是第2GG条关于仲裁裁决的强制执行效力问题和第18条关于裁决终局性效力问题的规定。

关于强制执行效力问题。条例规定由仲裁庭所作出或所发出的裁决、命令或指示，强制执行的方式与香港法院生效的判决、命令或指示相同，但如果要交付强制执行必须得到法院或法院大法官的许可，法院或大法官给予许可的方式是按该裁决、命令或指示作出内容相同的判决。① 在国际仲裁领域，联合国示范法第35条赋予了香港国际仲裁裁决强制执行的效力。

关于仲裁裁决的终局性问题。条例规定除非仲裁协议另有约定，否则，仲裁员或公断人所作的裁决即为终局裁决，且对当事各方及在各方之

---

① 参见《香港仲裁条例》第2GG条。

下作申请的人具约束力。① 这一规定实际上既体现了仲裁裁决的终局效力，也体现了裁决的既判效力。适用于香港国际仲裁的《联合国国际贸易法委员会仲裁规则》第32条也规定了裁决的终局性及对当事人的既判力。

《香港仲裁条例》中调整港内仲裁的部分没有特别规定裁决对仲裁协议和仲裁员或仲裁庭权力的影响。《香港仲裁条例》也没有直接规定仲裁协议的终止问题，但是，适用于国际仲裁的联合国示范法却在第32条详细规定了仲裁程序的终止和仲裁庭任务的终止的条件。主要内容如下：

1. 仲裁程序于作出终局裁决时或仲裁庭发布第2条命令时终止；

2. 仲裁庭在下列情况下应发出终止仲裁程序的命令：

（1）申诉人撤回申诉。但应诉人反对，而仲裁庭认为彻底解决争议对其有正当利益者例外；

（2）当事各方同意终止程序；

（3）仲裁庭认定仲裁程序在任何其他理由之下均无必要或不可能继续进行。

3. 仲裁庭的任务随着仲裁程序的终止而结束。但是，发生必须补充裁决和重新裁决时，其权力即行恢复。

《澳门涉外商事仲裁法》借鉴了联合国示范法，因而其关于涉外仲裁裁决的效力问题的规定与香港国际商事仲裁裁决的制度完全相同。而在《澳门本地仲裁法》中关于仲裁裁决的效力问题的规定主要有如下内容：

1. 仲裁裁决于不能请求更正、澄清或透过上诉争执时，方为终局，发生法律效力。

2. 终局裁决对仲裁当事人各方具有既判之效力。

3. 终局裁决具有与普通管辖法院判决相同之执行效力。

4. 首席仲裁员下令将终局裁决书原件存放于普通管辖法院办事处并通知当事人后，仲裁员权利终止。如属免除存放裁决书情形，且无更正或澄清之请求时，仲裁员的权力则于向当事人发出终局仲裁通知后届满30日终止。应该说，在内地与港澳台地区中，澳门本地仲裁对仲裁员权力终止时间的规定是最明确的，因为它以两个作为的行为为仲裁员权利终止的标志。

研究台湾“仲裁法”及“台湾商务仲裁协会仲裁程序实施办法”我们会发现台湾关于仲裁裁决的效力制度的如下几项规定：

---

① 参见《香港仲裁条例》第18条。

1. 台湾“仲裁法”没有特别规定仲裁裁决的生效时间，只能作正常理解，当事人未提起撤销之诉者，于最后裁决送达当事人后满30天生效（30天系允许当事人提起撤销之诉的不变时间①），或撤销之诉经管辖法院驳回时生效。

2. 生效裁决对于当事人各方具有与普通法院的判决同等的既判力和执行效力。

3. 台湾“仲裁法”及《台湾商务仲裁协会仲裁程序实施办法》也没有特别规定裁决导致仲裁协议和仲裁员或仲裁庭权力的终止，但是综合研究该两种文件的精神，仲裁协议及仲裁员或仲裁庭权力的终止有如下几种情况：

（1）因终局裁决而终止；

（2）因仲裁超期而终止。台湾“仲裁法”第21条第3款规定，仲裁庭未能在法定的6个月最长不超过9个月的期限内作成仲裁判断书者，当事人可以向法院起诉，此时，仲裁程序视为终止。

（3）因合议庭无法取得多数而终止。台湾“仲裁法”第32条第4款规定：“合议仲裁庭之意见不能过半数者，除当事人另有约定外，仲裁程序视为终结，并应将其事由通知当事人。”

第四节　错误裁决之补救

无论国际仲裁制度多么完善，只要有人为因素的存在就会有发生错误的可能性，因而也就有与之相适应的补救措施。

一、几种常见的错误裁决

在国际民商事仲裁实践中，常见的裁决错误归纳起来有如下几种类型：

（一）可仲裁性和公共秩序的错误

如果仲裁庭所处理的仲裁争议根据仲裁地法或双方当事人所约定适用的准据法为不可仲裁事项（如处理私生子准正问题等），则仲裁庭对该项争议不应当享有仲裁管辖权，也不应该作出任何仲裁裁决。仲裁庭就不可仲裁性事项作出的裁决不仅得不到仲裁地法院的承认和执行，而且，当一方当事人依据《纽约公约》向他国申请承认与执行时，只要另一方提出

① 参见台湾“仲裁法”第41条第2款。

异议，或者法院依职权进行审查时，必将拒绝承认与执行该项裁决。

即便仲裁庭所处理的争议事项虽然具有可仲裁性特点，但是，如果仲裁庭对仲裁争议的处理方式违反仲裁地或者法院地的公共秩序（对当事人之间非法借贷行为产生的银行利息裁定收归国库），则该项裁决因违反了法院地的公共秩序（仲裁机构属民间机构不得采取国家机关的处罚措施），而会遭到法院的拒绝承认和执行。笔者之所以将可仲裁性问题和公共秩序问题划归一类，是因为，根据国际惯例凡是具有这两种错误的裁决都将面临法院的否定，这是公认的国际商事仲裁惯例。

（二）实体错误

仲裁裁决的实体错误，又叫实质性错误，是指裁决在认定事实或适用法律（实体法）方面存在的错误。对于应否将犯有实体性错误的仲裁裁决列入补救对象，国际仲裁领域存在争议。以前，各国法院为了捍卫传统上属于法院管辖的领域，对仲裁裁决中的实体错误也一并处理。但是，近些年来，国际商事仲裁领域发生了很大的变化，其中一个令人瞩目的成就就是各个国家或地区以及国际仲裁机构的仲裁规则，都纷纷放松对仲裁制度过分严格的制约，改用一种平和的态度对待仲裁。在仲裁裁决领域则表现为对仲裁裁决中的实体错误倾向于不予审查的做法，在国际仲裁中尤其如此。当然，由于世界各国仲裁制度的发展水平并不一致，仲裁制度的改革步伐也有快有慢，在这一问题上的做法也各有千秋。有些国家和地区，对仲裁裁决的实体问题不予审查，而另外一些国家和地区，则仍然坚持对裁决的实体问题进行审查，并对其错误予以纠正。在下文我们将会看到，在这个问题上，我国内地与港澳台地区的做法也有很大差异。

（三）非实质性程序错误

非实质性程序错误指在仲裁过程中发生的与当事人争议的是非曲直没有直接关系的程序性错误。这类错误包括仲裁协议的有效性问题、仲裁庭的组成问题、仲裁员的回避问题、是否违反自然正义保障当事各方的答辩权和陈述权、裁决事项有否漏裁或超出当事人的请求范围或超出仲裁协议的范围等。对非实质性程序错误进行审查是绝大多数国家和地区的仲裁制度所支持的补救方式。各个国家和地区的分歧只在于应该将那些事项列入应予审查的非实质性程序错误的范围。当然尽管存在分歧，但绝对不存在冲突，因为审查裁决错误的机构（常常是法院）在审查过程中一般都毫不犹豫地适用审查机构所在地的仲裁法或民事诉讼法。

（四）普通文字排版笔误或疏漏等错误

这种错误主要是由于仲裁员在起草或校对仲裁裁决过程中出现的一般

性错误。各国和地区在这个问题上均采取比较宽容的态度，一般允许仲裁庭自我更正（即前文的所谓补充裁决），即便没有更正也不会就因此撤销仲裁裁决。

二、错误裁决的补救方式

针对错误裁决出现的可能性，国际仲裁领域一般有三种补救方式：

（一）仲裁庭的自我修正——补充裁决

各个国家和地区的仲裁法规中，往往在仲裁裁决作出后给出一段时间的宽限期。在这宽限期内，任何一方当事人都可以针对仲裁裁决中出现的前述第（四）类错误申请补正。而仲裁庭自身亦可以对裁决中出现的上述错误主动进行补救，这种补救的方式通常是由仲裁庭作出一个补充裁决。当然，仲裁庭即便拒绝对第（四）类错误进行修正也不会影响裁决的效力。因而，在这一阶段对仲裁裁决的修正的主动权完全掌握在仲裁庭手中，不会对裁决的效力构成冲击。

（二）法院依法介入——仲裁裁决的撤销程序

仲裁裁决作出后，对于非上述第（四）类的错误，仲裁法往往会给出一段时期（一般有几个月）由仲裁当事人就裁决的错误问题申请法院撤销仲裁的最后裁决。法院便应当事人之申请介入对仲裁裁决的审查。法院的审查可能会驳回申请人的请求，也可能会撤销仲裁裁决。

（三）对严重错误裁决的否定——法院拒绝承认和执行仲裁裁决

法院拒绝承认和执行仲裁裁决是法院对错误裁决的最严厉、最激烈的补救措施。法院对仲裁的介入总是被动的，尽管仲裁裁决存在着错误，但是如果仲裁当事人在前两个程序中无所作为，将会导致错误的裁决进入执行程序。而在执行程序中，法院只能回答承认与否、执行与否的问题，无法撤销或变更仲裁庭的裁决的实质内容。因而，法院在没有其他选择的情况下对确有严重错误的裁决，只能采取拒绝承认与执行仲裁裁决的方式，从而以消极方式保护当事人的合法权益不受错误裁决的损害。

在补救仲裁裁决错误的三种方式中，补充裁决的方式我们在本章第一、第二节已经讨论过，而法院拒绝承认与执行仲裁裁决的方式我们将留待第十章进行详细研究，本章只就仲裁裁决的撤销程序进行讨论。

三、仲裁裁决的撤销程序概述

（一）仲裁裁决的撤销程序的概念

仲裁裁决的撤销程序，有些国家又叫提起裁决无效起诉，是指仲裁裁决作出后，在法定时间内，当事人以裁决具有法定错误为由，申请法院撤销裁决。法院应当事人之申请，对有关裁决进行审查，从而决定是否撤销裁决的程序。

仲裁裁决的撤销程序并不是对仲裁裁决一裁终局原则的否定，因为仲裁裁决的撤销程序并不是仲裁的必经程序，法院并不能主动启动撤销裁决之程序，只有当事人认为裁决有法定可以撤销的理由时，经当事人申请法院才能介入。而且，在法院作出撤销仲裁裁决之前，原有的裁决仍然有效，对当事人仍然具有约束力，裁决的义务方不能免除裁决下的义务的履行，除非法院在接受当事人申请的同时，裁定原有裁决暂停履行。

（二）国际仲裁领域撤销仲裁裁决的法定理由

世界各国或地区绝大多数都设立有仲裁裁决的撤销程序，而且一个共同的特点，就是裁决的撤销程序针对本地裁决比较严格，而对涉外或国际裁决则一般不作要求或要求比较宽松。各国和地区之间的分歧只在于撤销裁决的法定理由相互有所不同。综观国际仲裁领域的立法和实践，撤销仲裁裁决的法定理由主要有如下几种：

1. 仲裁协议无效或失效(《联合国示范法》第34条第（2）款（A）项（a）目、德国、日本)。①

2. 仲裁庭的组成与当事人协议的不一致；或仲裁员不合资格或不按正当方式指定的（《联合国示范法》第34条第（2）款（A）项（d）目、瑞典)。②

3. 仲裁程序不合法（德国）或者违背仲裁协议。③

4. 当事人在仲裁程序中未经合法代理（德国），未能陈述案情或未能经合法询问（德国、日本）（《联合国示范法》第34条第（2）款（A）项（b）目)。④

5. 裁决处理了仲裁协议范围以外的争议（瑞典、瑞士）或者争议的标的不能通过仲裁解决(《联合国示范法》第34条第（2）款（A）项

---

① 参见林俊益著:《法院在商务仲裁之角色》，台湾永然文化出版股份有限公司1996年版，第136页。

② 参见乔世明、刘景一著:《仲裁法理论与适用》，人民法院出版社1997年版，第224页。

③ 参见乔世明、刘景一著:《仲裁法理论与适用》，人民法院出版社1997年版，第224页。

④ 参见林俊益著:《法院在商务仲裁之角色》，台湾永然文化出版股份有限公司1996年版，第137页。

(c) 目)。①

6. 裁决书未附理由，但当事人另有约定或仲裁员予以补正的除外(德国、日本)。②

7. 裁决是靠欺诈作出的（荷兰），或者所依据的证据是伪造的或变造的（日本)。③

8. 裁决所依据的民事或刑事判决及其他裁判或行政处分已变更的(日本)。④

9. 仲裁员在仲裁过程中违背职务，犯刑事罪的（日本)。⑤

10. 裁决命当事人为法律上所不允许的行为（日本)、裁决与公共秩序相抵触（瑞士)、如承认裁决将导致明显违反法律的根本原则（德国)(《联合国示范法》第34条第（2）款（B）项（b）目)。⑥

11. 裁决作出后，一方当事人获得了本来可以影响仲裁庭决定的新文件，这些文件被认为是另一方当事人的行为后果而被扣缴的（日本)。⑦

(三) 撤销仲裁裁决的申请的条件

为了防止当事人滥诉，从而动摇仲裁制度的基础，法律对撤销仲裁裁决是十分谨慎的。为此，各国对仲裁裁决撤销程序的提起一般都有一定的限制和条件，归纳起来主要有如下几点：

1. 申请的主体。

提起撤销裁决之诉申请的主体只能是仲裁的当事人，包括申请人和被申请人。由于仲裁裁决调整的是仲裁裁决的当事人之间的有关权利义务关系，因此，只有裁决的当事人对裁决才有利益所在。立法者考虑这一点，

① 参见林俊益著：《法院在商务仲裁之角色》，台湾永然文化出版股份有限公司1996年版，第130页。

② 参见林俊益著：《法院在商务仲裁之角色》，台湾永然文化出版股份有限公司1996年版，第134页。

③ 参见林俊益著：《法院在商务仲裁之角色》，台湾永然文化出版股份有限公司1996年版，第141页。

④ 参见乔世明、刘景一著：《仲裁法理论与适用》，人民法院出版社1997年版，第224页。

⑤ 参见林俊益著：《法院在商务仲裁之角色》，台湾永然文化出版股份有限公司1996年版，第141页。

⑥ 参见乔世明、刘景一著：《仲裁法理论与适用》，人民法院出版社1997年版，第224页。

⑦ 参见乔世明、刘景一著：《仲裁法理论与适用》，人民法院出版社1997年版，第224页。

因而把提起撤销裁决之诉的诉权赋予裁决的当事人。当事人可以行使这项诉权，也可以放弃它。但由于撤销裁决的申请权仅仅授予裁决当事人本人，因此，在当事人放弃该项诉权的情况下，裁决即为终局确定裁决，任何其他个人或组织不得行使该项权利，即便裁决确有错误。

2. 申请撤销仲裁裁决的时效。

为了保证当事人之间的仲裁纠纷得到迅速及时的解决，各国仲裁法都为提起撤销裁决之诉规定了一个相对比较短暂的时效。联合国示范法第34条第3款规定的时效是自收到裁决书之日起3个月。西班牙规定的时效为裁决通知之日起20天，当裁决是在大西洋的加那利群岛作出时可为40天。① 而芬兰的仲裁法规定的提起无效之诉的时效是自宣布裁决之日起60天。② 如果当事人超过时效提起撤销裁决之诉，则往往法院会不予受理。

3. 受诉法院为仲裁地法院。

一般地说，撤销仲裁裁决之诉的管辖法院为仲裁所在地法院。如果当事人向其他法院寻求司法救济，则其他法院不予受理。至于受诉法院的等级则没有统一规定，各国和地区差异很大。

4. 申请人举证原则。

当事人申请撤销仲裁裁决必须就其所指称的裁决所存在的法定错误举证，这一举证不仅体现在法院受案后的法庭调查之中，而且如同其他民事案件起诉一样，当事人向法院提起撤销之诉时，必须提供支持其申请的表面证据，否则，法院将不予受理。这一点使申请撤销之诉与普通民事上诉不同，因为后者立案程序无须举证。当然，当事人申请时的证据是否真实、是否关联以及是否充分则留待法院受理后的审理了。

5. 对错误裁决的处理方式。

法院受理案件后，便组织法官对当事人的请求进行审查，审查后，法院一般有三种处理方式：

（1）经审查如果法院认为申请人的证据不足的，则裁定驳回申请；

（2）如果法院认为裁决确有法定错误，但是，可以由仲裁庭重新仲裁解决的，则通知仲裁庭在一定期间内重新仲裁，同时裁定中止撤销程序；

① 参见丁建忠编著：《外国仲裁法与实践》，中国对外经济贸易出版社1992年版，第105页。

② 参见丁建忠编著：《外国仲裁法与实践》，中国对外经济贸易出版社1992年版，第123页。

(3) 裁决确有法定错误，如果法院不愿发还重新仲裁，或者仲裁庭没有在规定的时间内重新裁决的，法院将裁定撤销仲裁裁决。

四、中国内地与中国港澳台地区的错误裁决救济制度

(一) 中国内地的错误裁决救济制度

《中华人民共和国仲裁法》对错误裁决的救济制度规定了前述三种救济方式，即第56条的补充裁决制度、第五章的“申请撤销裁决”制度和第七、第八章中规定的国内和涉外裁决的拒绝承认与执行的制度。

关于中国内地仲裁裁决的撤销程序，法律作了如下规定：

1. 撤销时效。

《中华人民共和国仲裁法》规定，撤销之诉的时效为自收到裁决之日起6个月。与国际上撤销之诉的惯常时效相比，内地的撤销时效是相当长的。时效长虽然对裁决义务方有利，但却使得裁决处于一种不确定的状态。因为按正常情况，裁决的权利方在收到裁决后的半年内一般都已经申请承认和执行仲裁裁决（根据民事诉讼法，双方当事人均为法人或其他组织实体的执行时效只有6个月）。如果权利人申请法院强制执行，而义务人却在第6个月时申请撤销裁决，将会给权利人带来很大的被动，一方面执行很可能被中止，等待撤销之诉的结果，即便被裁定驳回也拖延了时间。如果发还仲裁庭重新仲裁，则权利人可能不得不以新的裁决书为依据重新申请执行；如果裁决被撤销，或者仲裁庭重新仲裁得出的是完全不同的裁决，则执行的申请人可能会面对驳回执行申请，而已花费的执行费将无法得到补偿。

2. 撤销裁决的法定理由。

《中华人民共和国仲裁法》第58条第1款和第3款规定的撤销裁决的法定理由有：

(1) 没有仲裁协议的；

(2) 裁决的事项不属于仲裁协议的范围或者仲裁委员会无权仲裁的；

(3) 仲裁庭的组成或仲裁的程序违反法定程序的；

(4) 裁决所依据的证据是伪造的；

(5) 对方当事人隐瞒了足以影响公正裁决的证据的；

(6) 仲裁员在仲裁该案时有索贿受贿、徇私舞弊、枉法裁决行为的；

(7) 裁决违背了社会公共利益的。

人民法院根据当事人的申请组成合议庭进行审查核实，如果发现裁决有前款之一的情况，即可认定足以撤销仲裁裁决。须指出的是，全国人大

在制定仲裁法时，上述撤销裁决的法定理由中第（4）、第（5）项本来为：

“（4）认定事实的主要证据不足的；（5）适用法律确有错误的。”

后来征求意见过程中有人提出草案的第（4）、第（5）项实际上赋予了法院实体审查权，导致一裁终局成为空话，变成一裁一审制度，后来全国人大法律委员会便修改为现在的第（4）、第（5）项的形式。① 笔者认为，全国人大的修改虽然有一定的进步，但是仍然不彻底，因为修改后的定案仍接近于实体审查，这显然还比较落后。而这一点在内地涉外仲裁机构的裁决撤销程序中却得到了尊重。根据《中华人民共和国仲裁法》第70条规定，撤销涉外仲裁机构仲裁裁决的法定理由，受民事诉讼法有关规定约束，② 因而，只有符合下列条件才能撤销涉外仲裁机构的裁决：

（1）当事人在合同中没有订有仲裁条款或者事后没有达成书面仲裁协议的；

（2）被申请人没有得到指定仲裁员或者进行仲裁程序的通知，或者由于其他不属于被申请人负责的原因未能陈述意见的；

（3）仲裁庭的组成或者仲裁的程序与仲裁规则不符的；

（4）裁决的事项不属于仲裁协议的范围或者仲裁机构无权仲裁的。

将上述内容与撤销国内仲裁裁决的法定理由相比较，显然国内裁决实体性审查倾向很明显，而涉外仲裁的程序性审查色彩比较明显。且违反公共秩序在国内仲裁中会导致裁决的撤销，而在涉外仲裁中则只会导致裁决的不予执行。

3. 管辖法院。

《中华人民共和国仲裁法》规定有权管辖仲裁裁决撤销之诉的是仲裁委员会所在地的中级人民法院。

4. 审理期限。

《中华人民共和国仲裁法》要求人民法院应当在受理撤销裁决申请之日起两个月内作出撤销裁决或驳回申请的决定。

5. 申请的处理方式。

《中华人民共和国仲裁法》规定了撤销之诉的两种方式：

（1）人民法院受理撤销裁决的申请后，认为可以由仲裁庭重新仲裁

---

① 参见王胜明、徐秀春著：《关于仲裁法的若干问题》，载国务院法制局研究室编《重新组建仲裁机构手册》，中国法制出版社1995年版，第48页。

② 参见《中华人民共和国民事诉讼法》第260条。

的，通知仲裁庭在一定期限内重新仲裁，并裁定终止撤销程序；

（2）仲裁庭拒绝重新仲裁的，人民法院应当裁定恢复撤销程序。

笔者认为上述安排并不科学。按照上述制度，法院受理后即有权要求仲裁庭重新仲裁，这就是说，法院要求仲裁庭重新仲裁时，并不一定就发现了裁决具有法定撤销之理由。如果没有发现确实的撤销理由，要求重新仲裁显然是不合理的。这一判断从第（2）步仅仅是恢复撤销程序，而不是直接裁定撤销裁决的做法中得到了印证。因为法院要求重新仲裁时并没有如其他国家那样附上法院的意见（一般是具备撤销理由的意见），在仲裁庭拒绝重新仲裁的情况下，只好恢复撤销程序再去找裁决的毛病，从而决定是否撤销裁决。这种带有情绪性的撤销程序，法院能否公正进行尚存疑问。

（二）香港的错误裁决救济制度

《香港仲裁条例》为防止裁决错误设置了三道防线：

第一，条例第19条赋予仲裁员或公断人自动纠正由于意外失误或遗漏而造成的裁决的文书错失或错误。条例没有为此作出时间限制；

第二，条例第23条规定司法复核制度；

第三，条例附件联合国示范法第七章“对裁决的追诉”制度。

关于仲裁裁决的撤销程序，《香港仲裁条例》并没有为港内仲裁系统规定裁决的撤销程序，但条例中有几处与撤销之诉相类似的制度，它们是：

1. 司法复核制度。

条例规定，除非当事人之间在仲裁展开之后签订有免除上诉之协议，否则，当事人有权在裁决作出后申请法院批予上诉许可，就裁决中的法律问题提出上诉。① 根据当事人提起的上诉，法院审查后，可以根据案件的情况裁定：

（1）维持、更改该裁决或将该裁决作废；

（2）将裁决连同法院对上诉主题的法律问题的意见，一并发还给仲裁员或公断人重新考虑。

如果法院将裁决发还仲裁庭重新考虑，则仲裁庭应在命令之日起3个月内作出裁决。

2. 发还裁决。

对于仲裁庭作出的裁决，香港法院或大法官可不时将提交仲裁的事

---

① 参见《香港仲裁条例》第23条。

项，或将其中的任何事项，发还仲裁员或公断人重新裁决，除非命令另有指示，否则仲裁员或公断人须在命令之日起3个月内作出裁决。①

3. 撤销仲裁裁决。

《香港仲裁条例》特别强调仲裁员的公正裁判，凡仲裁员或公断人的本身行为不当，或在仲裁程序中行为不当，又或仲裁或裁决是以不当手段促致的，香港法院均可将裁决作废。②

香港国际商事仲裁中，为补救可能出现的错误裁决，采用了联合国示范法第34条的裁决追诉制度，其具体内容有：

1. 撤销裁决之诉的时效。

申请撤销裁决的时效为自当事人一方收到裁决之日起3个月内，③ 如果当事人已经提起补充裁决请求的，则从该请求被仲裁庭处理完毕之日起3个月后不得申请撤销。

撤销裁决的法定理由：

（1）仲裁协议的当事一方欠缺行为能力；或根据当事各方所同意遵守的法律，或未订明有任何这种法律，则根据本国法律，上述协议是无效的；

（2）未将有关指定仲裁员或仲裁程序的事情适当地通知提出申请的当事一方，或该方因其他理由未能陈述其案情；

（3）裁决处理了不是提交仲裁的条款所考虑的或不是其范围以内的争议，或裁决包括有对提交仲裁以外的事项作出的决定，但如果对提交仲裁的事项所作的决定与未提交仲裁的事项所作的决定能分开的话，只可以撤销包括有对未提交仲裁的事项所作的决定的那一部分裁决；

（4）仲裁庭的组成或仲裁程序与当事各方的协议不一致，除非这种协议与当事各方不能背离的本法的规定相抵触，或当事各方并无此种协议，则与本法不符；

（5）根据本国的法律，争议的标的不能通过仲裁解决；

（6）该裁决与本国的公共政策相抵触。

其中，第1~4项理由须当事人举证，而第5、第6项则由法院自行认定。

2. 管辖法院。

---

① 参见《香港仲裁条例》第24条。

② 参见《香港仲裁条例》第25条第（2）款。

③ 参见联合国示范法第34条第3款。

香港国际商事仲裁裁决的撤销之诉的管辖法院为香港高等法院(《香港仲裁条例》第34C条第（4）款)。

3. 对撤销之诉处理方式。

对撤销裁决之诉，除经法院审查认为申请理由不能成立，并予以驳回外，法院应一方当事人要求还可以采取暂时停止撤销程序之进行，以便给予仲裁庭一个机会重新进行仲裁程序或采取仲裁庭认为能够消除请求撤销裁决的理由的其他行动。

（三）澳门错误裁决的补救制度

澳门的错误裁决的补救措施除上述所说的三种方法外，还有一个为我国其他三个法域所没有的裁决的无效认定制度。下面分别介绍澳门的仲裁裁决无效认定制度和撤销仲裁裁决制度。

1. 澳门仲裁裁决的无效认定制度。

澳门仲裁裁决无效制度主要是澳门司法法院根据澳门本地仲裁制度规定的法定条件，认定符合条件的仲裁裁决无效的裁决监督制度,① 主要有如下内容：

（1）认定裁决无效的法定理由。

根据《澳门本地仲裁法》的精神，本地仲裁裁决只要符合下列条件之一，司法法院即有权根据一方当事人之请求认定裁决无效：

① 裁决事项为不可处分之权利，不具有可仲裁性；

② 未能依法传唤被诉人，且被诉人未参与有关程序；

③ 仲裁庭不具有管辖权，对应审理之问题未予裁决；

④ 裁决违反公共秩序。

（2）提起认定裁决无效之诉的主体。

根据《澳门本地仲裁法》精神，提起认定本地裁决无效之诉的主体分三类：其一是任何利害关系人（不论是否本案当事人）；其二是检察院；其三是司法法院自身依职权宣告仲裁裁决无效。

从上述提起认定裁决无效之诉的主体上我们便可以将认定裁决无效之诉与撤销裁决之诉完全区别开来，因为后者提起的主体只有未约定上诉程序的仲裁当事人；而前者几乎包括了与有关裁决有利害关系的一切主体，而这种利害关系包括公法利益（如因裁决违反公共秩序，由检察院代表政府提起的认定裁决无效之诉）。

（3）认定裁决无效之诉的审判级。

---

① 参见《澳门本地仲裁法》第37条。

澳门仲裁制度允许认定裁决无效之诉的诉讼当事人就司法法院的判决结果向高等法院上诉。

（4）认定裁决无效之诉的时效。

认定裁决无效之诉是《澳门本地仲裁法》所创造的新型诉讼，但是本地仲裁制度并没有为该诉讼约定诉讼时效。由于该类诉讼系特别法所创造，因而普通的民事诉讼时效无法适用。从理论上讲，只要符合法定条件，上述诉讼主体任何时候均可提起。

2. 本地裁决的撤销之诉。

本地裁决的撤销之诉是仲裁当事人未约定仲裁上诉程序情况下，向澳门普通管辖法院提起撤销仲裁裁决的诉讼。

（1）提起本地裁决撤销之诉的条件。

澳门本地仲裁裁决的撤销之诉不仅与我国其他三个法域的裁决撤销之诉的制度不同，而且与其澳门地区自己的涉外裁决的撤销之诉也不相同。因为，在国际商事仲裁领域以及我国其他三个法域，裁决撤销之诉的诉权是广泛地授予仲裁案件的一切当事人。但是，澳门仲裁的本地裁决撤销之诉的诉权只授予那些没有约定仲裁上诉程序的当事人。也就是说，凡是当事人根据《澳门本地仲裁法》第34条之规定在仲裁协议或在接受第一名仲裁员之前的书面协议中约定仲裁上诉程序的本地仲裁案件所产生的裁决，不得透过撤销之诉对其提出异议。即便裁决存在下文第（4）条所列举之瑕疵，也只能在该上诉之范围内审理解决。

（2）本地裁决撤销之诉的主体。

如前所述，与无效裁决之诉不同，提起本地裁决之诉的主体只能是仲裁裁决的一方当事人，而且，在该案件中，他们没有另行约定仲裁上述程序。

（3）本地裁决撤销之诉的时效。

本地裁决撤销之诉的时效为仲裁裁决通知之日起30日。①

（4）撤销仲裁裁决之法定理由。

根据《澳门本地仲裁法》第38条的精神，在向澳门普通管辖法院提起的裁决之诉中，管辖法院经审查如发现争议裁决具有下列条件之一的，有权裁定予以撤销。这些法定条件是：

① 一方当事人无缔结仲裁协议之行为能力，或一方当事人无诉讼行为能力，需要检察院代理诉讼的；

---

① 参见《澳门本地仲裁法》第39条第1款。

② 仲裁庭无管辖权或者违反仲裁规则，但是在仲裁过程中，当事人已经知悉，而未及时主张权利者例外；

③ 仲裁庭违反了仲裁法所规定的仲裁程序一般规则；

④ 裁决缺乏仲裁员之签名；

⑤ 裁决未说明理由。

(5) 本地裁决撤销之诉的审判级。

处理本地裁决撤销之诉的初审法院是澳门普通管辖法院，当事人不服初审法院裁判的，可以向澳门上诉法院提起上诉。这一规定与上文的裁决无效之诉一样在我国内地与港澳台地区的仲裁制度中也算得上颇具特色，因为其他地区的司法复核程序一般都没有上诉审，而澳门却独特地规定了上诉审。

3. 澳门涉外商事仲裁裁决撤销之诉。

澳门同香港一样，在涉外仲裁方面适用的实际上就是联合国示范法，因而《澳门涉外商事仲裁法》关于裁决撤销制度与香港的涉外部分完全相同。只不过香港的撤销之诉的管辖法院是香港高等法院，而澳门则是普通管辖法院。

(四) 台湾错误裁决的补救措施

台湾“仲裁法”所建立的错误裁决的补救措施主要有两种，其一是针对误写、误算等类型的错误通过补充裁决加以补救①；其二就是台湾“仲裁法”第40、42、43等三条规定的裁决撤销之诉。这两种补救措施基本上都符合国际商事仲裁惯例的做法。第一种措施前文已有介绍，本节只讨论撤销裁决之诉问题。

台湾的裁决撤销之诉的内容比较丰富，主要有如下内容：

1. 撤销仲裁判断的法定理由。

(1) 有导致法院驳回执行裁定申请之情形（驳回执行申请的情形，本书将在第十章介绍）。

(2) 仲裁协议不成立、无效，或于仲裁庭询问终结时尚未生效或已失效者。

(3) 仲裁庭于询问终结前未使当事人陈述，或当事人于仲裁程序未合法代理者。

(4) 仲裁庭之组成或仲裁程序，违反仲裁协议或法律规定者。

(5) 仲裁人没有履行告知义务而显有偏颇或被申请回避而仍参与仲裁

---

① 参见台湾“仲裁法”第35条。

者。但回避之申请，经依本法驳回者，不在此限。

(6) 参与仲裁之仲裁人，关于仲裁违背职务，犯刑事上之罪者。

(7) 当事人或其代理人，关于仲裁犯刑事上之罪者。

(8) 为判断基础之证据、通译内容系伪造、变造或有其他虚伪情事者。

(9) 为判断之基础之民事、刑事及其他裁判或行政处分，依其后之确定裁判或行政处分已变更者。

尽管台湾"仲裁法"所列举的撤销裁决的法定理由很多，但各理由之效力或适用情况并不相同。台湾"仲裁法"规定，上述第6~8条理由只有在有罪判决已经确定时才能适用，或者刑事程序没有开始或者不能继续进行，但是其原因并非因为证据不足所造成时也可以适用；而第4~9项理由，只有在其足以影响仲裁判断结果时才能适用。

2. 提起仲裁判断撤销之诉的时效。

根据台湾"仲裁法"第41条之规定，撤销时效为自判断书交付或送达之日起30日。如果存在前述第6~9项撤销理由时，如非因当事人之过失，不能于规定期间内主张撤销之理由者，自当事人知悉撤销之原因时起算，但自仲裁判断书作成之日起，已愈五年者，不得提起。台湾的这两种撤销时效，就前者而言，应该说比较合理，也符合国际上的同类时效的一般惯例。但是，后者关于涉及有关人士不诚实甚至犯罪的撤销时效的特殊规定，却与世界潮流不符。笔者认为，虽然立法者为了保护善意当事人的利益，确实煞费苦心，但是这样一来却使得台湾仲裁裁决的整体处于一种无法稳定的状态，不利于仲裁纠纷的及时解决。既然当事人协议将有关纠纷提交仲裁解决，当事人在享受以这种快捷方式解决争议的同时，也要承担因选择未经选拔、训练的民间人士裁决纠纷所产生的风险——因缺乏长期有效监督所存在的不公正的风险。当然，法律的种种措施都在最大限度地消灭这种风险，但是，真正的风险总是难以根除，当事人应该有心理准备。

3. 担保中止执行。

台湾"仲裁法"规定，当事人提起撤销仲裁判断之诉者，法院得依当事人之申请，定相当并确实之担保，裁定停止执行。仲裁判断，经法院撤销者，如有执行裁定时，应依职权撤销其执行裁定。

第九章　法院对仲裁的保障和监督

仲裁作为解决商事纠纷的一种形式，其作用已越来越为各国重视。但是，仲裁作用的最后实现必须以法院为后盾，为了发挥仲裁的最大效用，世界各国都要注意处理好仲裁与司法的关系。综观当今各国、各地区立法，法院与仲裁的关系主要体现在监督和保障两个方面，在现代国际仲裁领域这一点基本上达成共识，但是法院介入仲裁的深度和广度又是各国和地区仲裁制度的差异点，特别在内地法系和英美法系影响下的法域之间这种差别尤其显著。中国的香港和内地、澳门及台湾地区是分别受英美法系和内地法系影响的四个法域，它们仲裁制度中所反映的法院与仲裁制度关系的差异在很大程度上反映了英美法系和内地法系的差异。本章将以比较的方式对该差别加以研究，以便从中得到有益的启发。

第一节　法院对仲裁的保障与监督制度的概述

一、法院对仲裁保障与监督制度的形成

长期以来，仲裁和法院之间的管辖权之争，使得人们误认为仲裁与法院之间势同水火，相互对立。从历史发展进程的角度考察，这种说法并非无稽之谈。在仲裁发展史上，法院与仲裁的矛盾确实曾经非常激烈，法院面对仲裁制度的挑战和竞争，采取的是一种压制态度，不太愿意承认仲裁的管辖权，即便勉强承认，对仲裁裁决也是采取百般挑剌的做法，而对裁决的承认与执行则往往不予配合。

应该说仲裁与法院关系的彻底改善是20世纪的事情。1923年《日内瓦仲裁条款议定书》（Geneva Protocol on Arbitration Clauses）中，各缔约国均承认仲裁协议的有效性，但得受不同缔约国的司法管辖权管辖，第一次以具有国际法效力的国际议定书的形式公开宣示法院与仲裁的关系。1927年《执行外国仲裁裁决的公约》（日内瓦公约）（Convention on the Execution of Foreign Arbitral Awards，Geneva Convention）又进一步规定了

依据仲裁协议作出的仲裁裁决均得承认为具约束力，并且得按照援引该裁决的领土的程序规则而强制执行，从而在执行问题上解决了仲裁与法院之间的矛盾，并且以非常正规的多边国际公约的形式确定了各缔约国承担承认仲裁裁决的既判力（约束力）和执行力（强制执行）的义务。1927 年的《日内瓦公约》由于缔约国有限，影响还不够广泛。1958 年《承认与执行外国仲裁裁决公约》（《纽约公约》）（The New York Convention on the Recognition and Enforcement of Foreign Arbitral Awards）则彻底解决了国际范围的仲裁裁决的承认和执行问题。《纽约公约》已经得到广泛的认同，截至 1998 年 12 月 4 日，已经有 116 个国家和地区加入了《纽约公约》。这几个公约本来的目的仅仅是为了解决仲裁裁决的承认与执行问题，但是，由于这些公约的精神所产生的巨大影响，其深远意义已经超过了裁决的承认与执行的范围，而导致人们对仲裁制度观念的重大变革。从此以后，各国纷纷制定正规的仲裁法规，这些法规不仅依据国际公约对仲裁裁决的承认与执行问题作了必要安排，而且对司法与仲裁关系的其他环节也作了适当协调。这可以说是国际商事仲裁领域的一场革命。在这场革命中，仲裁与司法的关系出现了一些微妙却是很明显的互动，其表现就是：法院对仲裁的保障职能不断加强，而法院对仲裁的监督职能则不断弱化。① 体现这场革命成果的是 1985 年 6 月 21 日联合国国际贸易法委员会第 18 次年会通过的联合国示范法（UNCITRAL Model Law on International Commercial Arbitration），示范法通过后，许多国家又再一次对照示范法对本国仲裁法作了修改，如印度 1996 年 1 月 25 日生效的《仲裁与调解法》②、1997 年 7 月 1 日生效的新西兰新仲裁法③等，少数国家甚至将示范法直接引入本国仲裁制度，将其作为本国法的一部分一并执行，有的则完全套用示范法进行立法。今天，国际仲裁领域以联合国示范法为代表，已经形成了仲裁与司法管辖既互相独立，又互相支持，法院对仲裁既提供保障，又代表国家进行监督的合理格局。

---

① 参见肖永平著：《也谈我国法院对仲裁的监督范围——向陈安先生请教》，载《仲裁与法律通讯》1997 年第 6 期，第 5～12 页。

② 参见《印度新仲裁法——仲裁与调解法》（陈敏供稿），载《仲裁与法律通讯》1997 年第 5 期，第 1 页。

③ 参见《新西兰新仲裁法生效》（陈敏供稿），载《仲裁与法律通讯》1997 年第 4 期，第 2 页。

二、法院对仲裁的保障与监督的概念

法院对仲裁的保障与监督是法院根据法院地的仲裁法规和政策，代表国家以法院的强制力为仲裁的顺利进行和维护仲裁裁决的威信提供法律支持，同时，对仲裁过程中出现的违反仲裁法规及自然公正的行为予以制止和纠正。

三、法院对仲裁的保障与监督的方式

法院对仲裁的保障和监督是分散地体现在仲裁程序的各个环节之中。综合起来主要有如下几个大的方面：

（一）法院对仲裁的保障功能

1. 法院对仲裁协议的执行和完善——仲裁管辖权的保障。

我们前文分析仲裁管辖权的时候曾指出，仲裁协议是仲裁管辖权的基础。但是，有时一方当事人不顾仲裁协议而径直起诉到法院时，就必须有法院的配合才能使仲裁协议得以强制执行。1958 年《纽约公约》第 2 条第 3 款规定："当事人就诉讼事项订有本条所指之协议者，缔约国法院受理诉讼时应依当事人一造之请求，命当事人提交仲裁，但前述协议经法院认定无效、失效或不能实行者不在此限。"有时仲裁协议内容不明确造成仲裁协议的执行困难。此时，如果当事人之间不能在自愿基础上重新达成协议加以明确的话，则仲裁协议虽然成立却无法得到实际履行。许多国家规定在这种情况下，仲裁协议仍应执行，而对其中不明确的事项，当事人可以提交法院，由法院依照法律规定对之加以明确，以实现当事人的仲裁意愿。

2. 法院对仲裁程序的保障。

法院对仲裁程序的保障主要是指在仲裁程序进行过程中，需要仲裁当事人以外的个人或组织配合或者需要采取一定的强制措施时，由于仲裁庭系民间实体，无权采取必要行动，这些功能便转而由法院行使。

一般说来，在仲裁过程中需要采取上述措施的有为当事人指定缺额仲裁员、财产保全、证据保全、调查取证或传唤必须出庭的证人到庭等。

3. 仲裁裁决承认与执行的保障。

法院对仲裁裁决根据当事人之申请以法院裁定的方式承认仲裁裁决的效力。有执行内容的通过法院予以强制执行。这是法院对仲裁的最权威和最后的保障。

（二）法院对仲裁的监督措施

1. 对仲裁员的监督。

在有些国家和地区，对仲裁员的异议是通过向法院提出进行的，特别是在仲裁员不积极推进仲裁程序，从而延误当事人争议的解决时更是这样。

2. 对仲裁裁决的司法审核（有的地方叫司法复核）。

司法复核是一种裁决作出后，于法律规定的一个短暂时间内，由一方当事人提出撤销仲裁裁决的申请，从而导致受诉法院依法对仲裁裁决进行司法审查的诉讼活动。通过审查法院对确有法定撤销理由的裁决可以发还仲裁庭重新作出裁决，也可以裁定撤销仲裁裁决。

3. 仲裁裁决的拒绝承认和执行。

承认与执行和拒绝承认和执行是一个问题的两个方面，前者表现为对正确裁决的保障，而后者则表现为对错误裁决的监督和否定。

由于本章所讨论的法院对仲裁保障和监督机制的具体表现我们在前文已经论述或者在后文将要论述，本章只是从法院与仲裁的关系角度进行对比分析，因此对有关仲裁程序或司法行为的环节只作概述，不作展开。详细内容可参阅有关章节。

第二节 人民法院与港澳台地区法院对仲裁保障和监督机制的比较

一、人民法院与港澳台地区法院对仲裁的保障机制

人民法院与港澳台地区法院对仲裁的保障主要体现在如下几个方面：

（一）仲裁管辖权的保障

有效的仲裁协议可以排除法院的诉讼管辖权，在有效仲裁协议前提下，当事人一方如置仲裁协议于不顾，径向法院起诉时，另一方以仲裁协议为依据提出异议，法院一般会确认仲裁的管辖权，但其具体方式，因地而异。《香港仲裁条例》将联合国国际贸易法委员会制定的示范法第 8 条直接适用于香港仲裁。根据该条规定，当事人一方向法院起诉，另一方当事人在进行实质答辩前，以仲裁协议为理由要求交付仲裁，“法院或大法官倘信纳并无充分理由支持该事项可无须按照协议提交仲裁，以及信纳申请人在法律程序展开时并一直依然准备和愿意作出任何能使仲裁恰当进行的必要事情，可作出命令将法律程序搁置”。而《中华人民共和国仲裁法》规定当事人达成仲裁协议后，一方向人民法院起诉未声明有仲裁协

议的，人民法院受理后，另一方在首次开庭前提交仲裁协议的，人民法院应驳回起诉。① 两相比较，人民法院采用驳回起诉形式，实际上是终止法院管辖权；而香港采用的则是中止诉讼形式即将法律程序（诉讼）“搁置”起来，先提交仲裁。

《澳门本地仲裁法》中，没有明确规定法院对仲裁协议管辖权的支持，但《澳门涉外商事仲裁法》规定，在这种情况下，只要另一方在最初进行实体性答辩前，要求法院将有关争议提交仲裁，法院一般会责令起诉方将争议提交仲裁，除非法院认定该仲裁协议无效、不能实行或不能适用。

（二）仲裁程序的保障

1. 仲裁员或公断人的任命。

仲裁员的任命一般来说在仲裁程序开始后由双方当事人分别进行，首席仲裁员一般由双方已指派的仲裁员共同推举。本来不存在法院介入的问题，但实践中往往出现当事人一方特别是被申请人在仲裁中不予合作的局面；有时已被任命的仲裁员或公断人因行为瑕疵而被撤职，因此有必要建立缺席机制，以弥补这种漏洞，保障仲裁程序的顺利进行。

1996 年修订前的《香港仲裁条例》规定法院在当事人一方或双方不配合时或不能达成一致意见时直接委任仲裁员或公断人的几种情况，但修订后，该职权已转由香港国际仲裁中心承担。但仲裁员或公断人被撤职时，法院可以应当事人的申请指派替补仲裁员或公断人。大陆仲裁制度下法院无权过问仲裁员的任命程序，仲裁员的补缺机制是由仲裁委员会完成的。②

《澳门本地仲裁法》第 16 条和《澳门涉外商事仲裁法》第 12 条正常途径如果无法指定仲裁员时，则任何一方可以申请管辖法院负责指定。《澳门涉外商事仲裁法》的一个独特之处是对法院指定仲裁员作了特别要求：“当任命仲裁员时，法院应考虑当事人协议内对仲裁员所要求具备之资格，并考虑对确保能任命一名独立及公正无私之仲裁员为重要之一切事宜；在任命独任仲裁员或第三名仲裁员时，尚应考虑任命一名所属国籍或居住地点与胆识过人不同之仲裁员之可取性。”

台湾“仲裁法”第 12 条规定，一方当事人经受催告，于 14 日之内不能选定仲裁员，则可以申请法院指定。

---

① 参见《中华人民共和国仲裁法》第 26 条。

② 参见《中华人民共和国仲裁法》第 32 条。

2. 仲裁取证的保障。

由于仲裁机构权力的非强制性，各个国家或地区虽然赋予仲裁组织裁判权，但均未赋予其为完成上述任务而采取强制措施的权力。这种权力只有司法机关才能行使。而仲裁庭同法院一样必须以充足的证据支持其裁决。仲裁程序中，一般应由双方当事人举证，以支持自己的观点，即便举证不足，当事人应当承担相应的仲裁风险。但为了弄清案件的是非曲直，有时须第三人出庭作证，而该第三人并不负有向仲裁庭作证义务，仲裁庭亦无权强制其到庭作证，这使仲裁陷入困境。解决这个问题必须借助法院的保障功能才能实现。

原《香港仲裁条例》第 14 条、第 41 条第 5 款经 1996 年修改为第 2GC 条第（3）、第（4）款后，规定法院或大法官可命令证人出庭作证或录下书面证据或提供实物证据，同时经法院签发“移交被扣押者到庭作证令”可将囚犯提到仲裁庭接受讯问，另根据第 2GC 条第一款（b）（ii）之规定，香港法院可以扣押争议标的物以便进行观察和试验为仲裁庭提供证据。《中华人民共和国仲裁法》没有要求人民法院强制证人到仲裁庭作证，但人民法院有权为仲裁保全证据。法律规定在证据可能损失或者以后难以取得的情况下，当事人可以申请证据保全。当事人申请证据保全的，仲裁委员会应当将当事人的申请提交证据所在地基层人民法院。

《澳门本地仲裁法》第 25 条规定仲裁庭收集当事人或第三人之言语证据时，如果得不到合作，则有权要求普通管辖法院协助收集证据。而《澳门涉外商事仲裁法》的规定与联合国示范法相同。

台湾“仲裁法”第 26、28 条规定证人无正当理由不到场应询时，仲裁庭有权请求法院命其到场。仲裁庭为进行仲裁有权请求法院协助调查证据。

3. 财产保全的保障。

财产保全的目的是在仲裁庭作出最后裁决之前，防止当事人隐匿、转移、变卖有关资产，以保证将来发生法律效力的裁决得到顺利执行。但是如前所述，仲裁庭自身无权对有关财产采取保全措施，也必须借助法院的强制权力。根据《香港仲裁条例》第 2GC 条第（1）、（2）款之规定，香港法院有权对与仲裁有关并为一方所拥有或处于一方占有之下的财产发布财产保全令。《中华人民共和国仲裁法》第 28 条规定一方当事人因另一方当事人的行为或者其他原因，可能使裁决不能执行的，可以申请诉讼保全。当事人申请诉讼保全的，仲裁委员会应当将当事人的申请依照民事诉讼法的有关规定提交人民法院。而《中华人民共和国民事诉讼法》第 258 条之规定，“当事人申请采取财产保全的，中华人民共和国的涉外仲裁机构应当将当事人的申请，提交被申请人住所地或者财产所在地的中级人民法院裁定”。

根据《澳门本地仲裁法》第24条之规定，不仅当事人可以直接向普通管辖法院申请采取临时措施或保全措施，而且，仲裁庭有权直接就这些措施作出决定或要求一方当事人提供担保，如果当事人不执行的话，仲裁庭有权要求普通管辖法院下达执行命令。澳门涉外仲裁的规定与联合国示范法相同。

台湾“仲裁法”第39条规定，当事人有权就仲裁的保全事宜，向法院申请假扣押或假处分，但是应相对人的请求，法院有权责令申请人在规定期限提起仲裁。

4. 时效济助的合理保障。

仲裁协议中当事人有时规定了仲裁的时效，有时这一法律概念规定在仲裁法中。在仲裁实践中，有时证据或其他方面的因素使得申请人无法在规定时效内提起仲裁申请，如因时效的过期而丧失通过仲裁寻求保护的权利可能造成极大的不公平，因而有必要予以补救，在国际仲裁领域，完成这个任务的有时是仲裁庭，但更多的时候是法院。在香港，根据1996年以前的仲裁条例，这一延展时效的权力归属法院，修订后的条例第2GD条则将该权力赋予了仲裁庭。在无仲裁庭能行使该项权力时仍然由法院行使。根据第2GD条之规定，如果当事人因未在仲裁协议规定的时间内展开仲裁程序或开展作为仲裁先决条件的其他救济措施而面临失去申诉权的困境时，如无仲裁庭，则法院经考虑可以基于下述两个理由将该时效予以延展。其一是签订仲裁协议时的无法合理判断情势，因而延展期限将是公平的；其二是一方当事人的行为迫使另一方当事人局限于如此短促的时效是不公平的。法院延展时效以恰当为原则，无其他特别限制。

作为一个问题的两个方面，如果申诉人不及时行使权利，故意拖延提起申诉时间，从而可能导致争论无法合理解决或者导致对当事人的严重不利结果，则在无仲裁庭情况下，香港法院可以依修订后的条例第2GE条之规定下令驳回申诉人仲裁请求并禁止申诉人就该项主题展开进一步的仲裁程序。

中国内地与澳门及台湾没有类似延展时效和禁止拖延申诉之说，对仲裁时效问题，内地采用法定原则，首先适用特别法，特别法没有规定时才适用民事诉讼时效制度,① 实际上是不允许当事人约定时效。根据《民法

① 参见《中华人民共和国仲裁法》第74条。

通则》，国内民事诉讼时效为两年，涉外货物买卖诉讼时效为 4 年，自当事人知道或应该知道权利被侵犯之日起计算。由于内地采用法定时效制度，因此不存在延展的问题。

5. 中期命令的保障。

由于仲裁庭系根据当事人仲裁协议临时组成，其权威性与作为司法机关的法院不同，本身不存在强制力，因此在仲裁程序进行过程中如果发生藐视仲裁庭决定的现象，就需要法院强制力的支持。《香港仲裁条例》第 23C 条针对这种情形规定了法院中期命令的制度以保障仲裁程序的连续性。根据该条规定，如果根据仲裁协议提交仲裁的任何一方，没有在仲裁庭命令所指明的时间内，或如果命令并无指明时间，则为没有在一段合理时间内，遵照仲裁员或公断人在仲裁过程中作出之命令，则法院可应仲裁员或公断人，或应提交仲裁的任何一方提出的申请，作出命令，以扩大仲裁员或公断人的权力，使之在一方缺席或不履行任何其他作为时，有权在该命令所指明的范围和限制条件内继续进行仲裁。内地、澳门、台湾没有类似之规定。

（三）法院对仲裁裁决的承认和执行

仲裁系当事人选择的解决纠纷方式，仲裁庭根据某一具体仲裁协议而产生，其裁决对双方当事人当然地发生法律约束力。如果一方当事人不能够自动履行裁决，就要依靠法院的强制力。根据经验，仲裁制度之所以几个世纪以来长盛不衰除了它自身的能动性以外，也靠法院在一定条件下对仲裁裁决的承认与执行。

根据 1996 年《香港仲裁条例》第 2GG 条之规定，仲裁庭所作的裁决、命令可以在法院或大法官的许可下，像具有同样效力的判决或命令一样予以执行。香港同时将联合国示范法和 1958 年《纽约公约》作为《香港仲裁条例》的附件直接实施，因此对国际仲裁裁决也可以依据上述文件得到承认和执行。《中华人民共和国仲裁法》第 62 条也规定，一方当事人不履行仲裁裁决的，另一方当事人可以依照民事诉讼法的有关规定向人民法院申请执行。接受申请的人民法院应当执行。《中华人民共和国民事诉讼法》第 217 条则规定了执行仲裁裁决的具体细则。澳门和台湾的仲裁制度也遵循国际惯例给予仲裁裁决的承认与执行以充分的支持，对此后文将作专章介绍，本章就不作详细介绍。可以说，法院对仲裁裁决的承认和执行是法院对仲裁的最高和终极的保障，也是仲裁制度得以存在和发展的重要原因之一。

二、人民法院与港澳台地区法院对仲裁的制约机制

法院对仲裁进行保障的同时也会进行制约。法院的制约机制如同保障机制一样，同样渗透到仲裁的每个环节，香港仲裁制度与内地仲裁制度也或多或少安排了这种制约机制。

（一）仲裁员的异议机制

各国、各地区仲裁法一般都设有仲裁员的异议机制，规定已被选定的仲裁员、首席仲裁员或公断人在存在法定瑕疵的条件下应被撤换。但这一制度如何操作，世界各国和地区有着较大的区别。本书在仲裁员制度一章也曾经讨论过。在仲裁员的所有异议机制中，其中制度之一是法律授权法院撤销有瑕疵的仲裁员资格。但是，在这一点上内地与港澳台地区的制度有所不同。《香港仲裁条例》第 3 条规定依仲裁协议委任的仲裁员或公断人，其权限不可撤销，但如获法院或大法官的许可，则不在此限。该条例第 25 条第 1 款则规定，仲裁员或公断人的本身行为不当，或在仲裁程序中行为不当，法院可将其撤职；第 26 条第 1 款则规定，任何一方当事人可以以已委任的仲裁员并非公正无私或可能非公正无私为由申请法院撤销该仲裁员或申请强制令禁止仲裁员进行仲裁；第 26 条第 2 款则规定，如果仲裁涉及任何一方是否犯有欺诈罪时，法院有撤销依据该仲裁协议而委任的仲裁员或公断人的权限。《中华人民共和国仲裁法》没有授予法院撤销仲裁员的权力，但是该法第 34 条规定了仲裁员回避制度。根据该条，符合下列条件之一的仲裁员必须回避，当事人也有权申请其回避：其一，是本案当事人或者当事人代理人的近亲属；其二，与本案有利害关系；其三，与本案当事人、代理人有其他关系，可能影响公正仲裁的；其四，私自会见当事人、代理人或者接受当事人、代理人请客送礼的。该法第 38 条还规定，如仲裁员私自会见当事人、代理人或者接受当事人、代理人的请客送礼情节严重的或有索贿受贿、徇私舞弊、枉法裁决行为的，则应当依法承担法律责任，仲裁委员会应当将其除名。但上述制约均是通过仲裁员自行回避或仲裁委员会主任决定或仲裁委员会集体决定实现的，与法院无关。

（二）对仲裁管辖权的限制

在前一部分，笔者在讨论法院对仲裁管辖权的保障时提到，根据国际惯例在有效仲裁协议的前提下，各国和地区法院一般会依循仲裁优先原则，将管辖权交付仲裁机构。但事情也有例外，这种例外一般出现在仲裁员或仲裁协议被法院撤销的情况下。

《香港仲裁条例》第26条第2款规定，如果依仲裁协议提起的仲裁是涉及任何一方有否犯欺诈罪的问题时，则为有需要使得该问题得以由法院裁定，法院有权下令该协议不再有效。该条第3款规定，如果法院根据上述理由下令仲裁协议不再有效，法院可拒绝将违反该协议而提起的诉讼搁置。即实际上当事人之间的争议转而由诉讼解决，由法院行使管辖权。该法第27条第4款规定，在仲裁协议因仲裁员问题或其他问题被法院撤销时，法院可以进一步命令，就该项争议而言，如有仲裁裁决得作为提出诉讼的先决条件的规定亦不再生效。即有关争议事项可以不经仲裁这一中间环节直接由法院行使诉讼管辖权。《中华人民共和国仲裁法》只规定了保障仲裁管辖权机制，但由于法律未授权法院于仲裁程序进行阶段因仲裁员或案件自身性质因素而撤销仲裁协议和仲裁员，因此，缺乏法院对仲裁管辖权的限制机制。但根据司法惯例，如有关性质的纠纷涉及刑事犯罪（包括欺诈问题），内地裁判机关（包括仲裁庭）均会依先刑后民原则，中止民事程序（包括仲裁程序），留待刑事问题处理后，再恢复民事程序。这也可以勉强说是一种限制，但又有所不同，因为仲裁管辖权并未被剥夺，只是中止行使。

（三）法院介入实质性初步法律论点的裁定

由于许多国家和地区关于仲裁裁决的复核或上诉只作表面审查，一般只考虑法律问题而很少甚至不考虑事实问题，法院也不会再开庭就事实问题进行聆讯，因此，一个裁决是否经得住司法复核，很大程度上取决于对法律问题的判断。因此当事人（主要是可能胜诉一方当事人）为了免除未来裁决被撤销的危险，可能主动或在仲裁庭授意下向法院要求先行就有关争议的法律问题作出决定。

《香港仲裁条例》第23A条第1款规定，在当事人之间未订立“免除协议”前提下，当事人在得到仲裁员或已介入仲裁的公断人同意或仲裁各方一致同意情况下，向法院申请对仲裁过程中产生的任何法律问题作出裁定，法院如相信就该申请作出裁定可能会大量节省仲裁各方的费用以及该问题可能会获准上诉，则会接受申请作出决定。法院对初步法律论点的裁定非经法院或上诉法院许可不得再行上诉。《中华人民共和国仲裁法》中未有关于“法院对初步法律论点的裁定”的规定。应该说法院先行介入对法律问题的判断既是对仲裁的一种限制，也是保障裁决稳定性的一个重要措施。

（四）对仲裁裁决的司法复核

仲裁既然属民间解决纠纷的一种形式，其裁决的权威性当然不是绝对的。综观世界各国和地区的仲裁立法包括有关国际公约均无规定无条件承认和执行仲裁裁决者。各国和地区的司法机关在对某一仲裁裁决承认与执行之前总会对该裁决作一番审查复核，但条件各不相同。

《香港仲裁条例》第23条规定，如果当事人对仲裁裁决不服，法院一般无权制止当事人提起上诉。但须符合两个条件：（1）双方当事人均同意请求法院变更裁决；（2）当事人在仲裁展开后未订立免除上诉协议。符合上述条件，法院方会签发上诉批文。如果当事人之间订有免除上诉协议，则法院无权复核。《中华人民共和国仲裁法》贯彻一裁终局原则，规定裁决书自作出之日起发生法律效力，因此不允许上诉，但允许仲裁当事人向仲裁委员会所在地中级人民法院申请撤销该裁决。而对这种申请，法律并没有像《香港仲裁条例》那样附有先决条件。《中华人民共和国仲裁法》中没有“免除上诉协议”的规定，从理论上讲，任何当事人均有权向仲裁委员会所在地中级人民法院申请撤销，从而导致对该裁决的审查复核，至于该申请是否成功则另当别论了。

（五）法院对裁决效力的否定

通过前述司法复核程序，仲裁裁决如符合法定条件，其效力将会得到法院确认，从而具有与判决同等的约束力；如不符合法定条件，法院将会依法否定其效力。

《香港仲裁条例》第23条第2款规定，法院裁定上诉时可命令（1）维持、更改该裁定或将该裁定作废；（2）将裁决连同法院对上诉主题的法律问题的意见，一并发还给仲裁员或公断人另行考虑。而第25条第2款规定，凡仲裁员或公断人的本身行为不当，或在仲裁程序中行为不当，又或仲裁或裁决是以不当手段促致的，法院均可将裁决作废。而根据《中华人民共和国仲裁法》第58条之规定，人民法院如发现有下列六种情形之一者，应当裁定撤销裁决：（1）没有仲裁协议的；（2）裁决事项不属于仲裁协议的范围或者仲裁委员会无权仲裁的；（3）仲裁庭的组成或者仲裁程序违反法定程序的；（4）裁决所根据的证据是伪造的；（5）对方当事人隐瞒了足以影响公正裁决证据的；（6）仲裁员在仲裁该案时有索贿、徇私舞弊、枉法裁决行为的。第70条对涉外仲裁裁决的撤销作了特别规定，即凡“当事人提出证据证明涉外仲裁裁决有民事诉讼法第260条第1款规定的情形之一的，经人民法院组成合议庭审查核实，裁定撤销”。这一条列举的四种情形，都属程序方面的问题，仲裁法第58条列举的第（4）、（5）、（6）项属实体方面的问题，不包括在内。此外，如法院认定该裁决违背社会公共利益的也应当撤销。另根据第61条规定，人民法院受理撤销裁决的申请后，认为可以由仲裁庭重新仲裁的，通知仲裁庭在一定期限内重新仲裁，人民法院应当中止撤销程序。仲裁庭拒绝重新仲裁的，人民法院应当恢复撤销程序。从上述文件可以看出，香港法院对未能通过复核程序裁决有三种处理方式：作废（即撤销）、发还和更改。而《中华人民共和国仲裁法》只规定有两种方式：发还和撤销。人民法院不能直接更改裁决内容。这种差异还是源自司法复核制度的区别。香港法院是通过当事人上诉形式复核裁决，所以，如发现裁决法律问题，香港法院可以径行直接改判；而人民法院是通过当事人提起撤销裁决申请形式来进行复核，因此人民法院否定裁决效力时只有两种选择：一是发还仲裁庭重新仲裁（人民法院依法在作出撤销决定前给予仲裁庭一次自我修正机会）；一是撤销裁决。当然，人民法院撤销裁决后，当事人的争议还可以通过人民法院诉讼解决，但当事人面临的将是一个新的普通民事诉讼程序。如再要仲裁，则必须达成新的仲裁协议。

澳门本地仲裁制度规定了法院否定仲裁裁决效力的两种制度，其一是依法判决仲裁裁决无效；其二是在当事人未约定上诉程序时，允许法院在当事人提起的撤销之诉根据法律规定的条件撤销仲裁裁决。在澳门的涉外仲裁领域以及台湾的“仲裁法”都是参照下文将要介绍的联合国示范法，允许法院依照法定条件撤销瑕疵裁决。具体内容分别已在前文介绍或者将在下文中讨论。

（六）法院拒绝承认与执行某些瑕疵裁决

仲裁裁决在不能自动履行的条件下只有通过法院的强制执行方能实现，但法院并非无条件承认和执行裁决，而是进行一些限制。凡不符合条件的则裁定不予执行。拒绝承认和执行某些不符合条件的裁决是法院对仲裁进行制约的最后也是最强有力的措施。

《香港仲裁条例》原有专门的一条（即第 28 条）规定裁决的强制执行，但该条已被 1989 年第 64 号文件第 17 条废除，现行的仲裁条例由第 2GG 条对本地仲裁裁决的执行进行调整。实际上，由于《香港仲裁条例》中司法复核机制的存在，法院执行的要么是经双方仲裁展开阶段签有“免除上诉协议”的终局裁决；要么就是通过司法复核或未通过司法复核由法院直接更改内容的裁决或者当事人未提起上诉的裁决。这些裁决均是终局的，具有法律约束力，法院可以直接强制执行。《中华人民共和国仲裁法》并未授予仲裁当事人上诉权，亦未在申请撤销裁决程序中授权法院更改有瑕疵的裁决，故在强制执行阶段须对仲裁裁决进行审查，《中华人民共和国民事诉讼法》第 217 条及第 260 条分别对拒绝执行国内仲裁机构裁决和涉外仲裁机构裁决的条件进行了明确规定。第217条主要规定是如人民法院发现仲裁具有：无仲裁条款；裁决事项不属仲裁协议范围或不可仲裁；仲裁庭组成程序不合法；证据不足；适用法律错误；仲裁员作弊等情形之一，即裁定不予执行。第260条规定，如涉外仲裁裁决具有无仲裁协议；未得到通知，非被申请人责任未能陈述意见；仲裁庭组成不合规则；仲裁事项不可仲裁或裁决违反公共秩序等情形之一者，裁定不予执行。

对于外国仲裁裁决的执行，《香港仲裁条例》分为外国裁决和公约裁决两类分别审查。《香港仲裁条例》第37条规定了强制执行外国裁决条件及拒绝执行仲裁裁决的条件，申请强制执行的外国裁决必须满足（1）仲裁协议有效；（2）仲裁庭组织符合协议或双方约定；（3）符合管辖仲裁程序的法律；（4）裁决为终局裁决；（5）仲裁事项依香港法可提交仲裁；（6）裁决的强制执行不违反香港公共政策。不予强制执行的外国仲裁裁决包括：该裁决已在作出裁决的国家废止；或被强制执行者接获仲裁程序的通知书的时间不足以让其出庭，或缺乏某方面的法律行为能力和没有适当的代表；或该裁决并未处理提交仲裁的所有问题，或裁决中包含的决定涉及超越仲裁协议范围事项。针对裁决并未处理提交仲裁的所有问题，法院若认为适当，可延迟强制执行该裁决，或命令要求强制执行裁决的人先作出法院认为适当的保证，然后方可强制执行。第44条第2款规定，拒绝强制执行公约裁决的情形有：（1）仲裁协议一方无行为能力；（2）根据准据法仲裁协议无效；（3）被申请执行方未收到委任仲裁员或仲裁程序的恰当通知，或因其他原因未能出庭；（4）仲裁裁决涉及未交付仲裁事项或超越授权范围；（5）仲裁庭组成不符合仲裁协议，或不符合仲裁地法；（6）裁决非为终局；（7）裁决事项不可仲裁；（8）裁决执行违反香港公共政策。《中华人民共和国仲裁法》并未就外国仲裁裁决的执行作出特别规定，但《中华人民共和国民事诉讼法》第269条规定"国外仲裁机构裁决，需要中华人民共和国人民法院承认与执行的，应当由当事人直接向被执行人住所地或者其财产所在地的中级人民法院申请，人民法院应当依照中华人民共和国缔结或参加的国际条约，或者按照互惠原则办理"。

与内地和香港相比，澳门和台湾的仲裁制度中赋予法院在裁决的承认与执行上的规定比较简单。《澳门本地仲裁法》将外国仲裁裁决与本地仲裁裁决置于几乎相等的地位，只是规定申请执行和反对执行仲裁裁决均遵照民事诉讼法进行；澳门的涉外仲裁领域，法院有权根据法律规定审查裁决，发现具有法定瑕疵的有权拒绝承认和执行，具体审查的条件与联合国示范法相同。而台湾“仲裁法”对法院的授权尽管简单，但是法院仍然可以对裁决的权利来源（包括仲裁协议的有效性和裁决是否越权两方面）和是否违反公共秩序等重要问题进行审查，发现法定瑕疵即予以拒绝承认和执行。

第三节 联合国示范法关于法院对仲裁保障和制约机制的安排

内地与港澳台地区仲裁制度在法院对仲裁的保障和监督功能上巨大差异根源来自各自所属法律体系对法院与仲裁关系观念上的差异。但是，我们也发现，这四个法域的仲裁制度或多或少地受联合国示范法的影响。1990年香港采用了联合国示范法，并且将该示范法作为《香港仲裁条例》的附件直接适用于国际仲裁部分，而其本土仲裁也深受示范法的影响；台湾新修订的“仲裁法”也是参照示范法修订的，前文在分论中讨论有关问题时我们曾经分析过台湾有关制度的示范法渊源；《澳门本地仲裁法》的制度很大程度上参照示范法的规定，而《澳门涉外仲裁法》则直接克隆示范法；《中华人民共和国仲裁法》虽然没有将联合国示范法作为附件直接适用，但从仲裁法的内容看，同联合国示范法多有相似之处，显然，仲裁法立法时借鉴了联合国示范法的许多可取之处。因此，研究内地与港澳台地区之间法院与仲裁关系的差异，不能忽视对联合国示范法的研究。在此，笔者也不妨从本章主题即法院对仲裁制度的监督和保障角度分析联合国示范法的相应安排，并以内地与香港为例对照分析。综合联合国示范法全文，其就法院对仲裁制度的保障和制约主要体现在如下三个方面：

一、法院在仲裁程序开始前的介入

根据示范法，法院在仲裁程序开始前的介入主要体现在其对仲裁管辖权和仲裁员任命的干预。

关于仲裁管辖权问题，根据示范法第8条和第16条第（3）款之规定，如一方当事人向法院起诉，而另一方当事人在进行实质性答辩前以仲裁协议为依据要求仲裁，则法院应当决定付诸仲裁，即便是诉讼已经提起，仍可开始或继续仲裁。一方当事人向仲裁庭提出管辖权异议，仲裁庭可以自行裁定管辖权，如果任何一方当事人不服裁决均可在收到裁定通知后30天内向法院上诉，由法院作出最后决定，而这一决定不容再行上诉。

示范法第 8 条已为《香港仲裁条例》第 6 条直接引用，而第 16 条则为第 13B 条所吸收。《中华人民共和国仲裁法》作出了与示范法第 8 条及第 16 条第（1）、（2）款内容相同的规定。第 16 条第 3 款则未被采纳。

关于仲裁员的任命体现在示范法的第 11 条第 3、第 5 款及第 13 条第 3 款之中。示范法规定在独任仲裁员情况下，当事人各方不能共同指派仲裁员；或三名仲裁员组成合议庭情况下当事一方在收到当事他方提出任命仲裁员的要求 30 天内未指定仲裁员或者两名仲裁员在被指定后 30 天内未就第三名仲裁员达成协议时，则经当事一方请求，应由法院或其他机构指定，法院在指定仲裁员时应适当顾及当事各方协议的仲裁员需要具备的任何资格，确保其独立性和公正性，同时顾及指派与当事人各方国籍不同的人作为首席仲裁员和独任仲裁员的可能性。当事人对仲裁员的公正性、独立性或其资格提出异议时，提出异议的当事人在收到仲裁庭驳回异议的决定后 30 天内可要求法院就异议作出决定，而且该决定不允许上诉。

法院对仲裁员的任命，《香港仲裁条例》基本予以采纳，只是原由法院行使指定仲裁员的权力，1996 年修改为示范法的所谓其他机构——香港国际仲裁中心。而《中华人民共和国仲裁法》规定当事人没有指定或未能达成一致指定独任仲裁员或首席仲裁员时，由仲裁委员会主任行使指定的权力，但未规定对仲裁员异议的上诉程序。

二、法院在仲裁程序进行过程中的介入

联合国示范法对法院在仲裁进行过程中的功能规定得比较简单，而且其权力并非垄断，而是同所谓“其他机构”分享。主要有如下三个方面：

（一）法院调查取证功能

示范法第 27 条规定，仲裁庭或当事人一方在仲裁庭同意之下，可以请求本国主管法院协助获取证据，法院可以在其权限范围内并按照其获取证据的规定执行上述请求。

对法院调查取证功能《香港仲裁条例》已经采用，其内容大致相同；但《中华人民共和国仲裁法》尚未就此作出规定。

（二）法院强制保全功能

根据示范法第 17 条的规定，除非当事人各方另有协议，仲裁庭经当事一方请求可以命令当事任何一方就争议的标的采取仲裁庭可能认为有必要的任何临时性保全措施。仲裁庭可以要求当事任何一方提供有关此种措施的适当担保。从该条表面分析，仲裁庭取得了采取保全措施的权力，但实际上，它是一种有限的权力，即只有命令发布权而无强制执行权，而且

只及于当事人本身不及于第三人。因此，示范法第9条同时规定“在仲裁程序进行前或进行期间内，当事一方请求法院采取临时性保护措施和法院准予采取这种措施，均与仲裁协议不相抵触”。因此，实际上仲裁庭的有限保全权力在当事人不执行的情况下只有通过法院的强制措施方为完整。

示范法的法院强制保全功能基本上为香港与内地的仲裁立法吸收，但两地仲裁机构均无权自行发布保全令。

（三）督促仲裁员尽忠职守

根据联合国示范法，如果已被任命的仲裁员无论在法律上抑或事实上不能履行其职责或不能及时履行职责，经当事人各方一致同意或该仲裁员自动辞职，即可终止其仲裁员权力。但如果该仲裁员不自动辞职而当事各方又不能就终止其任命达成一致意见，则任何一方当事人可以申请法院或其他机构就终止该仲裁员的权利作出最后决定，而该决定不允许上诉。

《香港仲裁条例》采纳了示范法的督促程序，但《中华人民共和国仲裁法》未予吸收。

三、法院在仲裁裁决作出后的作用

联合国示范法规定了法院在仲裁裁决作出后发挥司法复核、承认与执行及在一定条件下拒绝承认和执行的职能。

（一）示范法在第34条规定了法院在裁决作出后行使司法复核的权力，该条规定裁决符合下列情形之一者，法院即可撤销该裁决，这些条件是：

1. 仲裁协议因当事人无行为能力或根据准据法无效；
2. 当事方未得到适当通知或未能陈述其案情；
3. 裁决处理了仲裁协议以外事项，或处理了非提交仲裁事项；
4. 仲裁庭的组成及仲裁程序不符合仲裁协议，无协议时不符合示范法；
5. 争议事项具有不可仲裁性；
6. 裁决与公共政策相抵触。

示范法对具有上述情形之一的裁决有两种处分方式：一是予以撤销，一是发还仲裁庭在限定时间内重新裁决。

联合国示范法这种司法复核方式有许多已为《中华人民共和国仲裁法》所采纳，但《中华人民共和国仲裁法》在标准的掌握上将国内仲裁与涉外仲裁分别处理，宽严有所不同。《香港仲裁条例》采取的是上诉式司法复核方式，因此没有采取列举式罗列否定仲裁裁决的理由，而且香港法院的上诉判决可更改裁决内容。

（二）示范法第36条规定主管法院在不存在拒绝承认和执行的法定理由前提下，对不论何国境内作出的裁决应承认其约束力，经当事人书面申请，应予强制执行。这一规定系仲裁制度的基础，世界各国家和地区包括中国香港特区均如此认可。

（三）法院可以有条件地拒绝承认和执行某些仲裁裁决。联合国示范法第36条为法院拒绝承认和执行仲裁裁决规定的理由与上述撤销仲裁裁决的理由基本相同。但是关于仲裁庭的组成或仲裁程序如无协议时，由原来规定的违反示范法改为违反仲裁所在地国法方可拒绝承认和执行。该条同时新增加一项理由，即“裁决尚未对当事各方具有约束力，或作出裁决的国家的法院，或根据其法律作出裁决的国家的法院已将该裁决撤销或中止”，在该种情况下，法院亦可拒绝承认和执行仲裁裁决。

《香港仲裁条例》只在外国仲裁裁决和公约裁决部分规定了拒绝承认和执行仲裁裁决的条件，其内容基本上接受了示范法的规定。《中华人民共和国民事诉讼法》分别在第217条和第260条规定拒绝执行仲裁裁决的条件。第260条列明的是拒绝执行涉外仲裁机构作出的裁决的条件，基本上接受了示范法的规定，只是没有将“裁决的非终局性”明确列为拒绝执行的条件。但在现行法律体制下，人民法院对涉外仲裁机构作出的裁决除非有程序上的问题都不予干涉，因而可以理解为涉外仲裁机构裁决一旦作出一律视为终局裁决。据此，尽管第260条未列明“非终局性”理由，但实际上隐含了对这一理由的考虑，在实践中法院也会坚持裁决终局性的限制。总的来说，应该说第260条与示范法规定是一致的。但第217条则与示范法不完全一致，它在示范法的基础上增加了对证据事实、法律适用问题及仲裁员舞弊行为的审查，因此实际上相当于对裁决的实质性审查，这应该理解为只适用于纯国内商事仲裁。

第四节　人民法院与港澳台地区法院对仲裁保障与监督机制的比较对内地的启示

前文通过比较研究了中国内地与港澳台地区仲裁立法就法院对仲裁的保障和制约机制的差异，也研究了联合国国际贸易法委员会制定的示范法对我国各法域仲裁法所产生的影响，在比较中，我们发现香港仲裁制度，既反映了先进的国际仲裁惯例，又保持了香港特色，比较有利于仲裁制度的发展，笔者认为，正是这种制度造就了今天香港重要的国际商事仲裁中心之一的地位。本节将主要以香港的法院与仲裁关系为例，分析先进的仲裁制度对我们的启示。

从前述比较分析中，我们不难发现，香港与中国内地的仲裁立法就法院对仲裁的保障和制约制度有显著的区别，这种区别折射了中国内地与香港仲裁制度水平的巨大差距。的确，我们应该承认香港仲裁制度在许多方面包括本书主题领域较之内地仲裁制度要成熟得多。香港这种高水平的仲裁制度与其普通法系渊源是分不开的。英国伦敦过去乃至今天都是国际商务仲裁中心，其发达的仲裁制度源远流长。早在 1697 年，英国便制定了第一部仲裁法。英国现行有效的仲裁法颁布于 1950 年，后来历经多次修改包括 1996 年再次修改，现在已比较完善和成熟。联合国示范法制定后，英国政府成立了 Mussel 大法官领导的研究小组，专门研究英国政府应否接受示范法。但该小组 1989 年 6 月拿出的报告（DAC 报告）却认为英国的仲裁法比示范法还先进，接受示范法将会导致英国仲裁立法的倒退，故英国一直未采用示范法。这种说法虽然有些夸张，但在某种程度上也是事实。受英国影响，香港制定仲裁法时一开始就有一个较高的起点，1963 年 7 月 5 日香港颁布了《香港仲裁条例》，此后三十余年直至 1996 年 12 月《香港仲裁条例》历经了 13 次修改，其仲裁制度也日臻完善。而内地虽早有中国对外贸易仲裁委员会的存在，也先后颁布了几个仲裁规则，但作为一个系统的仲裁立法的《中华人民共和国仲裁法》至 1994 年 8 月 31 日才通过，到 1995 年 9 月 1 日才生效。实际上刚刚起步。因此，反映在其中作为本书讨论主题的法院对仲裁的保障和制约制度上的巨大差距也就不足为奇了。而联合国示范法实际上是各大法系仲裁法律观念交锋时妥协的产物，它提供的是一个较低标准的、合理的、能为国际上接受的起点。它仍然存在着仲裁员缺席机制不够完善；无时效法律救济；对仲裁员管制不强；仲裁协议的形式太严等缺点。因此对联合国示范法，中国内地完全可以借鉴，但不能仅满足于达到示范法的水平。何况即便是这种最低标准的仲裁制度，《中华人民共和国仲裁法》并未完全采纳（如仲裁员的异议制度等）。就法院对仲裁的保障和制约制度而言，究竟应把握怎样的分寸方为合适，这个课题涉及整个社会纠纷解决机制的综合配套问题，限于本书篇幅无法提出圆满解决方案。但通过前文之比较，笔者感到《中华人民共和国仲裁法》中关于法院对仲裁的保障和制约机制的规定，确实存在着许多明显的缺陷，在此，笔者仅就本书前述比较中《中华人民共和国仲裁法》暴露的若干问题提出一些意见。

一、加强人民法院对仲裁制度的保障功能

加强人民法院对仲裁制度的保障功能可从如下几个方面入手：

（一）人民法院有条件地介入仲裁员任命程序

笔者认为人民法院有条件地介入仲裁员指定程序主要应限于两种情况。其一，仲裁委员会主任作为仲裁员被申请回避且得到仲裁委员会批准或因其行为瑕疵被撤职时，如原指定方不能在规定的期限内重新选定仲裁员，应由法院指定。根据《中华人民共和国仲裁法》，上述情况下亦应由仲裁委员会主任指定。但笔者认为仲裁委员会主任被申请回避或被解除仲裁员资格时，再行使上述权力，其公正性显然值得怀疑。因此，作为《中华人民共和国仲裁法》第 32 条之例外，改由仲裁委员会所在地中级人民法院任命较好。其二，在临时仲裁情形下，《中华人民共和国仲裁法》虽没有涉及临时仲裁庭问题，但根据意思自治原则和我国签订的投资保护条约，当事人有权不选择各地常设仲裁委员会仲裁，而选择临时仲裁形式，在这种情况下，所谓仲裁委员会主任并不存在，亦无法行使仲裁法第 32 条的权力，因此改由人民法院指派较为合理。

（二）扩大法院保障仲裁管辖权的权利

《中华人民共和国仲裁法》第 26 条规定，人民法院对已受理诉讼案支持仲裁管辖权的情形只采用了驳回起诉形式。而香港法院则采用搁置诉讼形式。相比较之下，搁置诉讼，当事人未通过仲裁解决争议时，可以恢复诉讼程序。而人民法院驳回起诉的方式只是消极保障仲裁管辖权。为促进争议的早日解决，笔者建议人民法院除驳回起诉外可增加搁置诉讼的方法。

（三）增加人民法院对调查取证的保障

如同诉讼程序一样，在仲裁程序中当事人应当负举证责任，否则将承担因此引起的法律风险。但是如有时须第三人作证，特别是被羁押者作证或须通过司法协助在国外取证时，依《中华人民共和国仲裁法》仲裁当事人及仲裁委员会均无能为力，从而给仲裁带来严重困难。为解决这种问题，笔者建议增加人民法院对仲裁取证的保障，可以比照民事诉讼法相关规定，当事人取证有困难时可以通过仲裁庭请求人民法院协助，在仲裁案中应由仲裁庭提出该项申请。

（四）增加申请撤销程序的司法担保制度

依据《中华人民共和国仲裁法》，当事人在仲裁裁决下达后 6 个月内可以向仲裁庭所在地中级人民法院申请撤销该裁决。但因仲裁法并没有规

定配套的司法担保制度，因此可能给败诉方当事人进行滥诉以拖延时间的机会，转移财产造成可乘之机，从而不利于裁决的执行。笔者认为，增加司法担保措施可弥补这种缺陷，即借鉴《香港仲裁条例》第25条的规定，当事人（主要是败诉方当事人）在申请撤销仲裁裁决前，应将裁决规定应缴付的款项提交人民法院或以其他方式担保。这样既保护了当事人申请司法复核权利，又避免了滥诉等无理取闹因素。

二、改善人民法院对仲裁的制约功能

《中华人民共和国仲裁法》中已有仲裁员的回避机制、仲裁裁决的复核机制，也规定了拒绝承认和执行判决的若干条件。但笔者认为，这些措施并不完善，有必要借鉴《香港仲裁条例》和联合国示范法的相关机制予以改善。

（一）增加仲裁员回避的异议机制以充实仲裁员的回避制度，加强对仲裁员的监督

《中华人民共和国仲裁法》第34条虽规定了仲裁员的回避制度，但由于该法没有配套规定仲裁员资料的充分披露制度，因此，对仲裁员的制约较弱。在仲裁当事人对仲裁员申请回避之后，如果仲裁委员会主任或仲裁委员会决定无须回避，当事人可能仍有异议，为保证公平处理，笔者建议增加回避决定的异议制度，只要一方当事人认为某一仲裁员的公正性或独立性仍然值得怀疑时，其有权针对决定向法院提出异议，由法院作出裁定是否回避，当然，仲裁员如果对决定他回避有异议，也可以申请法院裁定。在人民法院对该问题作出裁决解除被提出异议仲裁员权力之前，该仲裁员可继续进行仲裁程序，乃至作出裁决。

（二）调整司法复核中撤销仲裁裁决的条件

《中华人民共和国仲裁法》第58条列举了可撤销仲裁裁决的7个条件，笔者认为需要进行若干调整。

1. 删除该条第1款第5项即“对方当事人隐瞒了足以影响公正裁决的证据的”。因该情形并非欺诈，对方当事人并不承担为本方当事人举证义务，如本方当事人为了保护本方合法权益，可以根据前文所建议增加的法院协助仲裁取证权力，请求法院责令对方当事人交出证据。另外，证据问题属仲裁案件的事实问题，根据国际仲裁惯例包括《香港仲裁条例》和联合国示范法，司法复核只应审查程序问题，不应审查实质问题（包括证据问题），因此，该条应予以删除。

2. 增加对仲裁协议有效性的审查。《中华人民共和国仲裁法》第5条

第1款只规定了有无仲裁协议的审查，而不问其有效性。笔者认为，一个无效的仲裁协议或仲裁条款不能赋予因此而产生的仲裁裁决以约束力，因此，仅仅审查有无仲裁协议是不够的。在有仲裁协议情况下，如因当事人一方无行为能力；或根据双方选择适用的准据法，无选择时根据仲裁机构所在地法律该仲裁协议无效时，人民法院也可以裁定撤销该仲裁裁决。

3. 增加对仲裁庭是否适当通知当事人的审查。仲裁作为处理民间纠纷的一种方式，应把握公平、平等原则，如同诉讼一样，仲裁同样必须在仲裁员听取有关各方的陈述后，方能作出公平、正确的裁决。因此，仲裁当事人一方有权知悉仲裁员、仲裁程序的相关情况，以便及时行使出庭陈述意见的权利。笔者认为，人民法院在进行司法复核时，发现仲裁庭未将有关指定仲裁员或仲裁程序的事情适当地通知被提出申请的当事一方，或该方有其他理由证实其未能陈述案情是由于仲裁庭未给他提供条件，则人民法院可以裁定撤销该裁决。

（三）在承认与执行仲裁裁决时，放弃对仲裁的实体审查

《中华人民共和国民事诉讼法》第217条规定的拒绝承认与执行仲裁裁决的条件中第4款、第5款分别规定“认定事实的主要证据不足”、“适用法律确有错误”作为拒绝承认和执行国内仲裁裁决的两个理由。实际上就是对仲裁裁决事实问题和法律问题的全面实质性审查。这种做法与仲裁国际惯例及《香港仲裁条例》和联合国示范法大相径庭。世界各国仲裁立法的发展趋势是法院在承认与执行阶段只对仲裁裁决作表面的程序审查，对事实与法律问题则置之不理，即便在实施有限实质审查制度的国家也只审查法律问题而不审查事实证据问题，而上述规定并不符合这种发展趋势，其产生的一个恶果是，由于仲裁庭裁决必须经过法院全面实质审理后方可确定其执行效力，从而使仲裁的成果化为乌有，丧失裁决终局的权威性，这实际上又反过来否定了国内仲裁制度，动摇了其存在的基础。因此，笔者认为应将第217条第4款、第5款删除，对国内裁决也只作程序审查，从而为国内各地方仲裁委员会的工作的发展提供条件，改变其门庭冷落的现状。

三、协调内地现行仲裁制度下法院制约制度的矛盾

这种制度的矛盾实际上是历史遗留的产物。在1994年仲裁法颁布之前，内地法域存在着以各部门为主体的所谓国内仲裁，如工商系统经济合同仲裁、科委的科技仲裁、国土房管系统的房屋仲裁等，另外有以中国国际经济贸易仲裁委员会为代表的涉外仲裁机构，这两套系统运作不同，导

致《中华人民共和国民事诉讼法》以第217条和第260条规定分别适用于国内仲裁机构和涉外仲裁机构的裁决。1995年9月1日《中华人民共和国仲裁法》正式生效后，各部门的仲裁机构纷纷撤销，各省会城市新成立的仲裁委员会根据国务院精神也可以受理涉外仲裁，这便与中国国际经济贸易仲裁委员会业务上发生重叠现象，而民事诉讼法第217条与第260条是按仲裁机构性质（而非案件性质）分别适用的，且新的仲裁法一方面规定国内仲裁机构也实行一审终审制，另一方面又保留了早已生效的民事诉讼法第217条和第260条的格局，因而产生了如下三种矛盾：

（一）涉外仲裁案件如在各地仲裁委员会审理，其裁决执行只能适用第217条，必须进行从事实到法律的实体审查（因为各地仲裁委员会业务包括国内业务，肯定不能称为“涉外仲裁机构”，因而第260条不能适用），而同样案件如选择在中国国际经济贸易仲裁委员会仲裁，则只适用第260条，只作程序审查即可以直接执行。可见同一案件选择不同机构则会遭遇不同的后果。

（二）《中华人民共和国仲裁法》第58条规定的司法复核程序中只规定了半实质性审查，即只审查事实中证据问题并且仅限于伪造证据和对方当事人隐瞒证据两方面，而《中华人民共和国民事诉讼法》第217条则实行全面实质性审查制度，既作事实也作法律审查，而且事实审查延伸到“认定事实的主要证据不足”，其范围较前述第58条广泛得多。因此，即便是一个纯国内性质的仲裁，其裁决在人民法院通过了《中华人民共和国仲裁法》第58条的司法审核后，在按民事诉讼法第217条提交人民法院承认和执行时，不一定能得到承认和执行，必须经法院又一次新的全面实质性审查后方决定是否执行。司法复核与承认和执行均为法院职能，这便可能发生某一人民法院复核认可的裁决，却得不到另一个人民法院（甚至同一人民法院）承认和执行的局面，这种局面不能不说是一个严重的法律问题。

（三）《中华人民共和国仲裁法》第28条第2款规定“当事人申请财产保全的，仲裁委员会应当将当事人的申请依照民事诉讼法的有关规定提交人民法院”，而《中华人民共和国民事诉讼法》对财产保全并没有像裁决的承认与执行那样对国内仲裁机构与涉外仲裁机构分别规定在该法第217条和第260条，该法第258条只适用于涉外仲裁机构，并不适用于国内仲裁机构。那么《中华人民共和国仲裁法》第28条所称的“民事诉讼法的有关规定”对国内仲裁来讲究竟指的是什么？这也是法律不配套的矛盾。

解决上述困境的办法之一便是笔者在上一问题中提到的废除实质审查，只作程序审查。修订法律时，删除《中华人民共和国仲裁法》第58条第1款第5项和《中华人民共和国民事诉讼法》第217条第2款第5、6项即可；至于国内仲裁的财产保全问题，只要最高人民法院以司法解释形式确认国内仲裁财产保全比照适用诉讼保全（第92条）或涉外仲裁机构财产保全之规定（第258条）即可。

第十章 仲裁裁决的承认与执行

如同审判、调解民商事解决争议方式那样，仲裁的过程只是解决问题的一个手段，即便作出了裁决，哪怕是终局裁决，也只是仲裁本身过程的一个中途站而已，但一纸裁决并不能代表仲裁的目的和追求，更不能表明双方当事人的争议已经得到了解决。仲裁裁决只有得到法院的承认和执行，使得裁决的精神物化为有形的物质财富或量化的货币资产，并使当事人双方之间的纠纷得到圆满的解决，才是当事人求助于仲裁的具体目的，也是千百年来，仲裁制度所追求的理想和目标。但是，经过当事人的意思自治，以民间性的仲裁管辖权否定司法管辖权后，我们发现，为了实现仲裁的终极目标，人们又不得不再来一次否定之否定，返回法院的司法管辖上来。

第一节 承认和执行仲裁裁决制度的概述

一、承认和执行仲裁裁决的概念

承认和执行仲裁裁决实际上是承认仲裁裁决和执行仲裁裁决这两个相互联系又相互区别的概念的统称。承认仲裁裁决是法院根据当事人的申请依法确认某一仲裁裁决具有既判力和执行力的司法行为；而执行仲裁裁决是指法院根据一方当事人的申请，依法强制仲裁的另一方当事人履行仲裁裁决义务的行为。这两者概念的综合就是我们俗称的承认和执行仲裁裁决的概念。

二、承认和执行仲裁裁决的性质

关于仲裁的性质国内外学者确实讨论过不少，司法权说、契约说、混合说及自治说等众说纷纭，至今还不能说这种争执已告尾声。社会科学与自然科学的一大区别是，社会科学的一些争论、观点很难黑白分明地形成结论。因为社会科学的观点直接指导着行为人发挥其主观能动性，反过来会创造出一种与其理论观点相适应的氛围。持契约说观点的立法者可以制定出带有明显契约色彩的仲裁制度来；而持司法权说观点的立法者同样可以以非常符合宪法的方式颁布一套连他们自己都难以与民事诉讼法相区别的仲裁法案来。一种观点即便在实践中得到1000个案例的支持，很可能第1001个案例就是例外。对仲裁性质的判断也是这样，只要仲裁制度存在一天，对其性质的争论就永远不能像仲裁裁决本身那样有一裁终局的那一天。笔者因为本书的写作体系问题没有专题讨论仲裁性质的问题，但笔者认为，从仲裁理论和仲裁实践的发展历史看，司法因素和契约因素相结合的混合说最接近仲裁的本质规律。无疑，仲裁的管辖权、仲裁庭的组建、仲裁的程序规则甚至仲裁的法律适用，处处都明显地打上了契约自治的深刻烙印。但是，从第八章我们讨论的仲裁裁决的撤销、第九章法院对仲裁的监督和保障及本章仲裁裁决的承认与执行等程序分析，谁也不能否认仲裁程序中司法行为的巨大作用。笔者不敢妄言仲裁制度就是司法权力的延伸，但司法行为至少是实现仲裁目标的一个相当重要的环节，仲裁制度正是因为将契约因素和司法因素有机地糅合在一起，相互取长补短，才向世人展示出其过人的魅力。当然，整个仲裁制度的性质是司法性和契约性的混合，但是，仲裁的各个环节却各有侧重。就本章所讨论的“仲裁裁决的承认与执行”程序而言，司法因素显然大过契约因素。因此，笔者认为，仲裁的承认与执行行为主要是一种司法行为。具体判断如下：

对仲裁裁决的承认是国家司法机关对于仲裁机关对当事人之间特定法律关系通过仲裁程序作出的具有约束力的仲裁裁决予以许可，并赋予其强制执行效力的司法行为。对仲裁裁决的执行，则是国家司法机关在承认的基础上通过国家强制力使已经生效并取得执行力的仲裁裁决得以实施的司法行为。总的说来，对仲裁裁决的承认与执行是国家司法机关的司法行为。

三、仲裁裁决的承认与执行的区别和联系

承认仲裁裁决与执行仲裁裁决的区别是比较明显的，承认并不等于一定要执行，许多裁决没有执行内容，只要承认即可。但是，两者又是密切联系的：一方面，承认仲裁裁决是执行仲裁裁决的前提。因为仲裁裁决作为一个民间组织的决定无法当然地取得强制执行的效力，只有通过法院按照国家法律进行审查后予以承认才有可能将裁决由一个普通民间组织的意志，变成国家的强制意志，从而产生强制执行的效力。另一方面，执行裁决又是具有执行内容裁决的必然结果。因为就具有执行内容的裁决而言，

当事人申请承认裁决的目的一般就是为了强制执行，裁决得到承认后，即转入强制执行阶段。在实践中，这两个阶段常常是同步进行的。

四、承认与执行仲裁裁决的意义

承认与执行仲裁裁决的意义主要体现在如下三个方面：

（一）承认与执行仲裁裁决是国家对仲裁裁决的既判力和执行力的正式司法宣示

我们在第八章讨论仲裁裁决的效力时曾经谈到仲裁裁决效力的内容有两个方面：其一是裁决产生的既判力；其二是裁决产生的执行力。这两个效力是裁决在仲裁制度下所固有的效力，任何一方既不能放弃，亦不能转让。由于这两个效力自裁决生效时即产生，一般不需要任何确认程序。在裁决义务方主动履行仲裁裁决时，由于裁决的两个效力已经得到实现，所以并没有引起注意。只有当义务方没有主动履行裁决义务时，国家法律为了确保裁决的权威，便以具有强制权力的司法机关的名义对仲裁裁决的效力加以正式认可。笔者认为，仲裁的承认程序是国家以司法机关的名义对仲裁裁决既判力的公开宣示，而仲裁裁决的执行则是国家司法机关以自身的强制执行权力来保证仲裁裁决的执行效力。

（二）仲裁裁决的承认与执行是法院对仲裁保障和监督功能最直接的体现

前文我们集中讨论过法院对仲裁裁决的保障和监督功能，在法院对仲裁的一系列保障和监督机制中，其中最重要的一项就是法院对仲裁裁决的承认和执行。应该说在法院的保障和监督职能中承认和执行仲裁裁决是最直接、最严厉的一个环节。法院根据法律对仲裁裁决进行审查，这是法院的监督过程；如果裁决符合法律规定，则裁定予以承认和执行，这又是法院对仲裁裁决权威的保障过程；一旦发现裁决或仲裁行为违法或违反当事人的仲裁协议，法院将拒绝承认和执行仲裁裁决，这却演变成法院对仲裁行为的监督。可见，法院对仲裁保障和监督功能在仲裁裁决的承认与执行程序中得到了强烈的表现。

（三）充分体现了当事人的意思自治

一项仲裁裁决作出后，是否要经过承认与执行过程首先取决于胜诉方当事人是否提出申请。仲裁裁决的实施有多种途径，各国法律一般都不要求仲裁裁决作出后必须经法院承认才能执行。就法院审查的内容看，在承认与执行过程中，法院一般仅就仲裁的程序方面问题进行审查，而不对实体问题进行审查，这充分表现了法院在承认与执行过程中对当事人处分实体权利的尊重。只有仲裁裁决的承认与执行违反本国之根本法律原则或社会公共秩序以及依该国法律该项争议不能通过仲裁解决的情况下，法院才依职权拒绝承认与执行。由此可见，在仲裁裁决承认与执行过程中，当事人的意思自治权得到了充分的尊重。

第二节 内国裁决的承认与执行

一、什么是内国裁决

我们在讨论内国裁决的承认与执行时首先遇到的就是什么是内国裁决的问题。这个问题不解决，我们的讨论将会无的放矢，为讨论而讨论，流于空谈。

如何划定内国裁决的范围目前在世界上并无定论，现在影响比较大的主要有如下几个标准：

（一）地域主义标准

这种标准是以裁决的作出地或者仲裁程序进行地为区分内国裁决和外国裁决的界线。目前在国际仲裁领域地域主义的观点占据主导地位。但如定义所言，地域主义标准中又有两种不同做法，其一是以仲裁裁决地为标准。如果一项仲裁裁决是在法院地国作出的，它将被识别为内国裁决，反之，就是非内国裁决。其二是以仲裁程序进行地为标准。如果一个仲裁案件的仲裁程序进行地在法院地国，则即便裁决在他国或者在公海、公空上作出亦将被识别为内国裁决。反之，如果仲裁程序进行地在本国领土之外，那么，即便裁决地在法院地国，该裁决将仍然被识别为非内国裁决。这种标准的代表如瑞典等。

（二）准据法主义标准

我们把以仲裁程序所适用的准据法为标准判断内国裁决的标准称之为准据法主义标准。根据准据法主义标准，只要个案中仲裁程序的准据法为法院地法，则该个案裁决将会被识别为内国裁决，而不管仲裁在何地进行、裁决在何国作出。反之，如果仲裁程序适用的不是法院地法，则即便仲裁是在法院地国进行、裁决是在法院地国作出，亦被识别为非本国法。采用这种标准的代表有德国、法国等。

（三）两种标准评述

笔者认为，就两种标准而言，地域主义标准相对比较科学。因为确定准据法的途径一是当事人选择，一是仲裁庭合理判断。但是这两者都不能合理解决问题，当今国际仲裁领域中，可供选择适用的程序规则很多。在国际仲裁中如果选择国际商会的仲裁与调解规则、联合国示范法或者联合国国际贸易法委员会仲裁规则，那么这样产生的裁决依据准据法究竟算哪个国家的仲裁裁决呢？如同本书的框架结构一样，仲裁程序都可被分为相对独立的几个环节，仲裁庭完全可以而且有时也有必要在不同的环节适用不同的准据法。依据准据法标准，这样作出的裁决将会具有多重国籍。反之，如果仲裁庭经征得当事人同意，实行友好仲裁，只根据仲裁庭自己理解的公平原则进行仲裁，既不适用任何国家的实体法也不适用任何国家的程序法，那么，依据准据法标准，合理的仲裁裁决将会被判定为无国籍的裁决。这种现象显然不公，也有悖于仲裁理论。而地域主义标准能够克服这种弊端。因为不论仲裁如何进行，它总得处于一定的时空之中。无论是裁决地还是仲裁程序进行地都是客观存在的。在地域主义的两种具体做法中，笔者认为裁决作出地标准更为合理。因为它容易消除裁决国籍的积极或消极冲突。如果以仲裁程序进行地为标准，由于一方面仲裁程序的多个环节可以在不同地点进行（如送达地与开庭地不同、开庭地与仲裁庭合议地不同），另一方面，即便仅就开庭询问环节而言，有时为了显示公平，开庭可能在申请人与被申请人所在地轮流进行，这样一来，裁决的国籍也会有多个连结点，造成多重国籍的积极冲突。裁决作出地标准显然没有这种苦恼，因为它仅仅是仲裁程序中一个无法再行分割的细小环节，识别裁决地比较容易，也不会出现多个裁决地。当然，如果真要钻牛角尖，设定两名仲裁员（或独任仲裁员）在横跨太平洋的民航班机上签署裁决，要确定它的国籍也不难。虽然飞机处于公海、公空，不属于任何国家，但是，根据国际法，民航飞机或轮船可被视为移动的领土。仲裁员如果真在跨洋飞机上达成裁决，则裁决地就是飞机所属国。根据国际私法，航空器的国籍一般属于国旗国（或注册所在地国）。

二、本国仲裁裁决是否存在着承认与执行问题

内国裁决的执行问题是否存在并没有多少人争论，因为答案太简单，只要裁决的义务方不主动履行终局裁决，执行的问题便立即会摆在人们面前。现在人们关心的是本国的裁决是否需要承认。目前有两种观点：一种观点认为内国裁决不需要承认。因为国内民事诉讼法和仲裁法已经赋予仲裁裁决以法律效力。另一种观点认为法律赋予内国裁决的法律效力只是一种靠当事人的自觉和仲裁机关的威信来维持的效力，不可能得到法院强制

力的支持，如果需要法院强制执行就必须首先得到法院承认。①

笔者认为，本国仲裁裁决不需要法院的司法承认。其理由是：

1. 自20世纪20年代以来，仲裁法的革命使得本国法院和本国仲裁之间的关系早已得到了协调。各国经常通过民事诉讼法、仲裁法甚至民法典来宣称仲裁裁决与司法判决具有同等的法律效力。司法判决存在着执行问题，仲裁裁决当然也存在着执行问题。但是，司法判决从来不需要承认，为什么偏偏仲裁裁决需要承认呢？持要求司法承认观点的人是把内国裁决置于与本国法院裁决不平等的地位，这显然与仲裁制度的精神不符，也违背了立法者的意图。

2. 正如民事诉讼法要求对外国司法判决进行承认与执行审查一样，对外国的仲裁裁决也不能无条件地在本国产生法律效力，对外国裁决的承认与执行是有条件的，前文叙述的仲裁与司法关系协调的历史所提到的几个关于承认与执行仲裁裁决的国际公约的宗旨就在于协调这种承认与执行的条件。其目的在于确保外国民间机构的仲裁裁决不能对本国司法主权构成挑战和威胁。但是，对内国裁决来说，这种司法主权障碍是不存在的。

3. 承认仲裁裁决的目的只有两个：一个是对裁决既判力的一种司法宣示；另一个是对裁决的基本错误作出审查。笔者认为，内国裁决的法律效力，以及因此而产生的既判力既然已经得到立法机关的认可，作为执法机关的法院的宣示不过是画蛇添足而已。而司法机关并没有对外国仲裁裁决的效力作无条件之认可，因而必须由司法机关在法定授权范围内对外国仲裁裁决进行审查，符合条件的，才对其既判力进行宣示。而对内国裁决错误的纠正在此之前已经有了撤销程序（裁决一般在仲裁机构所在地进行，故多为内国裁决，很少有外国裁决），再来一次审查将会拖延时日，不利于争议的早日解决。同时容易造成撤销程序的法院与审查承认程序的法院（同为本国法院）作出互相矛盾的裁决。

三、本国仲裁裁决的申请执行的条件和程序

本国仲裁裁决虽然与本国司法判决具有同等的法律效力，但仲裁裁决只有符合一定的条件才能申请法院予以执行。根据仲裁国际惯例，申请法院执行本国仲裁裁决一般必须符合下列条件：

1. 必须有作为执行依据的终局裁决书；

2. 终局裁决书必须具备给付内容；

---

① 参见谭兵主编：《中国仲裁制度研究》，法律出版社1995年版，第324页。

3. 必须存在裁决义务方推迟或拒绝履行裁决义务的事实；
4. 由裁决的权利人主动向法院提出申请；
5. 执行申请必须在法定执行期限内提出；
6. 必须挑选具有管辖权的法院。

四、拒绝执行本国仲裁裁决的一般条件

本国仲裁裁决虽然与法院判决具有同等的法律效力，因而可豁免裁决承认的程序。但是，裁决毕竟不是司法判决，司法机关无论多么豁达，对仲裁裁决这一民间解决纠纷的方式总是抱着怀疑的态度，因而，在执行的关头，还得为维护国家利益、维护法律严肃性对裁决进行最后的把关。如果发现法律规定的可以拒绝执行的因素，法院将会毫不迟疑地作出不予执行的裁定。综合各国仲裁制度看，法院拒绝执行内国裁决的法定理由主要有如下几个方面：

（一）经被执行人举证，依法得予拒绝执行的法定理由

1. 无仲裁协议、仲裁协议无效或不成立；
2. 裁决事项超越仲裁协议约定范围；
3. 仲裁庭的组成不符合仲裁协议的要求；
4. 被执行人未得到指定仲裁员或陈述案情的机会；
5. 裁决没有终局。

必须指出的是，上述列举只是针对那些主张法院只能基于程序理由拒绝执行本国仲裁裁决的国家和地区的法定理由。目前，仍然有少数国家和地区坚持对本国仲裁裁决进行实体审查，并且以实体理由拒绝执行本国（或本地）仲裁裁决。在这些国家或地区的法定理由中除上述理由外，还得加上两条法定理由：

1. 认定事实错误或证据不足；
2. 适用法律错误。

（二）法院依职权拒绝执行本地裁决的理由

1. 裁决事项依法院地法不具有可仲裁性；
2. 仲裁裁决的执行将违背社会公共利益。

关于在本国仲裁裁决执行的问题上应否适用公共秩序保留这一保护措施，尚有争议。笔者认为，如果仲裁裁决纯属国内仲裁机构按照法院地仲裁法规作出的仲裁裁决，法院当然不应当利用公共秩序保留这一防护措施，但是如前所述，各国对内国裁决判断的标准不同，使得公共秩序保留，还得被作为维护国家利益的最后屏障。如一个 A 国的仲裁机构适用 B

国的仲裁程序法，在承认一夫多妻制基础上，确定一个B国男人对其在A国签订的合同之债承担连带责任。如果这个裁决向B国法院申请执行，B国法院根据裁决适用的程序准据法为B国法的事实，认定该裁决为内国裁决。但是，法院如果执行该裁决则会导致对一夫多妻制的认可，这显然与B国所推行的一夫一妻制的法律与社会秩序相冲突，那么，B国法院如果找不到其他的程序问题，恐怕只好求助于公共秩序的屏障了。

五、中国内地与中国港澳台地区仲裁制度关于本国（本地）仲裁裁决的承认与执行的规定

（一）中国内地对本国（本地）裁决的承认与执行

《中华人民共和国仲裁法》对裁决没有作内国裁决和外国裁决之分，只是区分为国内仲裁裁决与涉外仲裁裁决。实践中对纯国内裁决与涉外裁决的受理实行专业分工，特别是由以中国国际经济贸易仲裁委员会和中国海事仲裁委员会为代表的涉外仲裁机构专门受理涉外案件。实际上，内地的涉外案件也是我们前文所讨论的本国（本地）裁决，只是在法院执行上分别进行罢了。而所谓外国仲裁裁决根据《中华人民共和国民事诉讼法》第269条的规定，是指国外仲裁机构作出的仲裁裁决。因此，《中华人民共和国民事诉讼法》是以仲裁机构的属人法来划分内国裁决和外国裁决。由本国仲裁机构作出的裁决就是内国裁决，由外国仲裁机构作出的裁决就是外国裁决。这个标准与我们前面讨论的标准又是完全不同的另一种标准。

《中华人民共和国仲裁法》首先要求当事人自觉履行裁决，当事人不自觉履行的，另一方当事人可以依照民事诉讼法的有关规定向人民法院申请执行。受申请的人民法院应当执行。① 由此可知，内地对内国裁决免于承认审查程序，直接让其进入申请强制执行阶段。《中华人民共和国仲裁法》也没有为内国裁决的执行规定特别的诉讼程序，只是要求按照民事诉讼法的有关规定申请，这说明裁决的申请执行程序与民事判决的申请执行程序完全相同。

人民法院拒绝执行内国裁决的条件是对国内裁决与涉外裁决分别规定的。拒绝执行国内裁决的条件是由民事诉讼法第217条规定的，而拒绝执行涉外裁决的条件由民事诉讼法第260条规定。

《中华人民共和国民事诉讼法》第217条规定在下列条件下，国内裁

---

① 参见《中华人民共和国仲裁法》第62条。

决将会被人民法院裁定不予执行：

（1）当事人在合同中没有订有仲裁条款或者事后没有达成书面仲裁协议的；

（2）裁决的事项不属于仲裁协议的范围或者仲裁机构无权仲裁的；

（3）仲裁庭的组成或仲裁的程序违反法定程序的；

（4）认定事实的主要证据不足的；

（5）适用法律确有错误的；

（6）仲裁员在仲裁该案时有贪污受贿，徇私舞弊，枉法裁决行为的；

（7）执行该裁决违反社会公共利益的。

其中第（1）至（6）项须由当事人举证，第（7）项则由法院依职权认定。

《中华人民共和国民事诉讼法》第260条规定在下列条件下，涉外仲裁机构的裁决将被人民法院裁定不予执行：

1. 当事人在合同中没有订有仲裁条款或者事后没有达成书面仲裁协议的；

2. 被申请人没有得到指定仲裁员或者进行仲裁程序的通知，或者由于其他不属于被申请人负责的原因未能陈述意见的；

3. 仲裁庭的组成或仲裁的程序与仲裁规则不符的；

4. 裁决的事项不属于仲裁协议的范围或者仲裁机构无权仲裁的；

5. 人民法院认定执行该裁决违背社会公共利益的。

其中前四项属当事人证明范围，而第（5）项，则由法院依职权进行认定。

我们在第九章论述法院对仲裁裁决承认与执行的监督时，曾提到过《中华人民共和国仲裁法》这两条规定在国内裁决与涉外裁决之间建立了两种完全不同的裁决审查模式。国内裁决由于法院有权审查裁决的认定事实和适用法律的错误，因而是一种实体审查的模式，这种与国际仲裁发展的方向背道而驰的规定，不利于仲裁制度的健康发展。而对涉外仲裁裁决则仅仅作形式审查，这种模式符合国际仲裁的惯例，因而大大地促进了涉外仲裁的健康发展。几年来，内地涉外仲裁机构案源多、门庭若市的景象与国内仲裁机构案源寥寥、门庭冷落的景象形成了鲜明的对比。笔者认为这与内地仲裁制度对国内仲裁与涉外仲裁的不平等对待有很大关系。

（二）香港仲裁制度下外法域裁决的承认与执行

按照香港仲裁条例精神，香港的承认与执行外法域的裁决制度分为外国裁决（或公约裁决）与内地裁决两大类，并就其承认与执行问题分别作了不同规定。

1. 外国裁决（或公约裁决）的承认与执行。

（1）什么是公约裁决？

根据《香港仲裁条例》的释义，公约裁决是依据仲裁协议在某一国家或领土（香港除外）所作出的裁决，而该国家或领土乃纽约公约的缔约方。从条例给出的公约裁决的含义看，香港是以仲裁裁决的作出地所属国是否为纽约公约的成员国来识别仲裁裁决是否公约裁决。

（2）公约裁决的法律效力。

① 强制执行力。公约裁决在香港可以通过两种方式得到强制执行。其一是通过诉讼方式强制执行。其二是采用与第 2GG 条同样的方式强制执行。

② 既判力。根据《香港仲裁条例》而可以强制执行的公约裁决不仅对裁决当事人之间具有法律约束力，而且，裁决当事人还可以在香港进行的法律程序中援引该裁决进行抗辩、抵消或其他用途。

（3）申请强制执行公约裁决应该提交的法律文件。

仲裁条例规定，要求强制执行公约裁决的一方当事人必须向法院提交下列文件：

① 提交妥为认证的裁决正本，或经妥为核证的裁决副本。

② 提交仲裁协议正本或经妥为核证的协议副本。

③ 如裁决或协议是以外语书写的，则须交出由官方或经宣誓的翻译员，或外交或领事人员所核证的译本。

（4）拒绝裁决强制执行的法定理由。

《香港仲裁条例》采用了纽约公约的规范方式，只规定了拒绝承认与执行公约裁决的法定理由，而没有正面规定承认与执行公约裁决应具备的条件。公约规定，只要具备下列情形之一，法院即可拒绝执行公约裁决：

首先，应由被申请执行人证明的理由：

① 仲裁协议的当事人依其属人法无行为能力；

② 仲裁协议依双方协定的准据法无效。无协定准据法时，依据裁决地国法律无效；

③ 被申请执行人未接到指派仲裁员或仲裁程序之恰当通知，或因其他原因，未能进行申辩者；

④ 裁决所处理之争议非为交付仲裁之标的或不在其仲裁条款之列，或裁决载有超越交付仲裁范围以外的事项，但交付仲裁事项之决定可与未交付仲裁之事项划分时，不在此限；

⑤ 仲裁庭之组成或仲裁程序与仲裁协议不符，无协议时而与仲裁地所在国法律不符；

⑥ 裁决尚未终局，或者裁决作出地国之法院或根据裁决作出地国家的法律或准据法所属国家已经将该项裁决作废，或暂时中止。

其次，法院依职权认定，并可以拒绝强制执行的法定理由：

① 依法院地法，争议事项不具备可仲裁性；

② 承认或执行公约裁决将违背本地公共政策。

（5）如公约裁决包含的决定，涉及未交付仲裁的事项，则该公约裁决可予以强制执行的范围为裁决内涉及已交付仲裁的事项的决定，且该等决定能够与未交付仲裁的事项的决定分开。

（6）延缓执行。

香港法院在处理公约裁决的承认与执行时，如果发现一方当事人已经向裁决作出地法院或裁决准据法国之法院申请撤销仲裁裁决或停止裁决的执行时，该法院有权决定延缓裁决之执行，应申请人之请求，法院有权要求被申请执行人提供适当担保。

2. 内地裁决的执行。

与中国内地不同，香港将前述《最高人民法院关于内地与香港特别行政区相互执行仲裁裁决的安排》的内容是以修改立法的形式加以贯彻落实的。具体表现在，2000年香港立法会修改了《香港仲裁条例》，废除了原条例中第Ⅲ部及与其相对应的附表1和附表2。增加了第ⅢA部“内地裁决的强制执行”。其基本内容为：

（1）内地裁决的效力。

根据《香港仲裁条例》第40B的精神，内地裁决在香港具有既判力与强制执行效力，犹如香港裁决一样。这一条款绝非套话，它意味着一种立法的笼统承认。正因为这样的规定，才使得内地裁决在香港无须进行“裁决承认”的审查程序，而可直接进入强制执行阶段。

（2）强制执行的证据手续。

按照《香港仲裁条例》第40条的精神，内地裁决寻求香港强制执行须提交：

① 妥为认证的该裁决正本或该裁决的经妥为核证副本；

② 有关仲裁协议的正本或有关仲裁协议的经妥为核证副本；及

③ 裁决或协议并非以两种法定语文或其中一种写成的，则须交出由官方或经宣誓的翻译员，或外交或领事人员所核证的其中一种法定语文译本。

（3）拒绝强制执行的理由。

《香港仲裁条例》第40E条第（2）、（3）款规定了7条拒绝执行内地裁决的理由：

① 据适用于有关仲裁协议的一方的法律，该方缺乏某方面的行为能力；或

② 有关仲裁协议各方同意该协议须受某些法律规限，而根据该等法律，该协议属无效；或在有关仲裁协议并无指明该等法律的情况下，根据内地法律，该协议属无效；或

③ 并无获得关于委任仲裁员或关于仲裁程序的恰当通知，或他因为其他原因未能提出其论据；或

④ 裁决所处理的分歧，并非交付仲裁条款所预期者，或该项分歧超出该等条款的范围，又或该裁决包含对在交付仲裁范围外的事项的决定；但如属第（4）款所规定者，则不在此限；或

⑤ 有关仲裁当局的组成或仲裁程序不符合该仲裁各方的协议，或在没有上述协议的情况下，有关仲裁当局的组成或仲裁程序不符合内地法律；或

⑥ 裁决对仲裁各方尚未具约束力，或裁决已由内地的主管当局或已根据内地的法律，予以作废或暂时中止。

⑦ 内地裁决所关乎的事项根据香港的法律是不能藉仲裁解决的，或强制执行该裁决是会违反公共政策的，则亦可拒绝强制执行该裁决。

（4）管辖法院。

按照《最高人民法院关于内地与香港特别行政区相互执行仲裁裁决的安排》第2条精神，接受与管辖强制执行内地裁决的法院为香港特区高等法院。

（5）内地裁决的认定标准。

按照《最高人民法院关于内地与香港特别行政区相互执行仲裁裁决的安排》的精神，“香港特区法院同意执行内地仲裁机构（名单由国务院法制办公室经国务院港澳事务办公室提供）依据《中华人民共和国仲裁法》所作出的裁决”，这一表述似乎显示出重叠适用两个标准：其一是作出主体标准，即作出裁决的主体必须是“内地仲裁机构”；其二是程序法标准，即裁决适用的程序法是《中华人民共和国仲裁法》。

（三）澳门仲裁制度下区域仲裁裁决的承认与执行

笔者把澳门本地仲裁和澳门涉外仲裁合称区域仲裁。前者受《澳门本地仲裁法》调整，而后者由《澳门涉外商事仲裁法》调整。

澳门两个仲裁法规也没有明确区域仲裁裁决和外国仲裁裁决的界线。但是由于《澳门涉外商事仲裁法》采用联合国示范法的做法，其法规的第八章既适用于区域仲裁裁决中涉外仲裁裁决的承认和执行，也适用于外国仲裁裁决的承认与执行。而联合国示范法的第八章显然倾向于以仲裁裁决作出地来划分内国裁决和外国裁决。因此，笔者认为，澳门仲裁制度对区域裁决和外国裁决的划分也应该是以裁决作出地为划分标准。

《澳门本地仲裁法》没有提及本地裁决的承认程序，也没有就仲裁裁决的拒绝执行问题作出任何规定。关于本地裁决的执行问题，仅作了两条原则性的、简单的规定：

1. 仲裁裁决由普通管辖法院按照民事诉讼法规定执行；

2. 被执行人可以按照民事诉讼法之规定反对仲裁裁决的执行。①

《澳门涉外商事仲裁法》第35条规定了澳门涉外仲裁裁决的承认与执行的有关事项。其内容是：

1. 申请承认与执行的条件。

申请承认与执行仲裁裁决的当事人必须向法院提供下列文件，法院方可受理，这些文件包括：（1）提供经适当认证的裁决书正本或经合法证实的副本；（2）仲裁协议的正本或经证实的副本；（3）如上述仲裁裁决或协议非以澳门地区任一官方语言做成，则应提供经适当认证之官方语言译本。

2. 拒绝承认或执行澳门涉外仲裁裁决之依据。

一方当事人向澳门法院申请承认与执行仲裁裁决，则被申请人可以以两种理由请求法院拒绝承认与执行该项判决。其中第一类是需要被申请人向法院提供证据证明的法定条件，主要有：

（1）仲裁协议的当事一方欠缺行为能力，或根据当事各方所同意遵守的法律，上述协议是无效的；

（2）未将有关指定仲裁员或仲裁程序的事情适当地通知依据裁决被申请执行的当事人，或该方因其他理由未能陈述其案情；

（3）裁决处理了不是提交仲裁的条款所考虑的或不是其范围以内的争议，或裁决包括有对提交仲裁以外的事项作出的决定。但如果对提交仲裁的事项作出的决定与对未提交仲裁的事项所作出的决定能分开的话，可以承认并执行包括有就提交仲裁的事项所作决定的那一部分裁决；

（4）仲裁庭的组成或仲裁程序与当事各方的协议不一致，或并无这

① 《澳门本地仲裁法》第36条。

种协议，则与仲裁所在国的法律不符；

(5) 裁决尚未对当事各方具有约束力，或作出裁决的国家的法院，或根据其法律作出裁决的国家的法院已将裁决撤销或中止。

第二类法定理由无须当事人证明，经法院依职权认定，即可裁定拒绝对裁决的承认与执行。主要有三条理由：

(1) 根据澳门之法律规定，争议标的不能通过仲裁解决；

(2) 承认或执行仲裁裁决与公共秩序相抵触；

(3) 作出仲裁裁决之国家或地区亦会拒绝承认或执行在澳门作出之仲裁裁决。

其中第三项之条件为联合国示范法所没有，系澳门根据本地之情况所增加的互惠条件，这一规定也符合《纽约公约》的精神，尽管该公约在澳门目前尚不适用，但是澳门已经作好了执行该公约的准备。

(4) 如果当事人一方已经向仲裁裁决地法院或裁决准据法国之法院提出撤销或中止仲裁裁决的请求，被请求承认与执行仲裁裁决之法院如认为适当，既可以命令押后作出决定，也可应申请方之要求，命令他方当事人提供适当担保。

(四) 台湾仲裁制度下区域裁决的承认与执行

台湾“仲裁法”对区域裁决与外国裁决的划分同时适用地域主义的裁决地标准和准据法主义的标准。只要根据其中任一标准为外国仲裁裁决的裁决即属于外国裁决。因此，在台湾，只有重叠适用裁决地和准据法标准均不属于外国裁决的仲裁裁决才属于区域裁决。

台湾“仲裁法”，在承认与执行裁决方面没有像其他三个地区那样将区域裁决进一步划分为涉外裁决和本地裁决并分别对待，对区域裁决的承认与执行只作了笼统的规定，是否有涉外因素并无区别。

关于承认与执行区域裁决的问题，台湾“仲裁法”主要有下列精神：

1. “仲裁法”直接认定裁决效力，免于承认程序。

台湾“仲裁法”认定仲裁人之判断在当事人之间与生效之法院判决具有同等效力，① “仲裁法”也没有对区域裁决的承认问题作出任何规定。

2. 强制执行仲裁裁决的形式。

区域裁决强制执行有两种形式：一种方式是先向法院申请执行裁定，然后强制执行；另一种形式是直接强制执行，但必须由当事人双方以书面

① 参见台湾“仲裁法”第37条第1款。

约定仲裁判断无须法院裁定即可实施强制执行，同时具备如下条件之一：

（1）以给付金钱或其他代替物或有价证券之一定数量为标的者；

（2）以给付特定之动产为标的者。

3. 前两项之规定除适用于当事人外，在仲裁法律关系中对下列几种人同样有效。

（1）仲裁程序开始后为当事人之继受人及为当事人或其继受人占有请求之标的物者。

（2）为他人而为当事人者之该他人及仲裁程序开始后为该他人之继受人，及为该他人或其继受人占有请求之标的物。

笔者认为，台湾“仲裁法”虽然在许多方面在我国四法域中处于领先地位，但是在仲裁裁决的强制执行力这一最关键的仲裁制度上却表现出了明显的不足，甚至说是落后。虽然台湾“仲裁法”都承认仲裁裁决具有执行力，但第37条第2款的“仲裁判断，须申请法院为执行裁定后，方得为强制执行”的规定不允许仲裁裁决的直接执行，极大地限制了仲裁裁决的效力，尽管补充了一些例外规定，但总体上还是对仲裁裁决的可执行性作出了严格的限制。在这一点上，显然不如《中华人民共和国仲裁法》赋予仲裁裁决更强的执行力。

4. 拒绝执行内国裁决的法定理由。

台湾地区法院在受理强制执行申请后，经审查发现仲裁裁决具有下列条件之一的，应当驳回执行申请：

（1）仲裁裁决与仲裁协议之标的无关，或逾越仲裁协议之范围，但是除去该部分裁决仍能够成立，其余部分，仍可继续强制执行；

（2）仲裁裁决应当附具理由而未附理由，但经仲裁庭补正后，仍可强制执行；

（3）仲裁裁决要求当事人为法律上所不许行为的。①

第三节　外国仲裁裁决的承认和执行

一、外国仲裁裁决的概念及仲裁裁决国籍的冲突

外国仲裁裁决系指仲裁裁决的作出地在外国，或者裁决系适用外国程序法作出或者根据其他标准认定属于他国的仲裁裁决。

---

① 参见台湾“仲裁法”第38条。

关于外国裁决的区分标准上一节我们已经讨论过，目前主要有地域主义标准和准据法主义标准。其中地域主义标准中又分为裁决作出地标准和仲裁程序进行地标准两种形式。

各国在承认与执行仲裁裁决时一般首先要识别裁决所属国籍。裁决的国籍决定着该项裁决所享有的待遇，不仅内国裁决与外国裁决待遇不同，而且，不同的国家的裁决往往待遇也不同。例如，同样是承认和执行外国仲裁裁决问题，对待有的国家的裁决是按照国际条约进行处理（如《纽约公约》成员国之间），而对待另外一些国家的裁决是按照互惠标准处理。显然，公约标准与互惠标准是不同的。确定一个外国裁决的国籍的目的就在于判定该裁决是缔约国的裁决还是非缔约国的裁决，如果属于非缔约国的裁决，则审查该裁决所属国与法院地国在承认与执行仲裁裁决方面是否存在互惠，从而最终判定对该项裁决是否承认与执行以及按照何种标准去承认与执行。

由于各国认定裁决国籍的标准不同，这往往会造成承认与执行仲裁裁决的困难。比较常见的就是裁决国籍的积极冲突和消极冲突。

裁决的积极冲突是某一裁决拥有多重国籍而产生的冲突。如某一仲裁在 A 国与 B 国两地分别展开仲裁程序的若干环节，而这一裁决却要在一个持地域主义仲裁程序进行地标准的国家申请承认与执行，那么，由于仲裁程序在数个国家进行，因而可能被认为有多重国籍。再如，瑞典斯德哥尔摩商会仲裁院在瑞典适用德国法律作出仲裁裁决，如果这项仲裁裁决在瑞典执行，则会被认定为瑞典内国裁决，因为瑞典持地域主义标准，而如果该裁决需要在德国执行的话，德国法院会认定属德国裁决，因为德国持准据法主义的观点。这样，同一裁决便有了几个不同国籍，这就是裁决国籍的积极冲突。

裁决国籍的消极冲突就是根据认定裁决国籍的标准，某一裁决不具有任何国家的国籍而产生的冲突。如某一裁决按照当事人协定不适用任何国家的法律，由仲裁员友好裁决，或者当事人在仲裁协议中自行约定仲裁程序，仲裁庭按照当事人的约定裁决等情况，如果这类裁决在准据法主义国家申请承认和执行，则可能被认为没有任何国籍。又如，上一例子反过来，如果德国汉堡商会仲裁院在德国进行仲裁程序并适用瑞典法律作出仲裁裁决，那么，若该裁决在德国申请执行，它将可能被认定为瑞典裁决，而如果当事人在瑞典申请执行，则会被瑞典法院认定为德国裁决，其道理是一样的。这样，同一裁决，两国法院均不认为是本国法，从而产生了国籍的消极冲突。

裁决国籍的冲突所引起的麻烦是显而易见的，我们刚刚讨论过，法院是以仲裁裁决的国籍来决定是否承认与执行以及承认与执行的待遇标准。裁决国籍的冲突，会使得法院难于甚至无法作出决断，从而陷入困境。

解决仲裁裁决国籍积极与消极冲突的讨论并不多见，可能是因为没有引起足够重视，也可能是因为人们对裁决没有像对待法院判决那么苛刻的缘故。笔者认为解决仲裁裁决的积极与消极冲突并没有什么灵丹妙药，只要各国采取相对灵活的态度即可解决。为此，笔者提出如下方案：

1. 解决裁决国籍的积极冲突。

（1）如果多个国籍中有一个属于法院地国的国籍，则按法院地国内国裁决处理；

（2）如果多个国籍中没有法院地国籍，如果有公约国国籍的，则尽量选择其中一个公约国，依照有关公约处理；

（3）如果多个国籍中，没有公约国国籍，而有互惠国国籍的，则选择互惠国的国籍，按照法院地国和该互惠国的互惠政策处理；

（4）如果连互惠国都没有，则适用法院地国处理普通外国司法判决的政策处理。

2. 解决仲裁裁决的消极冲突。

（1）以仲裁程序进行地、裁决作出地、准据法所属国等为参考划分标准，如果法院因持其中一个标准，而认定裁决无国籍时，应综合参考另外两个连结因素，按照从法院地国、公约国及互惠国的先后次序选定裁决国籍；

（2）如果通过上述方式还无法确定裁决的国籍，则不予承认与执行，但是通知当事人有权以裁决为证据到法院地国起诉。

二、《承认及执行外国仲裁裁决公约》（《纽约公约》）有关承认与执行外国仲裁裁决的主要内容

1958 年 6 月 10 日在纽约签订的《承认及执行外国仲裁裁决公约》在国际仲裁领域可谓具有划时代的意义。正是该公约的通过使得世界各国承认及执行外国仲裁裁决的五花八门的政策得到了空前的统一。截至 1998 年 12 月 4 日，该公约已经拥有 116 个成员国。在世界上是除了《联合国宪章》以外的拥有最多成员国、并对世界产生革命性影响的少数国际公约之一。《纽约公约》的精神已通过各缔约国国内立法，为各缔约国的仲裁法规所吸收，在有些国家和地区，《纽约公约》干脆被作为本国仲裁法规的附件直接适用。而且《纽约公约》的影响已经突破了对外国仲裁裁

决的承认和执行的范围，公约确定的原则，如商事原则、形式与程序审查原则、公共秩序原则、非仲裁性原则等在各国的内国裁决中也得到了广泛的采用。《纽约公约》对我国大陆与港澳台地区的仲裁裁决的承认与执行也产生了深刻影响。为此，笔者在比较分析我国四个法域的外国裁决的承认与执行制度前有必要介绍一下《纽约公约》的有关内容。

《纽约公约》的主要内容如下：

（一）适用范围——两个标准

适用范围主要解决什么是外国裁决的问题。《纽约公约》本来是以地域主义的裁决作出地为标准来认定外国仲裁裁决。但是，为了协调缔约国之间因识别标准差异造成的仲裁裁决国籍冲突，《纽约公约》同时又采用了特有的“非内国标准”。即公约除适用于裁决作出地在外国的裁决外，还适用于根据法院地法自身的识别标准认定不属于内国裁决的那部分裁决。

（二）裁决的种类——两种仲裁形式

《纽约公约》既适用于临时仲裁裁决，也适用于常设仲裁机构的仲裁裁决。

（三）保留范围——两种保留

《纽约公约》第 1 条第 3 款规定，公约缔约国加入时允许声明两项保留：其一是互惠声明，即缔约国声明本国只在互惠基础上与缔约国之间适用并履行公约义务；其二是商事保留，即缔约国声明本国只对商事性质的外国裁决或非内国裁决承担公约义务。

（四）内国裁决与公约裁决的承认与执行应一视同仁

各缔约国应承认仲裁裁决具有拘束力，并依法院地的程序规则和公约规定的条件执行。承认或执行外国裁决不得较承认或执行内国仲裁裁决附加更苛刻的条件或收取更多的费用。

（五）申请人申请承认和执行外国裁决应移交的文件

1. 原裁决之正本或其正式副本；

2. 仲裁协议原本或其正式副本；

3. 如果仲裁裁决或仲裁协议的语言非为法院地之正式文字，则申请人应提供法院地正式文字的译本。译本应有公设或宣誓之翻译员或外交或领事人员之认证。

（六）拒绝承认与执行仲裁裁决的法定理由

1. 应由被申请执行人证明的理由。

（1）仲裁协议之当事人依属人法无行为能力，或仲裁协议依其协定之准据法无效，无协定准据法时，依据裁决地国法律无效；

（2）被申请执行人未接到指派仲裁员或仲裁程序之适当通知，或因其他原因，未能进行申辩；

（3）裁决所处理之争议非为交付仲裁之标的或不在其条款之列，或裁决载有关于交付仲裁范围以外事项之决定者，但交付仲裁事项之决定可与未交付仲裁之事项划分时，裁决中关于交付仲裁之决定部分得予承认与执行；

（4）仲裁庭之组成或仲裁程序与仲裁协议不符，无协议时与仲裁地所在国法律不符；

（5）裁决尚未终局，或者裁决作出地国或裁决准据法国之法院已经撤销裁决或停止裁决的执行。

2. 法院依职权认定的法定理由。

（1）依法院地法，争议事项不具备可仲裁性；

（2）承认或执行仲裁裁决将违背法院地国公共政策。

在具体申请承认与执行公约裁决的个案中，受案法院只要认为该案具备上述其中之一项理由者，即可裁定拒绝承认与执行该项裁决。

（七）延缓执行

缔约国法院在处理公约裁决的承认与执行时，如果发现一方当事人已经向裁决作出地法院或裁决准据法国之法院申请撤销仲裁裁决或停止裁决的执行时，该法院有权决定延缓裁决之执行，应申请人之请求，法院有权要求被申请执行人提供适当担保。

三、中国内地与中国港澳台地区关于承认与执行外国仲裁裁决的制度

（一）内地承认与执行外国仲裁裁决的制度

《中华人民共和国仲裁法》中没有直接规定外国仲裁裁决的承认与执行问题。但是，1991 年的《中华人民共和国民事诉讼法》第 269 条规定："国外仲裁机构的裁决，需要中华人民共和国人民法院承认与执行的，应当由当事人直接向被执行人住所地或者其财产所在地的中级人民法院申请，人民法院应当依照中华人民共和国缔结或参加的国际条约，或者按照互惠原则办理。"

另外 1987 年 4 月 10 日，最高人民法院发布了《关于执行我国加入〈承认及执行外国仲裁裁决公约〉的通知》，宣布我国已经于 1986 年 12 月 2 日加入 1958 年《纽约公约》，该公约于 1987 年 4 月 22 日对我国生效。

1995年8月28日，最高人民法院发布了《关于人民法院处理与涉外仲裁及外国仲裁事项有关问题的通知》，其中第2条规定："凡一方当事人……向人民法院申请承认和执行外国仲裁机构的裁决，如果人民法院认为……申请承认和执行的外国仲裁裁决不符合我国参加的国际公约的规定或者不符合互惠原则的，在裁定……拒绝承认与执行之前，必须报请本辖区所属高级人民法院进行审查；如果高级人民法院同意……拒绝承认和执行，应将其审查意见报最高人民法院，待最高人民法院答复后，方可裁定……拒绝承认和执行。"

1998年10月21日，最高人民法院发布了《关于承认和执行外国仲裁裁决收费及审查期限问题的规定》，其中第4条规定："当事人依照纽约公约第四条规定的条件申请承认和执行外国仲裁裁决，受理申请的人民法院决定予以承认和执行的，应在受理申请之日起两个月内作出裁定，如无特殊情况，应在裁定后六个月内执行完毕；决定不予承认和执行的，须按最高人民法院1995年《关于人民法院处理与涉外仲裁及外国仲裁事项有关问题的通知》的有关规定，在受理申请之日起两个月内上报最高人民法院。"

民事诉讼法及最高人民法院的文件的规定向我们展示了中国内地承认与执行外国仲裁裁决的如下政策内容：

1. 对公约裁决的执行，适用《纽约公约》的有关部门规定。但是必须注意的是，我国加入《纽约公约》时作了互惠声明和商事保留声明。内地具体执行该公约的法院是各地中级人民法院。而且必须在受理申请后的两个月内作出是否承认裁决的决定，并且在裁定承认后6个月内执行完毕。如果不予承认和执行，必须遵照上报制度逐级上报，直到最高人民法院作出最后决定。

2. 对非公约裁决仍然按照民事诉讼法第269条的规定依照互惠原则承认和执行。但是，内地的司法实践中极少出现这种程序。

3. 从以上几个文件判断，中国内地是以仲裁机构所在地为区分内国裁决和外国裁决的标准。

（二）香港关于承认与执行外国仲裁裁决的制度

对外国的仲裁裁决《香港仲裁条例》将其区分为普通外国仲裁裁决和公约裁决两大类，并就其承认与执行问题分别作了不同规定。

我们首先讨论香港的普通外国裁决的承认与执行问题。

1. 什么是外国裁决？

根据按照《香港仲裁条例》精神，外国仲裁裁决包括如下几类①：

（1）根据1923年国际联盟会议《仲裁条款议定书》下的仲裁协议所作出的裁决；

（2）在互惠基础上，1927年9月日内瓦《执行仲裁裁决公约》成员国之国民之间作出的仲裁裁决；

（3）在已订有互惠条文的情况下，上述公约所适用的领土上所作出的仲裁裁决。

2. 外国裁决的法律效力。

（1）强制执行力。外国仲裁裁决在香港可以通过两种方式得到强制执行：其一是通过诉讼方式强制执行；其二是采用与第2GG条同样的方式强制执行。

（2）既判力。根据《香港仲裁条例》而可以强制执行的外国裁决不仅对裁决当事人具有法律约束力，而且，裁决当事人还可以在香港进行的法律程序中援引该裁决进行抗辩、抵消或其他用途。

3. 强制执行外国仲裁裁决的实质条件。

许多国家与地区为了执行方便，一般只作拒绝承认与执行外国仲裁裁决程序条件之要求，很少作正面实质条件的要求，香港应该是个例外。外国裁决如果需要在香港强制执行，必须符合下列条件②：

（1）根据某份仲裁协议作出，且根据该协议的准据法，该仲裁协议应该有效；

（2）仲裁庭的组成符合仲裁协议的规定，或者为双方所同意；

（3）裁决必须符合约束仲裁程序的法律；

（4）裁决在裁决作出地必须终局；

（5）裁决的事项根据香港的法律必须具有可仲裁性。

4. 申请强制执行外国裁决应具备的形式要件。

（1）提交裁决的正本或副本，并按照作出裁决的国家的法律规定的方式妥为认证；

（2）提供证明裁决已经终局的证据；

（3）提供证明裁决已经符合前述第（1）、（2）、（3）项实质要件之证明；

（4）如上述文件为外文，则应提交译本，而该译本须经申请人所属

---

① 参见《香港仲裁条例》第35条。

② 参见《香港仲裁条例》第37条。

国家的外交或领事人员核证，或经过香港法律许可的其他方式核证；

（5）必须提供《最高法院条例》所要求的根据仲裁条例第Ⅲ部分强制执行裁决的一方所须提供的证据。

5. 拒绝强制执行外国仲裁裁决的法定理由。

（1）该裁决已在作出裁决的国家被废止；

（2）被申请执行人接获仲裁程序通知书的时间不足以让其提出其案，或缺乏某方面的法律行为能力或没有适当的法律代表；

（3）该裁决并没有处理提交仲裁的所有问题，或裁决包含的决定涉及超越仲裁协议范围的事项。

但如果该裁决并没有处理提交仲裁的所有事项，而法院认为适当，可延迟执行该项裁决，或命令要求强制执行裁决的人提供适当的保证，然后始可强制执行。

6. 其他异议情形。

如果反对强制执行的一方以除前述实质要件第（1）、（2）、（3）项及拒绝自行裁决的法定理由第（2）、（3）项以外的其他理由就裁决的有效性提出质疑的，而法院认为适当的，可拒绝强制执行该裁决，或将聆讯押后至某段期间之后，而该段期间乃法院认为足够供该方采取所须行动使具合法裁判权的仲裁庭将该裁决废止。

然后我们讨论是公约裁决的承认与执行。

1. 什么是公约裁决？

根据《香港仲裁条例》的释义，公约裁决是依据仲裁协议在某一国家或领土（香港除外）所作出的裁决，而该国家或领土乃《纽约公约》的缔约方。从条例给出的公约裁决的含义看，香港是以仲裁裁决的作出地所属国是否《纽约公约》的成员国来识别仲裁裁决是否为公约裁决。

2. 公约裁决的法律效力。

根据《香港仲裁条例》第41条之规定，获得香港承认与执行的公约裁决其法律效力与获得承认与执行的外国裁决的法律效力的内容大致相同。

（1）强制执行力。公约裁决在香港可以通过两种方式得到强制执行。其一是通过诉讼方式强制执行。其二是采用与第2GG条同样的方式强制执行。

（2）既判力。根据《香港仲裁条例》而可以强制执行的公约裁决不仅对裁决当事人之间具有法律约束力，而且，裁决当事人还可以在香港进行的法律程序中援引该裁决进行抗辩、抵消或其他用途。

3. 申请强制执行公约裁决应该提交的法律文件。

条例规定，要求强制执行公约裁决的一方当事人必须向法院提交下列文件：

(1) 提交妥为认证的裁决正本，或经妥为核证的裁决副本。

(2) 提交仲裁协议正本或经妥为核证的协议副本。

(3) 如裁决或协议是以外语书写的，则须交出由官方或经宣誓的翻译员，或外交或领事人员所核证的译本。

4. 拒绝裁决强制执行的法定理由。

《香港仲裁条例》采用了《纽约公约》的规范方式，只规定了拒绝承认与执行公约裁决的法定理由，而没有正面规定承认与执行公约裁决应具备的条件。公约规定，只要具备下列情形之一，法院即可拒绝执行公约裁决：

首先，应由被申请执行人证明的理由：

(1) 仲裁协议的当事人依其属人法无行为能力；

(2) 仲裁协议依双方协定的准据法无效，或无协定准据法时，依据裁决地国法律无效；

(3) 被申请执行人未接到指派仲裁员或仲裁程序之恰当通知，或因其他原因，未能进行申辩者；

(4) 裁决所处理之争议非为交付仲裁之标的或不在其仲裁条款之列，或裁决载有超越交付仲裁范围以外的事项，但交付仲裁事项之决定可与未交付仲裁之事项划分时，不在此限；

(5) 仲裁庭之组成或仲裁程序与仲裁协议不符，而无协议时与仲裁地所在国法律不符；

(6) 裁决尚未终局，或者裁决作出地国之法院或根据裁决作出地国家的法律或准据法所属国家已经将该项裁决作废，或暂时中止。

其次，法院依职权认定，并可以拒绝强制执行的法定理由：

(1) 依法院地法，争议事项不具有可仲裁性；

(2) 承认或执行公约裁决将违背香港公共政策。

5. 如公约裁决包含的决定，涉及未交付仲裁的事项，则该公约裁决可予以强制执行的范围为裁决内涉及已交付仲裁的事项的决定，且该等决定能够与未交付仲裁的事项的决定分开。

6. 延缓执行。

香港法院在处理公约裁决的承认与执行时，如果发现一方当事人已经向裁决作出地法院或裁决准据法国之法院申请撤销仲裁裁决或停止裁决的执行时，该法院有权决定延缓裁决之执行，应申请人之请求，法院有权要求被申请执行人提供适当担保。

（三）澳门关于承认与执行外国仲裁裁决的制度

我们前文分析澳门对区域仲裁裁决的承认与执行时已经知道了澳门是以地域主义的裁决作出地为标准划分区域裁决和外国裁决的，因此，凡在外国作出的仲裁裁决即属于外国裁决。由于澳门与中国内地、香港、台湾之间目前尚无直接协议关系，因此，目前来自我国这三个法域的仲裁裁决，在澳门与外国裁决的法律地位相同。澳门对外国裁决的承认与执行规定主要体现在民事诉讼法之中。综合起来，包含如下内容：

1. 确认的条件。

在澳门以外包括中国内地、香港与台湾地区作出的仲裁裁决必须经过澳门民事诉讼法典规定的审查程序，在获得“确认”之后才能在澳门发生法律效力。如果适用于澳门的国际公约、司法协助条约或其他特别法规有相反的规定，例如订定较简单的审查程序、范围更小的拒绝承认的条件甚至免除审查而自动获承认生效等，则不适用此审查程序。

所谓“确认”，是为了使外国裁决能在澳门产生作为一个审判行为的效力，包括作为一个确定性裁判和成为执行凭证。但如果有关裁决只是在澳门法院审理的案件中作的证据使用，则不需要经过审查及确认的程序。

审查的对象不限于仲裁程序的最终裁决，还可以包括仲裁程序进行过程中所作出的批示、命令等确定当事人法律状况的决定。

给予“确认”所必须满足的条件包括（第1200条）：

（1）对载有待确认裁决的文件的真确性不存在疑问，且决定的内容是能够被理解的；

（2）根据裁决作出地的法律，该裁判或裁决属确定性判决；

（3）根据作出裁决地的法律，被申请人获依法通知，且在有关的仲裁程序中已遵守了辩论原则和当事人对等原则；

（4）待确认裁决的内容没有明显违反澳门的公共秩序。

除此之外，当被申请方当事人在其答辩状提出时，法院还须查明是否存在下列否定性条件：

（1）经已确定的裁判裁定，作出待确认裁决的仲裁员或组成仲裁庭的任一仲裁员是在渎职、违法收取利益或受贿的情况下作出该裁判；

（2）提交当事人不知悉或在有关仲裁程序中未能利用的文件，而单是该文件已足以令裁判变成对败诉方较有利；

（3）待确认裁决与另一较早确定的、对双方当事人有约束力的裁判相抵触；

（4）如果待确认裁决是针对澳门居民作出的，而根据澳门的冲突规范应适用澳门的实体法律，且在适用澳门法律的情况下，裁决的结果将对其更有利。

事实上，上述前三个否定性条件，属于澳门民事诉讼法典第653条规定的可提起再审上诉的其中三种情况（第1202条第1款）。

上述最后的一个否定性条件反映了“国民优待原则”。但是，由于适用外地法律还是澳门法律，会产生对当事人较有利或不利的法律后果，属于其可处分或可放弃的权利的范围，所以，根据第1202条第2款的规定，如果当事人不提出，法院不会主动通过审查来实现这个原则，它并不是确认外国裁决的必要条件。

综上所述，澳门民事诉讼法典明确规定了在确认外国仲裁裁决时，必须满足的一系列条件，也通过设定否定性条件，限制被申请人可以提出的抗辩依据，从而明确订定了澳门法院在进行审查时须考虑的因素。在这种程序中进行的大部分是形式上的审查，但当涉及是否违反澳门的公共秩序、被申请人提交能影响判决结果的文件和根据澳门实体法律可得到更有利判决时，则包含实质性的审查。

2. 确认程序及管辖法院。

确认及审查程序属澳门中级法院管辖。

申请人须提交一份起诉状，并附同载有待确认裁判的文件。被申请方在被传唤后，可在15天内，就上述第1202条所限定的范围提出答辩，对此申请方可在10天内作出回应。在进行必要的取证措施之后，案卷将送交检察院作检阅以便提交意见书，最后由中级法院作出裁判，对此裁判可按一般的上诉规定，向终审法院提起上诉。

3. 澳门对外国仲裁裁决的执行。

如果没有适用于澳门的国际公约或司法协助条约的相反规定，外国仲裁裁决，在经过审查程序获得确认之后，便可以通过执行程序进行司法执行。因此，外国裁决要在澳门获得执行，经过审查程序得到确认后，它就等同于一个由澳门法院作出的裁决，可以进入执行程序。在执行的过程中，与执行本地的裁判没有分别。与审查程序不同，根据第24条之规定，有关的执行程序由初级法院处理。

（四）台湾承认与执行外国仲裁裁决的制度

1. 什么是外国仲裁？

台湾“仲裁法”是中国四法域中惟一对外国仲裁裁决作出明确界定

的仲裁规范。其规定：在台湾领域外作成之仲裁判断或在台湾领域内依外国法律作成之仲裁判断，为外国仲裁判断。① 这一规定表明在区域裁决与外国裁决的识别问题上，台湾采取了并列使用地域主义的裁决作出地标准和准据法标准。

2. 外国仲裁裁决的承认与执行。

对外国仲裁裁决的承认与执行，台湾的仲裁规则着眼于承认环节。根据上述第47条第2款之规定："外国仲裁判断，经声请法院裁定承认后，得为执行名义。"正是基于这一规定，台湾"仲裁法"中对外国仲裁裁决的审查集中于承认与拒绝承认的形式和条件。并且相关条款均以承认的相关问题为标题。

如同《澳门涉外商事仲裁法》一样，台湾"仲裁法"中关于外国仲裁裁决的承认与执行问题与《纽约公约》的规定几乎完全相同。具体对照如下：

（1）台湾"仲裁法"第48条关于提请承认应提交的文件，对应《纽约公约》第4条。

与《纽约公约》第4条相比，台湾"仲裁法"增加了一个要求外国裁决适用外国仲裁法规、外国仲裁机构仲裁规则或国际组织仲裁规则时，申请人应提交相关文件全文的规定。台湾有关方面本来是想把适用这些文件作为识别裁决的标准，后来审查委员会以联合国示范法、《纽约公约》及英国仲裁法未有类似标准为由予以否定。但是，这些文件的全文却被作为申请人的应提交的文件作了强行规定。其实，这种做法并不科学。因为外国仲裁法或国际组织仲裁规则属于法律文件性质，理应由法院依职权查明。这是国际私法上的一个普遍性原则。

（2）台湾"仲裁法"第49条关于法院依职权认定拒绝承认外国裁决的法定理由，与《纽约公约》第5条第2款相对应。

这两条内容完全相同，只是《纽约公约》第1条第3款中关于互惠保留的规定被移植增加到台湾"仲裁法"第49条。

（3）台湾"仲裁法"第50条关于由被申请执行人负责举证的拒绝承认和执行的法定理由，与《纽约公约》第5条第1款相对应。

这两条内容也完全相同，只是台湾"仲裁法"与其民事诉讼法相协调，要求被申请执行人必须于收到申请通知后20天内依据上述理由申请法院驳回承认之申请。

---

① 参见台湾"仲裁法"第47条。

(4) 台湾“仲裁法”第51条关于延缓承认与执行程序的规定，与《纽约公约》第6条相对应。

这两条只是语言表达的差异，内容完全相同，没有增减。

第四节 中国内地与中国港澳台地区之间相互承认与执行仲裁裁决若干法律问题之探讨

笔者在前言中已经陈述过选择本书论题的目的就是在国际商事仲裁成功经验的启发下，力图在四个法域的司法冲突中寻找能够解决内地与港澳台地区之间民商事纠纷的比较行之有效的捷径，笔者将解决这一难题的希望寄托于仲裁制度上。但是，到目前为止，我们探讨分析的还是一个个孤立的地区性仲裁制度，还不可能在四个法域之间发挥效用。要解决我们的难题就必须将它们连接起来，而这个连结点就是仲裁裁决的相互承认与执行。实际上，这也是我们攻克难题的关键所在。因为在仲裁裁决的承认与执行之前的程序都是在各自法域分别进行的，只有在仲裁裁决的承认与执行阶段，一个法域的裁决目标需要他法域的配合才能实现，解决了这一阶段的协助问题，才能使仲裁成为解决我国内地与港澳台地区之间民商事争议的最有效的途径。

一、中国内地与中国港澳台地区之间相互承认与执行仲裁裁决的法律基础

本书所指的法律基础就是中国内地与港澳台地区之间相互承认与执行仲裁裁决的法律可行性。笔者认为，目前中国内地与港澳台地区之间相互承认与执行仲裁裁决的时机已经成熟，这个结论是建立在对下列问题的评估基础上的：

(一) 政治上的向心运动，基本上扫清了相互承认与执行仲裁裁决的政治障碍

近几年来，我国政治领域发生了一系列的向心运动，给中华民族带来了团结和统一的曙光。香港与澳门先后于1997年7月1日与1999年12月20日回归祖国。这使得香港和澳门与内地之间的司法协助排除了主权障碍的主权代表的国际法问题得到了解决。相信回归后的港澳地区与内地之间相互承认与执行仲裁裁决的障碍显然大大减小。特别是，由于处在一个主权国家之下，抛开了主权顾虑，各法域在考虑是否承认与执行其他地区的裁决时，仅仅从法律因素考虑，从而简化了问题，这使得各法域能比

较清醒、理智地考虑本地区利益的同时，采取互相支持和配合的态度。内地与台湾之间虽然在政治上仍然存在历史遗留问题，但祖国统一是历史的必然趋势，亦是人心所向。1998 年 1 月 15 日最高人民法院的《关于人民法院认可台湾地区有关法院民事判决的规定》及台湾有关方面的“台湾地区与内地地区人民关系条例”为解决内地与台湾两法域的司法协助问题提供了政策上的依据。

（二）立法上的造法运动，使得各法域在承认与执行仲裁裁决的制度上大体趋同

我国内地与港澳台地区自 1995 年以来，掀起了一场造法运动。首先是 1995 年 9 月 1 日，内地实施了《中华人民共和国仲裁法》，彻底改变过去仲裁制度零乱散漫、各自为政的局面，统一了各部门的仲裁机构，将各种性质的专业仲裁统一到单一的跨行业的综合性的仲裁委员会上来，同时实现了国内仲裁机构与现有的涉外仲裁机构的法律上的平等。为执行 1995 年仲裁法，最高人民法院出台了一系列的司法解释，使得人民法院最大程度上与仲裁相配合。其次，1996 年 6 月 27 日，香港对仲裁条例进行了修订，主要是淡化了港内仲裁与国际仲裁的区别，扩大了仲裁庭的权力，充分尊重了当事人各方的意志，同时增加了法院对仲裁的保障，减少了法院对仲裁的干预等，体现了国际商事仲裁的发展趋势。再次，《澳门本地仲裁法》和《澳门涉外商事仲裁法》的实施在澳门仲裁制度的发展史上开创了一个从无到有的历史记录，废除了包含在 1939 年《葡萄牙民事诉讼法典》中有限的几条落后的仲裁条款在澳门地区的适用，在一片空白的基础上，建立了自己的仲裁体系。当然，由于没有历史的束缚，也就为立法者带来了好处，其大量借鉴联合国示范法，这成为澳门仲裁制度特别是涉外仲裁制度的最大特色。最后是 1998 年 12 月 24 日台湾“仲裁法”的实施。据台湾有关方面所作的说明，称这次修订系以“国际化与自由化”为指导原则，新的“仲裁法”是对原“商务仲裁条例”的修订，但是，修正案文本上已经很难找到原“仲裁条例”的痕迹。修正案将条例的原有的 38 条修改了 37 条，增订了 16 条，删除了一条，仅一条没有修改，连法规名称都由“仲裁条例”改为“仲裁法”，其中许多专用名词也作了变更，如仲裁契约改为仲裁协议等。笔者认为台湾“仲裁法”作如此大的变动，已经不再属于修订之范畴了，而是除旧布新，借鉴联合国示范法及英美日等国先进的仲裁制度，在进行新的立法。当然，其不承认是新的立法，仍然坚持是修订，可能是出于其他考虑，认为保持法规的延续性，更符合台湾地区的利益。

我国四个法域制定或修改仲裁法规的一个共同目的就是，通过修订或立法，使得本地区的仲裁制度符合国际仲裁发展的潮流，从而达到仲裁的世界先进水平。通过本书的比较研究，就不难发现，实际上我国四个法域之间的新的仲裁制度差距并不太大，具有很大的相似性。这是因为尽管制定或修订的时间、地点、法案起草人不同，但大家目标基本一致的缘故。

（三）联合国示范法、《纽约公约》是内地与港澳台地区开展仲裁合作尤其是互相承认与执行仲裁裁决共同的法律基础

我们前文讨论仲裁的具体问题时也多次提到过联合国示范法对内地及港澳台地区仲裁制度的影响，这种影响不仅仅存在于一处两处，而是遍布于仲裁的各个环节。可以毫不夸张地讲，我国四个法域近几年来的仲裁造法运动，实际上就是向示范法学习和借鉴，并通过在立法上向示范法靠拢，从而与国际接轨的过程。通过本书的研究，笔者认为，这一目的基本上已经达到。综观内地与港澳台地区的仲裁制度，示范法至少在可仲裁性问题、仲裁协议的形式与效力、仲裁条款的独立性、仲裁庭管辖权自裁、仲裁裁决的法律效力、错误裁决的补救、法院对仲裁的监督与保障机制、仲裁裁决的撤销与仲裁裁决的承认与执行等方面促成了四个法域的立法趋同，或者最大程度地弥合了原有的政策上的差距。现在内地与港澳台地区仲裁制度的主要差异只是集中在仲裁法的渊源、仲裁员的身份制度、仲裁机构的组织形式、仲裁的具体程序等形式问题上，而这些对内地与港澳台地区相互承认与执行仲裁裁决并不构成任何障碍。

至于《纽约公约》对内地的影响就很明显了。内地和港澳台地区在承认及执行仲裁裁决问题上态度基本相同，即遵守或借鉴《纽约公约》的规定解决外国裁决的承认与执行问题。不同的只是借鉴的方式。内地将《纽约公约》作为国际条约直接履行；香港将公约作为仲裁条例的附件，并专门就公约裁决的执行作出特别规定；台湾和澳门则是将公约精神规定在仲裁立法之中。其中澳门是通过完全套用示范法将《纽约公约》的精神体现出来；而台湾则是将公约内容规定在新的“仲裁法”之中加以实施的。

由于内地与港澳台地区的仲裁制度受联合国示范法及《纽约公约》的影响很深刻，从而形成了内地与港澳台地区仲裁制度在一些主要问题上基本相同或类似的局面，这就奠定了相互承认与执行仲裁裁决的法律基础，同时消除了具体操作相互承认与执行裁决的程序技术上的障碍。

二、中国内地与港澳台地区相互承认与执行仲裁裁决的现状

尽管中国内地与港澳台地区的仲裁立法越来越趋同，但是中国内地与港澳台地区间开展相互承认与执行彼此法域仲裁裁决的水平各有参差。

（一）内地与香港之间

内地与香港之间是开展仲裁合作比较密切和频繁的地区。据有关资料，从1989年1月至1997年7月1日，香港法院以《纽约公约》为依据，仅执行内地中国国际贸易仲裁委员会及其分会作出的裁决就达150件之多。① 应该说，这是个令人满意的成果。香港回归前，香港法院承认与执行内地仲裁裁决的法律依据是英国在1975年9月24日加入的《纽约公约》，1977年4月21日《纽约公约》被延伸适用于香港。而《纽约公约》也在1987年4月22日在中华人民共和国正式生效，香港作出需要在内地执行的案件申请时，依照《纽约公约》在内地申请执行。在香港回归之后，《纽约公约》作为国际公约不再适用，须以其他协议补充。② 1999年6月24日，最高人民法院副院长沈德咏与香港特别行政区律政司司长梁爱诗分别代表内地和香港在深圳签订了《关于内地与香港特别行政区相互执行仲裁裁决的安排》（以下简称《安排》），从法律的层面上解决了香港作出仲裁裁决在国内执行的法律依据问题。“新的安排是根据《纽约公约》的精神制定的。”③ 根据该《安排》之精神，允许安排超过100家的具备相关经验的内地仲裁机构所作出的仲裁裁决在香港执行。其重点内容如下④：

1. 香港法院同意执行内地仲裁机构（名单由国务院法制办公室经国务院港澳办公室提供）按《中华人民共和国仲裁法》作出的仲裁裁决；人民法院同意执行在香港按香港特别行政区《香港仲裁条例》作出的裁决。按照《安排》精神，执行《安排》义务的地域管辖法院为被申请人住所地或财产所在地法院，如果两地法院均有管辖权，由当事人选择一地

---

① 参见宋连斌著：《内地地区承认和执行台湾仲裁裁决的若干问题探讨》，中国国际私法学会1998年年会论文。

② 参见杨良宜著：《谈内地与香港仲裁的发展与协作》，载《仲裁研究》第1辑。

③ 参见《一国两制下司法协助的重大突破——内地与香港相互执行仲裁裁决问题终获解决》，载《仲裁与法律通讯》1999年第4期，第1页。

④ 参见《一国两制下司法协助的重大突破——内地与香港相互执行仲裁裁决问题终获解决》，载《仲裁与法律通讯》1999年第4期，第1～2页。

法院提出申请，该地法院执行不足以偿还其债务时，可就不足部分向另一地法院申请执行；级别管辖法院在内地为中级人民法院，在香港为香港特别行政区高等法院。

2. 申请人向管辖法院申请执行内地或香港作出的仲裁裁决时，应当提供以下文书：

（1）执行申请书。《安排》要求必须以中文提出。

（2）仲裁协议。《安排》要求如果仲裁协议没有中文文本的，应当提交正式证明的中文文本。

（3）仲裁裁决书。对仲裁裁决书的文字要求与仲裁协议相同。

《安排》的上述文件要求所对应的是《纽约公约》第4条，其具体的文件要求即申请书、仲裁协议、裁决书及相应中文译本等与《纽约公约》的要求完全一致。

3. 法律适用问题。

针对法院强制执行仲裁裁决过程中面对的申请期限和执行程序问题，《安排》规定一律适用执行地的法律，这一精神与《纽约公约》第3条一致。但是，关于申请执行仲裁裁决的期限，《纽约公约》并未提及，可见，《安排》虽然以《纽约公约》为基础，但是考虑得却比公约更加周详。

4. 拒绝执行的条件。

如同《纽约公约》一样，拒绝执行仲裁裁决分为两个方面：一方面是需要当事人举证加以证实的条件；另一方面是无须当事人举证，由法院依职权认定的条件。

《安排》规定经当事人证明有下列情形之一的，法院可以裁定不予执行：

（1）仲裁协议当事人依对其适用的法律属于某种无行为能力的情形，或者该项仲裁协议依约定的准据法无效，或者未指明以何种法律为准时，依仲裁裁决地的法律是无效的；

（2）被申请人未接到指派仲裁员的适当通知，或者因他故未能陈述意见的；

（3）裁决所处理的争议不是交付仲裁的标的或者不在仲裁协议条款之内，或者裁决载有关于交付仲裁范围以外事项的决定的，但交付仲裁事项的决定可与未交付仲裁的事项划分时，裁决中关于交付仲裁事项的决定部分应当予以执行；

（4）仲裁庭的组成或仲裁庭程序与当事人之间的协议不符，或者在有关当事人没有这种协议时与仲裁地的法律不符的；

(5) 裁决对当事人尚无约束力，或者业经仲裁地的法院按仲裁地的法律撤销或者停止执行的。

除上述条件外，内地与香港的管辖法院在认定下列两种条件之一的情况下，可以依职权裁定不予执行该项裁决：

(1) 依执行地法，裁决事项不能以仲裁裁决解决，即裁决事项不具有可仲裁性；

(2) 执行仲裁裁决将违反社会公共秩序（在内地称为“社会公共利益”，在香港称为“公共政策”）。

上述内容和条件实际上也是借鉴《纽约公约》第5条的内容，不同的是，上述条件在《纽约公约》中同时适用于裁决的承认与执行；而在《安排》中，则只适用于裁决的执行问题。因为《纽约公约》中同时调整了外国裁决的承认与执行两个方面的问题，而《安排》可能考虑到在同一主权之下，对其他法域的仲裁机构的裁决通过双边的协议（例如《安排》）当然予以承认，只是涉及必须通过司法积极手段予以强制执行时才需要根据自己的或双方共同接受的法律原则或标准予以审查把关。

5. 对1997年1月1日以后申请执行内地或者香港作出的仲裁裁决按本《安排》执行。

从《安排》的内容看内地与香港的仲裁裁决的承认与执行领域的合作关系，我们不难发现，《安排》实际上是《纽约公约》在香港回归后以另外一种形式在内地与香港之间的延续。只不过，《安排》的理论依据是“法域平等”的观念；而《纽约公约》的理论基础则是“主权平等”和“条约必须遵守”的国际法基本原则。

《安排》签署后，最高人民法院直接以上述《安排》全文作为最高法院文件下发，而香港特别行政区则于2000年修订了《香港仲裁条例》，并且将上述安排的精神反映在《2000年仲裁（修订）条例》“第ⅢA部内地裁决的强制执行”专章之中。

（二）内地与澳门之间

如前文所述，葡萄牙没有将《纽约公约》延伸适用于澳门，因而，内地与澳门之间并没有如同与香港那样的以《纽约公约》为基础的相互承认与执行的合作历史。随着《内地与澳门关于建立更紧密经贸关系的安排》及其附件文本在2003年10月17日的正式签署，两地的经贸往来将更加频繁，民商事纠纷也势必增多。笔者认为，鉴于澳门已经回归多年，在仲裁领域，中央政府应该声明中华人民共和国决定将《纽约公约》

延伸适用于中国澳门特区，将澳门地区的仲裁纳入国际化轨道，使之成为内地与澳门之间仲裁裁决的相互承认与执行领域合作的法律基础。同时，借鉴内地与香港《关于内地与香港特别行政区相互执行仲裁裁决的安排》的成功经验，内地与澳门也可以比照签订类似的安排文件。

前文在讨论澳门特别行政区对外地裁决的承认与执行时，我们已经谈到澳门中级法院负责确认外地裁决，以及内地、香港与台湾地区的裁决。目前澳门中级法院受理的审查外地裁判的案件数量在逐年增加，在2000年只有6宗，到2003年已增至19宗，全部都是针对外地法院作出的裁判或决定。来自内地和香港法院的占绝大多数，其他的分别来自台湾地区、日本、菲律宾、葡萄牙、加拿大和美国。这些外地裁判绝大部分是离婚判决，其次是关于继承和收养，也有涉及商业合同纠纷的。我们从此可推知，至少到2003年，澳门中级法院尚未有承认与执行我国其他法域仲裁裁决的先例，这是一个令人遗憾的现实。

（三）内地与台湾之间

内地与台湾之间在仲裁问题上处于一种有依据无合作的状态。台湾承认和执行内地仲裁裁决的依据表现在其“台湾地区与内地地区人民关系条例”第74条。该条规定：

“在内地地区作成之民事确定裁判、民事仲裁判断，不违背台湾地区公共秩序或善良风俗者，得申请法院裁定认可。

前项经法院裁定认可之裁判或判断，以给付为内容者，得为执行名义。

前二项规定，以在台湾地区作成之民事确定裁判、民事仲裁判断，得申请内地地区法院裁定认可或为执行名义者，始适用之。”

从这一规定分析可知内地仲裁裁决在台湾地区的承认和执行须符合下列条件：

1. 裁决必须终局；
2. 不得违反台湾地区公共秩序或善良风俗；
3. 互惠；
4. 具有支付内容。

其中第4项仅在需要执行时方作要求。

内地承认台湾地区仲裁裁决的依据是1998年1月15日最高人民法院的司法解释：《关于人民法院认可台湾地区有关法院民事判决的规定》。因为该规定第19条规定：“申请认可台湾地区有关法院民事裁定和台湾地区仲裁机构裁决的，适用本规定。”根据上述司法解释精神，台湾地区的仲裁裁决如果需要得到内地认可，必须具备如下条件：

1. 申请人应提交申请书，并须附有不违反一个中国原则的台湾地区有关仲裁机构仲裁判断书正本或经证明无误的副本、证明文件。

2. 仲裁判断必须终局。人民法院对台湾仲裁判断是否终局不能确定时，申请人应提交作出该裁决的仲裁机构的证明文件。

3. 申请必须向申请人住所地、经常居所地或者被执行财产所在地中级人民法院提起。

另外根据该规定第9条规定，在下列情况下，台湾地区的仲裁裁决将被裁定不予认可：

1. 裁决尚未终局；

2. 裁决是在被申请人缺席又未经合法传唤或者在被申请人无行为能力又未得到适当代理的情况下作出的；

3. 案件系人民法院已作出判决，或者外国、境外地区法院作出判决或境外地区仲裁机构作出仲裁裁决已为人民法院所承认的；

4. 裁决违反国家法律的基本原则，或者损害社会的公共利益的。

该解释于1998年5月26日实施后，1998年6月9日，浙江省台州市人民法院即裁定认可台湾南投地方法院作出的一份民事裁定。

《最高人民法院关于人民法院认可台湾地区有关法院民事判决的规定》的颁布有力地推动了内地与台湾地区仲裁的相互支持与交流，特别是为内地法院对台湾仲裁机构的裁决进行司法审查提供了直接的法律依据。就在本书付梓前不久，就传来内地法院依据上述司法解释认可“中华仲裁协会”裁决的首件案件，其情况大致如下：

和华（海外）置地有限公司与凯歌（厦门）高尔夫球俱乐部有限公司债权债务纠纷一案，根据双方合同约定的争议管辖，由台湾地区仲裁机构审理并作出仲裁裁决。和华（海外）置地有限公司根据最高人民法院（1998）法释11号《关于人民法院认可台湾地区有关法院民事判决的规定》，向厦门市中级人民法院申请对台湾“中华仲裁协会”裁决的效力予以认可。厦门市中级人民法院于2004年3月5日受理和华公司所提申请后，经审查认为，2003年11月4日台湾地区“中华仲裁协会”作出的（2002）仲声仁字第135号仲裁裁决书，不违反“一个中国”原则和国家法律的基本原则，且不损害社会公共利益，符合最高人民法院（1998）法释11号《规定》的要求，根据最高人民法院（1998）法释11号《关于人民法院认可台湾地区有关法院民事判决的规定》，于2004年6月13日作出如下裁定：对台湾地区“中华仲裁协会”于2003年11月4日作出的（2002）仲声仁字第135号仲裁裁决的效力予以认可。"①

笔者认为，厦门市中级人民法院开启了认可台湾地区仲裁机构裁决的先例，为内地与台湾甚至与港澳台地区之间相互承认与执行仲裁裁决创造了良好的开端。至少，从此以后，台湾有关方面不能再以无对等认可、无互惠先例为借口冻结《两岸关系条例》第74条的实施。

（四）港澳台地区之间

澳门两部新的仲裁法规颁布以前，提交仲裁解决的民事纠纷较少，因而申请域外承认与执行仲裁裁决亦不多见。台湾与香港之间就仲裁裁决的承认与执行问题倒是有一些协作关系。1987年台湾地区台北地方法院就曾裁定承认和执行一份香港仲裁裁决，② 就证明了这种协作关系的存在。

三、中国内地与港澳台地区之间相互承认与执行仲裁裁决若干问题探讨

内地与港澳台地区一定要在相互承认和执行仲裁裁决上进行合作。笔者作出这种判断不仅仅是建立在前述法律分析基础上，而且是建立在内地与港澳台地区政治互动关系的理智判断的基础上。不管政治状况如何，已经发生的或者正在发生着的民事纠纷必须解决。各法域的立法中既然已经赋予人民解决争议的方式特别是通过仲裁方式解决争议的选择权，那么，该地区的政府就必须要对依法作出的裁决的法律效力负责，否则，面对堆积如山的得不到承认与执行的仲裁裁决，他们将无法向其人民交代，那将是对立法权威的巨大嘲讽。笔者在此不打算探讨法域间仲裁合作的必要性，而直接讨论具体问题。

（一）中国内地与港澳台四个法域如何给其他法域的仲裁裁决定性

我们在前文的分析中已经发现，《纽约公约》对仲裁裁决的区分主要有两大类，即内国裁决和外国裁决。从这种分类方式看，由于《纽约公约》以主权国家为缔约方，内地与港澳台地区都处于中华人民共和国主权之下，即便是台湾的极少数分裂主义分子，也只能兜售所谓"特殊的两国论"，并且已经遭到国际上绝大多数的、有责任感和正义感的国家和组织的唾弃，得不到支持。那么，以此为前提，内地及港澳台地区的仲裁裁决都是中国国内的裁决，相互之间当然应该认定为内国裁决。

---

① 参见广州仲裁委网站。http://www.gzac.org/news/content/c200509/502.html。2006年5月15日访问。

② 参见林俊益编著：《国际商务仲裁（二）——裁判集》，台湾长弘出版社1990年版，第422～423页。

我们也知道，目前我国各地区的仲裁制度又将区域裁决分为本地裁决与涉外仲裁裁决。那么，我国各法域如何定性外法域的仲裁裁决呢？显然，外法域的裁决不属于本地裁决。但是，目前各个法域的涉外裁决主要指具有涉外因素的本地仲裁机构的裁决。因而，外法域的裁决也不属于涉外裁决。排除了本地裁决和涉外裁决后，外法域的裁决就成了一种独立于本地裁决和涉外裁决以外的区域裁决。对我国来说，它是一种新型的区域裁决，由于它是承认与执行裁决法院所在行政区以外的其他地区裁决，我们可以称之为“外区裁决”或“域外裁决”，或者就直接根据其所属地区名称称之为“内地裁决”、“香港裁决”、“澳门裁决”、“台湾裁决”等。

（二）识别域外裁决的标准

我们在讨论内国裁决与外国裁决的划分标准时，曾介绍过地域主义和准据法主义的标准。也介绍过《纽约公约》的裁决作出地标准和非内国裁决标准。那么如何识别在我国国内各地区之间识别其他法域的域外裁决呢？我们将我国四个法域的仲裁制度中区分外国裁决的标准作个归纳比较：

1. 裁决作出地标准。目前四个法域都有采纳。

2. 准据法标准。目前只有台湾将其作为识别外国裁决标准之一。

3. 仲裁程序进行地标准。目前四个法域均未采纳。

4. 条约标准。只有香港将条约标准用于识别 1923 年与 1927 年两个日内瓦公约下外国裁决的标准。

5. 仲裁机构所在地标准。目前只有内地用来识别内国涉外裁决和非《纽约公约》缔约国的外国裁决。

通过上述比较，我们知道，目前在我国四个法域中，只有裁决作出地才是为各法域共同接受的识别外国裁决的标准。其实，域外裁决与外国裁决只是适用范围不同而已，域外裁决适用于一国内部各个不同的司法独立的法域之间；而外国裁决则适用于以主权独立为标志的国与国之间。两者其他的特征相同。因此，笔者认为，适用于识别外国裁决的标准，同样适用于识别国内多法域之间的域外裁决，为我国各法域所接受的裁决作出地标准应该成为在我国各法域中识别域外裁决的共同标准。内地与香港之间的《安排》也是以裁决作出地作为区分“内地裁决”和“香港裁决”的标准。①

（三）内地与港澳台地区之间相互承认与执行仲裁裁决体制的探讨

---

① 参见前文对《安排》内容的分析。

鉴于目前内地与港澳台地区之间仲裁裁决的承认与执行尚处于不正常的状态，笔者认为，加强内地与港澳台地区之间在承认与执行仲裁裁决领域的司法协助必须全面理顺四个法域之间的仲裁的司法合作体制。为此，笔者提出如下一系列构想，由于尚未成熟，且已超越本书主题，故不作展开论述。

1. 区际仲裁协作。

笔者认为区际仲裁的协作至少可以分为两个层次研究：

（1）就仲裁程序的全过程开展合作。这是加强内地与港澳台地区之间互信的最重要措施。这种合作从仲裁程序的启动即开始到裁决得到有关法院承认与执行为止。实施这种合作，笔者倾向于几年前台湾学者提出的一些解决两岸仲裁合作构想中的联合仲裁模式。① 不过，笔者认为，这种方式不仅仅适用于内地与台湾之间，也同样适用于我国四个法域。同时，笔者建议，改造现有各法域的仲裁员名册制度，将四个法域的常设仲裁机构的仲裁员名单汇总联网，在处理涉及我国区际民商事纠纷的仲裁时，允许当事人在四个法域的全部仲裁员名册中选择仲裁员，至于首席仲裁员，除非当事人双方或当事人各自选择的仲裁员达成协议，否则，应由联合仲裁机构指定一名与双方当事人住所地不同的第三法域的仲裁员担任首席仲裁员。

（2）解决内地与港澳台地区之间仲裁裁决的相互承认与执行问题

上述模式是一种有机合作的模式，它从根本上解决了我国区际仲裁制度的冲突与合作问题。但是，那只是一种理想，现在立即实施则时机尚未成熟。那么目前我们能做什么呢？笔者认为，目前比较现实的做法就是解决区际裁决的承认与执行问题。具体做法是以《纽约公约》的相关内容为基础，签订区际仲裁承认与执行的司法协助协议。然后，通过各法域的法院分头执行。更进一步的设想是，学习许多多法域国家的做法，在各地区终审法院基础上成立全国性的司法机构，而将区际司法事务（包括仲裁裁决的承认与执行）交付全国性司法机关处理。由于台湾与祖国内地的统一尚须时日，可在内地与港澳之间先行实施，待台湾问题解决后，再作他图。

2. 直接建立中国区际商事仲裁中心。

---

① 参见范光群著：《海峡两岸商务纠纷解决方式的探讨——以调解及仲裁方式解决》，载台湾《法学丛刊》第150期。王泰铨：《评内地涉台投资保持的法律规定》，载台湾《法令月刊》第45卷第2期。

本书前文已经论述建立区际商事仲裁中心的必要性与可行性，笔者认为，建立中国区际商事仲裁中心远比联合仲裁更加可行。由于区际商事仲裁中心的建立基于各法域共同支持的社会基础，脱离现行仲裁机构单一的法律体系背景，且仲裁中心的仲裁员来自各法域，仲裁规则适应我国区际仲裁的特殊情势，并注意区际私法的运用，因而，中心作出的裁决不能视为某一法域的单独裁决，而是新型的“区际裁决”。笔者相信未来的区际裁决在各法域的承认与执行将会更便利与顺畅。

3. 建立以区际商事仲裁理论为基础的仲裁执行协作体制。

笔者认为，内地与港澳台地区之间相互承认与执行仲裁裁决的体制应借鉴国际商标注册《马德里公约》之体制，即一次性申请延伸适用体制。如任一法域的申请人只要向本法域法院申请承认与执行，如果败诉方在本法域的财产无法满足执行请求，或者裁决需要在其他法域发生效力从而涉及仲裁裁决的区际承认与执行时，申请人无须向相关法域一个个申请承认与执行，只需要在首次申请法域的法院申请时，要求将本次申请延伸适用于相关的法域。例如香港国际商事仲裁中心的仲裁裁决胜诉方申请香港法院承认与执行（一般本法域不需要申请承认，但在涉及延伸外法域情况下，需要承认与执行一并申请），如败诉方在香港的财产不足以支付裁决债务时，胜诉方发现败诉方在内地与澳门分别另有财产，胜诉方不必一再分别向内地与澳门重复申请承认与执行程序。胜诉方只要在香港法院申请承认与执行时，要求分别延伸适用于内地与澳门法域，由香港法院将胜诉方申请同时转达内地与澳门管辖法院。然后，由香港、内地与澳门法院同时分别根据本法域的法律进行审查。如果没有遭遇被申请人的异议或抗辩，那么，申请人无须亲临相关法域，即可由相关法域直接作出承认的裁定，交由本法域受理法院送达，如需执行即可直接进入执行程序。如果被申请人向一个或多个法域管辖法院提出异议，那么，申请人就必须赴遭异议或抗辩法域管辖法院依据该法域承认与执行程序与被申请人诉讼对抗。然后由相关法域法院作出最后裁定。

区际仲裁承认与执行协作体制的优点在于：

（1）省时。申请延伸适用制度，使得申请人只需要执行一次承认与执行程序，且各相关法域的审查可以同时进行，因而，节省了不少时间。

（2）节约诉讼成本。由于申请人无须分别向各法域申请，因而可以节约相应的差旅费与减少因重复申请而支付的额外诉讼费用。

（3）提高执行效率。区际仲裁承认与执行协作体制既堵塞了败诉方利用区际司法独立来规避执行义务的漏洞，同时也由于各法域可以同时审查，使得败诉方无法利用现行体制下无法避免的时间差逃避债务。

当然，笔者也不否认这一设想的实现还有很多问题要解决，但笔者认为，只要仲裁理念深入人心，只要我国各法域之间同心协力，这一体制的建立并非可望不可及的幻想。

附录

中华人民共和国仲裁法

第一章　总　　则

第1条　为保证公正、及时地仲裁经济纠纷，保护当事人的合法权益，保障社会主义市场经济健康发展，制定本法。

第2条　平等主体的公民、法人和其他组织之间发生的合同纠纷和其他财产权益纠纷，可以仲裁。

第3条　下列纠纷不能仲裁：（一）婚姻、收养、监护、扶养、继承纠纷；（二）依法应当由行政机关处理的行政争议。

第4条　当事人采用仲裁方式解决纠纷，应当双方自愿，达成仲裁协议。没有仲裁协议，一方申请仲裁的，仲裁委员会不予受理。

第5条　当事人达成仲裁协议，一方向人民法院起诉的，人民法院不予受理，但仲裁协议无效的除外。

第6条　仲裁委员会应当由当事人协议选定。仲裁不实行级别管辖和地域管辖。

第7条　仲裁应当根据事实，符合法律规定，公平合理地解决纠纷。

第8条　仲裁依法独立进行，不受行政机关、社会团体和个人的干涉。

第9条　仲裁实行一裁终局的制度。裁决作出后，当事人就同一纠纷再申请仲裁或者向人民法院起诉的，仲裁委员会或者人民法院不予受理。

裁决被人民法院依法裁定撤销或者不予执行的，当事人就该纠纷可以根据双方重新达成的仲裁协议申请仲裁，也可以向人民法院起诉。

第二章　仲裁委员会和仲裁协会

第10条　仲裁委员会可以在直辖市和省、自治区人民政府所在地的市设立，也可以根据需要在其他设区的市设立，不按行政区划层层设立。

仲裁委员会由前款规定的市的人民政府组织有关部门和商会统一组建。

设立仲裁委员会，应当经省、自治区、直辖市的司法行政部门登记。

第11条　仲裁委员会应当具备下列条件：（一）有自己的名称、住所和章程；（二）有必要的财产；（三）有该委员会的组成人员；（四）有聘任的仲裁员。

仲裁委员会的章程应当依照本法制定。

第12条　仲裁委员会由主任一人、副主任二至四人和委员七至十一人组成。仲裁委员会的主任、副主任和委员由法律、经济贸易专家和有实际工作经验的人员担任 。仲裁委员会的组成人员中，法律、经济贸易专家不得少于三分之二。

第13条　仲裁委员会应当从公道正派的人员中聘任仲裁员。

仲裁员应当符合下列条件之一：（一）从事仲裁工作满八年的；（二）从事律师工作满八年的；（三）曾任审判员满八年的；（四）从事法律研究、教学工作并具有高级职称的；（五）具有法律知识、从事经济贸易等专业工作并具有高级职称或者具有同等专业水平的。

仲裁委员会按照不同专业设仲裁员名册。

第14条　仲裁委员会独立于行政机关，与行政机关没有隶属关系。仲裁委员会之间也没有隶属关系。

第15条　中国仲裁协会是社会团体法人。仲裁委员会是中国仲裁协会的会员。中国仲裁协会的章程由全国会员大会制定。

中国仲裁协会是仲裁委员会的自律性组织，根据章程对仲裁委员会及其组成人员、仲裁员的违纪行为进行监督。

中国仲裁协会依照本法和民事诉讼法的有关规定制定仲裁规则。

第三章　仲裁协议

第16条　仲裁协议包括合同中订立的仲裁条款和以其他书面方式在纠纷发生前或者纠纷发生后达成的请求仲裁的协议。

仲裁协议应当具有下列内容：（一）请求仲裁的意思表示；（二）仲裁事项；（三）选定的仲裁委员会。

第17条　有下列情形之一的，仲裁协议无效：（一）约定的仲裁事项超出法律规定的仲裁范围的；（二）无民事行为能力人或者限制民事行为能力人订立的仲裁协议；（三）一方采取胁迫手段，迫使对方订立仲裁协议的。

第 18 条 仲裁协议对仲裁事项或者仲裁委员会没有约定或者约定不明确的，当事人可以补充协议；达不成补充协议的，仲裁协议无效。

第 19 条 仲裁协议独立存在，合同的变更、解除、终止或者无效，不影响仲裁协议的效力。

仲裁庭有权确认合同的效力。

第 20 条 当事人对仲裁协议的效力有异议的，可以请求仲裁委员会作出决定或者请求人民法院作出裁定。一方请求仲裁委员会作出决定，另一方请求人民法院作出裁定的，由人民法院裁定。当事人对仲裁协议的效力有异议，应当在仲裁庭首次开庭前提出。

第四章 仲裁程序

第一节 申请和受理

第 21 条 当事人申请仲裁应当符合下列条件：（一）有仲裁协议；（二）有具体的仲裁请求和事实、理由；（三）属于仲裁委员会的受理范围。

第 22 条 当事人申请仲裁，应当向仲裁委员会递交仲裁协议、仲裁申请书及副本。

第 23 条 仲裁申请书应当载明下列事项：（一）当事人的姓名、性别、年龄、职业、工作单位和住所，法人或者其他组织的名称 、住所和法定代表人或者主要负责人的姓名、职务；

（二）仲裁请求和所根据的事实、理由；（三）证据和证据来源、证人姓名和往所。

第 24 条 仲裁委员会收到仲裁申请书之日起五日内，认为符合受理条件的，应当受理，并通知当事人；认为不符合受理条件的，应当书面通知当事人不予受理，并说明理由。

第 25 条 仲裁委员会受理仲裁申请后，应当在仲裁规则规定的期限内将仲裁规则和仲裁员名册送达申请人，并将仲裁申请书副本和仲裁规则、仲裁员名册送达被申请人。

被申请人收到仲裁申请书副本后，应当在仲裁规则规定的期限内向仲裁委员会提交答辩书。仲裁委员会收到答辩书后，应当在仲裁规则规定的期限内将答辩书副本送达申请人。被申请人未提交答辩书的，不影响仲裁程序的进行。

第 26 条 当事人达成仲裁协议，一方向人民法院起诉未声明有仲裁协议，人民法院受理后，另一方在首次开庭前提交仲裁协议的，人民法院应当驳回起诉，但仲裁协议无效的除外；另一方在首次开庭前未对人民法院受理该案提出异议的，视为放弃仲裁协议，人民法院应当继续审理。

第 27 条 申请人可以放弃或者变更仲裁请求。被申请人可以承认或者反驳仲裁请求，有权提出反请求。

第 28 条 一方当事人因另一方当事人的行为或者其他原因，可能使裁决不能执行或者难以执行的，可以申请财产保全。

当事人申请财产保全的，仲裁委员会应当将当事人的申请依照民事诉讼法的有关规定提交人民法院。

申请有错误的，申请人应当赔偿被申请人因财产保全所遭受的损失。

第 29 条 当事人、法定代理人可以委托律师和其他代理人进行仲裁活动。委托律师和其他代理人进行仲裁活动的，应当向仲裁委员会提交授权委托书。

第二节 仲裁庭的组成

第 30 条 仲裁庭可以由三名仲裁员或者一名仲裁员组成。由三名仲裁员组成的，设首席仲裁员。

第 31 条 当事人约定由三名仲裁员组成仲裁庭的，应当各自选定或者各自委托仲裁委员会主任指定一名仲裁员，第三名仲裁员由当事人共同选定或者共同委托仲裁委员会主任指定。第三名仲裁员是首席仲裁员。当事人约定由一名仲裁员成立仲裁庭的，应当由当事人共同选定或者共同委托仲裁委员会主任指定仲裁员。

第 32 条 当事人没有在仲裁规则规定的期限内约定仲裁庭的组成方式或者选定仲裁员的，由仲裁委员会主任指定。

第 33 条 仲裁庭组成后，仲裁委员会应当将仲裁庭的组成情况书面通知当事人。

第 34 条 仲裁员有下列情形之一的，必须回避，当事人也有权提出回避申请：（一）是本案当事人或者当事人、代理人的近亲属；（二）与本案有利害关系；（三）与本案当事人、代理人有其他关系，可能影响公正仲裁的；（四）私自会见当事人、代理人，或者接受当事人、代理人的请客送礼的。

第 35 条 当事人提出回避申请，应当说明理由，在首次开庭前提出。回避事由在首次开庭后知道的，可以在最后一次开庭终结前提出。

第 36 条 仲裁员是否回避，由仲裁委员会主任决定；仲裁委员会主任担任仲裁员时，由仲裁委员会集体决定。

第 37 条 仲裁员因回避或者其他原因不能履行职责的，应当依照本法规定重新选定或者指定仲裁员。因回避而重新选定或者指定仲裁员后，当事人可以请求已进行的仲裁程序重新进行，是否准许，由仲裁庭决定；仲裁庭也可以自行决定已进行的仲裁程序是否重新进行。

第 38 条 仲裁员有本法第 34 条第 4 项规定的情形，情节严重的，或者有本法第 58 条第 6 项规定的情形的，应当依法承担法律责任，仲裁委员会应当将其除名。

第三节 开庭和裁决

第 39 条 仲裁应当开庭进行。当事人协议不开庭的，仲裁庭可以根据仲裁申请书、答辩书以及其他材料作出裁决。

第 40 条 仲裁不公开进行。当事人协议公开的，可以公开进行，但涉及国家秘密的除外。

第 41 条 仲裁委员会应当在仲裁规则规定的期限内将开庭日期通知双方当事人。当事人有正当理由的，可以在仲裁规则规定的期限内请求延期开庭。是否延期，由仲裁庭决定。

第 42 条 申请人经书面通知，无正当理由不到庭或者未经仲裁庭许可中途退庭的，可以视为撤回仲裁申请。

被申请人经书面通知，无正当理由不到庭或者未经仲裁庭许可中途退庭的，可以缺席裁决。

第 43 条 当事人应当对自己的主张提供证据。仲裁庭认为有必要收集的证据，可以自行收集。

第 44 条 仲裁庭对专门性问题认为需要鉴定的，可以交由当事人约定的鉴定部门鉴定，也可以由仲裁庭指定的鉴定部门鉴定。

根据当事人的请求或者仲裁庭的要求，鉴定部门应当派鉴定人参加开庭。当事人经仲裁庭许可，可以向鉴定人提问。

第 45 条 证据应当在开庭时出示，当事人可以质证。

第 46 条 在证据可能灭失或者以后难以取得的情况下，当事人可以申请证据保全。当事人申请证据保全的，仲裁委员会应当将当事人的申请提交证据所在地的基层人民法院。

第 47 条 当事人在仲裁过程中有权进行辩论。辩论终结时，首席仲裁员或者独任仲裁员应当征询当事人的最后意见。

第48条 仲裁庭应当将开庭情况记入笔录。当事人和其他仲裁参与人认为对自己陈述的记录有遗漏或者差错的，有权申请补正。如果不予补正，应当记录该申请。

笔录由仲裁员、记录人员、当事人和其他仲裁参与人签名或者盖章。

第49条 当事人申请仲裁后，可以自行和解。达成和解协议的，可以请求仲裁庭根据和解协议作出裁决书，也可以撤回仲裁申请。

第50条 当事人达成和解协议，撤回仲裁申请后反悔的，可以根据仲裁协议申请仲裁。

第51条 仲裁庭在作出裁决前，可以先行调解。

当事人自愿调解的，仲裁庭应当调解。调解不成的，应当及时作出裁决。调解达成协议的，仲裁庭应当制作调解书或者根据协议的结果制作裁决书。调解书与裁决书具有同等法律效力。

第52条 调解书应当写明仲裁请求和当事人协议的结果。调解书由仲裁员签名，加盖仲裁委员会印章，送达双方当事人。

调解书经双方当事人签收后，即发生法律效力。

在调解书签收前当事人反悔的，仲裁庭应当及时作出裁决。

第53条 裁决应当按照多数仲裁员的意见作出，少数仲裁员的不同意见可以记入笔录。仲裁庭不能形成多数意见时，裁决应当按照首席仲裁员的意见作出。

第54条 裁决书应当写明仲裁请求、争议事实、裁决理由、裁决结果、仲裁费用的负担和裁决日期。当事人协议不愿写明争议事实和裁决理由的，可以不写。裁决书由仲裁员签名，加盖仲裁委员会印章。对裁决持不同意见的仲裁员，可以签名，也可以不签名。

第55条 仲裁庭仲裁纠纷时，其中一部分事实已经清楚，可以就该部分先行裁决。

第56条 对裁决书中的文字、计算错误或者仲裁庭已经裁决但在裁决书中遗漏的事项，仲裁庭应当补正；当事人自收到裁决书之日起30日内，可以请求仲裁庭补正。

第57条 裁决书自作出之日起发生法律效力。

第五章 申请撤销裁决

第58条 当事人提出证据证明裁决有下列情形之一的，可以向仲裁委员会所在地的中级人民法院申请撤销裁决：（一）没有仲裁协议的；（二）裁决的事项不属于仲裁协议的范围或者仲裁委员会无权仲裁的；

（三）仲裁庭的组成或者仲裁的程序违反法定程序的；（四）裁决所根据的证据是伪造的；（五）对方当事人隐瞒了足以影响公正裁决的证据的；（六）仲裁员在仲裁该案时有索贿受贿，徇私舞弊，枉法裁决行为的。

人民法院经组成合议庭审查核实裁决有前款规定情形之一的，应当裁定撤销。

人民法院认定该裁决违背社会公共利益的，应当裁定撤销。

第59条 当事人申请撤销裁决的，应当自收到裁决书之日起六个月内提出。

第60条 人民法院应当在受理撤销裁决申请之日起两个月内作出撤销裁决或者驳回申请的裁定。

第61条 人民法院受理撤销裁决的申请后，认为可以由仲裁庭重新仲裁的，通知仲裁庭在一定期限内重新仲裁，并裁定中止撤销程序。仲裁庭拒绝重新仲裁的，人民法院应当裁定恢复撤销程序。

第六章 执　　行

第62条 当事人应当履行裁决。一方当事人不履行的，另一方当事人可以依照民事诉讼法的有关规定向人民法院申请执行。受申请的人民法院应当执行。

第63条 被申请人提出证据证明裁决有民事诉讼法第217条第2款规定的情形之一的，经人民法院组成合议庭审查核实，裁定不予执行。

第64条 一方当事人申请执行裁决，另一方当事人申请撤销裁决的，人民法院应当裁定中止执行。

人民法院裁定撤销裁决的，应当裁定终结执行。撤销裁决的申请被裁定驳回的，人民法院应当裁定恢复执行。

第七章 涉外仲裁的特别规定

第65条 涉外经济贸易、运输和海事中发生的纠纷的仲裁，适用本章规定。本章没有规定的，适用本法其他有关规定。

第66条 涉外仲裁委员会可以由中国国际商会组织设立。

涉外仲裁委员会由主任一人、副主任若干人和委员若干人组成。

涉外仲裁委员会的主任、副主任和委员可以由中国国际商会聘任。

第67条 涉外仲裁委员会可以从具有法律、经济贸易、科学技术等专门知识的外籍人士中聘任仲裁员。

第68条 涉外仲裁的当事人申请证据保全的，涉外仲裁委员会应当将当事人的申请提交证据所在地的中级人民法院。

第69条 涉外仲裁的仲裁庭可以将开庭情况记入笔录，或者作出笔录要点，笔录要点可以由当事人和其他仲裁参与人签字或者盖章。

第70条 当事人提出证据证明涉外仲裁裁决有民事诉讼法第260条第1款规定的情形之一的，经人民法院组成合议庭审查核实，裁定撤销。

第71条 被申请人提出证据证明涉外仲裁裁决有民事诉讼法第260条第1款规定的情形之一的，经人民法院组成合议庭审查核实，裁定不予执行。

第72条 涉外仲裁委员会作出的发生法律效力的仲裁裁决，当事人请求执行的，如果被执行人或者其财产不在中华人民共和国领域内，应当由当事人直接向有管辖权的外国法院申请承认和执行。

第73条 涉外仲裁规则可以由中国国际商会依照本法和民事诉讼法的有关规定制定。

第八章　附　　则

第74条 法律对仲裁时效有规定的，适用该规定。法律对仲裁时效没有规定的，适用诉讼时效的规定。

第75条 中国仲裁协会制定仲裁规则前，仲裁委员会依照本法和民事诉讼法的有关规定可以制定仲裁暂行规则。

第76条 当事人应当按照规定交纳仲裁费用。

收取仲裁费用的办法，应当报物价管理部门核准。

第77条 劳动争议和农业集体经济组织内部的农业承包合同纠纷的仲裁，另行规定。

第78条 本法施行前制定的有关仲裁的规定与本法的规定相抵触的，以本法为准。

第79条 本法施行前在直辖市、省、自治区人民政府所在地的市和其他设区的市设立的仲裁机构，应当依照本法的有关规定重新组建；未重新组建的，自本法施行之日起届满一年时终止。

本法施行前设立的不符合本法规定的其他仲裁机构，自本法施行之日起终止。

第80条 本法自1995年9月1日起施行。

附：民事诉讼法有关条款

第217条 被申请人提出证据证明仲裁裁决有下列情形之一的，经人民法院组成合议庭审查核实，裁定不予执行:（一）当事人在合同中没有订有仲裁条款或者事后没有达成书面仲裁协议的;（二）裁决的事项不属于仲裁协议的范围或者仲裁机构无权仲裁的;（三）仲裁庭的组成或者仲裁的程序违反法定程序的;（四）认定事实的主要证据不足的;（五）适用法律确有错误的;（六）仲裁员在仲裁该案时有贪污受贿，徇私舞弊，枉法裁决行为的。

第260条 对中华人民共和国涉外仲裁机构作出的裁决，被申请人提出证据证明仲裁裁决有下列情形之一的，经人民法院组成合议庭审查核实，裁定不予执行:（一）当事人在合同中没有订有仲裁条款或者事后没有达成书面仲裁协议的;（二）被申请人没有得到指定仲裁员或者进行仲裁程序的通知，或者由于其他不属于被申请人负责的原因未能陈述意见的;（三）仲裁庭的组成或者仲裁的程序与仲裁规则不符的;（四）裁决的事项不属于仲裁协议的范围或者仲裁机构无权仲裁的。

香港仲裁条例（第341章）

第I部 导 言

1 简称
2 释义
2A 调解员的委任
2AA 条例的目标及原则
2AB 本条例适用于法定仲裁
2AC 仲裁协议须以书面作出
第IA部 适用于本地仲裁及国际仲裁的条文
本部的适用
2AD 适用范围（第IA部）
2B 仲裁员出任调解员的权力
2C 和解协议
2D 非公开聆讯的法律程序
2E 对非公开聆讯的法律程序的报导的限制
2F 代表及拟备工作
2G 无律师资格者的费用

仲裁程序的进行

2GA 仲裁庭的一般责任
2GB 仲裁庭可行使的一般权力
2GC 法院就仲裁程序所具有的特别权力
2GD 延长仲裁程序的时限的权力
2GE 拖延提起申索
2GF 仲裁庭的决定
2GG 仲裁庭的决定的强制执行

利　息

2GH　仲裁庭可判给利息
2GI　就在仲裁程序中判给的款项所判给利息的息率

费用、收费及开支

2GJ　仲裁程序的费用
2GK　支付仲裁庭收费的法律责任
2GL　仲裁庭可对可追讨的费用的款额作出限制

就某些作为及不作为而负的法律责任

2GM　仲裁庭须为某些作为及不作为负上法律责任
2GN　委任人及管理人只须为某些作为及不作为负上法律责任
2H－2K　（废除）

第 II 部　本地仲裁

适　用

2L　对本地仲裁协议的适用
2M　对国际仲裁协议的适用

仲裁协议的效力等

3　仲裁员及公断人的权限不可撤销
4　仲裁协议一方死亡
5　破产
6　某些情况下法院须将事项提交仲裁
6A　（废除）
6B　仲裁的综合处理
7　将互争权利诉讼的争论点提交仲裁

仲裁员及公断人

8　仲裁提交予单一仲裁员
9　某些情况下协议各方有权提供人选填补空缺
10　公断人

11　3名仲裁员的过半数裁决

12　某些情况下香港国际仲裁中心有权委任仲裁员或公断人

13　(废除)

13A　法官着手仲裁的权力

本地仲裁庭的司法管辖权

13B　仲裁庭可对自己的司法管辖权作出裁定

程序的进行、证人等

14－14A (废除)

关于裁决的条文

15　作出裁决的时间

16　临时裁决

17　强制履行

18　裁决即为最终裁决

19　纠正失误的权力

仲裁费用、收费及利息

20　(废除)

21　仲裁员或公断人的收费评定

22－22A (废除)

司法复核、初步法律论点的裁定、免除协议、中期命令、裁决的发还及作废等

23　仲裁裁决的司法复核

23A　法院对初步法律论点的裁定

23B　影响根据第23及23A条的权利的免除协议

23C　中期命令

24　发还裁决的权力

25　将仲裁员撤职及裁决作废

26　法院在仲裁员不公正或争议涉及诈骗问题时给予济助的权力

27　法院在仲裁员被撤职或仲裁员权限被撤销时的权力

裁决的强制执行

28 （废除）

杂　项

29－29A （废除）
30 有关费用等的条款
31 展开仲裁
32－333（废除）
34 过渡条文—第II部

第IIA部　国际仲裁

适　用

34A 对国际仲裁协议的适用
34B 对本地仲裁协议的适用

联合国国际贸易法委员会示范法的适用

34C 联合国国际贸易法委员会示范法的适用
34D－34E（废除）

第III部

（废除）

第IIIA部　内地裁决的强制执行

40A 第IIIA部适用的裁决
40B 内地裁决的效力
40C 强制执行内地裁决的限制
40D 证据
40E 拒绝强制执行
40F 认可内地仲裁当局名单的公布
40G 保留条文

第 IV 部 公约裁决的强制执行

41 第 IV 部适用的裁决
42 公约裁决的效力
43 证据
44 拒绝强制执行
45 保留条文
46 命令即为确证

第 V 部 一般条文

47 政府须受约束
48 行政长官会同行政会议可修订附表 6
附表 1 及 2（废除）
附表 3—1958 年 6 月 10 日在纽约签订的《承认及执行外国仲裁裁决公约》
附表 4—本条例对法官仲裁员的适用
附表 5—联合国国际贸易法委员会《国际商事仲裁示范法》
附表 6—

仲裁条例

本条例旨在就民事事项订定仲裁的条文。

[1963 年 7 月 5 日]

第 I 部 导 言

（由 1996 年第 75 号第 2 条修订）

1 简称

本条例可引称为《仲裁条例》。

2 释义

（1）在本条例中，除文意另有所指外—（由 1989 年第 64 号第 2 条修订）

“内地”（the Mainland）指中国的任何部分，但不包括香港、澳门及台湾；（由 2000 年第 2 号第 3 条增补）

“内地裁决”（Mainland award）指由认可内地仲裁当局按照《中华人民共和国仲裁法》在内地作出的仲裁裁决；（由2000年第2号第3条增补）

“公约裁决”（Convention award）指第IV部适用的裁决，即依据仲裁协议在某一国家或领土（中国或其任何部分除外）所作出的裁决，而该国家或领土乃纽约公约的缔约方；（由1975年第85号第2条增补。由2000年第2号第3条修订）

“本地仲裁协议”（domestic arbitration agreement）指非属国际仲裁协议的仲裁协议；（由1989年第64号第2条增补）

“申索人”（claimant）包括提出反申索的人；（由1996年第75号第3条增补）

“仲裁协议”（arbitration agreement）的涵义，与联合国国际贸易法委员会示范法第7（1）条中该词的涵义相同；（由1989年第64号第2条代替）

“仲裁庭”（arbitral tribunal）指一名独任仲裁员或一组仲裁员，并包括一名公断人；（由1996年第75号第3条增补）

“法院”（Court）指原讼法庭；（由1975年第92号第59条修订；由1998年第25号第2条修订）

“争议”（dispute）包括分歧；（由1989年第64号第2条增补）

“香港国际仲裁中心”（HKIAC）指香港国际仲裁中心，而该中心属一间在香港根据《公司条例》（第32章）成立为法团的担保有限公司；（由1996年第75号第3条增补）

“纽约公约”（the New York Convention）指在1958年6月10日由联合国国际商事仲裁会议＊通过采用的《承认及执行外国仲裁裁决公约》，该公约文本列于附表3；（由1975年第85号第2条增补）

“国际仲裁协议”（international arbitration agreement）指一项仲裁协议，而依据该协议进行的仲裁乃属联合国国际贸易法委员会示范法第1（3）条所指的国际仲裁，或仲裁一旦展开，即会属联合国国际贸易法委员会示范法第1（3）条所指的国际仲裁；（由1989年第64号第2条增补）

“认可内地仲裁当局”（recognized Mainland arbitral authority）指在中华人民共和国国务院法制办公室为本定义的目的而不时经港澳事务办公室提供予政府的内地仲裁委员会名单中指明的仲裁委员会；（由2000年第2号第3条增补）

"调解"（conciliation）包括调停；（由1996年第75号第3条增补）

"联合国国际贸易法委员会示范法"（the UNCITRAL Model Law）指在1985年6月21日由联合国国际贸易法委员会+通过采用的《国际商事仲裁示范法》，该示范法文本列于附表5；（由1989年第64号第2条增补。由1991年第56号第2条修订）

"职能"（function）包括权力及责任。（由1996年第75号第3条增补）（由2000年第2号第3条修订）

（2）（由1996年第75号第3条废除）

（3）凡解释及引用联合国国际贸易法委员会示范法的条文，须顾及其国际性根源和解释前后贯彻的必要，并且可顾及附表6所指明的文件。（由1989年第64号第2条增补）

（4）在联合国国际贸易法委员会示范法中，凡提述—

（a）"本国"（this State）须视为提述香港；

（b）"本国与其它任何一国或多国之间有效力的任何协议"（any agreement in force between this State and any other State or States）须视为提述对香港及任何其它地方具有约束力和在香港具有法律效力的协议；

（c）"一国"（a State）须视为包括提述香港；及

（d）"不同的国家"（different States）须视为包括提述香港及任何其它地方。（由1989年第64号第2条增补）

（5）在本条例内的附注只提供作备知用途而并无任何立法效力。（由1996年第75号第3条增补）［比照1975 c. 3 s. 7（1）U. K.］

第IA部　适用于本地仲裁及国际仲裁的条文

（由1996年第75号第5条代替）

2A　调解员的委任

（1）在任何情况下，凡仲裁协议规定由一位并非协议一方的人委任调解员，而该人拒绝作出委任，或未有在协议指明的时间内作出委任，或在协议并无指明时间的情况下，未有在协议任何一方提出委任调解员的请求后一段合理时间内作出委任，则法院或法官可应协议任何一方的申请，委任调解员。该调解员在调解程序中行事的权力，犹如他是按照协议条款获委任为调解员时行事的权力一样。（由1989年第64号第4条修订；由1998年第25号第2条修订）

（2）凡仲裁协议规定委任调解员，并进一步规定倘调解程序未能达成一个为协议各方接受的和解办法，该获委任的调解员得出任仲裁员—

（a）则不得仅基于该人先前曾就提交仲裁的某些或全部事项出任调解员，而反对委任该人为仲裁员或反对该人主持仲裁程序；

（b）如该人推却出任仲裁员，则任何其它获委任为仲裁员的人无须先行出任调解员，除非仲裁协议另载相反的意图。

（3）除非仲裁协议另载相反意图，否则规定委任调解员的仲裁协议，须当作载有如下的规定，即：由委任调解员的日期起计 3 个月内、或如调解员是由仲裁协议提名委任的，则在调解员收到知会有争议存在的通知书起计 3 个月内、或协议各方同意的更长期间内，倘调解程序未能达成一个为协议各方接受的和解办法，则调解程序即告终止。

（由 1989 年第 64 号第 4 条废除）

2AA 条例的目标及原则

（1）本条例的目的是促进在省却不必要的开支的情况下以公平而迅速的方式解决争议。

（2）本条例是基于以下原则—

（a）除须遵守为公众利益所需的保障措施外，争议各方应有权自由协议解决争议的方法；及

（b）只有在本条例明文规定的情况下，法院才会干预争议的仲裁。

（由 1996 年第 75 号第 4 条增补）

2AB 本条例适用于法定仲裁

（1）本条例（除第（3）款指明的条文外）适用于根据任何其它每一条例所进行的仲裁，不论该等其它条例是在本条生效之前或之后通过，犹如—

（a）该仲裁是根据本地仲裁协议而作出的；及

（b）该其它成文法则为该协议。

（2）第（1）款只在本条例与该其它成文法则及与该其它成文法则所授权或认可的任何规则或程序没有抵触的范围内，具有效力。

（3）第（1）款提述的条文为第 2GD、2GJ（3）、4（1）、5.7.26 及 27 条。（由 1997 年第 80 号第 102 条修订）

（由 1996 年第 75 号第 4 条增补）

2AC 仲裁协议须以书面作出

（1）就本条例而言，任何协议除非是以书面作出，否则不属仲裁协议。

（2）就第（1）款而言，任何协议如符合以下情况，即属以书面作出—

（a）该协议是载于任何档之内的，不论该文件是否由协议的各方签署；或

（b）该协议是以互换书面通讯的形式作出的；或

（c）虽然该协议本身不是以书面作出的，但备有该协议的书面证据；或

（d）该协议的各方以非书面的方式但藉参照书面形式的条款而作出协议；或

（e）该协议虽然不是以书面的方式作出，但是由该协议的其中一方或由第三者（在该协议的每一方的授权下）记录下来的；或

（f）在仲裁程序或法律程序中，有书面陈词的互换，由其中一方向另一方指称存在非以书面形式作出的协议，而该指称并未由响应该指称的其它一方否认。

（3）任何协议如提述—

（a）书面形式的仲裁条款；或

（b）载有仲裁条款的文件，并且如该提述是使该仲裁条款成为该协议的一部分，则该提述构成仲裁协议。

（4）在本条中，“书面”（writing）包括藉以将数据记录的任何方式。

（5）本条适用于所有会成为本地仲裁协议或国际仲裁协议的协议（如该等协议属仲裁协议），以及在将联合国国际贸易法委员会示范法第7（2）条摒除于本条的适用范围之外的情况下适用于该等协议。（由1996年第75号第4条增补）

第IA部 适用于本地仲裁及国际仲裁的条文
本部的适用

2AD 适用范围（第IA部）

本部适用于根据本地仲裁协议及国际仲裁协议所进行的仲裁程序。

（由1996年第75号第6条增补）

2B　仲裁员出任调解员的权力

（1）如提交调解的各方均以书面表示同意，而期间只要没有任何一方以书面撤回同意，则仲裁员或公断人可出任调解员。

（2）出任调解员的仲裁员或公断人—

（a）可与提交调解的各方集体或个别通讯；

（b）须将其自提交调解的任何一方取得的资料保密，除非该方另予同意，或除非第（3）款的规定适用。

（3）凡在调解程序中，仲裁员或公断人自提交调解的任何一方取得保密资料，而调解程序在各方未能就争议达成和解协议下终止，则该仲裁员或公断人在恢复仲裁程序之前，须向提交调解的其它各方尽量披露该数据中其认为对仲裁程序具关键性的数据。

（4）不得仅基于仲裁员或公断人先前曾按照本条出任调解员，而反对其主持仲裁程序。

（由 1989 年第 64 号第 5 条增补）

2C　和解协议

如仲裁协议各方就争议达成和解的协议，并以书面订立包含和解条款的协议（即“和解协议”），则为达致强制执行该和解协议的目的，该和解协议须被视为根据仲裁协议作出的裁决，并且可在法院或法官的许可下，一如是一项具有同样效力的判决或命令般予以强制执行，并且在取得以上的许可后，判决可依照该协议条款予以登录。

（由 1989 年第 64 号第 5 条增补。由 1998 年第 25 号第 2 条修订）

2D　非公开聆讯的法律程序

根据本条例在法院或上诉法庭聆讯的法律程序，须应该法律程序的任何一方的申请，以非公开聆讯方式进行聆讯。

（由 1989 年第 64 号第 5 条增补。由 1998 年第 25 号第 2 条修订）

2E　对非公开聆讯的法律程序的报导的限制

（1）本条适用于根据本条例在法院或上诉法庭非公开聆讯的法律程序。

（由 1998 年第 25 号第 2 条修订）

（2）法院在聆讯本条适用的法律程序时，须应法律程序的任何一方的申请，就有关该法律程序的何种数据可予发表的问题，发出指示。

（3）法院不得根据第（2）款发出准许发表资料的指示，除非—

（a）法律程序的各方均同意发表该数据；或

（b）法院信纳该数据如按照其指示发表，不会揭露该法律程序的任何一方合理地希望保密的任何事项，包括该法律程序的任何一方的身分。

（4）尽管第（3）款另有规定，凡法院就本条适用的法律程序作出判决时，认为该判决具有重要的法律意义，法院须指示将该判决报告在案例汇编或专业刊物上发表；但如法律程序的任何一方合理地希望隐藏任何事项，包括隐藏其作为法律程序一方的事实，则—

（a）法院须就应采何种行动以在该等报告中隐藏该事项，发出指示；及

（b）如法院认为按照（a）段所发指示发表的报告，相当可能会揭露该事项，须指示在一段法院认为适合但不超过10年的限期内，不得发表该报告。

（由1989年第64号第5条增补）

2F 代表及拟备工作

为免生疑问，特此声明《法律执业者条例》（第159章）第44.45及47条不适用于—（由1998年第315号法律公告修订）

（a）仲裁程序；

（b）为仲裁程序所作的意见提供及档拟备；

（c）就仲裁程序作出的任何其它事情，但如该事情是与仲裁协议所产生的法律程序或与进行仲裁程序期间所产生的法庭程序有关的，或是与仲裁程序所导致的法庭程序有关的，则不在此限。

（由1989年第64号第5条增补）

2G 无律师资格者的费用

《法律执业者条例》（第159章）第50条（规定无律师资格者而以律师身分作出的任何事情，其费用不得在任何诉讼、讼案或事项中追讨）不适用于追讨由裁决指示的讼费。（由1989年第64号第5条增补。由1998年第315号法律公告修订）

仲裁程序的进行

2GA 仲裁庭的一般责任

（1）仲裁庭在进行仲裁程序或行使藉本条例或由任何该等程序的各

方所授予该庭的任何权力时，必须—

(a) 在各方成员之间公平和公正地行事，给予各方合理的机会以提出他们的案件以及处理他们的对手所提出的案件；及

(b) 采用适合该个别案件的程序，以避免不必要的拖延和省却不必要的开支，从而提供公平的方法以解决该等程序所关乎的争议。

(2) 在进行仲裁程序时，仲裁庭不受证据规则约束，并可收取该庭认为与该等程序有关的任何证据，但对于在该等程序中提出的证据，该庭必须给予其认为适当的重要性。

（由 1996 年第 75 号第 7 条增补）

2GB 仲裁庭可行使的一般权力

(1) 在进行仲裁程序时，仲裁庭可作出命令或给予指示以处理任何以下事项—

(a) 要求申索人提供仲裁费用的保证；

(b) 要求对争议款项提供保证；

(c) 指示透露档或送达质问书；

(d) 指示须以誓章的形式提出证据；

(e) 就有关财产——

(i) 指示由仲裁庭、仲裁程序的任何一方或任何专家检查、拍摄、保存、保管、扣留或出售该财产；或

(ii) 指示从该财产中取去样本，或对该财产进行观察或试验；

(f) 批给临时强制令或指示采取其它临时措施。

(2) 就第 (1) (e) 款而言，任何财产如符合以下情况，即属有关财产—

(a) 该财产由仲裁程序的任何一方拥有或管有；及

(b) 该财产受限于仲裁程序，或关乎该财产的任何问题在仲裁程序中产生。

(3) 仲裁庭不得只因以下任何理由而作出命令以要求申索人提供费用的保证—

(a) 申索人是通常居于香港以外地方的自然人；或

(b) 申索人是一个根据香港以外地方的法律成立的法人团体，或申索人是一个根据香港以外地方的法律组成的组织，或申索人的中央管理及控制权是在香港以外地方行使的。

(4) 仲裁庭—

（a）在作出提供费用的保证的命令时，必须指明一段期间，而在该期间内该命令须予遵照；及

（b）可延长该期间或延长任何经延长的期间。

（5）如仲裁庭已作出要求申索人提供费用的保证的命令，而该命令并未有在第（4）款所容许的期间内获得遵照，仲裁庭可撤销或搁置有关申索。

（6）仲裁庭在进行仲裁程序时，可决定应否和应在甚么程度上由仲裁庭采取主动以确定与该等程序有关的事实及法律。

（7）仲裁庭—

（a）可为证人及程序各方监誓；及

（b）可在证人及程序各方作出宣誓后，讯问他们；及

（c）指示证人到仲裁庭席前提出证据或出示文件或其它具关键性的证据。

（8）凡任何人无须在任何法院的民事法律程序中被要求出示任何档或其它具关键性的证据，则该人不得被要求在仲裁程序中出示该等文件或证据。

（9）第（6）及（7）款受有关的仲裁程序各方的任何相反协议规限。

（由 1996 年第 75 号第 7 条增补）

2GC 法院就仲裁程序所具有的特别权力

（1）法院或法院法官可就某仲裁程序，作出任何以下事情—

（a）作出命令指示对争议款额提供保证；

（b）就有关财产—

（i）作出命令指示由仲裁庭、仲裁程序的任何一方或任何专家检查、拍摄、保存、保管、扣留或出售该财产；或

（ii）作出命令指示从该财产中取去样本，或对该财产进行观察或试验；

（c）批给临时强制令或指示采取其它临时措施。

（2）就第（1）（b）款而言，任何财产如符合以下情况，即属有关财产—

（a）该财产由有关仲裁程序的任何一方拥有或管有；及

（b）该财产受限于仲裁程序，或关乎该财产的任何问题在仲裁程序中产生。

（3）法院或法院法官可命令某人出席在仲裁庭席前进行的程序以提

出证据或出示文件或其它具关键性的证据。

（4）法院或法院法官亦可命令发出解交被拘押者到庭作证令状，规定将某囚犯带到仲裁庭席前接受讯问。

（5）本条所授予的权力可予行使，不论是否可根据第 2GB 条就同一争议行使相类似的权力。

（6）法院或法院法官可基于以下理由拒绝就第（1）款所提述的事项根据本条作出命令—

（a）该事项当时属仲裁程序的标的；及

（b）法院或该法院法官认为将该事项交由有关的仲裁庭处理，更为适当。（由 1996 年第 75 号第 7 条增补。由 1998 年第 25 号第 2 条修订）

2GD 延长仲裁程序的时限的权力

（1）凡协议将日后争议提交仲裁的仲裁协议规定，除非申索人在该协议所订定的时间之前或所订定的期限内采取步骤以——

（a）展开仲裁程序；或

（b）展开其它解决争议的程序（而该程序必须用尽始可展开仲裁程序），否则申索须受禁制或申索人的权利须予终绝，则本条适用于该协议。

（2）仲裁庭可因应本条适用的仲裁协议的一方所提出的申请，按照本条作出命令，以延长采取第（1）款所提述的步骤的期限。

（3）只有在已有申索产生以及在用尽任何可用的以获得延长时限的仲裁程序后，方可提出申请。

（4）申请人必须在提出申请后 7 天内向其它各方发出申请通知书。该等其它各方有权在裁定该申请的程序中陈词。

（5）仲裁庭只可在信纳——

（a）有关的情况超乎各方在订立仲裁协议时的合理预计，而延长该期限会是合理的；或

（b）由于某一方的行径，若以该协议的严格条款约束其它各方，是不公平的做法，的情况下，根据本条作出命令，以延长该期限。

（6）仲裁庭可按其认为合适的条款延长期限，而所延长的期限为一段其认为合适的期间；即使先前所订定的期限（不论是藉协议或藉先前的命令而订定）已届满，仲裁庭亦可如此行事。

（7）如有任何成文法则限制展开仲裁程序的期限，本条并不影响该成文法则的实施。

(8) 如在有关时间，并没有能够行使本条授予仲裁庭的权力的仲裁庭存在，则该权力可由法院或法院法官行使。(由1998年第25号第2条修订)

(由1996年第75号第7条增补)

2GE　拖延提起申索

(1) 所有仲裁协议均包括以下的隐含条款，即：根据该协议有申索权的一方，在申索关乎能够藉仲裁解决的争议的情况下，应提起该申索，不得拖延。本款受在该协议中相反规定的任何明订条款规限。

(2) 在仲裁庭席前进行的仲裁程序中，仲裁庭如信纳某方或某方的顾问曾不合理地拖延提出或提起申索，则可作出命令——

(a) 撤销该方的申索；及

(b) 禁止该方就该申索展开进一步的仲裁程序。

(3) 上述命令可由仲裁庭主动作出，亦可因应在仲裁庭席前进行的仲裁程序的另一方所提出的申请而作出。

(4) 就第(2)款而言，如拖延——

(a) 引起或相当可能引起申索中的争论点不会得到公平解决的重大危险；或

(b) 已对或相当可能对仲裁程序的其它各方造成严重损害，即属不合理的拖延。

(5) 如在有关时间，并没有能够行使本条授予仲裁庭的权力的仲裁庭存在，则该权力可由法院或法院法官行使。(由1998年第25号第2条修订)

(由1996年第75号第7条增补)

2GF　仲裁庭的决定

在就一项争议作出决定时，仲裁庭可判给(在假若该争议是法院民事法律程序中的标的之情况下)任何本可由法院命令判给的补救或济助。本条受第17条规限。

(由1996年第75号第7条增补)

2GG　仲裁庭的决定的强制执行

(1) 由仲裁庭在仲裁程序中或就仲裁程序所作出或发出的裁决、命令或指示，可犹如具有相同效力的法院判决、命令或指示般以相同的方式强制执行，但只有在得到法院或法院法官的许可下方可如此强制执行。如法院或法官给予该许可，则可按该裁决、命令或指示而作出判决。（由 1996 年第 75 号第 7 条增补。由 1998 年第 25 号第 2 条修订；由 2000 年第 38 号第 2 条修订）

（2）尽管本条例另有规定，本条适用于在香港或香港以外地方作出或发出的裁决、命令及指示。（由 2000 年第 38 号第 2 条增补）

利　息

2GH 仲裁庭可判给利息

（1）在仲裁庭席前进行的仲裁程序中，仲裁庭可就以下款项判给自其认为适当的日期起按其认为适当的息率以单利或复利计算的利息——

（a）仲裁庭在仲裁程序中判给的款项；或

（b）在仲裁程序中所申索的款项，而该笔款项在仲裁程序展开时仍未缴付，但在裁决作出前已缴付，结算期按仲裁庭认为适当者而定，但计息期不得超逾付款日期。

（2）第（1）款并不影响仲裁庭判给利息的任何其它权力，但受各方作出相反规定的协议规限。

（由 1996 年第 75 号第 7 条增补）

2GI 就在仲裁程序中判给的款项所判给利息的息率

就裁决所判给的款额而缴付的利息，可自该裁决的日期起计，息率与判定债项的息率相同，但如该裁决另有规定，则作别论。（由 1996 年第 75 号第 7 条增补）

费用、收费及开支

2GJ 仲裁程序的费用

（1）仲裁庭可将在有关的仲裁程序的费用（包括该仲裁庭的收费及开支）方面的指示列入一项裁决内，并可在如此行事时，作出任何以下事项——

（a）指示仲裁程序的费用须缴付予谁人、由谁人缴付和以甚么方式缴付；

（b）评定和结算须如此缴付的费用的款额；

（c）指示须按下述任何基准缴付费用，而该等基准是法院能据以在法院进行的民事法律程序中判给费用的。本款受有关的仲裁协议的任何相反条文规限。

（2）就仲裁程序而判给费用（仲裁庭的收费或开支除外）可由法院评定，但如该项裁决另有指示，则作别论。本款并不限制第21（1）条的实施。

（3）如任何仲裁协议的任何条文的意思，是表示该协议的各方或任何一方必须就该协议下产生的仲裁程序而缴付其自己的费用，则该条文即属无效。但如该条文是一项协议中的一部分，而该协议规定须将在该协议作出之前已产生的争议提交仲裁，则该条文并非无效。

（4）如任何裁决并没有就有关仲裁程序的费用的缴付，作出规定，则该程序的任何一方可向仲裁庭申请作出命令以指示该等费用须由谁人缴付和缴付予谁人。该项申请必须在裁决通知后30天内或在仲裁庭容许的较长期间内提出。

（5）仲裁庭一俟接获第（4）款所指的申请并在聆讯欲作出陈词的一方的陈词后，可藉在裁决中加入仲裁庭认为适当的关于缴付仲裁程序费用的指示，以修订该裁决。

（6）《法律执业者条例》（第159章）第70条适用于根据本条例进行的仲裁程序，犹如该条适用于在法院席前进行的法律程序一样。

注：《法律执业者条例》（第159章）第70条赋权正在聆讯或有待聆讯法律程序的法院，宣布任何就该法律程序受雇的律师有权对法律程序中追讨的或保存的财产作出押记。

（由1996年第75号第7条增补）

2GK 支付仲裁庭收费的法律责任

（1）在仲裁庭席前进行的程序的各方，须负共同和各别的法律责任向仲裁庭支付合理的且在当时情况下是适当的仲裁庭收费及开支（如有的话）。

（2）除法院根据本条例作出的关于须向已辞职或已被免职或其作为仲裁员或公断人的权限已被撤销的仲裁员或公断人缴付收费（如有的话）的命令另有规定外，第（1）款须具有效力。

（3）本条的任何条文并不影响——

（a）仲裁程序各方在他们之间须缴付该程序费用的法律责任；或

（b）在关于缴付仲裁庭的收费及开支方面的任何契约性权利或责任。

（4）在本条中，凡提述仲裁庭之处，均包括—

（a）提述已停止出任的仲裁庭成员；及

（b）提述尚未取代该仲裁庭各成员的公断人。

（由 1996 年第 75 号第 7 条增补）

2GL 仲裁庭可对可追讨的费用的款额作出限制

（1）仲裁庭可指示将在其席前进行的仲裁程序的可追讨费用限制在某指明款额，但如各方已有相反的协议，则作别论。

（2）该项指示可在该仲裁程序的任何阶段予以更改，但只可在招致有关费用的充分时间之前作出更改，或只可在已采取该程序中的有关步骤充分时间之前作出更改，以便能考虑该项限制。

（3）在本条中，“仲裁程序”（arbitration proceedings）包括该等程序的任何部分。

（由 1996 年第 75 号第 7 条增补）

就某些作为及不作为而负的法律责任

2GM 仲裁庭须为某些作为及不作为负上法律责任

（1）仲裁庭在法律上须为其或其雇员或代理人在行使或执行或在宣称行使或执行该仲裁庭仲裁职能方面作出的或不作出的作为负法律责任，但只在已证明该作为是不诚实地作出或不作出的情况下，该仲裁庭方须如此负上法律责任。

（2）仲裁庭的雇员或代理人在法律上须为其在行使或执行或在宣称行使或执行该仲裁庭仲裁庭职能方面作出的或不作出的作为负法律责任，但只在已证明该作为是不诚实地作出或不作出的情况下，该雇员或代理人方须如此负上法律责任。

（由 1996 年第 75 号第 7 条增补）

2GN 委任人及管理人只须为某些作为及不作为负上法律责任

（1）任何人如—

（a）委任任何仲裁庭；或

（b）行使或执行与仲裁程序有关并具行政性质的任何其它职能，则该人在法律上须为在行使或执行或宣称行使或执行该职能方面所作出或不作出的作为的后果负法律责任，但只在已证明该作为是不诚实地作出或不作出的情况下，该人方须如此负上法律责任。

（2）第（1）款不适用于有下述情况的作为：该作为是由该仲裁程序

的各方或各方的法律代表或顾问，在行使或执行或宣称行使或执行与该等程序有关并具行政性质的任何职能方面所作出或不作出的。

（3）任何雇员或代理人如作出或不作出第（1）款提述的任何作为，则在法律上须为该作出的作为或该不作为的后果负法律责任，但只在证明下述情况后方须如此负上法律责任—

（a）该作为或不作为是不诚实地作出或不作出的；及

（b）该名雇员或代理人是参与该不诚实作为或不作为的一方。

（4）第（1）款适用的任何人或该人的任何雇员或代理人，不得只因行使或

执行该款提述的任何职能，而在法律上为有关的仲裁庭或该仲裁庭的任何雇员或代理人在行使或执行或宣称行使或执行该仲裁庭的仲裁职能方面的任何作为或不作为的后果负上法律责任。

（5）在本条中，“委任”（appointing）包括提名和指定。

（由 1996 年第 75 号第 7 条增补）

2H－2K（废除）（由 1996 年第 75 号第 8 条废除）

第 II 部　本 地 仲 裁

（由 1989 年第 64 号第 6 条修订）

适　　用

2L　对本地仲裁协议的适用

本部的条文适用于本地仲裁协议和适用于依据本地仲裁协议进行的仲裁；但如争议已经产生，而争议各方其后已以书面同意下述任何一项，则不在此限—

（a）第 IIA 部的条文予以适用；或

（b）该协议乃是或会被视为是一项国际仲裁协议；或

（c）该争议会以国际仲裁方式予以仲裁。

（由 1989 年第 64 号第 7 条增补）

2M　对国际仲裁协议的适用

本部的条文适用于国际仲裁协议和适用于依据国际仲裁协议进行的仲裁，如果，但仅如果，该协议规定或提交仲裁的各方以书面同意—

（a）本部的条文予以适用；或

（b）该协议乃是或会被视为是一项本地仲裁协议；或

（c）该争议会以本地仲裁方式予以仲裁。

（由 1989 年第 64 号第 7 条增补）

仲裁协议的效力等

3 仲裁员及公断人的权限不可撤销

除非仲裁协议另表明相反意图，否则根据或凭借仲裁协议而委任的仲裁员或公断人，其权限是不可撤销的；但如获得法院或法官的许可，则不在此限。

（由 1998 年第 25 号第 2 条修订）[比照 1950 c. 27 s. 1 U. K.]

4 仲裁协议一方死亡

（1）如仲裁协议任何一方死亡，就死者或任何另一方而言，仲裁协议不得因此而解除，反之，在该情形下，该协议可由死者的遗产代理人强制执行，或可针对该遗产代理人而强制执行。

（2）仲裁员的权限不得因委任其为仲裁员的一方死亡而撤销。

（3）对于凭借任何成文法则或法律规则使到诉讼权利因有人死亡而告终绝，本条条文并不影响该等法则或规则的实施。

[比照 1950 c. 27 s. 2 U. K.]

5 破产

（1）凡合约的一方为破产人，而合约订有条款，规定由该合约所产生的或与该合约有关的争议须提交仲裁，则如破产案受托人接受该合约，该合约条款，只要是与该等争议有关的，均可由破产案受托人强制执行，或可针对该破产案受托人而强制执行。（由 1989 年第 64 号第 8 条修订）

（2）凡被裁定为破产的人已于破产展开前成为仲裁协议的一方，且仲裁协议所适用的任何事项须就破产程序或为该程序的目的而予以决定，则倘若该案件并非为第（1）款所适用者，仲裁协议的任何另一方，或取得审查委员会同意的破产案受托人，可向法院申请命令，指示将有关事项按照仲裁协议提交仲裁，法院在顾及该案件的所有情况后，如认为该事项应由仲裁决定，可据此作出命令。

[比照 1950 c. 27 s. 3 U. K.]

6　某些情况下法院须将事项提交仲裁

（1）除第（2）及（3）款另有规定外，联合国国际贸易法委员会示范法第 8 条（仲裁协议及向法院提出实质性申索）适用于属本地仲裁协议的标的之事项，犹如该条适用于属国际仲裁协议的标的之事项一样。

（2）除第（3）款另有规定外，凡争议涉及在劳资审裁处司法管辖权范围内的申索或其它事宜，而就该争议的仲裁作出规定的仲裁协议的某一方，或透过该一方或在该一方之下作出申索的人，就议定提交仲裁的事项在任何法院展开法律程序，以针对该协议的任何另一方，或针对透过该另一方或在该另一方之下作申索的人，而该法律程序的任何一方在提交应诉状之后和在递交状书或在该法律程序中采取任何其它行动之前的任何时候，向该法院申请将法律程序搁置，则该法院或其一名法官倘信纳以下事宜，可作出命令将法律程序搁置—

（a）并无充分理由显示该事项不应按照该协议提交仲裁；及

（b）申请人在法律程序展开时已准备和愿意作出一切能使仲裁恰当进行的必要事情，并一直如此准备和愿意作出该等必要事情。

（3）第（1）及（2）款在《管制免责条款条例》（第 71 章）第 15 条的规限下具有效力。

（由 1996 年第 75 号第 9 条代替）

6A（废除）（由 1989 年第 64 号第 9 条废除）

6B　仲裁的综合处理

（1）凡在两项或以上的仲裁程序中，法院觉得有如下情形—

（a）该等仲裁程序均产生共同的法律或事实问题，或

（b）该等仲裁程序所申索的济助权利都是出自同一宗或同一系列的交易，或

（c）由于其它原因适宜根据本条作出命令，法院可命令将该等仲裁程序按其认为公平的条款综合处理，或可命令该等仲裁程序同时或一项紧接一项地聆讯，又或可命令将其中任何仲裁程序搁置，直至其余任何的仲裁程序作出裁定为止。

（2）凡法院根据第（1）款命令将仲裁程序综合处理，而综合仲裁程序的各方就仲裁程序的仲裁员或公断人人选达成协议，则该等人选得由法院委任，惟各方若不能达成协议，则法院有权就该等仲裁程序委任仲裁员或公断人。

（3）凡法院就综合仲裁程序而根据第（2）款委出仲裁员或公断人，

则其它在构成综合部分的仲裁程序中已委出的仲裁员或公断人，就一切目的而言，由根据第（2）款作出的委任起即不再有效。（由1985年第75号第2条增补）

（由1982年第10号第3条增补）

7 将互争权利诉讼的争论点提交仲裁

凡法院已批准以互争权利诉讼的方式寻求济助，且法院觉得有关的申索是仲裁协议（申索人亦是该协议的各方）所适用的事项，则法院可命令按照仲裁协议裁定申索人之间的争论点。

[比照 1950 c. 27 s. 5 U. K.]

仲裁员及公断人

8 仲裁提交予单一仲裁员

除非仲裁协议另表明相反意图，否则在协议并无规定其它提交的方式下，每一项仲裁协议均须当作包括一项关于争议须提交予单一仲裁员的规定。

[比照 1950 c. 27 s. 6 U. K.]

9 某些情况下协议各方有权提供人选填补空缺

凡仲裁协议规定仲裁须提交予2名仲裁员，即双方各自委任一名仲裁员，除非协议另表明相反意图，否则一

（a）如获委任的仲裁员拒绝或无能力出任该职位，或者死亡，则委任他出任仲裁员的一方可委任新的仲裁员填补其缺；

（b）如在以上提交仲裁中，有一方没有委任仲裁员，则不论是原本便没有委任，或是在上述情况中没有委任新的仲裁员代替的，在已委任仲裁员的另一方向失责的一方送达委任仲裁员的通知起计满7整天后，已委任仲裁员的一方，可委任其所委任的仲裁员作为处理所提交的仲裁的独任仲裁员，而该仲裁员的裁决对双方均具约束力，犹如他是经由双方同意委任的一样：

但法院或法官可将依据本条所作的任何委任作废。

（由1998年第25号第2条修订）[比照 1950 c. 27 s. 7 U. K.]

10 公断人

（1）除非仲裁协议另表明相反意图，否则每项提交予2名仲裁员的

仲裁协议，须当作包括如下的规定，即：这2名仲裁员本身获委任后，可随时委任一名公断人，如这2名仲裁员不能取得一致意见，则须立即委任一名公断人。(由1982年第10号第4条修订)

(2) 除非仲裁协议另表明相反意图，否则在下述规定适用于所提交的仲裁的情况下，每项仲裁协议须当作包括如下的规定，即：倘若仲裁员已向仲裁协议的任何一方或公断人递送通知书，述明他们不能取得一致意见，公断人可立即取代仲裁员而介入仲裁。

(3) 在委任公断人后的任何时候，不论该公断人是在何种情况下委任的，法院均可应提交仲裁的任何一方提出的申请和在即使仲裁协议载有相反规定的情况下，命令公断人取代仲裁员而介入仲裁，犹如该公断人是独任仲裁员一样。

[比照 1950 c. 27 s. 8 U. K.；比照 1979 c. 42 s. 6 (1) U. K.]

11　3名仲裁员的过半数裁决

除非仲裁协议另表明相反意图，否则在任何情况下，凡仲裁是提交予3名仲裁员的，则任何2名仲裁员所作的裁决即具约束力，而倘若没有2名仲裁员对裁决的意见一致，则由各仲裁员共同委任作为主席的仲裁员所作的裁决即具约束力。

(由1982年第10号第5条代替) [比照 1979 c. 42 s. 6 (2) U. K.]

12　某些情况下香港国际仲裁中心有权委任仲裁员或公断人

(1) 在任何下列情况下—

(a) 凡仲裁协议规定仲裁须提交予单一仲裁员，但各方在争议产生后，对仲裁员的委任不予赞同；(由1989年第64号第10条修订)

(b) 如获委任的仲裁员拒绝或无能力出任该职位，或者死亡，而仲裁协议并无表明仲裁员空缺不必填补的意图，以及协议各方没有提供人选填补该缺；

(c) 如协议某方或仲裁员须委任或赞同委任一名公断人或仲裁员，或有委任或赞同委任一名公断人或仲裁员的自由，但该方或该仲裁员没有这样做；(由1984年第17号第2条代替)

(d) 如获委任的公断人或第三名仲裁员拒绝或无能力出任该职位，或者死亡，而仲裁协议并无表明该空缺不必填补的意图，以及协议各方或仲裁员没有提供人选填补该缺，则任何一方均可向其它各方或仲裁员(视属何情况而定) 送达关于委任或赞同委任一名仲裁员、公断人或第三名仲裁员的通知书；如在送达通知书后 7 整天内仍未作出委任，香港国际仲裁中心可应发出通知书的一方提出的申请，委任一名仲裁员、公断人或第三名仲裁员，而该获委任的人在所提交的仲裁中行事和作出裁决的权力，犹如他是经各方同意而获委任所具有的权力一样。

（2）在任何情况下，凡一

（a）仲裁协议规定由不属协议一方亦不属现有仲裁员的人委任仲裁员或公断人（不论该规定是直接适用或是在各方未能达致相同意见时适用，或是在任何其它情况下适用）；及

（b）该人拒绝作出委任或未有在协议所指明的时间内作出委任，或如并无指明时间，该人未有在合理的时间内作出委任，协议的任何一方可向该人送达委任仲裁员或公断人的通知书，如在送达通知书后 7 整天内仍未作出委任，香港国际仲裁中心可应发出通知书的一方提出的申请，委任一名仲裁员或公断人，而该获委任的人在所提交的仲裁中行事和作出裁决的权力，犹如他是按照协议条款获委任所具有的权力一样。（由 1982 年第 10 号第 6 条增补。）

（3）香港国际仲裁中心可订立规则以利便执行本条所指的其职能。任何该等规则须在获终审法院首席法官批准后方可生效。（由 1996 年第 75 号第 10 条增补。由 1998 年第 25 号第 2 条修订）

（由 1996 年第 75 号第 10 条修订）［比照 1950 c. 27 s. 10 U. K.；比照 1979 c. 42 s. 6（3）&（4）U. K.］

13　（由 1987 年第 52 号第 45 条废除）

13A　法官着手仲裁的权力

（1）在符合本条以下条文下，法官、区域法院法官、裁判官或公职人员，可在其认为适当的所有情况下，接受根据或凭借仲裁协议所作出的委任，出任独任仲裁员或联合仲裁员或公断人。

（2）法官、区域法院法官或裁判官，除非获终审法院首席法官通知，经顾及法院的工作情况后，可以容许他接受委任，否则不得受委出任仲裁员或公断人。

（3）公职人员除非获律政司通知可以容许他接受委任，否则不得受委出任仲裁员或公断人。

（4）凡就法官、区域法院法官、裁判官或公职人员以仲裁员或公断人身分所作的服务而付予的费用，须拨归政府一般收入。（由 1989 年第 64 号第 11 条修订）

(5) 附表4的规定，对于本条例内关于由法官以独任仲裁员或以公断人身分处理仲裁的条文，具有修改的效力，在某些情况下更具有代替的效力，尤其对关于仲裁员及公断人，其法律程序及裁决须由法院控制及审核的条文，具有以上诉法庭取代法院的效力。

(6) 除第23C (3) 条另有规定外，凡并非根据本条例的规定而由法院就仲裁员和公断人行使的任何司法管辖权，在法官获委任为独任仲裁员或公断人时，须改由上诉法庭行使。

(由1982年第10号第7条增补。由1998年第25号第2条修订) [比照1970 c. 31 s. 4 U. K.]

本地仲裁庭的司法管辖权

13B　仲裁庭可对自己的司法管辖权作出裁定

联合国国际贸易法委员会示范法第16条适用于任何正根据一项本地仲裁协议进行仲裁程序的仲裁庭，犹如该条适用于任何正根据一项国际仲裁协议进行仲裁程序的仲裁庭一样。

(由1996年第75号第11条增补)

程序的进行、证人等

14　(由1996年第75号第12条废除)

14A　(由1989年第64号第13条废除)

关于裁决的条文

15　作出裁决的时间

(1) 除第24 (2) 条和仲裁协议另订相反规定外，仲裁员或公断人有权在任何时间作出裁决。

(2) 作出裁决的期限，不论是根据本条例或其它而订有期限，亦不论该期限是否已经届满，法院或法官可随时藉命令将之延长。(由1998年第25号第2条修订)

(3) 法院可应提交仲裁的任何一方的申请，将没有全力合理地从速介入及处理所提交的仲裁和作出裁决的仲裁员或公断人撤职，根据本款被法院撤职的仲裁员或公断人无权就其服务接受任何报酬。为施行本款的规定，“处理所提交的仲裁”(proceeding with a reference) 包括当2位仲裁员不能取得一致意见时，将此事实通知各方和公断人。

[比照1950 c. 27 s. 13 U. K.]

16　临时裁决

除非仲裁协议另表明相反意图，否则在下述规定适用于所提交的仲裁的情况下，每项仲裁协议须当作包括如下的规定，即：倘若仲裁员或公断人认为适当，可作出临时裁决，而本部内凡提述裁决，亦包括提述临时裁决。

[比照 1950 c. 27 s. 14 U. K.]

17　强制履行

除非仲裁协议另表明相反意图，否则在下述规定适用于所提交的仲裁的情况下，每项仲裁协议须当作包括如下的规定，即：仲裁员或公断人一如法院般，有同样权力命令强制履行任何合约，但不包括强制履行与土地或土地权益有关的合约。

[比照 1950 c. 27 s. 15 U. K.]

18　裁决即为最终裁决

除非仲裁协议另表明相反意图，否则在下述规定适用于所提交的仲裁的情况下，每项仲裁协议均须当作包括如下的规定，即：仲裁员或公断人所作的裁决即为最终裁决，且对各方和对在各方之下作申索的人具约束力。

[比照 1950 c. 27 s. 16 U. K.]

19　纠正失误的权力

除非仲裁协议另表明相反意图，否则仲裁员或公断人有权纠正裁决书内由于任何意外失误或遗漏而造成的文书错失或错误。

[比照 1950 c. 27 s. 17 U. K.]

仲裁费用、收费及利息

（由 1996 年第 75 号第 12 条废除）

20　（由 1996 年第 75 号第 12 条废除）

21　仲裁员或公断人的收费评定

(1) 在任何情况下，如仲裁员或公断人要求先行收费，否则拒绝宣告裁决，则法院可应有关申请，命令仲裁员或公断人于申请人按所要求的收费缴存法院后，向申请人宣告裁决，并且可进一步命令将所要求的收费交由法院的评定讼费人员评定，然后从缴存法院的款项中，依照评定后认为是合理的收费付给仲裁员或公断人，倘有任何余款，则付还给申请人。

（2）除非所要求的收费已由提交仲裁的任何一方与仲裁员或公断人以书面协议订定，否则，为本条的目的而提出的申请，可由提交仲裁的任何一方提出。

（3）本条所指的收费评定，可一如讼费评定般按同样的方式复核。

（4）仲裁员或公断人有权出席本条所指的任何评定或就该评定而进行的覆核，并且有权陈词。

[比照 1950 c. 27 s. 19 U. K.]

22－22A（由1996年第75号第12条废除）

司法复核、初步法律论点的裁定、免除协议、中期命令、裁决的发还及作废等

23　仲裁裁决的司法复核

（1）在不损害第（2）款所授予的上诉权利的原则下，法院并无司法管辖权使其可基于裁决表面存有事实或法律上的错误而将根据仲裁协议所作的裁决作废或发还。

（2）在符合第（3）款的规定下，由于裁决（该裁决乃根据仲裁协议作出）产生的法律问题而提出上诉，须向法院提出；法院在裁定上诉时，可藉命令—

（a）维持、更改该裁决或将该裁决作废；或

（b）将裁决连同法院对上诉主题的法律问题的意见，一并发还给仲裁员或公断人重行考虑；如裁决按（b）段发还，除非命令另有指示，否则仲裁员或公断人须在命令的日期起计3个月内作出裁决。

（3）根据本条提出的上诉，在下列情况下可由提交仲裁的任何一方提出—

（a）得提交仲裁的其它各方同意；或

（b）在符合第23B条的规定下，得法院许可。

（4）除非法院在顾及所有情况后，认为有关法律问题的裁定，可实质影响仲裁协议一方或多方的权利，否则法院不得根据第（3）（b）款批予上诉许可；法院在批予许可时，可要求申请人先遵照法院认为合适的条件，然后给予许可。

（5）在符合第（6）款的规定下，如裁决已经作出，而提交仲裁的任何一方于下列情况下提出申请—

（a）得提交仲裁的其它各方同意；或

（b）在符合第 23B 条的规定下，得法院许可，法院觉得裁决书没有列明或没有充分列明作出裁决的理由，则法院可命令有关的仲裁员或公断人详细述明其裁决理由，以便在遇有上诉根据本条提出时，法院能够考虑由该裁决所产生的任何法律问题。

（6）在任何情况下，如裁决书未列明任何裁决理由，法院不得根据第（5）款作出命令，除非法院信纳—

（a）在作出裁决前，提交仲裁的其中一方已通知有关的仲裁员或公断人需要一份列明裁决理由的裁决书；或

（b）基于某些特殊理由未有作出上述通知。

（7）除非得法院或上诉法庭许可，否则不得就法院在根据本条提出的上诉所作的决定，向上诉法庭提出上诉。（由 1998 年第 25 号第 2 条修订）

（8）如仲裁员或公断人所作的裁决在上诉时被更改，该项被更改的裁决（除为施行本条外）犹如是由仲裁员或公断人所作的裁决一样有效。

（由 1982 年第 10 号第 9 条代替）［比照 1979 c. 42 s. 1 U. K.］

23A　法院对初步法律论点的裁定

（1）在符合第（2）款及第 23B 条的规定下，如提交仲裁的任何一方在下列情况下向法院提出申请—

（a）已得到介入仲裁的仲裁员的同意，或如公断人已介入仲裁，则已得到该公断人的同意，或

（b）得提交仲裁的其它各方同意，法院即具有对在提交仲裁过程中产生的任何法律问题作出裁定的司法管辖权。

（2）法院不得受理根据第（1）（a）款提出的关于任何法律问题的申请，除非法院信纳—

（a）就该申请作出裁定可能会大量节省仲裁各方的费用；及

（b）相当可能会就该法律问题根据第 23（3）（b）条批予上诉许可。

（3）法院根据第（1）款作出的决定，须当作为《高等法院条例》（第 4 章）第 14 条（向上诉法庭上诉）所指的法院判决；但除非得法院或上诉法庭许可，否则不得就该决定提出上诉。（由 1998 年第 25 号第 2 条修订）

(4)(由1989年第64号第15条废除)

(由1982年第10号第10条增补)[比照1979 c. 42 s. 2 U.K.]

23B 影响根据第23及23A条的权利的免除协议

(1)除本条及第23条另有规定外,如提交仲裁的各方已订立书面协议(本条称为"免除协议"),同意对裁决,或(如属于下述(c)段的情形)对任何裁决(而有关法律问题的裁定对该裁决具关键性者),免除根据第23条提出上诉的权利,则—

(a)法院不得根据第23(3)(b)条就裁决所产生的法律问题批予上诉许可;及

(b)就裁决所提出的申请,法院不得根据第23(5)(b)条批予许可;及

(c)不得根据第23A(1)(a)条提出关于法律问题的申请。

(2)如免除协议的各方其后再订立书面协议将免除协议撤销,则第(1)款的规定对所提交的一项或多项仲裁即不再适用,直至协议各方再订立免除协议为止。

(3)免除协议可表明是与某项裁决有关的,或是与根据某宗提交仲裁而作出的多于一项裁决有关的,或是与任何其它类别的裁决有关的,并且不论此等裁决是否由同一宗提交仲裁产生;而为施行本条,一项协议,不论其是在本条例通过之前或之后订立的,或不论其是否为仲裁协议一部分的,亦可属于免除协议。

(4)(由1989年第64号第16条废除)

(5)除第(1)款另有规定外,第23及23A条的规定均属有效,尽管在任何协议所载的条文看来是—

(a)禁止或限制向法院申诉;或

(b)限制法院的司法管辖权;或

(c)禁止或限制作出列明理由的裁决。

(6)免除协议的规定,对于在法定仲裁(即第2AB条提述的仲裁)作出的裁决,或在根据法定仲裁提交仲裁过程中产生的法律问题,并无效力。(由1997年第80号第102条修订)

(7)免除协议的规定,对于根据仲裁协议作出的裁决,或对于在根据仲裁协议提交仲裁过程中产生的法律问题,并无效力;除非在导致作出该裁决或产生该法律问题(视属何情况而定)的仲裁展开后,该免除协议始行订立。(由1989年第64号第16条修订)

（8）（由 1989 年第 64 号第 16 条废除）

（由 1982 年第 10 号第 10 条增补）［比照 1979 c. 42 s. 3 U. K.］

23C 中期命令

（1）如根据仲裁协议提交仲裁的任何一方，没有在命令所指明的时间内，或如命令并无指明时间，则为没有在一段合理时间内，遵照仲裁员或公断人在仲裁过程中作出的命令，则法院可应仲裁员或公断人，或应提交仲裁的任何一方提出的申请，作出命令，以扩大仲裁员或公断人的权力，使之具有第（2）款所述的权力。

（2）如法院根据本条作出命令，仲裁员或公断人在一方缺席或不履行任何其他作为时，有权在该命令所指明的范围和限制条件内继续进行仲裁，犹如法院法官在一方没有遵照该法院的命令或未有遵照法院规则的规定时，可以继续进行法律程序一样。（由 1998 年第 25 号第 2 条修订）

（3）第 13A（6）条的规定，对于法院根据本条作出命令的权力，并不适用；但如仲裁是提交予法官仲裁员或法官公断人处理的，则该权力可予以行使，如同在任何其它提交仲裁的案件中一般，并可由该法官仲裁员或法官公断人本人行使。

（4）法官仲裁员或法官公断人在行使第（3）款所授予的权力时作出的任何事情，须由该仲裁员或公断人以法院法官身分作出，而其所作事情的效力，犹如是由该法院所作出的一样。

（由 1998 年第 25 号第 2 条修订）

（5）即使任何协议有任何规定，本条的上述规定仍具效力，但不会减损授予仲裁员或公断人的任何权力，不论该权力是由仲裁协议或由其它方式授予的。

（6）在本条中，“法官仲裁员”（judge - arbitrator）及“法官公断人”（judge - umpire）两词的涵义，与附表 4 中该两词的涵义相同。

（由 1982 年第 10 号第 10 条增补）［比照 1979 c. 42 s. 5 U. K.］

24 发还裁决的权力

（1）在所有提交仲裁的案件中，法院或法官可不时将提交仲裁的事项，或将其中的任何事项，发还仲裁员或公断人重行考虑。（由 1998 年第 25 号第 2 条修订）

（2）如裁决被发还，除非命令另有指示，否则仲裁员或公断人须在命令的日期起计 3 个月内作出裁决。

[比照 1950 c. 27 s. 22 U.K.]

25　将仲裁员撤职及裁决作废

（1）凡仲裁员或公断人的本身行为不当，或在仲裁程序中行为不当，法院均可将其撤职。

（2）凡仲裁员或公断人的本身行为不当，或在仲裁程序中行为不当，又或仲裁或裁决是以不当手段促致的，法院均可将裁决作废。

（3）凡有申请将裁决作废，法院可命令在申请仍有待裁定时，任何由该裁决规定缴付的款项均须交给法院或以其它方法保证。

[比照 1950 c. 27 s. 23 U.K.]

26　法院在仲裁员不公正或争议涉及诈骗问题时给予济助的权力

（1）凡协议规定，协议各方之间日后产生的争议须提交予协议所提名或指定的仲裁员，而在争议产生后，任何一方以协议所提名或指定的仲裁员并不公正无私或可能不公正无私为理由，申请批予许可撤销该仲裁员的权限，或申请强制令禁制另一方或仲裁员进行仲裁，则法院不得基于该方在订约时已经知道或应该知道，该仲裁员由于与另一方的关系或由于与提交仲裁的主题有关会有不公正无私之嫌，因而拒绝批准申请。

（2）凡协议规定协议各方之间日后产生的争议须提交仲裁，而所产生的争议是涉及任何一方有否犯欺诈罪的问题的，则为有需要使该问题得以由法院裁定，法院有权下令该协议不再有效，以及有权批予许可，以撤销根据或凭借协议而委任的任何仲裁员或公断人的权限。

（3）在任何情况下，凡凭借本条的规定法院有权下令仲裁协议不再有效，或有权批予许可以撤销仲裁员或公断人的权限，法院可拒绝将违反该协议而提起的诉讼搁置。

[比照 1950 c. 27 s. 24 U.K.]

27　法院在仲裁员被撤职或仲裁员权限被撤销时的权力

（1）凡一名仲裁员（但并非独任仲裁员），或 2 名或以上仲裁员（但并非全部仲裁员），或尚未介入仲裁的公断人，被法院撤职，法院可应仲裁协议任何一方的申请，委任一人或多于一人为仲裁员或公断人，以代替被如此撤职的人。

（2）凡仲裁员或公断人的权限遭法院许可撤销，或独任仲裁员或全体仲裁员，或已介入仲裁的公断人，遭法院撤职，法院可应仲裁协议任何一方的申请—

（a）委任一名独任仲裁员，以代替被撤职的人；或

（b）下令该仲裁协议对提交仲裁的争议不再有效。

（3）根据本条获法院委任为仲裁员或公断人的人，在所提交的仲裁中行事和作出裁决的权力，犹如他是按照仲裁协议条款获委任时所具有的权力一样。

（4）凡不论是根据仲裁协议条文，或根据任何其它方法，规定根据仲裁协议作出的裁决为就协议适用的任何事项提出诉讼的先决条件，则法院根据本条或根据其它成文法则命令该协议对某项争议不再有效时，法院可进一步命令，就该项争议而言，关于仲裁裁决得作为提出诉讼的先决条件的规定亦不再有效。

[比照 1950 c. 27 s. 25 U. K.]

裁决的强制执行

28 （由 1989 年第 64 号第 17 条废除）

杂　项

29－29A（由 1996 年第 75 号第 12 条废除）

30 有关费用等的条款

根据本部作出的任何命令，可就费用或其它方面（包括在根据第 6B 或 2GE 条作出的命令中，就仲裁员或公断人的服务报酬），按作出该命令的有关当局所认为公正者订定条款。

（由 1975 年第 85 号第 5 条修订；由 1982 年第 10 号第 12 条修订；由 1985 年第 75 号第 3 条修订；

由 1996 年第 75 号第 13 条修订）[比照 1950 c. 27 s. 28 U. K.]

31 展开仲裁

（1）仲裁协议的一方向另一方或多于一方送达通知书，要求他或他们委任或赞同委任一名仲裁员时，仲裁即当作展开；如仲裁协议规定争议须提交予协议中所提名或指定的人，则在仲裁协议的一方向另一方或多于一方送达通知书，要求他或他们将争议呈交该被提名或指定的人时，仲裁即当作展开。

（2）第（1）款所述的通知书可以下列方式送达—

（a）递送予须予送达的人；或

（b）将通知书留在该人在香港的通常居住地方或最后为人所知的居住地方；或

（c）按该人在香港的通常居住地方或最后为人所知的居住地方而藉挂号邮件将通知书致予该人，通知书亦可以仲裁协议订明的其它方式送达，而若是以（c）段所订明的邮递方式寄送通知书，除非相反证明成立，否则该通知书须当作为已循照通常的邮递程序寄达受件人。（由 1989 年第 64 号第 23 条修订）

［比照 1950 c. 27 s. 29 U. K.］

32（由 1989 年第 64 号第 18 条废除）

33（由 1989 年第 64 号第 19 条废除）

34　过渡条文—第 II 部

本部条文不影响任何在本条例生效日期之前展开（第 31（1）条所指者）的仲裁，但对根据本条例生效日期之前所订协议，在本条例生效日期之后方始展开的仲裁，乃属适用。

［比照 1950 c. 27 s. 33 U. K.］

第 IIA 部　国际仲裁

适　　用

34A　对国际仲裁协议的适用

（1）除第（2）款另有规定外，本部适用于国际仲裁协议和适用于依据国际仲裁协议进行的仲裁。

（2）对于凭借第 2M 条而属第 II 部适用的国际仲裁协议和依据国际仲裁协议进行的仲裁，本部概不适用。

34B　对本地仲裁协议的适用

对于凭借第 2L 条而不属第 II 部适用的本地仲裁协议和依据本地仲裁协议进行的仲裁，本部均适用。

联合国国际贸易法委员会示范法的适用

34C　联合国国际贸易法委员会示范法的适用

（1）本部适用的仲裁协议及仲裁，均受联合国国际贸易法委员会示范法第 I 至 VII 章管限。

(2) 联合国国际贸易法委员会示范法第 1 (1) 条并无将该示范法只限适用于国际商业仲裁的效力。

(3) 香港国际仲裁中心为有权执行联合国国际贸易法委员会示范法第 11 (3) 及 (4) 条所提述的职能的法院或其它有关当局，并可订立规则以利便执行该等职能。任何该等规则须在获终审法院首席法官批准后方可生效。(由 1996 年第 75 号第 14 条代替。由 1998 年第 25 号第 2 条修订)

(4) 原讼法庭为有权执行联合国国际贸易法委员会示范法第 13 (3)、14.16 (3) 及 34 (2) 条所提述的职能的法院或其它有关当局。(由 1996 年第 75 号第 14 条增补。由 1998 年第 25 号第 2 条修订)

(5) 如本部适用的一项仲裁协议的各方在仲裁员（即裁定该协议下所产生的争议的仲裁员）人数方面未能达成协议，则仲裁员的人数须为香港国际仲裁中心在该个案中所决定的 1 名或 3 名。本款在将联合国国际贸易法委员会示范法第 10 (2) 条摒除于该款的适用范围之外的情况下适用。(由 1996 年第 75 号第 14 条增补)

34D－34E (由 1996 年第 75 号第 15 条废除)

(第 IIA 部由 1989 年第 64 号第 20 条增补)

第 III 部

(由 2000 年第 2 号第 4 条废除)

第 IIIA 部　内地裁决的强制执行

(第 IIIA 部由 2000 年第 2 号第 5 条增补)

40A　第 IIIA 部适用的裁决

(1) 除第 (2) 款另有规定外，本部的规定，对于内地裁决的强制执行具有效力。

(2) 凡—

(a) 某内地裁决在 1997 年 7 月 1 日前的任何时候属当时有效的第 IV 部所指的公约裁决；及

(b) 该裁决曾在《2000 年仲裁（修订）条例》(2000 年第 2 号) 第 5 条生效前的任何时候根据当时有效的第 44 条遭拒绝强制执行，则第 40B 至 40E 条并不对该裁决的强制执行具有效力。

40B 内地裁决的效力

（1）除本部另有规定外，内地裁决可透过在法院诉讼而在香港强制执行，或犹如凭借第2GG条强制执行仲裁员所作的裁决一样在香港强制执行。

（2）任何根据本部可予强制执行的内地裁决，就一切目的而言，须视为对有关仲裁的各方当事人具有约束力；据此，任何此等人士均可在香港进行的法律程序中援引该裁决作为抗辩、抵销或作其它用途，而在本部中，凡提述强制执行内地裁决之处，须解作包括提述援引该裁决。

40C 强制执行内地裁决的限制

（1）除第（2）款另有规定外，如已在内地作出申请，寻求强制执行某内地裁决，则该裁决不得根据本部强制执行。

（2）凡—

（a）已在内地作出申请，寻求强制执行某内地裁决；但

（b）该裁决并没有藉上述强制执行而完全履行，则在该裁决中尚未藉上述强制执行而完全履行的范围内，该裁决可根据本部强制执行。

40D 证据

寻求强制执行某内地裁决的一方—

（a）须交出经妥为认证的该裁决正本或该裁决的经妥为核证副本；

（b）须交出有关仲裁协议的正本或有关仲裁协议的经妥为核证副本；及

（c）如裁决或协议并非以两种法定语文或其中一种写成的，则须交出由官方或经宣誓的翻译员，或外交或领事人员所核证的其中一种法定语文译本。

40E 拒绝强制执行

（1）除非属本条所述的情形，否则不得拒绝强制执行内地裁决。

（2）如内地裁决所针对的人证明有以下情形，则可拒绝强制执行该裁决—

（a）根据适用于有关仲裁协议的一方的法律，该方缺乏某方面的行为能力；或

（b）有关仲裁协议各方同意该协议须受某些法律规限，而根据该等法律，该协议属无效；或在有关仲裁协议并无指明该等法律的情况下，根

据内地法律，该协议属无效；或

（c）他并无获得关于委任仲裁员或关于仲裁程序的恰当通知，或他因为其它原因未能提出其论据；或

（d）该裁决所处理的分歧，并非交付仲裁条款所预期者，或该项分歧超出该等条款的范围，又或该裁决包含对在交付仲裁范围外的事项的决定；但如属第（4）款所规定者，则不在此限；或

（e）有关仲裁当局的组成或仲裁程序不符合该仲裁各方的协议，或在没有上述协议的情况下，有关仲裁当局的组成或仲裁程序不符合内地法律；或

（f）该裁决对仲裁各方尚未具约束力，或裁决已由内地的主管当局或已根据内地的法律，予以作废或暂时中止。

（3）如内地裁决所关乎的事项根据香港的法律是不能藉仲裁解决的，或强制执行该裁决是会违反公共政策的，则亦可拒绝强制执行该裁决。

（4）如内地裁决包含涉及未交付仲裁的事项的决定，亦包含涉及已交付仲裁的事项的决定，而这两类决定是能够分开的，则在该裁决包含涉及已交付仲裁的事项的决定的范围内，该裁决仍可强制执行。

40F　认可内地仲裁当局名单的公布

（1）律政司司长须不时将认可内地仲裁当局的名单在宪报公布。

（2）根据第（1）款公布的名单并非附属法例。

40G　保留条文

即使某内地裁决曾在 1997 年 7 月 1 日至《2000 年仲裁（修订）条例》（2000 年第 2 号）第 5 条生效期间的任何时候在香港遭拒绝强制执行，除第 40A（2）条另有规定外，该裁决仍可根据本部强制执行，犹如强制执行该裁决未曾在香港遭拒绝一样。

第 IV 部　公约裁决的强制执行

41　第 IV 部适用的裁决

本部的规定，对于公约裁决的强制执行具有效力。

（由 2000 年第 2 号第 6 条代替）

42　公约裁决的效力

（1）除本部另有规定外，公约裁决得透过诉讼而可予强制执行，或

以仲裁员所作的裁决可凭借第2GG条强制执行的同样方式而予以强制执行。(由1989年第64号第22条修订；由1997年第80号第102条修订)

(2) 任何根据本部可予强制执行的公约裁决，就一切目的而言，须视为对有关人士（该公约裁决是在此等人士之间作出的）具约束力，该公约裁决亦可据此而被任何此等人士在香港进行的法律程序中援引为抗辩、抵销或其它用途，并且在本部提述强制执行公约裁决时，须解作包括提述援引该裁决。

[比照 1975 c. 3 s. 3 (1) (a) & (2) U.K.]

43 证据

要求强制执行公约裁决的一方—

(a) 须交出经妥为认证的裁决正本或经妥为核证的裁决副本；

(b) 须交出仲裁协议的正本或经妥为核证的协议副本；及

(c) 如裁决或协议是以外语书写的，则须交出由官方或经宣誓的翻译员，或外交或领事人员所核证的译本。

[比照 1975 c. 3 s. 4 U.K.]

44 拒绝强制执行

(1) 除非属本条所述的情形，否则不得拒绝强制执行公约裁决。

(2) 如受公约裁决针对强制执行的人证明有以下情形，则可拒绝强制执行公约裁决—

(a) 仲裁协议的一方（根据适用于该方的法律）缺乏某方面的行为能力；或

(b) 根据仲裁协议各方所同意的规限该协议的法律，该仲裁协议并不属有效；如协议并无指明任何适用的法律，则根据作出裁决的国家的法律，该仲裁协议并不属有效；或

(c) 他并无获得有关委任仲裁员或有关仲裁程序的恰当通知，或他因为其它原因未能提出其案；或

(d) 裁决所处理的分歧，并非属交付仲裁条款所预期或所指者，又或裁决所包含的决定，涉及超越交付仲裁范围的事项；但如属第(4)款所规定者，则不在此限；或

(e) 仲裁当局的组成或仲裁程序，并非按照各方的协议所订者，如无协议，则为并非按照进行仲裁的国家的法律所订者；或

(f) 裁决对裁决各方尚未具约束力，或裁决已由作出裁决的国家的主管当局或已根据作出裁决的国家的法律，予以作废或暂时中止者。

(3) 如公约裁决关乎的事项，是不能藉仲裁解决的，或强制执行该裁决是会违反公共政策的，则亦可拒绝强制执行该裁决。

(4) 如公约裁决包含的决定，涉及未交付仲裁的事项，则该公约裁决可予强制执行的范围为裁决内涉及已交付仲裁的事项的决定，且该等决定为属于能够与上述未交付仲裁的事项的决定分开者。

(5) 凡任何人已向第（2）（f）款所述的主管当局申请将公约裁决作废或暂时中止，被要求强制执行该裁决的法院若认为适当，可将程序押后，并且可应要求强制执行裁决的一方提出的申请，命令另一方提供保证。

[比照 1975 c. 3 s. 5 U. K.]

45 保留条文

本部条文不损害任何并非根据本部强制执行或援引裁决的权利。

（由 2000 年第 2 号第 7 条修订）[比照 1975 c. 3 s. 6 U. K.]

46 命令即为确证

如行政长官藉命令宣布该命令所指明的任何国家或领土为纽约公约的缔约方，则在该命令有效期间，该命令为证明该国家或领土乃是该公约缔约方的确证。

（由 2000 年第 2 号第 8 条修订）[比照 1975 c. 3 s. 7（2）U. K.]

（第 IV 部由 1975 年第 85 号第 8 条增补）

第V部 一般条文

47 政府须受约束

本条例（第 IV 部除外）对政府具约束力。

（由 2000 年第 2 号第 9 条修订）

48 行政长官会同行政会议可修订附表 6

行政长官会同行政会议可藉在宪报刊登的命令修订附表 6。

（由 2000 年第 2 号第 10 条修订）（第 V 部由 1996 年第 75 号第 16 条增补）

附表1及2（废除）

（由2000年第2号第11条废除）

附表3 [第2条]

1958年6月10日在纽约签订的《承认及执行外国仲裁裁决公约》

第I条

1. 仲裁裁决，因自然人或法人间之争议而产生且在声请承认及执行地所在国以外之国家领土内作成者，其承认及执行适用本公约。本公约对于仲裁裁决经声请承认及执行地所在国认为非内国裁决者，亦适用之。

2. “仲裁裁决”（arbitral awards）一词不仅指项目选派之仲裁员所作裁决，亦指当事人提请仲裁之常设仲裁机关所作裁决。

3. 任何国家得于签署、批准或加入本公约时，或于本公约第X条通知推广适用时，本交互原则声明该国适用本公约，以承认及执行在另一缔约国领土内作成之裁决为限。任何国家亦得声明，该国唯于争议起于法律关系，不论其为契约性质与否，而依提出声明国家之国内法认为系属商事关系者，始适用本公约。

第II条

1. 当事人以书面协议承允彼此间所发生或可能发生之一切或任何争议，如关涉可以仲裁解决事项之确定法律关系，不论为契约性质与否，应提交仲裁时，各缔约国应承认此项协定。

2. 称“书面协定”（agreement in writing）者，谓当事人所签订或在互换函电中所载明之契约仲裁条款或仲裁协议。

3. 当事人就诉讼事项订有本条所称之协议者，缔约国法院受理诉讼时应依当事人一造之请求，命当事人提交仲裁，但前述协定经法院认定无效、失效或不能实行者不在此限。

第III条

各缔约国应承认仲裁裁决具有拘束力，并依援引裁决地之程序规则及下列各条所载条件执行之。承认或执行适用本公约之仲裁裁决时，不得较承认或执行内国仲裁裁决附加过苛之条件或征收过多之费用。

第IV条

1. 声请承认及执行之一造，为取得前条所称之承认及执行，应于声请时提具—

（a）原裁决之正本或其正式副本；

（b）第 II 条所称协定之原本或其正式副本。

2. 倘前述裁决或协议所用文字非为援引裁决地所在国之正式文字，声请承认及执行裁决之一造应具备各该文件之此项文字译本。译本应由公设或宣誓之翻译员或外交或领事人员认证之。

第 V 条

1. 裁决唯有于受裁决援用之一造向声请承认及执行地之主管机关提具证据证明有下列情形之一时，始得依该造之请求，拒予承认及执行—

（a）第 II 条所称协议之当事人依对其适用之法律有某种无行为能力情形者，或该项协议依当事人作为协议准据之法律系属无效，或未指明以何法律为准时，依裁决地所在国法律系属无效者；或

（b）受裁决援用之一造未接获关于指派仲裁员或仲裁程序之适当通知，或因他故，致未能申辩者；或

（c）裁决所处理之争议非为交付仲裁之标的或不在其条款之列，或裁决载有关于交付仲裁范围以外事项之决定者，但交付仲裁事项之决定可与未交付仲裁之事项划分时，裁决中关于交付仲裁事项之决定部分得予承认及执行；或

（d）仲裁机关之组成或仲裁程序与各造间之协议不符，或无协议而与仲裁地所在国法律不符者；或

（e）裁决对各造尚无拘束力，或业经裁决地所在国或裁决所依据法律之国家之主管机关撤销或停止执行者。

2. 倘声请承认及执行地所在国之主管机关认定有下列情形之一，亦得拒不承认及执行仲裁裁决—

（a）依该国法律，争议事项系不能以仲裁解决者；或

（b）承认或执行裁决有违该国公共政策者。

第 VI 条

倘裁决业经向第 V(1)(e) 条所称之主管机关声请撤销或停止执行，受理援引裁决案件之机关得于其认为适当时延缓关于执行裁决之决定，并得依请求执行一造之声请，命他造提供妥适之担保。

第 VII 条

1. 本公约之规定不影响缔约国间所订关于承认及执行仲裁裁决之多边或双边协议之效力，亦不剥夺任何利害关系人可依援引裁决地所在国之法律或条约所认许之方式，在其许可范围内，援用仲裁裁决之任何权利。

2. 1923 年日内瓦仲裁条款议定书及 1927 年日内瓦执行外国仲裁裁决公约在缔约国间，于其受本公约拘束后，在其受拘束之范围内不再生效。

第 VIII 条

1. 本公约在 1958 年 12 月 31 日以前听由任何联合国会员国及现为或嗣后成为任何联合国专门机关会员国或国际法院规约当事国之任何其它国家，或经联合国大会邀请之任何其它国家签署。

2. 本公约应予批准。批准档应送交联合国秘书长存放。

第 IX 条

1. 本公约听由第 VIII 条所称各国加入。

2. 加入应以加入文件送交联合国秘书长存放为之。

第 X 条

1. 任何国家得于签署、批准或加入时声明将本公约推广适用于由其负责国际关系之一切或任何领土。此项声明于本公约对关系国家生效时发生效力。

2. 嗣后关于推广适用之声明应向联合国秘书长提出通知为之，自联合国秘书长收到此项通知之日后第 90 日起，或自本公约对关系国家生效之日起发生效力，此两日期以较迟者为准。

3. 关于在签署、批准或加入时未经将本公约推广适用之领土，各关系国家应考虑可否采取必要步骤将本公约推广适用于此等领土，但因宪政关系确有必要时，自须征得此等领土政府之同意。

第 XI 条

下列规定对联邦制或非单一制国家适用之—

(a) 关于本公约内属于联邦机关立法权限之条款，联邦政府之义务在此范围内与非联邦制缔约国之义务同；

(b) 关于本公约内属于组成联邦各州或各省之立法权限之条款，如各州或各省依联邦宪法制度并无采取立法行动之义务，联邦政府应尽速将此等条款提请各州或各省主管机关注意，并附有利之建议；

(c) 参加本公约之联邦国家遇任何其它缔约国经由联合国秘书长转达请求时，应提供叙述联邦及其组成单位关于本公约特定规定之法律及惯例之情报，说明以立法或其它行动实施此项规定之程度。

第 XII 条

1. 本公约应自第三件批准或加入档存放之日后第 90 日起发生效力。

2. 对于第三件批准或加入档存放后批准或加入本公约之国家，本公约应自各该国存放批准或加入档后第 90 日起发生效力。

第 XIII 条

1. 任何缔约国得以书面通知联合国秘书长宣告退出本公约。退约应于秘书长收到通知之日一年后发生效力。

2. 依第X条规定提出声明或通知之国家，嗣后得随时通知联合国秘书长声明本公约自秘书长收到通知之日一年后停止适用于关系领土。

3. 在退约生效前已进行承认或执行程序之仲裁裁决，应继续适用本公约。

第XIV条

缔约国除在本国负有适用本公约义务之范围外，无权对其他缔约国援用本公约。

第XV条

联合国秘书长应将下列事项通知第VIII条所称各国—

(a) 依第VIII条所为之签署及批准；

(b) 依第IX条所为之加入；

(c) 依第I、X及XI条所为之声明及通知；

(d) 依第XII条本公约发生效力之日期；

(e) 依第XIII条所为之退约及通知。

第XVI条

1. 本公约应存放联合国档库，其中文、英文、法文、俄文及西班牙文各本同一作准。

2. 联合国秘书长应将本公约正式副本分送第VIII条所称各国。

（附表3由1975年第85号第9条增补）

附表4　　　［第13A条］

本条例对法官仲裁员的适用

1. 在本附表中，“法官仲裁员”（judge - arbitrator）和“法官公断人”（judge - umpire）指根据或凭借仲裁协议获委任为独任仲裁员或公断人（视属何情况而定）的法官。

1A. 第2GG条（仲裁庭的决定的强制执行）规定在按该条所述的办法强制执行就仲裁协议而作的裁决时所需的许可，如裁决由法官仲裁员或法官公断人作出，该项许可可由该法官仲裁员或法官公断人本人发出。（由1989年第64号第24条增补。由1997年第80号第102条修订）

2. 第3条（除获法院许可外仲裁员的权限不可撤销）的规定，在适用于法官仲裁员或法官公断人时，须以上诉法庭取代法院。

3. 法院根据第9条（协议各方提供人选填补仲裁员空缺）将仲裁员

的委任作废的权力，不得就法官仲裁员的委任而行使。

4. 第10（3）条（法院命令公断人立即以独任仲裁员身分介入仲裁的权力）不适用于法官公断人；但法官公断人可应提交仲裁任何一方所提出的申请和在即使仲裁协议载有相反规定的情况下，取代仲裁员而介入仲裁，犹如他是独任仲裁员一样。

5.（1）第2GC条（法院就仲裁程序所具有的特别权力）授予法院或法官的权力，得在仲裁提交法官仲裁员或法官公断人的情况下行使，一如任何其他提交仲裁的情况；但在任何此等情况下，上述法院或法官的权力，亦得由法官仲裁员或法官公断人本人行使。（由1997年第80号第102条修订）

（2）仲裁员或公断人在行使本段所授予的权力时作出的任何事情，均属于由该仲裁员或公断人以法院法官身分作出者，而其所作事情的效力，得犹如是由该法院所作出的一样；但本段的规定，并不损害仲裁员或公断人以该身分获赋给的任何权力。

6. 第15（2）及（3）条（延展作出裁决的期限；确保能合理地从速处理所提交的仲裁）不适用于向法官仲裁员或法官公断人提交的仲裁；但不论作出裁决的期限（不论是根据本条例或其它规定）是否已经届满，法官仲裁员或法官公断人均可将该期限延长。

7.（1）第2GJ条（仲裁程序的费用）适用，犹如该条第（4）款第二句的规定已遭略去。（由1997年第80号第102条代替）

（2）法院为施行第2GJ（6）条（仲裁程序的费用）而作出宣布及命令的权力，得在仲裁提交法官仲裁员或法官公断人的情况下行使，一如任何其它仲裁的情况；但在任何此等情况下，上述法院或法官的权力，亦得由法官仲裁员或法官公断人本人行使。（由1997年第80号第102条修订）

（3）仲裁员或公断人在行使第（2）节所授予的权力时作出的宣布或命令，均属于由该仲裁员或公断人以法院法官身分作出者，而该宣布或命令的效力，犹如是由该法院作出的一样。

8.（1）第21条（法院命令在有关的仲裁员收费缴存法院后宣告裁决的权力）不适用于法官仲裁员或法官公断人的裁决。

（2）在仲裁员的收费未缴存法院之前，法官公断人可暂时不发出裁决。

（3）根据本段缴存法院的仲裁员收费须按照法院规则支出，但须受限于任何提交仲裁的一方可就任何收费提出评定申请（按照有关规则）

的权利，而申请评定的收费不得为已由该方与仲裁员以书面协议所订定者。

（4）本段所指的收费评定，可一如裁决讼费评定般按同样的方式复核。

（5）在本段所指的评定或就该评定而进行的复核中，仲裁员有权出席及陈词。

8A.（1）在下列条文适用时，即一

（a）第 23 条（就法律问题提出上诉）适用于法官仲裁员或法官公断人所作的裁决时；及

（b）第 23B 条（免除某等协议）（除该条第（5）款外）适用于根据第 23 条就法官仲裁员或法官公断人所作的裁决而进行的法律程序时，（由 1989 年第 64 号第 24 条修订）须以上诉法庭取代法院。

（2）凡第（1）节适用时，第 23 条所具的效力犹如一

（a）该条第（7）款的规定已遭略去；及

（b）第 23B（5）条中提述法院之处均包括提述上诉法庭。（由 1985 年第 1 号第 2 条增补。）

8B. 第 23A 条（法院对初步法律论点的裁定）不适用于提交法官仲裁员或法官公断人的仲裁。（由 1985 年第 1 号第 2 条增补。由 1989 年第 64 号第 24 条修订）

9. 第 24 及 25 条（将裁决发还及作废等）在适用于法官仲裁员或法官公断人，以及适用于提交该法官仲裁员或法官公断人的仲裁和其所作的裁决时，须以上诉法庭取代法院。

10.（1）第 26（2）条（将有关诈骗的争论点移交法院审理）不适用于委出法官仲裁员或法官公断人所根据或凭借的协议，法院亦不得根据该款的规定批予许可，以撤销法官仲裁员或法官公断人的权限。

（2）凡某项争议提交法官仲裁员或法官公断人处理，而法官觉得该争议涉及争议的一方有否犯诈骗罪的问题，则在为使该问题得以由法院裁定而有此需要的范围内，法官可发出命令，使委出他作为法官仲裁员或法官公断人所根据或凭借的协议不再有效，以及撤销他作为仲裁员或公断人的权限。

（3）法官仲裁员或法官公断人根据本段作出的命令，其所具有的效力犹如是由法院作出的一样。

11. 第 27 条（法院在将仲裁员撤职或撤销仲裁协议方面的权力）须

按如下办法修订—

(a) 在该条第(1)款首次出现、在第(2)款首两次出现、在第(3)款出现和在第(4)款首次出现"法院"一词之后，加入"或上诉法庭"的字句；及(b)在第(1)款第二次出现、在第(2)款第三次出现和在第(4)款第二次出现"法院"一词之后，加入"或上诉法庭(视属何情况而定)"的字句。

12. (由1989年第64号第24条废除)

(附表4由1982年第10号第13条增补。由1998年第25号第2条修订)

附表5　　　　[第2条]

联合国国际贸易法委员会《国际商事仲裁示范法》

(联合国国际贸易法委员会1985年6月21日通过采用)

第一章　总　　则

第1条　适用范围＊

(1) 本法适用于国际商事＊＊仲裁，但须服从在本国与其它任何一国或多国之间有效力的任何协议。

(2) 本法之规定，除第8.9.35及36条外，只适用于仲裁地点在本国领土内的情况。

(3) 仲裁如有下列情况即为国际仲裁：

(a) 仲裁协议的当事各方在缔结该协议时，他们的营业地点位于不同的国家；或

(b) 下列地点之一位于当事各方营业地点所在国以外：

(一) 仲裁协议中确定的或根据仲裁协议而确定的仲裁地点；

(二) 履行商事关系的大部分义务的任何地点或与争议标的关系最密切的地点；或

(c) 当事各方明确地同意，仲裁协议的标的与一个以上的国家有关。

(4) 为了第(3)款的目的：

(a) 如当事一方有一个以上的营业地点，营业地点为与仲裁协议关系最密切的营业地点；

(b) 如当事一方没有营业地点，则以其惯常住所为准。

(5) 本法不得影响规定某些争议不可以交付仲裁或只有根据非本法规定的规定才可以交付仲裁的本国其它任何法律。

注：本条受本条例第34C(2)条规限。(由1996年第75号第17条

增补）

第2条　定义及解释规则

为了本法的目的：

(a)“仲裁”是指无论是否由常设仲裁机构进行的任何仲裁；

(b)“仲裁庭”是指一名独任仲裁员或一组仲裁员；

(c)“法院”是指一国司法系统的一个机构或机关；

(d) 本法的规定，除第28条外，允许当事各方自由确定某一问题时，这种自由包括当事各方授权第三者（包括机构）作出这种确定的权利；（由2003年第14号第24条修订）

(e) 本法的规定提到当事各方已达成协议或可能达成协议的事实时，或在任何其它情况下提到当事各方的一项协议时，这种协议包括该协议内所提到的任何仲裁规则；

(f) 本法的规定，除第25条（a）项和第32条（2）款（a）项外，提到申诉时，也适用于反诉，提到答辩时，也适用于对这种反诉的答辩。

第3条　收到书面信件

(1) 除非当事各方另有协议：

(a) 任何书面信件，如经当面递交收件人，或投递到收件人的营业地点、惯常住所或通信地址，或经合理查询仍不能找到上述任一地点而以挂号信或能提供作过投递企图的记录的其它任何手段投递到收件人最后一个为人所知的营业地点、惯常住所或通信地址，即应视为已经收到；

(b) 信件应被视为已于以上述方式投递之日收到。

(2) 本条各项规定不适用于法院诉讼程序中的信件。

第4条　放弃提出异议的权利

当事一方如知道本法中当事各方可以背离的任何规定或仲裁协议规定的任何要求未得到遵守，但仍继续进行仲裁而没有不过分迟延地或在为此订有时限的情况下没有在此时限以内对此种不遵守事情提出异议，则应视为已放弃其提出异议的权利。

第5条　法院干预的限度

由本法管辖的事情，任何法院均不得干预，除非本法有此规定。

第6条　履行协助和监督仲裁的某种职责的法院或其它机构

第11条第（3）和第（4）款、第13条第（3）款、第14条、第16条第3款和第34条第（2）款所指的职责应由……［实施本示范法的每个国家具体指明履行这些职责的一个法院或一个以上的法院或其它有权力的机构。］履行。（由2003年第14号第24条修订）

注：本条受本条例第34C（3）及（4）条规限。（由1996年第75号第17条增补）

第二章　仲裁协议

第7条　仲裁协议的定义和形式

（1）“仲裁协议”是指当事各方同意将在他们之间确定的不论是契约性或非契约性的法律关系上已经发生或可能发生的一切或某些争议提交仲裁的协议。仲裁协议可以采取合同中的仲裁条款形式或单独的协议形式。

（2）仲裁协议应是书面的。协议如载于当事各方签字的文件中，或载于往来的书信、电传、电报或提供协议记录的其它电讯手段中，或在申诉书和答辩书的交换中当事一方声称有协议而当事他方不否认，即为书面协议。在合同中提出参照载有仲裁条款的一项文件即构成仲裁协议，如果该合同是书面的而且这种参照足以使该仲裁条款构成该合同的一部分的话。（由2003年第14号第24条修订）

注：本条例第2AC条取代本法第7（2）条而适用。见该第2AC（5）条。（由1996年第75号第17条增补）

第8条　仲裁协议和向法院提出的实质性申诉

（1）向法院提起仲裁协议标的诉讼时，如当事一方在不迟于其就争议实质提出第一次申述的时候要求仲裁，法院应让当事各方付诸仲裁，除非法院发现仲裁协议无效、不能实行或不能履行。

（2）在本条第（1）款提及的诉讼已提起时，仍然可以开始或继续进行仲裁程序，并可作出裁决，同时等待法院对该问题的判决。

第9条　仲裁协议和法院的临时措施

在仲裁程序进行前或进行期间内，当事一方请求法院采取临时保护措施和法院准予采取这种措施，均与仲裁协议不相抵触。

第三章　仲裁庭的组成

第 10 条　仲裁员人数

（1）当事各方可以自由确定仲裁员的人数。

（2）如未作此确定，则仲裁员的人数应为三名。

注：本条受本条例第 34C（5）条规限。（由 1996 年第 75 号第 17 条增补。由 1997 年第 80 号第 102 条修订）

第 11 条　仲裁员的指定

（1）除非当事各方另有协议，否则不应以所属国籍为理由排除任何人作为仲裁员。

（2）当事各方可以自由地就指定一名或数名仲裁员的程序达成协议，但须服从本条第（4）和第（5）款的规定。

（3）如未达成这种协议，

（a）在仲裁员为三名的仲裁中，当事每一方均应指定一名仲裁员，这样指定的两名仲裁员应指定第三名仲裁员；如果当事一方未在收到当事他方提出这样做的要求三十天内指定仲裁员或两名仲裁员在被指定后三十天内未就第三名仲裁员达成协议，则经当事一方请求，应由第 6 条规定的法院或其它机构指定；

（b）在独任仲裁员的仲裁中，如果当事各方不能就仲裁员达成协议，则经当事一方请求，应由第 6 条规定的法院或其它机构指定。

（4）如果，根据当事各方协议的指定程序，

（a）当事一方未按这种程序规定的要求行事；或

（b）当事各方或两名仲裁员未能根据这种程序达成预期的协议；或

（c）第三者，包括机构，未履行根据这种程序交托给它的任何职责，则当事任何一方均可请求第 6 条规定的法院或其它机构采取必要措施，除非指定程序的协议订有确保能指定仲裁员的其它方法。

（5）就本条第（3）或第（4）款交托给第 6 条规定的法院或其它机构的事情所作出的决定，不容上诉。该法院或其它机构在指定仲裁员时应适当顾及当事各方协议的仲裁员需要具备的任何资格，并适当顾及可能确保能指定独立和公正的仲裁员的种种考虑，而且在指定独任仲裁员或第三名仲裁员时，还应考虑到指定一名所属国籍与当事各方均不相同的仲裁员的可取性。

第 12 条　提出异议的理由

（1）某人被询有关他可能被指定为仲裁员的事情时，他应将可能会对他的公正性或独立性引起正当的怀疑的任何情况说清楚。仲裁员从被指定之时起以至在整个仲裁程序进行期间，应不迟延地向当事各方说清楚任何这类情况，除非他已将这类情况告知当事各方。

（2）只有存在对仲裁员的公正性或独立性引起正当的怀疑的情况或他不具备当事各方商定的资格时，才可以对仲裁员提出异议。当事一方只有根据作出指定之后才得知的理由才可以对他所指定的或他参加指定的仲裁员提出异议。

第 13 条　提出异议的程序

（1）当事各方可以自由地就对仲裁员提出异议的程序达成协议，但须服从本条第（3）款的规定。

（2）如未达成这种协议，拟对仲裁员提出异议的当事一方，应在他得知仲裁庭组成或得知第 12 条第（2）款所指的任何情况后十五天内，向仲裁庭提出书面陈述，说明提出异议的理由。除非被提出异议的仲裁员辞职或当事他方同意所提出的异议，否则仲裁庭应就所提出的异议作出决定。

（3）如根据当事各方协议的任何程序或根据本条第（2）款的程序提出的异议未能成立，提出异议的当事一方可以在收到驳回所提出的异议的决定的通知后三十天内请求第 6 条规定的法院或其它机构就该异议作出决定，该决定不容上诉；在等待对该请求作出决定的同时，仲裁庭包括被提出异议的仲裁员可以继续进行仲裁程序和作出裁决。

第 14 条　未行事或不能行事

（1）如果仲裁员在法律上或事实上不能履行他的职责或由于其它原因未能不过分迟延地行事，他的任命即告终止，如果他辞职或当事各方就终止他的任命达成协议的话。但如对上述任何原因仍有争论，当事任何一方均可以请求第 6 条规定的法院或其它机构就终止其任命一事作出决定，该决定不容上诉。

（2）如果按照本条或第 13 条第（2）款的规定，一名仲裁员辞职或当事一方同意终止对一名仲裁员的任命，这并不暗示接受本条或第 12 条第（2）款所指的任何理由的有效性。

第 15 条　指定替代仲裁员

因根据第 13 条或第 14 条的规定或因仲裁员由于任何其它原因而辞职或因当事各方协议解除仲裁员的任命而终止仲裁员的任命或在任何其它情况下终止仲裁员的任命时，应按照原来适用于指定被替换的仲裁员的规则指定替代仲裁员。

第四章　仲裁庭的管辖权

第 16 条　仲裁庭对自己的管辖权作出裁定的权力

（1）仲裁庭可以对它自己的管辖权包括对仲裁协议的存在或效力的任何异议，作出裁定。为此目的，构成合同的一部分的仲裁条款应视为独立于其它合同条款以外的一项协议。仲裁庭作出的关于合同无效的决定，不应在法律上导致仲裁条款的无效。

（2）有关仲裁庭无权管辖的抗辩不得在提出答辩书之后提出。当事一方已指定或参与指定仲裁员的事实，不得阻止该当事一方提出这种抗辩。有关仲裁庭超越其权力范围的抗辩，应在仲裁程序过程中提出越权的事情后立即提出。在这两种情况下，仲裁庭如认为推迟提出抗辩有正当理由，均可准许待后提出抗辩。

（3）仲裁庭可以根据案情将本条第（2）款所指的抗辩作为一个初步问题裁定或在裁决中裁定。如果仲裁庭作为一个初步问题裁定它有管辖权，当事任何一方均可以在收到裁定通知后三十天内要求第 6 条规定的法院对这一问题作出决定，该决定不容上诉；在等待对这种要求作出决定的同时，仲裁庭可以继续进行仲裁程序和作出裁决。

第 17 条　仲裁庭命令采取临时措施的权力

除非当事各方另有协议，仲裁庭经当事一方请求，可以命令当事任何一方就争议的标的采取仲裁庭可能认为有必要的任何临时性保全措施。仲裁庭可以要求当事任何一方提供有关此种措施的适当的担保。

第五章　仲裁程序的进行

第 18 条　对当事各方平等相待

应对当事各方平等相待，应给予当事每一方充分的机会陈述其案情。

第 19 条　程序规则的确定

（1）以服从本法的规定为准，当事各方可以自由地就仲裁庭进行仲裁所应遵循的程序达成协议。

（2）如未达成这种协议，仲裁庭可以在本法的规定的限制下，按照它认为适当的方式进行仲裁。授予仲裁庭的权力包括确定任何证据的可采性、相关性、实质性和重要性的权力。

第20条 仲裁地点

（1）当事各方可以自由地就仲裁地点达成协议。如未达成这种协议，仲裁地点应由仲裁庭确定，要照顾到案件的情况，包括当事各方的方便。

（2）虽有本条第（1）款的规定，除非当事各方另有协议，仲裁庭可以在它认为适当的任何地点聚会，以便在它的成员间进行磋商，听取证人、专家或当事各方的意见或检查货物、其它财产或文件。

第21条 仲裁程序的开始

除非当事各方另有协议，特定争议的仲裁程序，于应诉人收到将该争议提交仲裁的请求之日开始。

第22条 语文

（1）当事各方可以自由地就仲裁程序中要使用的一种或数种语文达成协议。如未达成这种协议，仲裁庭应确定仲裁程序中要使用的一种或数种语文。除非其中另有规定，这种协议或确定应适用于当事一方的任何书面陈述、仲裁庭的任何开庭、任何裁决、决定或其它信件。

（2）仲裁庭可以命令任何档证据附具当事各方协议的或仲裁庭确定的一种或数种语文的译本。

第23条 申诉书和答辩书

（1）在当事各方协议的或仲裁庭确定的期间内，申诉人应申述支持其申诉的种种事实、争论之点以及所寻求的救济或补救，应诉人应逐项作出答辩，除非当事各方对这种申述和答辩所要求的项目另有协议。当事各方可以随同他们的申诉书和答辩书提交他们认为有关的一切档，也可以附注说明他们将要提交的档或其它证据。

（2）除非当事各方另有协议，在仲裁程序进行中，当事任何一方均可以修改或补充其申诉书或答辩书，除非仲裁庭考虑到提出已迟而认为不宜允许提出这种改动。

第 24 条　开庭和书面审理程序

（1）除当事各方有任何相反协议外，仲裁庭应决定是否进行口头审理，以便提出证据或进行口头辩论，或者是否应以档和其它材料为基础进行仲裁程序。然而，除非当事各方商定不开庭，仲裁庭应在进行仲裁程序的适当阶段开庭审理，如果当事一方如此要求的话。

（2）任何开庭和仲裁庭为了检查货物、其它财产或文件而举行的任何会议，均应充分提前通知当事各方。

（3）当事一方向仲裁庭提供的一切陈述书、文件或其它数据均应送交当事他方。仲裁庭可能据以作出决定的任何专家报告或证据性文件也应送交当事各方。

第 25 条　当事一方不履行责任

除非当事各方另有协议，如在不提出充分理由的情况下，

（a）申诉人不按照第 23 条第（1）款的规定提交申诉书，仲裁庭应终止程序；

（b）应诉人不按照第 23 条第（1）款的规定提交答辩书，仲裁庭应继续进行仲裁程序，但不把这种不提交答辩书的行动本身视为是认可了申诉人的申诉；

（c）当事任何一方不出庭或不提供档证据，仲裁庭可以继续进行仲裁程序并根据它所收到的证据作出裁决。

第 26 条　仲裁庭指定的专家

（1）除非当事各方另有协议，仲裁庭：

（a）可以指定一名或一名以上的专家就仲裁庭要确定的具体问题向仲裁庭提出报告；

（b）可以要求当事一方向专家提供任何有关的资料，或出示或让他接触任何有关的文件、货物或其它财产，供他检验。

（2）除非当事各方另有协议，如当事一方有此要求或仲裁庭认为有必要，专家在提出他的书面或口头报告后，应参加开庭，使当事各方有机会向他提出问题并派出专家证人就争论之点作证。

第 27 条　在获取证据方面的法院协助

仲裁庭或当事一方在仲裁庭同意之下，可以请求本国主管法院协助获取证据该法院可以在其权限范围内并按照其获取证据的规则的规定执行上

述请求。

第六章　裁决的作出和程序的终止

第28条　适用于争议实体的规则

（1）仲裁庭应按照当事各方选定的适用于争议实体的法律规则对争议作出决定。除非另有表明，否则规定适用某一个的法律或法律制度应认为是直接指该国的实体法而不是指该国的法律冲突规则。

（2）如当事各方没有任何规定，仲裁庭应适用它认为可以适用的法律冲突规则所确定的法律。

（3）仲裁庭只有在当事各方明确授权的情况下，才应按照公平合理的原则或作为友好调解人作出决定。

（4）在一切情形下，仲裁庭均应按照合同的条款作出决定，并应考虑到适用于该项交易的贸易习惯。

第29条　一组仲裁员作出的决定

在有一名以上仲裁员的仲裁程序中，除非当事各方另有协议，仲裁庭的任何决定，均应由其全体成员的多数作出。但是，如果有当事各方或仲裁庭全体成员的授权，首席仲裁员可以就程序问题作出决定。

第30条　和解

（1）如果在仲裁程序中当事各方和解解决争议，仲裁庭应终止仲裁程序，而且如果当事各方提出请求而仲裁庭并无异议，则应按和解的条件以仲裁裁决书的形式记录此和解。

（2）根据和解的条件作出的裁决应按照第31条的规定作出，并应说明它是一项裁决。这种裁决应与根据案情作出的任何其它裁决具有同等的地位和效力。

第31条　裁决的形式和内容

（1）裁决应以书面作出，并应由一名或数名仲裁员签字。在有一名以上仲裁员的仲裁程序中，仲裁庭全体成员的多数签字即可，但须对任何省去的签字说明原因。

（2）裁决应说明它所根据的理由，除非当事各方协议不要说明理由或该裁决是根据第30条的规定按和解条件作出的裁决。

（3）裁决应写明其日期和按照第20条第（1）款的规定所确定的仲

裁地点。该裁决应视为是在该地点作出的。

（4）裁决作出后，经各仲裁员按照本条第（1）款的规定签字的裁决书应送给当事各方各一份。

第32条　程序的终止

（1）仲裁程序依终局裁决或依仲裁庭按照本条第（2）款发出的命令予以终止。

（2）仲裁庭在下列情况下应发出终止仲裁程序的命令：

（a）申诉人撤回其申诉，除非应诉人对此表示反对而且仲裁庭承认彻底解决争议对他来说是有正当的利益的；

（b）当事各方同意终止程序；

（c）仲裁庭认定仲裁程序在任何其它理由之下均无必要或不可能继续进行。

（3）仲裁庭的任务随着仲裁程序的终止而结束，但须服从第33条和第34条第（4）款的规定。

第33条　裁决的改正和解释；追加裁决

（1）除非当事各方已就另一期限达成协议，在收到裁决书后三十天内；

（a）当事一方可以在通知当事另一方后请求仲裁庭改正裁决书中的任何计算错误、任何抄写或排印错误或任何类似性质的错误；

（b）如果当事各方有此协议，当事一方可以在通知当事另一方后请求仲裁庭对裁决书的具体一点或一部分做出解释。

如果仲裁庭认为此种请求合理，它应在收到请求后三十天内作出改正或加以解释。解释应构成裁决的一部分。

（2）仲裁庭可以在作出裁决之日起三十天内主动改正本条第（1）款（a）项所指的类型的任何错误。

（3）除非当事各方另有协议，当事一方在收到裁决书后三十天内可以在通知当事他方后请求仲裁庭对已在仲裁程序中提出但在裁决书中遗漏的申诉事项作出追加裁决。如果仲裁庭认为其请求合理，仲裁庭应在六十天内作出追加裁决。

（4）如果必要，仲裁庭可以将根据本条第（1）或第（3）款作出的改正、解释或追加裁决的期限，予以延长。

（5）第31条的规定应适用于裁决的改正或解释并适用于追加裁决。

第七章　对裁决的追诉

第34条　申请撤销作为对仲裁裁决的唯一的追诉

(1) 只有按照本条第（2）和第（3）款的规定申请撤销，才可以对仲裁裁决向法院追诉。

(2) 仲裁裁决只有在下列情况下才可以被第6条规定的法院撤销：

(a) 提出申请的当事一方提出证据证明：

(一) 第7条所指的仲裁协议的当事一方欠缺行为能力；或根据当事各方所同意遵守的法律，或未订明有任何这种法律，则根据本国法律，上述协议是无效的；或

(二) 未将有关指定仲裁员或仲裁程序的事情适当地通知提出申请的当事一方，或该方因其它理由未能陈述其案情；或

(三) 裁决处理了不是提交仲裁的条款所考虑的或不是其范围以内的争议，或裁决包括有对提交仲裁以外的事项作出的决定，但如果对提交仲裁的事项所作的决定与对未提交仲裁的事项所作出的决定能分开的话，只可以撤销包括有对未提交仲裁的事项作出决定的那一部分裁决；或

(四) 仲裁庭的组成或仲裁程序与当事各方的协议不一致，除非这种协议与当事各方不能背离的本法的规定相抵触，或当事各方并无此种协议，则与本法不符；或

(b) 法院认定：

(一) 根据本国的法律，争议的标的不能通过仲裁解决；或

(二) 该裁决与本国的公共政策相抵触。

(3) 提出申请的当事一方自收到裁决书之日起，三个月后不得申请撤销，如根据第33条提出了请求，则从该请求被仲裁庭处理完毕之日起三个月后不得申请撤销。

(4) 法院被请求撤销裁决时，如果适当而且当事一方也要求暂时停止进行撤销程序，则可以在法院确定的一段期间内暂时停止进行，以便给予仲裁庭一个机会重新进行仲裁程序或采取仲裁庭认为能够消除请求撤销裁决的理由的其它行动。

第八章　裁决的承认和执行

注：本章不适用于国际仲裁协议或该等协议下的仲裁。见本条例第34C（1）条。（由1996年第75号第17条增补）

第 35 条　承认和执行

（1）仲裁裁决不论在何国境内作出，均应承认具有约束力，而且经向主管法院提出书面申请，即应予以执行，但须服从本条和第 36 条的规定。

（2）援用裁决或申请予以执行的当事一方，应提供经正式认证的裁决书正本或经正式认证的裁决书副本以及第 7 条所指的仲裁协议正本或经正式认证的仲裁协议副本。如果裁决或协议不是用本国的正式语文作成，则申请执行该裁决的当事一方应提供这些档译成本国正式语文的经正式认证的文本。＊＊＊（由 2003 年第 14 号第 24 条修订）

第 36 条　拒绝承认或执行的理由

（1）只有在下列情况下才可拒绝承认或执行不论在何国作出的仲裁裁决：

（a）经根据裁决被提出要求的当事一方请求，如果该当事一方向被要求承认或执行裁决的主管法院提出证据证明：

（一）第 7 条所指的仲裁协议的当事一方欠缺行为能力，或根据当事各方所同意遵守的法律，或未订明有任何这种法律，则根据作出裁决的国家的法律，上述协议是无效的；或

（二）未将有关指定仲裁员或仲裁程序的事情适当地通知依据裁决被提出要求的当事一方，或该方因其它理由未能陈述其案情；或

（三）裁决处理了不是提交仲裁的条款所考虑的或不是其范围以内的争议，或裁决包括有对提交仲裁以外的事项作出的决定，但如果对提交仲裁的事项所作出的决定与对未提交仲裁的事项所作出的决定能分开的话，可以承认并执行包括有就提交仲裁的事项作决定的那一部分裁决；或

（四）仲裁庭的组成或仲裁程序与当事各方的协议不一致，或并无这种协议，则与仲裁所在国的法律不符；或

（五）裁决尚未对当事各方具有约束力，或作出裁决的国家的法院，或根据其法律作出裁决的国家的法院已将裁决撤销或中止；或

（b）如经法院认定：

（一）根据本国的法律，该争议的标的不能通过仲裁解决；或

（二）承认或执行该裁决与本国的公共政策相抵触。

（2）如已向本条第（1）款（a）项（v）目所指的法院申请撤销或中止裁决，被请求承认或执行的法院如认为适当，可以暂停作出决定，而且如经要求承认或执行裁决的当事一方提出申请，还可以命令当事他方提

供适当的担保。

（附表 5 由 1989 年第 64 号第 25 条增补）

注：

* 条文标题仅供索引，不作解释条文之用。

* * 对“商事”一词应作广义解释，使其包括不论是契约性或非契约性的一切商事性质的关系所引起的种种事情。商事性质的关系包括但不限于下列交易：供应或交换货物或服务的任何贸易交易；销售协议；商事代表或代理；代理；租赁；建造工厂；咨询；工程；许可证；投资；筹资；银行；保险；开发协议或特许；合营和其它形式的工业或商业合作；货物或旅客的天空、海上、铁路或公路的载运。

* * * 本款所列的条件是想订出一个最高标准。因此，如果一国保留了即使是更为简单的条件，也不致于与示范法所要取得的协调一致相对抗。

附表 6　　　　[第 2 及 2K 条]

1. 联合国秘书长于 1985 年 3 月 25 日提交的报告，该报告标题为“关于国际商事仲裁示范法草稿的分析评注” * （联合国档 A/CN. 9/264）。

2. 联合国国际贸易法委员会 * * 第 18 次会议（1985 年 6 月 3 至 21 日）工作报告（联合国文件 A/40/17）。

3. 香港法律改革委员会就采用联合国国际贸易法委员会示范法提交的报告。

（附表 6 由 1989 年第 64 号第 25 条增补）

注：

* “关于国际商事仲裁示范法草稿的分析评注”乃“Analytical Commentary on Draft Text of a Model Law on International Commercial Arbitration”之译名。

* * “联合国国际贸易法委员会”乃“United Nations Commission on International Trade Law”之译名。

澳门本地仲裁法

第 29/96/M 号法令

六月十一日

八月二十九日第 112/91 号法律通过之《澳门司法组织纲要法》容许设立仲裁庭并设非司法性质之方法及方式以排解冲突，且赋予总督命令公布执行该法规所需之补足法规之权限，而该项工作近年来一直在进行中。

随着该项工作之进行，认为现正是修正《民事诉讼法典》第四卷所载之仲裁庭法律制度之适当时候。因此，现核准内部仲裁之新法律制度，使本地区具备一现代化及符合法律工作者及经济参与人需要之法律规范。

事实上，本法规不仅考虑到本地区之实况，亦考虑到某些国家之法例、多项国际协约以及专门机构之规定在仲裁范畴内所引进之改善。

在本法规所包含之几项结构性原则中，最为显著者为广泛采纳当事人自治原则，并使属公共秩序之规定减至最少。

基于此；

经听取咨询会意见后；

总督为充实八月二十九日第 112/91 号法律所定之法律制度及根据《澳门组织章程》第十三条第三款之规定，命令制定在澳门地区具有法律效力之条文如下：

第一章　自愿仲裁

第一节　一般规定

第一条（争议提交仲裁）

争议之当事人，不论为自然人或法人，得透过协议将争议提交仲裁，由一名或数名仲裁员解决之。

第二条（仲裁标的）

一、不涉及不可处分权利之任何争议均可成为仲裁标的；但特别法规定应提交司法法院或必要仲裁处理者，不在此限。

二、下列争议尤其不得为仲裁标的：

a）争议已因本案裁判转为确定而获解决；但涉及解决在该裁判内未载明之关于其日后执行之问题者，不在此限；

b）引致检察院参与诉讼之争议，在该诉讼内当事人因无诉讼必要之能力，在法庭不能依靠自身为行为，而需要检察院之代理者。

第三条（适用之法律；衡平原则之援用）

仲裁员依据现有法律审判；但当事人在仲裁协议中或在随后订立之书面协议内，明示准许仲裁员依衡平原则审判者，不在此限；书面协议应在接受第一名仲裁员之前订立。

第二节 仲裁协议

第四条（种类）

一、当事人将争议提交一名或数名仲裁员解决所依据之仲裁协议，得以下列任一形式为之：

a）约定以现存之争议为标的，包括正受司法法院审理之争议，以仲裁协议形式；

b）约定以某一特定法律关系可能产生之争议为标的，不论是否属合同关系，以仲裁条款形式。

二、仲裁协议得在合同内载明或在单独之协议内订明。

三、如仲裁协议载于合同内，主合同之无效不必然引致仲裁协议之无效；但显示如无该协议，主合同即不成立者，不在此限。

第五条（能力）

一、具有行为能力之人均有订立仲裁协议之能力。

二、特别法允许或仲裁协议以涉及民事或商事性质法律关系之争议为标的时，澳门地区及其它公法人均有订立仲裁协议之能力。

第六条（形式）

一、仲裁协议应以书面作出，否则无效。

二、当仲裁协议载于当事人所签署之文件或能证明仲裁协议存在之往来书信、专线电报、电报、图文传真或其它电讯方式之文件内，均视为具有书面形式；当一方当事人声称存在仲裁协议而他方当事人未在答辩书内提出争执时，则当事人在仲裁过程中之陈述书内之合意，亦视为具有书面形式。

三、上款所指文件得直接包含仲裁协议，或包含一条款指出载有仲裁协议之文件。

四、当事人在仲裁协议内提及某专门仲裁机构之规章时，该规章视为仲裁协议本身之组成部分。

第七条（标的）

一、仲裁协议应明确订出争议之标的及指定仲裁员，或最低限度指出指定仲裁员之方式。

二、仲裁条款应明确指出可能发生之争议所涉及之法律关系。

三、当事人对有关争议之标的意见不一时，由仲裁庭确定之。

四、仲裁协议内订定一方当事人在指定一名或数名仲裁员方面有任何特权时，视为无此订定。

五、违反本条第一款及第二款之规定，引致仲裁协议无效。

第八条（废止）

一、仲裁协议得在作成仲裁裁决之日前，由双方当事人签署文件予以废止。

二、仲裁庭如已设立，当事人必须将废止仲裁协议之协议通知仲裁庭。

三、仲裁协议之废止不免除向仲裁员支付原约定之服务费；如无此方面之规定，则按第十九条第四款所指收费表内所订之金额支付。

第九条（失效）

一、遇有下列情况时，仲裁协议对其所涉及之争议失效：

a）仲裁员死亡、自行回避或长期不能担任职务，或仲裁员之指定无效且未按本法规之规定作出替换者；

b）属合议庭而仲裁员所作之决议未获得按照仲裁协议或本法规规定所需之多数；

c）裁决未在仲裁协议或随后协议所订之期间或本法规所指之候补期间内作出。

二、自然人之死亡或法人之消灭不会使其所订立之仲裁协议失效，亦不会使仲裁程序终止；但协议另有订定者除外。

第三节 仲 裁 庭

第十条（组成）

一、仲裁庭得由独任仲裁员或单数之数名仲裁员组成。

二、当事人在仲裁协议或随后之书面协议内无订定仲裁员人数时，仲裁庭则由三名仲裁员组成。

三、当事人指定双数仲裁员时，则由被指定之仲裁员协议选定另一名仲裁员以组成仲裁庭；未能达成协议时，该指定则按第十六条之规定为之。

第十一条（仲裁员之指定）

一、当事人应在仲裁协议或随后签署之书面协议内指定组成仲裁庭之一名或数名仲裁员，或订定选定仲裁员之方式。

二、如仲裁协议就仲裁员之指定并无订定，亦无指定或选定方式之约定，则每一方当事人指定一名仲裁员；如约定每一方当事人指定一名以上仲裁员，则双方所指定之人数必须相同。

三、依据上款规定被指定之仲裁员协议选定另一名仲裁员以设立仲裁庭。

四、在上款所指情况下，被指定之仲裁员未能就另一名仲裁员之人选达成协议时，适用第十六条之规定，并由法院所任命之仲裁员出任仲裁庭首席仲裁员。

五、属专门机构负责仲裁者，适用有关规章之规定。

第十二条（仲裁员之要件）

一、仲裁员应为具有完全行为能力之自然人。

二、仲裁协议或当事人随后之书面协议指定一法人作为仲裁员，而该法人属专门机构时，仲裁工作之筹组应由该法人按其规章为之；在其余情况下，该指定视为并无订定。

三、仲裁协议或当事人随后之书面协议订定在设立仲裁庭前应预先进行调解时，曾担任调解人职务之人不得担任仲裁员之职务；但当事人另有约定者，不在此限。

第十三条（接受之自由；自行回避）

一、被指定为仲裁员之人得自由拒绝接受该指定。

二、被指定者拟接受指定时，应自作出指定通知起十日内，以书面向双方当事人表示接受指定。

三、被指定者毫无保留作出显示有意担任仲裁员职务之行为，即使在上款所指期间届满前作出者，亦视为接受该指定。

四、接受该指定后，仅在基于嗣后发生之原因而使被指定者不能担任有关职务时，自行回避方为正当；但当事人对自行回避之请求另有约定者，不在此限。

五、接受仲裁员职务之人无合理理由推辞担任职务时，应对由此造成之损害负责。

第十四条（回避；拒却）

一、民事诉讼法所订之回避、声请回避及自行回避制度适用于仲裁员，但不妨碍下款规定之适用。

二、仲裁员仅得因指定后所出现之原因而被拒却；但仲裁员非由当事人直接指定或当事人在嗣后始知悉有关回避之原因时，则指定前发生之原因，亦得作为被拒却之理由。

三、被指定为仲裁员之人，一旦获知可引致其被拒却之情况后，应立即通知当事人，且仅在当事人同意时，始得接受或继续担任有关职务。

四、在仲裁协议或当事人随后之协议内无其它订定时，拟拒却一名仲裁员之一方当事人，应在获悉有关指定或任命、仲裁庭之设立或回避事由之存在后十五日内，将拒却之原因通知他方当事人及已指定或任命之仲裁员。

五、如当事人未订定拒却之决定方法，则交由普通管辖法院就拒却作出裁判，对此不得上诉；但被拒却之仲裁员选择辞去其职务或他方当事人接受拒却者，不在此限。

六、仲裁程序中止至对拒却作出最后决定为止。

第十五条（设立）

一、仲裁庭之设立系按仲裁协议或当事人随后之书面协议为之；如无订定，则遵守以下数款之规定。

二、拟把争议提交仲裁庭之一方当事人应以具收件回执之挂号信或能证明收件人收件之其它书面文件，将该事实通知他方当事人。

三、上款所指之通知应指明有关仲裁协议，如未在协议内确定争议标的，亦应清楚予以指出。

四、当事人负责指定一名或数名仲裁员时，拟将争议提交仲裁之一方当事人应在通知书内载明所指定之一名或数名仲裁员以及邀请他方当事人作出同样之指定。

五、订定应由独任仲裁员仲裁时，应在通知书内载明建议指定之人及邀请他方当事人对该建议表明其立场。

六、订定由第三人指定一名或数名仲裁员而该指定尚未作出时，拟将争议提交仲裁庭之一方当事人应通知第三人在所定期间内作出指定；如未订出该期间，则在接获通知后十五日内作出指定，并应将该指定通知双方当事人。

第十六条（仲裁员之任命）

一、凡未能依照以上数条之规定指定一名或数名仲裁员时，则由普通管辖法院作出有关任命；但当事人另有订定者，不在此限。

二、当事人得在上条第二款及第六款所指之通知作出三十日后，或于第十条第三款及第十一条第二款、第三款及第四款所规定之情况下，在指定最后一名仲裁员三十日后，声请该任命。

三、在任命通知作出后五日内，当事人得以第十四条所指之任何依据，要求替换由法院任命之仲裁员。

四、对普通管辖法院所作出之任命不得透过上诉争执。

第十七条（仲裁员之替换）

任一仲裁员死亡、自行回避、被拒却或不能担任职务或因任何理由使指定无效时，应按照经作出适当配合后适用于指定或任命之规则进行替换；但约定不得替换者，不在此限。

第十八条（仲裁庭之首席仲裁员）

一、如仲裁庭由一名以上仲裁员组成，而当事人并无选定首席仲裁员或以书面订定有关选定方式，且无出现第十一条第四款所规定之情况时，首席仲裁员应由该等仲裁员互选产生。

二、不能选定首席仲裁员时，则由普通管辖法院依照经作出适当配合后之第十六条之规定选定。

三、仲裁庭首席仲裁员有权指定一名秘书或秘书处人员、准备卷宗、指挥预审、下令进行辩论，以及制定合议庭终局裁决；但当事人另有约定者，不在此限。

第十九条（报酬及负担）

一、仲裁协议或当事人签署之协议内，应载明仲裁员及其它参与仲裁之人之报酬，以及当事人就用于开支之预支费或备用金及仲裁终结前应付之负担之分担；但当事人所遵守之仲裁规章对此已有规定者，不在此限。

二、仲裁协议无订定或当事人无协议时，应按仲裁裁决之规定承担最后之负担。

三、一方当事人不当拒绝支付其应缴部分时，预支费或备用金得由他方当事人代为支付。

四、仲裁协议并无订定，而当事人就有关事宜不能达成协议时，仲裁员及其它参与仲裁之人之报酬，按总督以批示核准之收费表订定。*

第四节　仲裁程序

第二十条（仲裁程序之一般原则）

在仲裁程序之任何阶段及对每一步骤，应遵守下列原则：

a）在仲裁程序中，当事人应获绝对平等对待，且任一方当事人应有行使其权利之机会；

b）就争议及仲裁程序中所出现之问题，在确保适用辩论原则之前提下，任一方当事人应有充分机会支持其主张及表达其观点；

c）被诉人须被传唤作出答辩，且得根据民事诉讼法所允许之情况，在仲裁协议或当事人随后之协议范围内提出反诉；

d）在作出终局裁决之前，应听取双方当事人口头或书面意见；

e）应提前足够时间以挂号信或其它约定之方式，通知当事人有关仲裁庭审查证据之听证及讨论待决法律问题之会议之日期及地点，以及所有陈述书、陈述、声请、所提交文件及裁决。

第二十一条（程序之规则）

一、当事人得在仲裁协议内或在随后之书面协议内，约定仲裁应遵守之程序规则，以及仲裁庭之运作地点，而书面协议应在接受第一名仲裁员前订立。

二、当事人得约定适用某一专门机构所制定之仲裁规章；筹组仲裁工作交由该等机构负责时，此约定视为存在。

三、当事人就仲裁应遵守之程序规则或仲裁庭之运作地点无约定时，由仲裁员确定之。

第二十二条（当事人之代理）

一、当事人得自由指定代理其本人或在仲裁庭提供援助之人士。

二、在仲裁条款内，如当事人订定排除律师参与仲裁程序之规定，视为无此订定；但该条款所引用之仲裁专门机构规章有此规定者，不在此限。

三、第十二条第三款之规定经作出适当配合后，适用于本条所指之事宜。

第二十三条（当事人之无所行动）

一、原诉人被通知应提交载明其主张之陈述书而不提交时，仲裁程序将不予进行；在此情况下，原诉人应负担设立仲裁庭之费用。

二、被诉人在指定期间内不提出答辩时，仲裁庭应证实已作出传唤及应下令有关程序继续进行，而不将被诉人之无所行动视为接受原诉人之主张；但另有订定者，不在此限。

三、如当事人之一方被传唤出席听证而不出席或不提供书面证据时，仲裁庭应依据所取得之证据资料，下令继续进行程序，但不妨碍第二十五条规定之适用。

四、如订定应在仲裁之前进行调解，仲裁庭应要求原诉人出示曾召集该调解之证据。

五、如未作出此召集，仲裁庭应中止有关程序最多三十日，以便原诉人展开召集该调解之必要工作。

六、如原诉人在上款所指程序之中止期间内，不召集调解，仲裁程序将不予进行，且原诉人应负担设立仲裁庭之所有费用。

七、如原诉人证实曾召集调解，即使有关召集因不可归责于原诉人之原因而未实现，仲裁程序仍应继续进行。

第二十四条（保全程序；临时措施或保全措施）

一、在设立仲裁庭之前或之后向司法法院声请采取保全程序与仲裁协议并无抵触，且在任何情况下该声请均不引致放弃仲裁。

二、保全程序之声请人应为设立仲裁庭采取必需之措施，该措施应在民事诉讼法为提起保全程序所依据之司法诉讼所规定之期间内为之。

三、仲裁庭得应任一方当事人之请求，下令双方遵守仲裁庭认为对争议标的为适当之临时措施或保全措施，或要求任一方当事人作出与该等措施有关之适当担保；但当事人另有约定者，不在此限。

四、如上款所指仲裁庭之决定不被遵守，仲裁庭得要求普通管辖法院下令执行仲裁庭之决定。

第二十五条（证据）

一、在仲裁程序内得采用民事诉讼法所接纳之任何证据。

二、曾担任有关争议调解人职务之人不得以证人身分作证或出任鉴定人；但当事人另有约定者，不在此限。

三、仲裁庭得依职权或应任一方当事人之声请，尤其是当为收集证据需当事人或第三人之表示意思之行为，而其拒绝提供合作时，要求普通管辖法院协助收集证据。

四、对呈交予法院之证据之结论，应在以书面记载或以其它适当之方式记录后，送交仲裁庭。

第五节　仲裁裁决

第二十六条（期间）

一、在仲裁协议或书面协议内，当事人得定出仲裁庭作出裁决之期间或定出该期间之订定方式，而书面协议应在接受第一名仲裁员前订立。

二、如无订定，裁决之期间为六个月。

三、上两款所指期间，自指定或任命最后一名仲裁员之日起计算；但另有订定者除外。

四、裁决之期间得经当事人书面协议延长一次或多次。

五、回避、请求拒却、自行回避或需要替换一名仲裁员，以及一方当事人之死亡或消灭，均导致作出裁决之期间中止，该中止之状况持续至不确定之因素或无仲裁员之情况终结，或有关当事人之继承人继承资格被确认为止。

六、第十三条第五款之规定适用于不合理阻碍在所定期间内作出裁决之仲裁员。

第二十七条（关于本身管辖权之决定）

一、仲裁庭得依职权就其管辖权作出决定，并得为此对仲裁协议或其所属合同是否存在、有效以及其效力作出审查。

二、对无管辖权之抗辩应在被诉人第一份答辩书内或提交该答辩书之前提出；但另有订定者除外。

三、仲裁庭得选择实时审理上款所指之抗辩或在终局裁决时审理之。

四、一方当事人指定一名仲裁员时，不剥夺该当事人提出仲裁庭为无管辖权之可能性。

第二十八条（仲裁程序之中止；舍弃、自认或和解）

一、作出终局裁决之前，当事人得在仲裁程序之任何阶段共同约定将仲裁程序中止一段特定之期间，但不得逾六十日；该中止系透过经双方当事人签署后致仲裁庭之声明书为之。

二、上款所指之中止将导致第二十六条所指期间中止相同时间。

三、原诉人舍弃作出之请求、被诉人对请求作出自认以及双方为终止争议而订立之和解，均得自由进行。

四、请求之舍弃不影响被诉人提起反诉。

五、在第三款所指情况下，应由仲裁裁决确认有关行为，并适用第三十条之规定。

第二十九条（仲裁庭决议）

一、如仲裁庭系由一名以上仲裁员组成，仲裁庭之裁决取决于表决之多数，且所有仲裁员均应参与决议；但下款之规定除外。

二、仲裁协议或随后签署之书面协议得规定以特定多数作出决议，或不能取得必需之多数时，则由首席仲裁员自行决定或问题之解决系按首席仲裁员所投之票之意向决定，而该书面协议应在接受第一名仲裁员前订立。

第三十条（形式及内容）

一、仲裁庭之终局裁决系以书面为之，并由仲裁员签名。

二、属一名以上仲裁员参与之仲裁程序，有关裁决应载有仲裁庭多数成员之签名，并应注明其它成员无签名之原因。

三、如在裁决时出现落败票，该等落败票应在裁决书内写明且作出适当之认别。

四、裁决书应载明：

a）当事人及仲裁员之身分资料；

b）仲裁协议之提及；

c）争议之标的；

d）仲裁地点、作出裁决之地点及日期；

e）仲裁员之签名、落败票及第二款所指之其它事项；

f）第十九条所规定之仲裁负担之订定及分担。

五、裁决应说明理由。

第三十一条（更正或澄清）

一、无约定其它期间时，任一方当事人得自终局裁决通知日起三十日内，请求更正任何错漏、误算或相同性质之错误，或澄清裁决依据或裁决部分之含糊或模棱两可之处。

二、任一方当事人在同一份声请书内仅得请求更正或澄清一次。

三、仲裁庭得在第一款所定期间内依职权更正任何错漏、误算或相同性质之错误。

四、听取他方当事人意见后，仲裁庭应对更正或澄清之请求作出决定。

五、上款所指之决定视为仲裁裁决之补充及组成部分。

第三十二条（存放）

一、将裁决通知当事人后，如无任何更正或澄清之请求，仲裁庭首席仲裁员应命令将裁决书正本存放在普通管辖法院办事处，并将有关存放事宜通知当事人。

二、如当事人另有书面订定或属机构仲裁而有关规章另有规定，则免除该存放。

第三十三条（仲裁员权力之消灭）

仲裁员之权力在终止有关争议之裁决书之存放通知发出后消灭，属免除有关存放且无更正或澄清之请求时，则于第三十一条第一款所定期间届满后消灭。

第三十四条（透过上诉争执）

一、仲裁协议或当事人随后签署之书面协议得订定一上诉仲裁审级，但必须订明提出上诉之条件及期间、上诉之方式及审理上诉之仲裁实体之组成，否则该上诉之订定无效；但当事人引用之仲裁机构规章对上述事宜已有规定者，不在此限。

二、当事人亦得在仲裁协议或在随后签署之书面协议内订定对仲裁裁决之上诉应向高等法院提出，且在程序上适用民事诉讼法之相应规定，而书面协议应在接受第一名仲裁员前订立。

三、许可仲裁员按衡平原则审判时不得透过上诉争执，即使当事人约定可上诉亦不得为之。

第三十五条（裁决已确定之案件及执行效力）

一、仲裁裁决于不能请求更正、澄清或透过上诉争执时，视为确定。

二、仲裁裁决具有与普通管辖法院判决相同之执行效力。

第三十六条（执行及反对）

一、仲裁裁决之执行由普通管辖法院按照民事诉讼法之规定进行。

二、被执行人得按照民事诉讼法之规定反对仲裁裁决之执行。

第六节 仲裁裁决之无效及撤销

第三十七条（无效）

一、遇下列情况，仲裁裁决无效：

a）因非涉及当事人可处分之权利而使有关争议不能循仲裁途径解决；

b）未依据第二十条c项之规定传唤被诉人，且被诉人未参与有关程序；

c）因仲裁庭审理不属其管辖范围内之问题或未对应审理之问题审查；

d）裁决违反公共秩序原则。

二、如在裁决内对提交仲裁之事项之决定，得与未提交或不当提交仲裁之事项之决定分开，则上款c项之规定仅引致该裁决之部分无效。

三、任何利害关系人或检察院得随时主张仲裁裁决无效；司法法院得随时依职权宣告仲裁裁决无效。

四、就仲裁裁决无效所作出之裁判得向高等法院提起上诉。

第三十八条（撤销）

一、当事人未约定透过上诉对仲裁裁决争执时，该裁决仅得由普通管辖法院以下列任一情况为依据予以撤销：

a）任一方当事人无订立仲裁协议之能力，或出现第二条第二款b项所规定之情况；

b）裁决系由无管辖权或不符合规则设立之仲裁庭作出；

c）在仲裁程序中违反第二十条所指之原则而严重影响争议之解决，但不妨碍第三十七条第一款 b 项规定之适用；

d）违反第三十条第一款及第四款 e 项之规定而欠缺仲裁员之签名；

e）对裁决未说明理由。

二、当事人在仲裁过程中已获知上款 b 项所指之撤销依据，且可主张而未及时主张时，则该依据不得由该当事人主张。

三、当事人约定透过上诉争执时，应在该上诉之范围内审理本条第一款所指撤销之依据。

第三十九条（撤销制度）

一、任一方当事人得自仲裁裁决通知日起三十日内向普通管辖法院提起司法诉讼，声请撤销仲裁裁决。

二、撤销之诉之待决不妨碍依照仲裁庭之裁决提起执行之诉，而为所有法律效力，该项待决等同于仅具有移审效力之上诉之待决。

三、对撤销之诉之裁判得向高等法院提起上诉。

第二章　行政上之司法争讼范畴内之自愿仲裁

第三十九-A 条（范围）

在行政上之司法争讼范畴内，得以仲裁方式审判涉及下列内容之问题：

a）行政合同；

b）行政当局、其机关据位人、公务员或服务人员因其公共管理行为造成之损失之责任，包括实现求偿权；

c）具财产内容之权利或受法律保护之利益，尤其是应以税捐名义以外之其它名义支付之金额。

第三十九-B 条（仲裁庭之组成及运作）

一、仲裁庭系依据经作出必要配合之上一章－之规定组成及运作。

二、上一章－之规定中提及任何初级法院及民事诉讼法时，均视为分别指行政法院及行政诉讼法。

第三十九-C 条（建议作出、接受及签订仲裁协议以及指定仲裁员之权限）

一、如总督欲以仲裁方式审判本地区现为或将为一方当事人之争议，应建议私人接受有关仲裁协议。

二、如私人欲依据上款规定以仲裁方式审判争议，应建议总督接受有关仲裁协议。

三、本地区对仲裁协议之接受或拒绝，系由总督在六十日期间内以批示作出。

四、在上款所指期间内未作出上述批示，即视为拒绝仲裁协议。

五、如接受仲裁协议，则总督有权限签订仲裁协议及指定本地区有权指定之仲裁员。

六、如其它公法人现为或将为争议中之一方当事人，则有关执行机关或等同机关之主席有以上各款所指权限。

第三章　必要仲裁

第四十条（制度）

一、如仲裁系由特别法所规定者，则应遵守该特别法之规范。

二、如无此等规范，则遵守以上各章－适用部分之规定。

第四章　最后及过渡规定

第四十一条（机构自愿仲裁）

总督透过法令，订定具管辖权在本地区进行一般或专门性质之机构自愿仲裁之实体之认可条件，以及订定重新审查上述许可之规则及在合理解释之情况下废止该等许可之规则。

第四十二条（废止）

废止下列规定：

a）《民事诉讼法典》第四卷第一千五百零八条至第一千五百二十八条《仲裁庭》之规定，该法典由一九六一年十二月二十八日第44129号法令所核准，且公布于一九六二年十月九日第四十期《政府公报》副刊；

b）《海外诉讼费用法典》第三十六条及第四十七条之规定，该法典由一九六一年七月二十日第43809号命令所核准，且公布于一九六一年八月十九日第三十三期《政府公报》；

c）经二月三日第88/70号训令所修改之一九六四年四月三十日第45698号法令所核准之《劳动诉讼费用法典》第三章第一节及第三十一条之规定，以上训令及法令均公布于一九七零年三月十四日第十一期《政府公报》；

d）经二月二日第87/70号训令所修改之一九六三年十二月三十日第45497号法令所核准之《劳动诉讼法典》第十五条之规定，以上训令及法令均公布于一九七零年三月十四日第十一期《政府公报》。

第四十三条（对《民事诉讼法典》之修改）

《民事诉讼法典》第八百一十四条b项修改如下：

b）如双方当事人未约定可提起上诉，以裁决之无效或可撤销。

第四十四条（开始生效）

本法规自一九九六年九月十五日起开始生效。

一九九六年五月二十九日核准

命令公布

总督韦奇立

澳门涉外商事仲裁法

第 55/98/M 号法令

十一月二十三日

仲裁事宜虽已由六月十一日第 29/96/M 号法令规范，然而，仍需为涉外商事仲裁制定一专门法律，以充实此规范性框架。

事实上，藉仲裁解决大部分因国际或涉外商事关系产生之争议，系当前日益全球化之世界之趋势，而在实行有效吸引外资及发展对外贸易之政策方面，仲裁已被视为一项重要因素。

为响应上述目标，本法规几乎完全参照联合国国际贸易法委员会（葡文缩写为 CNUDCI）于一九八五年六月二十一日通过，并由同年十二月十一日联合国大会第 40/72 号决议采纳之《国际商事仲裁示范法》。

制定此《示范法》之目的在于统一国际商事仲裁之规范，以便不同国家或地区可无需修改或经修改后采用之。然而，为了实现《示范法》统一规范之目的，有关修改应尽量减少，且仅为配合其将纳入之法律体制而有必要作出者。

基于上述原因及考虑到本地区此方面之重要现行法律规定，现仅对《示范法》第七条第一款及第三十六条第一款作出修改，以使仲裁标的及拒绝执行仲裁裁决之依据与上述之六月十一日第 29/96/M 号法令及《民事诉讼法典》之规定一致。

基于此；

经听取咨询会意见后；

总督为充实八月二十九日第 112/91 号法律所定之法律制度及根据《澳门组织章程》第十三条第三款之规定，命令制定在澳门地区具有法律效力之条文如下：

第一章　一般规定

第一条（适用范围）

一、本法规规范涉外商事仲裁，但不影响本地区根本法律、适用于澳门之国际协约或属司法协助领域之协议之规定。

二、为着上款之目的，“商事”一词包括不论是合同性或非合同性之任何商事性质关系所引起之问题；商事性质关系包括但不限于下列交易：供应或交换货物或服务之任何贸易交易、销售协议、商事代表或代理、代收帐款、融资租赁、咨询、工程、许可证合同、投资、融资、银行业交易、保险、开发协议或特许协议、合营及其它形式之工业或商业合作、货物或旅客之空中、海上、铁路或公路之载运。

三、本法规之规定仅适用于仲裁地点在澳门地区之情况；但第八条、第九条、第三十五条及第三十六条除外。

四、为着本法规之目的，仲裁如有下列情况即为涉外仲裁：

a）仲裁协议之当事人在订立协议时各自之营业地点位于不同国家或地区；或

b）以下所指任一地点位于当事人之营业地点所在国家或地区以外：

i）仲裁协议内确定之或根据该协议而确定之仲裁地点；

ii）履行合同关系所生之大部分义务之任何地点，或与争议标的关系最密切之地点；或

c）当事人明确约定仲裁协议之标的与一个以上国家或地区有关。

五、为着上款之目的：

a）如一方当事人有一个以上营业地点，则营业地点为与仲裁协议关系最密切者；

b）如一方当事人无营业地点，则以其常居所为准。

六、本法规不影响规定某些争议不得提交仲裁，或仅适用非本法规之规定方得提交仲裁之其它澳门法规。

第二条（定义及解释规则）

为着本法规之目的：

a）“仲裁”一词指任何仲裁，不论仲裁工作之筹组是否交予一常设仲裁机构作出；

b）“仲裁庭”一词指一名独任仲裁员或一组仲裁员；

c）“法院”一词指一国家或地区司法体系之一个机构或机关；

d）本法规某一规定允许当事人自由决定某一问题时，该自由包括当事人授权第三人（包括机构）就该问题作出决定之权利；但第二十八条除外；

e）本法规某一规定提及对某一问题当事人已达成协议或可能达成协议之事实时，或以任何形式提及当事人一项协议时，该协议包括其内所提及之任何仲裁规则；

f）本法规某一规定提及请求时，该规定亦适用于反诉，但第二十五条a项及第三十二条第二款a项除外；如某一规定提及答辩时，亦适用于对反诉之答辩。

第三条（书面信件之收到）

一、除非当事人另有协议：

a）任何书面信件，如经当面递交收件人，或投递到收件人之营业地点、常居所或通讯地址，视为已收到；如经合理查询仍未能找到上述任一地点，而以挂号信或其它能证明已尝试送交之方式将书面信件投递到收件人最后为人所知之营业地点、常居所或通讯地址，亦视为已收到；

b）信件应被视为已于根据上项规定之方式投递之日收到。

二、上款之规定不适用于在诉讼程序范围内作出之通讯。

第四条（反对权之放弃）

任一方当事人，虽知悉本法规内当事人可背离之某一规定未被遵守，或仲裁协议内所列明之任何条件未被遵守，未立即提出反对或在为此所定期限内未提出反对而继续进行仲裁，视为放弃其反对权。

第五条（法院干预之范围）

对本法规所规范之一切问题，法院仅在本法规规定之情况下方可干预。

第六条（在仲裁范围内履行某些协助及监督职责之权限）

第十一条第三款及第四款、第十三条第三款、第十四条、第十六条第三款及第三十四条第二款所指之职责，概赋予根据本地区司法组织之规定具管辖权之澳门法院。

第二章 仲裁协议

第七条（仲裁协议之定义及形式）

一、“仲裁协议”系指当事人决定将他们之间在某个特定法律关系上，不论是否属合同关系，已产生或可能产生之所有或某些争议，提交仲裁之协议。仲裁协议可采取合同中之仲裁条款形式或单独之协议形式。

二、仲裁协议应以书面作出。当协议载于当事人所签署之文件或能证明仲裁协议存在之往来书信、专线电报、电报或其它电讯方式之文件内，均视为具有书面形式；在往来之请求书及答辩书内，一方当事人声称存在仲裁协议而他方当事人未对此提出争辩时，亦视为具有书面形式之协议。在合同内提出参照载有仲裁条款之一份文件亦构成仲裁协议，只要该合同具有书面形式，而此种参照系足以使该仲裁条款成为该合同之组成部分者。

第八条（向法院就争议实质提起之诉讼）

一、向法院就一属仲裁协议标的之问题提起诉讼后，如一方当事人就争议实质作出最初陈述前向法院请求将争议提交仲裁，法院应让当事人付诸仲裁；但法院认定该协议已失效、不能实行或不能适用者除外。

二、即使已向法院提起上款所指之诉讼，在有关问题尚在法院待决期间，仍得开始或继续进行仲裁程序及作出仲裁裁决。

第九条（法院命令采取之临时措施或保全措施）

一方当事人在仲裁程序开始前或进行期间请求法院采取临时措施或保全措施，以及法院准予采取该等措施，均与仲裁协议无抵触。

第三章　仲裁庭之组成

第十条（仲裁员之人数）

一、当事人得自由确定仲裁员之人数。

二、如当事人未确定仲裁员之人数，则仲裁员为三名。

第十一条（仲裁员之指定）

一、不得以所属国籍或居住地点为理由排除任何人作为仲裁员；但当事人另有协议者，不在此限。

二、当事人得透过协议自由选定指定一名或数名仲裁员之程序，但此并不影响第四款及第五款规定之适用。

三、如无关于指定一名或数名仲裁员之程序之协议，则适用以下规定：

a）在仲裁员为三名之仲裁中，每一方当事人指定一名仲裁员，而被指定之两名仲裁员选定第三名仲裁员；如一方当事人在收到他方当事人提出指定仲裁员之请求后，未在三十日内作出指定，或两名仲裁员在被指定后三十日内未就第三名仲裁员之人选达成协议，则由管辖法院应一方当事人之请求作出任命；

b）在独任仲裁员之仲裁中，如当事人未能就仲裁员之人选达成协议，则管辖法院应一方当事人之请求作出任命。

四、如在当事人所协议之指定仲裁员程序中：

a）一方当事人未按上述程序行事，或

b）当事人或两名仲裁员未能根据上述程序达成协议，或

c）第三人（包括机构）未履行在上述程序中所受托之职责，

则任一方当事人得请求管辖法院采取所需措施；但在关于指定仲裁员

程序之协议内已订有确保能指定仲裁员之其它方法者除外。

五、对于按第三款及第四款之规定交托予管辖法院处理之问题所作出之裁判不得提起上诉。当任命仲裁员时，法院应考虑当事人协议内对仲裁员所要求具备之资格，并考虑对确保能任命一名独立及公正无私之仲裁员为重要之一切事宜；在任命独任仲裁员或第三名仲裁员时，尚应考虑任命一名所属国籍或居住地点与当事人不同之仲裁员之可取性。

第十二条（拒却之理由）

一、某人被询有关其可能被指定为仲裁员之事情时，应说明可能对其公正无私或独立性引起合理怀疑之所有情况。自获指定之日起及在整个仲裁程序进行期间，仲裁员应毫不迟延向当事人说明以上所指之情况；但已告知者除外。

二、仅当存在对仲裁员之公正无私或独立性可能引起合理怀疑之情况，或仲裁员不具备当事人约定之资格时，仲裁员方得被拒却。一方当事人仅可基于指定仲裁员后始知悉之理由，拒却由该当事人指定或参与指定之仲裁员。

第十三条（拒却之程序）

一、当事人得透过协议自由选定拒却仲裁员之程序，但此并不影响第三款规定之适用。

二、如未达成协议，拟拒却一名仲裁员之当事人，应自获悉仲裁庭之设立或第十二条第二款所指之情况之日起十五日内以书面方式向仲裁庭说明拒却之理由。如被拒却之仲裁员不辞职或他方当事人不接受该拒却，则由仲裁庭对拒却作出决定。

三、如根据当事人所协议之程序或上款之程序，有关仲裁员未被拒却，拟拒却仲裁员之当事人得自接获驳回拒却之决定通知之日起三十日内，请求管辖法院就拒却作出裁判，对此裁判不得提起上诉；在该请求处于待决期间，仲裁庭包括拟拒却之仲裁员，得继续进行仲裁程序及作出仲裁裁决。

第十四条（仲裁员之无所行动）

一、如仲裁员在法律上或事实上不能履行其任务，或由于其它原因在合理期间内不履行其职责，且仲裁员辞职或当事人就终止其委任达成协议，则仲裁员之委任终止。如双方就上述任何原因意见不一，任一方当事人得请求管辖法院就终止仲裁员之委任一事作出裁判，对此裁判不得提起上诉。

二、如根据本条或上条第二款之规定，仲裁员辞职或一方当事人接受仲裁员委任之终止，并不意味承认第十二条第二款或本条所指之理由。

第十五条（指定替代仲裁员）

当根据第十三条及第十四条之规定，或仲裁员因其它原因辞职，或当事人协议废止仲裁员之委任而终止仲裁员之委任，又或在其它情况下，终止仲裁员之委任时，则按适用于指定被替换之仲裁员之规则指定替代仲裁员。

第四章　仲裁庭之管辖权

第十六条（仲裁庭对本身管辖权作出决定之权限）

一、仲裁庭得对其本身管辖权，包括对仲裁协议是否存在或有效之任何抗辩作出决定。为此，构成合同一部分之仲裁条款应视为独立于合同内其它条款之一项协议。仲裁庭作出认为合同无效之决定，并不导致仲裁条款自动无效。

二、对仲裁庭无管辖权之抗辩仅得在作出答辩前提出。一方当事人已指定或已参与指定仲裁员，并不剥夺其提出抗辩之权利。对仲裁庭超越其权力范围之抗辩，应在仲裁程序过程中出现认为越权之问题时立即提出。在上述两种情况下，如仲裁庭认为提出抗辩之延误系有理由，得接纳在规定之期间过后提出之抗辩。

三、仲裁庭得对上款所指之抗辩作为先决问题决定，或在就争议实质作出裁决时决定。如仲裁庭将抗辩作为先决问题而决定其本身有管辖权，则任一方当事人得在接获决定通知后三十日内请求管辖法院对此问题作出裁判，对此裁判不得提起上诉；在该请求处于待决期间，仲裁庭得继续进行仲裁程序及作出仲裁裁决。

第十七条（仲裁庭命令采取临时措施或保全措施之权力）

仲裁庭得应一方当事人之请求，命令任一方当事人就争议标的采取仲裁庭认为有必要之临时措施或保全措施；但当事人另有协议者，不在此限。仲裁庭得要求任一方当事人提供与该等措施有关之适当担保。

第五章　仲 裁 程 序

第十八条（当事人之平等对待）

当事人应获绝对平等对待，且任一方当事人应有行使其权利之所有机会。

第十九条（程序规则之确定）

一、当事人得透过协议自由选定仲裁庭所应遵循之程序，但此并不影响本法规规定之适用。

二、如未达成此协议，仲裁庭得在不影响本法规规定之适用下，以其认为适当之方式进行仲裁。仲裁庭获授予之权力包括有权确定所提出之任何证据之可采性、相关性及重要性。

第二十条（仲裁地点）

一、当事人得自由决定仲裁地点。如未达成协议，由仲裁庭考虑到案件之情况及当事人之方便而确定之。

二、即使有上款之规定，仲裁庭仍可在其认为适当之任何地点举行会议，以便仲裁员之间进行磋商，听取证人、鉴定人或当事人之意见，或检查货物、其它财产或文件，但当事人另有协议者除外。

第二十一条（仲裁程序之开始）

关于某一争议之仲裁程序，自被诉人收到将争议提交仲裁之请求之日开始；但当事人另有协议者，不在此限。

第二十二条（语言）

一、当事人得透过协议自由选定在仲裁程序中所使用之一种或多种语言。如未达成协议，则由仲裁庭确定在程序中所使用之一种或多种语言。此协议或确定适用于当事人之任何书面声明、仲裁庭之任何口头程序、任何裁决、决定或其它信件；但对此另有规定者，不在此限。

二、仲裁庭得命令任何程序上之文书须附具当事人协议之或仲裁庭选定之一种或多种语言之译本。

第二十三条（原诉人及被诉人之陈述书）

一、在当事人所协议或仲裁庭确定之期间内，原诉人应陈述支持其请求之事实、争议之点及请求标的，而被诉人应就该等问题作出答辩；但当事人就陈述书中须载有之项目另有协议者除外。当事人可随同陈述书提交其认为有关之任何文件或在陈述书中说明将提交之文件或其它证据。

二、除非当事人另有协议，在仲裁程序进行中，任一方当事人得修改或补充其请求书或答辩书；但仲裁庭基于提出改动已迟而认为不应许可者除外。

第二十四条（口头及书面程序）

一、除非当事人另有协议，仲裁庭应决定仲裁程序应否设有口头审理阶段，以便提出证据或进行口头辩论，又或是否应以文件或其它材料为基础进行仲裁程序；然而，如一方当事人向仲裁庭声请，仲裁庭须在仲裁程序中之适当时刻设立口头审理阶段；但当事人已达成协议不进行此程序者，不在此限。

二、所有听证及仲裁庭为检查货物、其它财产或文件而举行之所有会议，均应充分提前通知当事人。

三、一方当事人向仲裁庭提供之一切陈述书、文件或资料均应送交他方当事人。仲裁庭可据以作出裁决之任何报告书或作为证据呈交之文件，亦应送交当事人。

第二十五条（一方当事人不履行责任）

除非当事人另有协议，在未提出充分理由下：

a）如原诉人未按照第二十三条第一款之规定提交请求书，仲裁庭应终止仲裁程序；

b）如被诉人未按照第二十三条第一款之规定提交答辩书，仲裁庭应继续进行仲裁程序，而不将此种不提交答辩书之行为视为接受原诉人之陈述；

c）如任一方当事人不出席听证或未提出书面证据，仲裁庭得继续进行仲裁程序及依据所具有之证据资料作出裁决。

第二十六条（仲裁庭任命之鉴定人）

一、除非当事人另有协议，仲裁庭得：

a）任命一名或一名以上之鉴定人就仲裁庭指定之特定问题作报告；

b）要求一方当事人向鉴定人提供一切有关资料，或向鉴定人提供或让其接触任何有关文件、货物或其它财产，以供检查。

二、如一方当事人提出请求或仲裁庭认为有需要，鉴定人在提出书面或口头报告后应参加听证，在听证中当事人得向其提出问题并得派出鉴定人以证人身分就争论之问题作证；但当事人另有协议者，不在此限。

第二十七条（在获取证据方面之法院协助）

仲裁庭或一方当事人在仲裁庭同意下，得请求管辖法院协助获取证据。法院得在其管辖范围内及按照其获取证据之规则就该请求给予有关协助。

第六章　仲裁裁决及程序之终止

第二十八条（适用于争议实质之规则）

一、仲裁庭应按当事人选定适用于争议实质之法律对争议作出裁决。指定适用某一国家或地区之法律或法律制度，应视为直接指定该国家或地区之实体法规则，而非该国家或地区之法律冲突规则；但另有明确指明者，不在此限。

二、如当事人无作出任何指定，仲裁庭应适用其认为可适用之法律冲突规则所指定之法律。

三、仲裁庭仅在当事人明示准许之情况下，方可依公允及善良原则（ex aequo et bono）或以友好调解人（amiable compositeur）身分作出裁决。

四、在任何情况下，仲裁庭均应按合同之规定作出裁决，并考虑到适用于该具体案件之商业习惯。

第二十九条（数名仲裁员作出之裁决）

在有一名以上仲裁员之仲裁程序中，仲裁庭之裁决应由其成员之多数作出；但当事人另有协议者，不在此限。如获当事人或仲裁庭全体成员授权，首席仲裁员可就程序问题作出决定。

第三十条（按当事人协议作出之裁决）

一、如在仲裁程序过程中，当事人就争议之解决达成协议，仲裁庭应终止仲裁程序，而且如当事人提出请求而仲裁庭并无异议，则以仲裁裁决认可该协议。

二、认可当事人协议之裁决，应按第三十一条之规定作成，且应说明其为一仲裁裁决。此种裁决与就争议实质所作之其它裁决具有同等之地位及效力。

第三十一条（仲裁裁决之形式及内容）

一、仲裁裁决应以书面作出，并由仲裁员签名。在有一名以上仲裁员之仲裁程序中，仲裁庭多数成员签名即可，但须注明其它成员未签名之原因。

二、仲裁裁决应说明理由；但当事人协议无须说明理由或裁决系根据上条之规定按当事人之协议作出者，不在此限。

三、仲裁裁决应载明作出裁决之日期，以及载明按照第二十条第一款之规定所确定之仲裁地点，而仲裁裁决视为在该地点作出。

四、仲裁裁决作出后，应将经仲裁员按第一款规定签名之仲裁裁决书副本送交当事人各一份。

第三十二条（程序之终止）

一、仲裁程序在作出确定裁决或仲裁庭依据下款之规定作出命令而终止。

二、遇下列情况，仲裁庭须命令终止仲裁程序：

a）原诉人撤回其请求；但被诉人对此表示反对且仲裁庭承认确定性解决争议对被诉人系有正当利益者除外；

b）双方当事人同意终止仲裁程序；

c）仲裁庭证实基于其它理由仲裁程序已无必要或不可能继续进行。

三、仲裁庭之委任随仲裁程序之终止而结束，但此并不影响第三十三条及第三十四条第四款规定之适用。

第三十三条（仲裁裁决之更正及解释以及附加仲裁裁决）

一、除非当事人已就另一期限达成协议，在收到仲裁裁决书后三十日内：

a）一方当事人可在通知他方当事人后，请求仲裁庭更正仲裁裁决书内任何误算、错漏或排印错误，或任何相同性质之错误；

b）一方当事人可在通知他方当事人后，请求仲裁庭就仲裁裁决内具体一点或一部分作出解释，但仅以当事人有此协议为限。

如仲裁庭认为请求合理，应在收到请求后三十日内作出更正或解释，该解释构成仲裁裁决之组成部分。

二、仲裁庭得在作出仲裁裁决之日起三十日内，主动更正上款 a 项所指种类之任何错误。

三、一方当事人在收到仲裁裁决书后三十日内，可在通知他方当事人后，请求仲裁庭就已在仲裁程序中提出而在仲裁裁决书内遗漏之某些请求事项作出附加裁决；但当事人另有协议者，不在此限。如仲裁庭认为请求合理，应在六十日内作出附加仲裁裁决。

四、如认为有需要，仲裁庭得将依据第一款及第三款之规定对仲裁裁决作出更正、解释或补充之期限予以延长。

五、第三十一条之规定适用于对仲裁裁决之更正或解释，以及附加仲裁裁决。

第七章　对仲裁裁决之司法争执

第三十四条（仲裁裁决之撤销）

一、对仲裁裁决之司法争执，必须依据第二款及第三款之规定以撤销之诉之方式作出。

二、仲裁裁决仅在下列情况下方得由管辖法院撤销：

a）如作出撤销请求之当事人提出证据证明：

i）第七条所指之仲裁协议之一方当事人当时处于某种无行为能力之情况；或根据当事人所同意遵守之法律，又或未订明任何此种法律，而根据澳门之法律，该协议非为有效；

ii）作出撤销请求之一方当事人未获关于指定或任命仲裁员或仲裁程序之适当通知，或因其它理由不能行使其权利；

iii）仲裁裁决涉及之争议非为仲裁协议之标的，或仲裁裁决内含有对仲裁协议范围以外事项之决定；然而，如在仲裁裁决内对提交仲裁之事项之决定得与对未提交仲裁之事项之决定分开，则仅可撤销仲裁裁决中含有对未提交仲裁之事项所作之决定之部分；或

iv）仲裁庭之设立或仲裁程序与当事人之协议不符，但该协议与当事人不能背离之本法规某一规定相抵触除外；又或当事人无此协议时，仲裁庭之设立或仲裁程序与本法规之规定不符；

b）如法院认定：

i）根据澳门之法律规定，争议标的不得透过仲裁解决；或

ii）仲裁裁决与公共秩序相抵触。

三、撤销请求不得自收到仲裁裁决通知之日起逾三个月始提出；如已作出上条所指之请求，则撤销请求不得自仲裁庭对该请求作出决定之日起逾三个月始提出。

四、法院被请求撤销仲裁裁决时，如属适当且一方当事人请求中止撤销程序，则可在法院确定之一段期间内中止撤销程序，以便仲裁庭可重新进行仲裁程序或采取其认为能消除撤销仲裁裁决理由之其它措施。

第八章　仲裁裁决之承认及执行

第三十五条（承认及执行）

一、仲裁裁决不论在任何国家或地区作出，均应获承认具有约束力，且经向管辖法院提出书面请求，应予以执行，但此并不影响本条及第三十六条规定之适用。

二、援用仲裁裁决或请求执行仲裁裁决之一方当事人，应提供经适当认证之仲裁裁决书正本或已符合为证实其真确性所规定之条件之副本，以及第七条所指仲裁协议之正本或已符合为证实其真确性所规定之条件之副本。如该仲裁裁决或协议非以澳门地区任一官方语言作成，当事人应提供经适当认证之上述任一官方语言之译本。

第三十六条（拒绝承认或执行之依据）

一、在下列情况下，得拒绝承认或执行不论在任何国家或地区作出之仲裁裁决：

a）经援用仲裁裁决所针对之一方当事人请求，且该当事人向被请求承认或执行仲裁裁决之管辖法院提出证据证明：

i）第七条所指之仲裁协议之一方当事人当时处于某种无行为能力之情况；或根据当事人所同意遵守之法律，又或未订明任何此种法律，而根

据作出仲裁裁决之国家或地区之法律，该协议非为有效；

ii）援用仲裁裁决所针对之一方当事人未获关于指定或任命仲裁员或仲裁程序之适当通知，又或因其它理由不能行使其权利；

iii）仲裁裁决涉及之争议非为仲裁协议之标的，或仲裁裁决内含有对仲裁协议范围以外事项之决定；然而，如在仲裁裁决内对提交仲裁之事项之决定得与对未提交仲裁之事项之决定分开，则仅可拒绝承认或执行仲裁裁决中含有对未提交仲裁之事项所作之决定之部分；

iv）仲裁庭之设立或仲裁程序与当事人之协议不符，或当事人无此协议时，与进行仲裁之国家或地区之法律不符；或

v）仲裁裁决对当事人仍未有约束力，又或作出仲裁裁决之国家或地区之管辖法院，或依其法律作出仲裁裁决之国家或地区之管辖法院已将仲裁裁决撤销或中止；

b）如法院认定：

i）根据澳门之法律规定，争议标的不得透过仲裁解决；

ii）承认或执行仲裁裁决与公共秩序相抵触；或

iii）作出仲裁裁决之国家或地区亦会拒绝承认或执行在澳门作出之仲裁裁决。

二、如已向上款 a 项之 v 分项所指法院提出撤销或中止仲裁裁决之请求，被请求承认或执行仲裁裁决之法院如认为适当，得押后作出决定，亦可应请求承认或执行仲裁裁决之当事人之声请，命令他方当事人提供适当担保。

第九章　最后规定

第三十七条（补充法例）

一、凡在本法规内无明文规定者，均补充适用六月十一日第 29/96/M 号法令。

二、仲裁协议并无订定，而当事人就有关事宜不能达成协议时，仲裁员及其它参与仲裁之人之报酬，为六月十一日第 29/96/M 号法令第十九条第四款规定之总督批示所订定且可相应适用之报酬。

三、如有仲裁员并非常居于澳门，则在仲裁裁决内得于按上款规定所定出之报酬上另加一定金额，以支付该等仲裁员全部或部分交通费及在本地区逗留之全部或部分费用。

四、在仲裁裁决内亦得于按第二款规定所定出之报酬上另加为在本地区以外调查证据所支出之全部或部分费用，但该措施须被仲裁庭认为有需

要作出者。

第三十八条（开始生效）

本法令于公布六十日后开始生效。

一九九八年十一月十三日核准

命令公布

总督韦奇立

主要参考书目

一、中文书目

1.《国际私法新论》：韩德培主编，武汉大学出版社 1997 年版。
2.《中国国际私法通论》：李双元等，法律出版社 1996 年版。
3.《国际私法》：黄进主编，法律出版社 1999 年版。
4.《国际私法与国际商事仲裁》：黄进主编，武汉大学出版社 1994 年版。
5.《仲裁法学》：黄进、徐前权、宋连斌著，中国政法大学出版社 1997 年版。
6.《仲裁法概要》：河山、肖水著，中国法制出版社 1995 年版。
7.《仲裁法理论与适用》：杨荣新主编，中国经济出版社 1998 年版。
8.《两岸商务纠纷及仲裁实务》：陈焕文著，台湾永然出版社 1993 年版。
9.《香港仲裁制度》：赵秀文著，河南人民出版社 1997 年版。
10.《澳门法律研究》：杨贤坤、邓伟平主编，中山大学出版社 1997 年版。
11.《中国仲裁法教程》：肖永平著，武汉大学出版社 1997 年版。
12.《国际仲裁法专论》：陈焕文著，台湾永然出版社 1994 年版。
13.《中国仲裁制度研究》：谭兵主编，法律出版社 1995 年版。
14.《仲裁法释论》：李汉生、袁浩、徐劲等编，中国法制出版社 1995 年版。
15.《澳门法律》：米健等著，中国友谊出版公司 1996 年版。
16.《重新组建仲裁机构手册》：国务院法制局研究室编，中国法制出版社 1995 年版。
17.《国际商务仲裁》：杨良宜著，中国政法大学出版社 1997 年版。
18.《现代国际商务仲裁法的理论与实践》：韩健著，法律出版社 1993 年版。

19. 《国际民事诉讼与国际商务仲裁》：李玉泉主编，武汉大学出版社 1994 年版。

20. 《中国仲裁法学》：姜宪明、李贵乾著，东南大学出版社 1996 年版。

21. 《仲裁法及配套规定新释新解》：苏庆、杨振山主编，人民法院出版社 1999 年版。

22. 《中国海事仲裁的理论与实践》：高菲著，中国人民大学出版社 1998 年版。

23. 《外国仲裁法与实践》：丁建忠编著，中国对外经济贸易出版社 1992 年版。

24. 《涉外仲裁与法律》（第二辑）：陈德钧、王生长主编，中国统计出版社 1994 年版。

25. 《香港法律制度》：赵秉志、胡锦光主编，中国人民公安大学出版社 1997 年版。

26. 《国际商事仲裁案例评析》：赵秀文主编，中国法制出版社 1999 年版。

27. 《国际商务仲裁》（一）（二）：林俊益著，台湾长弘出版社 1990 年版。

28. 《仲裁案例选辑》（一）（二）（三）：王志兴总编辑，中华商务仲裁协会出版。

29. 《国际贸易法文选》：施米托夫著，赵秀文选译，中国大百科全书出版社 1993 年版。

30. 《典型国际经贸仲裁案例》：中国国际商会仲裁研究所编，法律出版社 1999 年版。

31. 《中华人民共和国仲裁法全书》：全国人大常委会法制工作委员会民法室、中国国际经济贸易仲裁委员会秘书局编著，法律出版社 1995 年版。

32. 《澳门现行法律汇编》（第一、第二、第三辑）：肖蔚云主编，北京大学出版社 1998 年版。

33. 《国际仲裁法理论与实务》：赵威主编，中国政法大学出版社 1995 年版。

34. 《中国仲裁实务》：单国军等编著，中国发展出版社 1998 年版。

35. 《国际商事仲裁管辖权研究》：宋连斌著，法律出版社 2000 年版。

36.《国际仲裁法律与实践》：［意］莫鲁·鲁比诺－萨马塔诺著，中信出版社 2003 年版。

37.《仲裁文集》：广州仲裁委员会编，法律出版社 2005 年版。

38.《仲裁案例选编》第一辑：广州仲裁委员会编，法律出版社 2005 年版。

39.《香港仲裁实务指南》：莫石、郑若骅编著，傅宇、刘京编译，法律出版社 2004 年版。

40.《中国内地与香港地区法律的冲突与协调》：董立坤主编，法律出版社 2004 年版。

二、英文部分

1. Ronald Bernstein, John Tackaberry, Arthur L. Marriott, Derek Wood, Handbook of Arbitration Practice（1998）.

2. Christian Buhring-Uhle , Arbitration and Mediation in International Business（1996）.

3. A. J. van den Berg, ed. , Commentary on the UNCITRAL Model Law on International Commercial Arbitration（1990）.

4. N. Kaplan et al, Hong Kong and China Arbitration cases and Materials（1994）.

5. L. Heuman, Current Issues in Swedish Arbitration（1990）.

6. American society of Civil Engineers（ed. ）Avoiding and Resolving Disputes During Construction : Successful Practice and Guidelines, New York（1991）.

7. Reisman, Michael, Systems of Control in International Commercial Arbitration: Breakdown and Repair.

8. Charny, David, Nonlegal Sanctions in Commercial Relations, 104 Harv. L. Rev. 373（1990）.

9. Resolving Disputes Through Arbitration in Mainland China. Wang Sheng Zhang. 法律出版社 2003 年版。

10. On International Commercial Arbitration. Fouchard Gaillard Goldman. 中信出版社 2004 年版。

后　记

又是岭南佳果飘香的季节，我的书中却分明仍浸润着樱花的芬芳。当我从本书文稿中抬起头时，猛然发现墙上的日历已经无情地翻到了2005年。我非诗人，亦无浮想联翩的情怀。但我不得不感慨手中书稿的沉甸。本书课题系我自1996年在武汉大学攻读博士学位时开始研究，迄今已整整十年。研究期间，内地与港澳台四法域的仲裁制度都先后进行了立法或修订，有些法域还发生了多次变动。这使得我不断地调整充实新资料甚至新观点，以便与时俱进地适应已经变革了的区际仲裁形势，但却因此迟滞了本书的付梓。

本书固然有我自己的汗水，同时也凝聚着许多师长、同道的心血。我的博士导师黄进教授不仅以其渊博的知识、严谨的治学态度直接指导了我的研究和写作，而且对本书选题的论证、框架结构的设计、论点的把握以及语言文字的润色都进行深入、详细的指导，甚至在百忙之中还注意为本书的写作收集了大量珍贵资料。我的硕士导师余先予教授及博士后导师陶正华教授也不同程度地给了我必要指导。然而，我始终仍惶恐于个人法律造诣的不够，本书之浅薄难免令老师汗颜。师恩难忘，无论如何我在此谨对各位敬爱的导师表达最诚挚的感激！

由于时间跨度太长，那些曾经帮助过我的人本身可能已经忘记了他们施予我的帮助。但十年来我却一直牢记对他们的感恩。武汉大学德高望重的韩德培教授对我的选题给予了支持和指导。在搜集资料过程中中国国际经济贸易仲裁委员会的韩健博士、赵健博士给我提供了许多有关内地仲裁的理论和实务资料；香港的陈子钧、庄启文大律师为我搜集香港仲裁制度的有关资料，给予了相当的帮助；澳门特区政府立法事务办公室的郭华成博士、澳门港务厅的黄锦辉博士为我搜集有关澳门仲裁制度的资料，给予了大力支持，特别是郭华成博士将其几年来搜集、积累的有关仲裁资料无私奉献出来与我共享，确实体现了一个新时代知识分子的高风亮节；台湾东吴大学教授赖来焜先生、台湾力世证券法务襄理刘正中先生、台湾范光群律师为我提供了许多台湾地区仲裁制度的资料。赖来焜教授还对我的论文进行了仔细的阅读与修改，矫正了我对台湾地区仲裁制度的一些不正确的理解，并帮助我充实了有关论据。刘正中先生千里迢迢将一些有关台湾地区仲裁制度的资料直接送到我手中，及时弥补了本书中关于台湾地区仲裁制度若干问题的缺陷。范光群律师与我素不相识，通过网上求援却能得到他的帮助，确实令我感动。正是由于这些师长、同道、朋友的无私帮助才成就了本书课题研究，在此我对他们一并致以诚挚的谢意。

回想十年的研究，感慨万千。我能矢志不渝地坚持课题研究，除了我的导师们的支持外，与我的领导们的支持也分不开。我衷心地感谢广州市司法局、广州市律师协会对我理论研究的一贯支持。领导们的关怀与支持，坚定了我以律师身份从事法学研究的信心。我还要感谢我的合伙人马立峻、高剑琴、李朝晖三位律师，他们在我研究期间为我分担了许多所务和业务工作，解决了我的后顾之忧；我的几任助手陈茵、项江雄、杨志真、程磊、周滨为本书校对做了许多工作，在此一并表示感谢。

最后须指出的是，由于我国内地与港澳台地区仲裁制度一直处于动态变化之中，尤其是目前内地修订仲裁法的呼声日隆，港澳台地区仲裁制度也不可能停留于本书所述之现状，因而本书只反映目前的资料与研究成果。另外由于笔者身在内地，在研究港澳台地区仲裁制度时，司法理念的差异可能会带来法制理解的偏差，本书失误在所难免，敬请专家、同道不吝指教。

2005 年 8 月 10 日
于润粤大厦